Matthias Koch

Qualitätsverbesserung an Musikhochschulen

GABLER EDITION WISSENSCHAFT

NPO-Management

Herausgegeben von
Professor Dr. Dieter Witt
Technische Universität München
Dienstleistungsökonomik
mit Seminar für Vereins- und
Verbandsforschung (SW)

Das Management von Non-Profit-Organisationen (NPO), insbesondere des Dritten Sektors – neben Staat und Privatwirtschaft – wird zunehmend von der betriebswirtschaftlichen Forschung untersucht. In dieser Schriftenreihe werden wichtige Forschungs- und Diskussionsbeiträge zu diesen gemein- oder bedarfswirtschaftlichen Betrieben präsentiert, die von Verbänden, Vereinen, Stiftungen, öffentlichen Betrieben bis zu Großhaushalten reichen. Die Veröffentlichungen wenden sich gleichermaßen an Theoretiker und Praktiker.

Matthias Koch

Qualitätsverbesserung an Musikhochschulen

Entwicklung eines Evaluierungsansatzes, empirische Anwendung und Ableitung von Handlungsempfehlungen

Mit einem Geleitwort von Prof. Dr. Peter Ackermann

Deutscher Universitäts-Verlag

Bibliografische Information Der Deutschen Bibliothek
Die Deutsche Bibliothek verzeichnet diese Publikation in der Deutschen Nationalbibliografie; detaillierte bibliografische Daten sind im Internet über <http://dnb.ddb.de> abrufbar.

Dissertation Universität Frankfurt am Main, 2005

D 30

1. Auflage April 2006

Lektorat: Brigitte Siegel / Nicole Schweitzer

Der Deutsche Universitäts-Verlag ist ein Unternehmen von Springer Science+Business Media.
www.duv.de

Umschlaggestaltung: Regine Zimmer, Dipl.-Designerin, Frankfurt/Main

Gedruckt auf säurefreiem und chlorfrei gebleichtem Papier

ISBN 3-8350-0350-X
ISBN 978-3-8350-0350-7

Geleitwort des Doktorvaters

Das deutsche Hochschulsystem ist derzeit eingreifenden strukturellen Veränderungen unterworfen. Insbesondere starke Umwälzungen im Finanz- und Personalwesen werden – erste Anzeichen sind erkennbar – gravierende Verwerfungen in Forschung und Lehre sowie – insofern die Musikhochschulen betroffen sind – in den Bereichen der künstlerischen Praxis hinterlassen. Eine Untersuchung, die sich, wie die vorliegende, mit aller wissenschaftlich gebotenen Distanz gegenüber hochschulpolitischen Tendenzen der Erschließung und Erörterung von Qualitätsfragen im musikalischen Ausbildungssystem widmet, ist daher sehr zu begrüßen.

Die Studie verfolgt drei Hauptziele. An erster Stelle steht die Entwicklung eines Verfahrens zur Durchführung von Qualitätsanalysen im Musikhochschul-Sektor. Die konkrete Anwendung auf die gegenwärtigen Verhältnisse an der Frankfurter Hochschule für Musik und Darstellende Kunst bildet in Form einer breit angelegten empirischen Untersuchung den Hauptteil der Arbeit. Die gewonnenen Ergebnisse dienen schließlich als Basis von Handlungsempfehlungen, die über den speziellen Frankfurter Fall hinaus auf deutsche Musikhochschulen generell anwendbar sind.

Besonders hervorzuheben ist an dieser Arbeit die entschieden objektive Herangehensweise, die es dem Leser erlaubt, schnell Vertrauen zu den dargestellten Ergebnissen aufzubauen. Vorausgegangene, methodisch weniger ausgereifte Untersuchungsverfahren waren hierzu bisher nicht in der Lage – dies erklärt wohl auch die meist fast vernachlässigbaren Konsequenzen, die andere Hochschulen aus ihren Untersuchungen gezogen haben.

Matthias Koch hat mit der vorliegenden Studie eine bedeutende wissenschaftliche Leistung erbracht, die auf der Basis eines souverän erarbeiteten empirischen Konzepts nicht nur der Forschung ein grundlegendes methodisches Instrumentarium zur Qualitätsmessung an Musikhochschulen zur Verfügung stellt, sondern er hat mit seiner speziellen Anwendung des Verfahrens auf eine repräsentative deutsche Musikhochschule zugleich einen exemplarischen Fall erschlossen und darüber hinaus mit seinen Handlungsempfehlungen in gelungener Weise eine Brücke geschlagen zwischen wissenschaftlicher Forschung und praktischer Anwendung. Ich gehe davon aus, dass diese Arbeit sowohl innerhalb der Frankfurter Hochschule als auch an den anderen deutschen Musikhochschulen die Aufmerksamkeit und Würdigung erfährt, die sie zweifelsohne verdient.

Prof. Dr. Peter Ackermann

Vorwort

Zur Untersuchung der Qualität von Musikhochschulen wurden in den letzten Jahren verschiedene Ansätze gewählt, die häufig jedoch – trotz ihres hohen Einflusses auf wichtige Hochschulentscheidungen – methodisch nicht sehr fundiert waren. Auch berücksichtigte keine dieser Ansätze ausreichend die Studentenbedürfnisse, obwohl diese zweifelsohne eine hohe Bedeutung für die Bewertung der Ausbildungsqualität einer Hochschule haben sollten. Gleiches gilt für die Erwartungen von potenziellen Arbeitgebern der Musikhochschul-Absolventen, die trotz ihrer zentralen Bedeutung bisher noch nie untersucht worden sind.

In der vorliegenden Arbeit wurde daher ein Ansatz entwickelt, der methodisch fundiert die Perspektiven aller zentralen Personengruppen analysiert, die an der Ausbildungsqualität von Musikhochschulen beteiligt oder von ihr betroffen sind. Darüber hinaus wurde die Zulässigkeit dieses Ansatzes durch eine empirische Untersuchung an der Hochschule für Musik und Darstellende Kunst Frankfurt am Main (HfMDK) geprüft und bestätigt. Letztlich wurden aus den empirischen Ergebnissen Handlungsempfehlungen für die HfMDK abgeleitet, so dass diese Untersuchung nun konkret dazu beiträgt, die Ausbildungsqualität dieser Hochschule systematisch zu verbessern.

Natürlich entsteht eine Arbeit wie diese nicht ohne die Unterstützung vieler Personen, die selbst ein großes Interesse an der kontinuierlichen Verbesserung der Ausbildungsqualität von Musikhochschulen haben. Allen voran sei hier meinem Doktorvater Professor Dr. Peter Ackermann gedankt, der schon bei unserem ersten Gespräch begeistert von der Thematik war und dessen Interesse sowie aktive Unterstützung im Laufe der gesamten Bearbeitungszeit der Dissertation nie nachließ.

Mein Dank gilt weiterhin Herrn Klaus Neuvians, dem inzwischen ehemaligen geschäftsführenden Präsident der Hochschule für Musik und Darstellende Kunst Frankfurt am Main, der mir sowohl in der konzeptionellen Phase als auch während der empirischen Untersuchungen stets beratend zur Seite stand. Aber auch die

Mitarbeiter der Verwaltung haben mich im Laufe der Promotion aktiv unterstützt, insbesondere Herr Manfred Gerhardt und Herr Albrecht Eitz, denen ich durch zahlreiche Gespräche viele Einblicke in die Studienrealität und die damit verbundenen Probleme verdanke. Ohne diese Gespräche wären einige Aspekte der Ausbildungsqualität in dieser Arbeit sicherlich weniger stark beleuchtet worden.

Darüber hinaus möchte ich mich bei Herrn Professor Dr. Andreas Ballstaedt bedanken, der mir während der Promotionszeit immer mit wichtigen Hinweisen und Ratschlägen zur Seite stand und sich freundlicherweise bereiterklärt hat, das Zweitgutachten für diese Dissertation anzufertigen. Ebenfalls gebührt Herrn Professor Dr. Adolf Nowak mein Dank, da er sich aufgrund seines Interesses an der Thematik für die Drittkorrektur meiner Arbeit angeboten hat.

Weiterhin gilt mein Dank Herrn Professor Dr. Hans Günther Bastian und Herrn PD Dr. Gunter Kreutz, die mir beide viele wichtige Hinweise für die empirischen Untersuchungen gegeben haben, Herrn Stephan Dusil und Herrn Sebastien Martin, die meine Arbeit kritisch korrekturgelesen haben, sowie Frau Dr. Silke Coburger, die mich mehrfach vor völligem Frust über statistische Fragen bewahrt hat.

Auch Herrn Thomas Rietschel möchte ich danken, weil er als neuer Präsident der HfMDK von Anfang an großes Interesse an meiner Arbeit gezeigt und sich viel Zeit genommen hat, die Untersuchung inhaltlich zu durchdringen. Es freut mich sehr, dass ihm so viel daran gelegen ist, meine Ergebnisse an der Hochschule breit zu kommunizieren und Konsequenzen daraus zu ziehen. Ebenso bedanke ich mich beim Patronatsverein der Hochschule für Musik und Darstellende Kunst Frankfurt am Main, der die Entstehung dieser Arbeit finanziell großzügig unterstützt hat.

Last but not least danke ich meiner Frau Juliane und meinen Eltern, die mir nicht nur geholfen haben wo immer sie konnten, sondern vor allem immer für mich da waren. Ihnen verdanke ich, dass mir meine Promotionszeit trotz aller Anstrengungen für immer als eine besonders schöne Zeit in Erinnerung bleiben wird. Aus diesem Grund widme ich ihnen diese Arbeit.

Matthias Koch

Inhaltsverzeichnis

Tabellenverzeichnis

Abbildungsverzeichnis

Abkürzungsverzeichnis 1: Allgemeine Abkürzungen

AG	Arbeitsgemeinschaft
AMdRMK	Amtliche Mitteilungen der Reichsmusikkammer
ANOVA	Analysis of Variance (Varianzanalyse)
BGBl	Bundesgesetzblatt
BVerfGE	Bundesverfassungsgerichtsentscheidung
CHE	Centrum für Hochschulentwicklung
DDR	Deutsche Demokratische Republik
DOV	Deutsche Orchestervereinigung
F	F-Wert im Rahmen der Varianzanalyse (ANOVA)
GS	Grundstudium
GVBl	Gesetz- und Verordnungsblatt
HdK	Hochschule der Künste, Berlin
HfMDK	Hochschule für Musik und Darstellende Kunst Frankfurt am Main
HIS	Hochschul Informations System GmbH, Hannover
HRG	Hochschulrahmengesetz
HRK	Hochschulrektorenkonferenz
Hrsg.	Herausgeber
HS	Hauptstudium
IGP	Instrumental- und Gesangspädagogik
Jg.	Jahrgang
KA	Künstlerische Ausbildung
KIZ	Kulturinformationszentrum
KMK	Ständige Konferenz der Kultusminister der Bundesrepublik Deutschland
MBlWEV	Deutsche Wissenschaft, Erziehung und Volksbildung.
MGG	Musik in Geschichte und Gegenwart
MW	Mittelwert (arithmetisch und ungewichtet)
N/A	Not Applicable (= nicht zutreffend)
nmz	Neue Musikzeitung
NS	Nationalsozialismus
o.V.	ohne Verfasser
RGBl	Reichsgesetzblatt
RKM	Rektorenkonferenz der Musikhochschulen in der Bundesrepublik Deutschland

Sig.	Signifikanz
SM	Schulmusik
SMP	Staatliche Musiklehrerprüfung
StAbw	Standardabweichung
UdK	Universität der Künste, Berlin
WS	Wintersemester

Abkürzungsverzeichnis 2: Empirische Fragen

Das Abkürzungsverzeichnis 2 gibt alle Abkürzungen wieder, die zur Beschreibung der verschiedenen Fragen aus den Fragebögen verwendet wurden. Im Laufe der Arbeit wird bei der Darstellung von Ergebnissen immer auch die Abkürzung der jeweiligen Frage mit angegeben.

	Exakte Wiedergabe der Frage (entsprechend der Formulierung im Fragebogen)
BU1	Bewerbungsunterlagen: Relevanz des Gesamteindrucks (optisch)
BU2	Bewerbungsunterlagen: Relevanz der Examensnote
BU3	Bewerbungsunterlagen: Relevanz der Studiendauer
BU4	Bewerbungsunterlagen: Relevanz der Studienstationen (Lehrer)
BU5	Bewerbungsunterlagen: Relevanz der Studienerfolge (z.B. Wettbewerbe, Stipendien)
BU6	Bewerbungsunterlagen: Relevanz der bisherigen Berufserfahrung
BU7	Bewerbungsunterlagen: Relevanz von Zusatzqualifikationen bzw. Fächerkombination im Studiengang Schulmusik
EINF	Einfühlungsvermögen: Studienberatung, Unterstützung bei der Studienplanung, Verständnis für Probleme, Versuch von Problemlösungen
EMS1	Die Hochschule stellt die nötigen finanziellen und personellen Mittel für eine hervorragende Ausbildungsqualität zur Verfügung
EMS2	Es gibt an der Hochschule effiziente interne Programme zur Verbesserung der Studienqualität
EMS3	Die stetige Verbesserung der Studienqualität ist der persönliche Ehrgeiz der Entscheidungsträger der Hochschule
ENT	Entgegenkommen: Interesse von Dozenten und Hochschulleitung an studentischen Belangen
H1	An hervorragenden Hochschulen wird genügend Hauptfachunterricht angeboten
H2	An hervorragenden Hochschulen unterrichten die Hauptfachlehrer insgesamt pünktlich und regelmäßig
H3	An hervorragenden Hochschulen unterstützen die Hauptfachlehrer die individuelle Entfaltung der einzelnen Studenten und erziehen somit „selbstständige Musiker" (Richtungsempfehlungen statt Vorschriften!)
H4	An hervorragenden Hochschulen sind die Hauptfachlehrer methodisch/didaktisch vorbildlich ausgebildet
H5	An hervorragenden Hochschulen sind Hauptfachlehrer daran interessiert, sich mit anderen Hauptfachklassen zu vergleichen und/oder mit ihnen zu kooperieren
H6	An hervorragenden Hochschulen geben Hauptfachlehrer konstruktive und ausführliche, verbale Semesterrückblicke (z.B. Stärken-/Schwächenanalyse)
H7	An hervorragenden Hochschulen erläutern Hauptfachlehrer regelmäßig und ausreichend ihre mittelfristigen Unterrichtsziele (Technik und Musikalität, nicht nur Werkswahl!)
H8	An hervorragenden Hochschulen fördern Hauptfachdozenten die Teilnahme an öffentlichen Auftritten, Wettbewerben etc.

H9	An hervorragenden Hochschulen interessieren sich die Hauptfachlehrer auch für die Studienentwicklung ihrer Studenten in Nebenfächern und außeruniversitäre Tätigkeiten (z.B. Arbeitsplatzsuche)
H10	An hervorragenden Hochschulen werden den Studenten ihre realistischen Chancen am Arbeitsmarkt offen kommuniziert (z.B. durch den Hauptfachlehrer, Dekane, etc)
HS1	Ich hänge bei der Unterrichtung und Beratung meiner Studenten nicht von anderen Dozenten/Mitarbeitern der Hochschule ab
HS2	Die Studien- und Prüfungsordnung schränkt meinen Handlungsspielraum für eine optimale Ausbildung meiner Studenten nicht ein
IK1	Instrumentalkompetenz: Technik/Perfektion (Hauptfach)
IK2	Instrumentalkompetenz: Musikalität/Ausdruck (Hauptfach)
IK3	Instrumentalkompetenz: Spezialwissen (z.B. Alte Musik)
IK4	Instrumentalkompetenz: Relevanz der Klavierfähigkeiten (wenn nicht Hauptfach)
IK5	Instrumentalkompetenz: Relevanz sonstiger Instrumental-Nebenfächer
IK6	Instrumentalkompetenz: Blattspiel
K1	Wenn die Entscheidungsträger und/oder die PR-Abteilung der Hochschule etwas kommunizieren, was mich oder meine Studenten betrifft, dann werde ich zuvor gefragt, ob ich diesen Entschluss auch umsetzen kann
K2	Ich werde im Voraus über öffentliche Versprechungen und Planungen der Hochschulleitung informiert, sodass ich über Entwicklungen an der Hochschule immer mindestens so gut wie die Studenten und Studienbewerber Bescheid weiß
K3	Entscheidungen und Beschlüsse werden an der Hochschule immer erst nach Rücksprache mit Dozenten als „ausführende Organe" getroffen
K4	Die Richtlinien für die Ausbildungsqualität sind an der Hochschule überall gleich (z.B. Hauptfach, Nebenfach (Einzelunterricht), Nebenfach (Gruppenveranstaltungen)
K5	Die Interessen der verschiedenen Dozenten sind ähnlich genug, als dass es grundsätzlich möglich ist, eine breit akzeptierte Hochschulmeinung festzulegen
KO1	Hochschulangehörige mit Studentenkontakt (z.B. Dozenten, Verwaltung, AStA) tauschen sich regelmäßig mit den Entscheidungsträgern der Hochschule aus
KO2	Die Entscheidungsträger der Hochschule bemühen sich häufig um Vorschläge der Hochschulangehörigen mit Studentenkontakt (z.B. Dozenten, Verwaltung, AStA), wie Inhalt und Ablauf des Studiums verbessert werden könnten
KO3	Die Entscheidungsträger der Hochschule wirken häufig von Angesicht zu Angesicht mit den Hochschulangehörigen mit Studentenkontakt (z.B. Dozenten, Verwaltung, AStA) zusammen
KO4	Schriftliche Mitteilungen sind in unserer Hochschule das am wenigsten wichtige Kommunikationsmittel zwischen Mitarbeitern und Entscheidungsträgern
L1	Besondere Anstrengungen, den Studenten gute Leistung zu bieten, werden von Hochschulseite in irgendeiner Form honoriert
L2	Ich erhalte von meinen Studenten ausreichendes Feedback über ihre Zufriedenheit mit meinem Unterricht
LEIST	Leistungskompetenz: Technische und pädagogische Fähigkeiten der Dozenten, Handlungsfähigkeit der Hochschulleitung
M1	An hervorragenden Hochschulen ist das Gebäude immer sauber und ordentlich
M2	An hervorragenden Hochschulen gibt es eine exzellente Ausstattung (z.B. Klaviere, Notenständer, Computer)
M3	An hervorragenden Hochschulen existieren genügend Räume
M4	An hervorragenden Hochschulen steht eine exzellente Bibliothek zur Verfügung
M5	An hervorragenden Hochschulen gibt es ausreichend lange Öffnungszeiten
M6	An hervorragenden Hochschulen gibt es eine optisch ansprechende interne Kommunikation (z.B. Design von Broschüren, Vorlesungsverzeichnis)

M7 An hervorragenden Hochschulen gibt es eine optisch ansprechende externe Kommunikation (Design und Platzierung für Plakate, Prospekte etc.)

M8 An hervorragenden Hochschulen ist die Kommunikation (z.B. Vorlesungsverzeichnis, Termine) immer verlässlich

MS1 In unserer Hochschule gibt es nicht zu viele Verwaltungs- und Managementschichten zwischen Hochschulangehörigen mit Studentenkontakt (z.B. Dozenten, Verwaltung, AStA) und Hochschulleitung (Präsident/Dekane)

MS2 In der Hochschule ist es nicht schwer, Verantwortlichkeiten für bestimmte Entscheidungen und Aktivitäten klar bestimmten Personen/Gremien (z.B. Hochschulleitung, Dekanat etc.) zuzuordnen

MU Materielles Umfeld: Gebäude, Räume, Ausstattung, Kommunikationsmaterial

N1 An hervorragenden Hochschulen wird genügend Nebenfach-Einzelunterricht angeboten

N2 An hervorragenden Hochschulen unterrichten die Nebenfach-Dozenten (Einzelunterricht) insgesamt pünktlich und regelmäßig

N3 An hervorragenden Hochschulen sind die Nebenfach-Dozenten (Einzelunterricht) methodisch/didaktisch vorbildlich ausgebildet

N4 An hervorragenden Hochschulen ist das Angebot für Pädagogik und Methodik insgesamt inhaltlich sinnvoll gestaltet

N5 An hervorragenden Hochschulen ist das Nebenfachangebot für Musiktheorie (Tonsatz etc.) insgesamt inhaltlich sinnvoll gestaltet

N6 An hervorragenden Hochschulen ist das Nebenfachangebot für Musikwissenschaften (Musikgeschichte, Musikästhetik etc.) insgesamt inhaltlich sinnvoll gestaltet

N7 An hervorragenden Hochschulen unterrichten die Nebenfachlehrer für Gruppenveranstaltungen insgesamt pünktlich und regelmäßig

N8 An hervorragenden Hochschulen sind die Nebenfach-Dozenten (Vorlesung/Seminar) insgesamt methodisch/didaktisch vorbildlich ausgebildet und präsentieren ihren Stoff im Rahmen der Möglichkeiten interessant

N9 An hervorragenden Hochschulen sind die Hochschulorchesterprojekte inhaltlich sinnvoll

N10 An hervorragenden Hochschulen nehmen Hochschulorchesterprojekte zeitlich eine zentrale Rolle im Studium ein

N11 An hervorragenden Hochschulen ist der Kammermusikunterricht inhaltlich sinnvoll

N12 An hervorragenden Hochschulen nimmt der Kammermusikunterricht zeitlich eine zentrale Rolle im Studium ein

N13 An hervorragenden Hochschulen gibt es ein Kursangebot für Randgebiete des Studiums (Kulturmanagement, Philosophie etc.)

N14 An hervorragenden Hochschulen lässt die Studienordnung den Studenten genügend Zeit, um neben den Pflichtfächern auch noch Kurse nach eigenem Interesse zu belegen

N15 An hervorragenden Hochschulen wird die Lehrqualität mit Hilfe von Dozenten-Evaluation sichergestellt

O1 An hervorragenden Hochschulen werden organisatorische Beschlüsse (Hochschulleitung/Dekane) immer schnell und effizient gefasst

O2 An hervorragenden Hochschulen kommunizieren die Hochschulleitung/Dekanate ihre Ziele und Erfolge regelmäßig an die Studenten

O3 An hervorragenden Hochschulen kommen Hochschulleitung und Dekane den Studenten bei Fragen und Wünschen entgegen

O4 An hervorragenden Hochschulen sind die Vertreter der Hochschulleitung und die Dekane für ihre Aufgaben qualifiziert

O5 An hervorragenden Hochschulen kommt die allgemeine Verwaltung den Studenten bei Fragen und Wünschen entgegen

O6 An hervorragenden Hochschulen ist die ausführende Verwaltung (z.B. Studentensekretariat) für ihre Aufgaben qualifiziert

O7	An hervorragenden Hochschulen ist der AStA ein zuverlässiges „Sprachrohr der Studenten" bei Hochschulleitung und Dekanen
O8	An hervorragenden Hochschulen wird genügend allgemeine Beratung zum gewählten Berufsbild angeboten (z.B. Aufgaben, Chancen, Einkommen)
O9	An hervorragenden Hochschulen wird genügend persönliche Beratung angeboten (z.B. Studienentwicklung, Studienalternativen, Hochschulwechsel, Auslandsstudium)
O10	An hervorragenden Hochschulen gibt es genügend gedruckte Informationsunterlagen
O11	An hervorragenden Hochschulen übernimmt der AStA einen wichtigen Teil der studentischen Beratung
OM1	Die Entscheidungsträger der Hochschule machen ausreichend häufig Gebrauch von Informationen, die durch Umfragen über unsere Studenten beschafft werden
OM2	Die Entscheidungsträger der Hochschule verschaffen sich regelmäßig Informationen über die Studienbedürfnisse unserer Studenten
OM3	Die Entscheidungsträger der Hochschule verschaffen sich regelmäßig Informationen über die Qualitätsansprüche unserer Studenten
OM4	Die Entscheidungsträger der Hochschule haben häufig direkten Kontakt zu den Studenten und besprechen mit ihnen hochschulrelevante Themen
OQ1	Es gibt in den Gremien der Hochschule klare Vorstellungen, wie das Studium auszusehen hat
OQ2	In der Hochschule wird versucht, konkrete Ausbildungsziele konkret vorzuschreiben (z.B. Arbeitsplatzvermittlungsquote, Studiendauer, Wettbewerbserfolge)
OQ3	Die Entscheidungsträger der Hochschule orientieren sich bei ihrer Arbeit mehr an der Verbesserung der Ausbildung als an einem reibungslosem Ablauf an der Hochschule
P1	An hervorragenden Hochschulen ist die Prüfungsordnung verständlich
P2	An hervorragenden Hochschulen prüft die Prüfungsordnung berufsrelevante Aktivitäten (z.B. Probespielcharakter)
P3	An hervorragenden Hochschulen gibt es zahlreiche kleine statt einer zentralen Prüfung in den verschiedenen Fächern
P4	An hervorragenden Hochschulen sind die Prüfer immer verantwortungsvoll (insb. Termine, Ablauf, Notengebung)
P5	An hervorragenden Hochschulen geben die Prüfer nach der Prüfung immer Feedback
P6	An hervorragenden Hochschulen gibt es außer offiziellen Prüfungen genügend Gelegenheit, um sich selbst zu bewerten und zu vergleichen (z.B. Probespieltraining, öffentliches Vorspiel)
P7	An hervorragenden Hochschulen werden die Studenten unterstützt, wenn sie sich systematisch und strukturiert mit ihrer Entwicklung im Studium auseinandersetzen möchten
PK1	Personenkompetenz: Person selbst (Sympathie, Teamfähigkeit, Umgang mit Kindern etc.)
PK2	Personenkompetenz: Selbstvertrauen
PK3	Personenkompetenz: Gesellschaftliches Engagement (z.B. Vereine, AStA)
PK4	Personenkompetenz: Analytisches Denken
PK5	Personenkompetenz: Allgemeinbildung
PK6	Personenkompetenz: Beziehungen
Q1	Ich fühle mich an der Hochschule wohl, weil ich meine Aufgaben gut erfüllen kann
Q2	Die Hochschule stellt nur Dozenten ein, die für ihre Aufgaben hervorragend qualifiziert sind
Q3	Auf Wunsch hätte ich von der Hochschule noch weitere Beratung oder Schulungen erhalten können
Q4	Zu Beginn meiner Tätigkeit als Dozent hätte ich mir persönlich kein besseres Wissen über Methodik und Didaktik gewünscht, um noch besser auf meine Studenten eingehen zu können

RH1	Meine sonstigen Aufgaben (Prüfungen/Gremienarbeit) an der Hochschule schränken mich nicht darin ein, meine Studenten ausreichend gut zu unterrichten
RH2	Was die Studenten und die Hochschule von mir erwarten ist meist identisch
RH3	Die Hochschule und ich haben die gleiche Vorstellung über die Umsetzung meiner Aufgaben
RV1	Die Entscheidungsträger der Hochschule (z.B. Dekane) informieren mich klar und ausführlich über meine Aufgaben und Lehrinhalte an der Hochschule
RV2	Ich weiß genau, was meine Studenten von mir erwarten und wie ich mit ihnen umzugehen habe
RV3	Ich weiß genau, welche Aspekte meiner Arbeit bei der Bewertung meiner Leistungen seitens der Hochschule am meisten bewertet werden
RV4	Die Studien- und Prüfungsordnung ist klar definiert und ermöglicht es mir, meine Aufgaben unmissverständlich nachzulesen
RV5	Ich bin auch für die Beratung meiner Studenten in Studienfragen verantwortlich
RV6	Ich bin für meine Studenten auch ein Mentor für diverse Fragen und Probleme
SS1	Die Hochschule macht in der Verwaltung (z.B. Rückmeldung, Examensanmeldung) wirksamen Gebrauch von Automation und Standardisierung, um alle Studenten gleich gut zu bedienen
SS2	Die Hochschule stellt konkrete Anforderungen an den Unterricht, um sicherzustellen, dass die Studenten in etwa die gleichen Ausbildungsstandards haben (z.B. Studien- und Prüfungsordnung)
SV1	Die Tatsache, dass andere Hochschulen inzwischen aktiv hervorragende Studenten rekrutieren, erhöht an unserer Hochschule nicht den Druck, dies auch zu tun
SV2	Unsere Hochschule macht keine unhaltbaren Versprechen, um Studenten zu rekrutieren
SV3	Andere Hochschulen machen keine unhaltbaren Versprechen, um Studenten zu rekrutieren
T1	Ich spüre, dass ich an der Hochschule Teil eines Teams bin, das sich für die Ausbildung der Studenten verantwortlich fühlt
T2	Alle Dozenten der Hochschule sind motiviert, für ihre Studenten das Beste zu leisten
T3	Ich fühle mich verpflichtet, anderen Dozenten bei der Umsetzung von ihren Ideen/Veranstaltungen zu helfen
T4	Die anderen Dozenten und die Verwaltung kooperieren mehr mit mir als dass sie mir Konkurrenz machen
T5	Ich habe das Gefühl, ein wichtiger Mitarbeiter an der Hochschule zu sein
T6	Ich halte Gemeinschaftsprojekte mit anderen Haupt- und Nebenfachdozenten für einfach durchführbar
TK1	Theoretische Kompetenz: Musikwissenschaften (Tonsatz, Musikgeschichte, Musikästhetik etc.)
TK2	Theoretische Kompetenz: Methodik/Pädagogik/Didaktik
TK3	Theoretische Kompetenz: Sonstige Qualifikationen (z.B. Jazz, populäre Musik)
ÜM1	Die Hochschule hat grundsätzlich alle nötigen Fähigkeiten, um den Ausbildungsbedarf der Studenten zu befriedigen
ÜM2	Wenn wir die Ausbildung soviel besser leisten, wie es sich die Studenten wünschen, würde das die Hochschule finanziell nicht überfordern
ÜM3	Die Studienvoraussetzungen an der Hochschule (Dozenten, Instrumente, Innenausstattung, Gebäude etc.) der Hochschule sind auf dem Niveau, das die Studenten sich wünschen
ÜM4	Die Führungskräfte fühlen sich uneingeschränkt befähigt, ihre wirtschaftlichen und verwaltungstechnischen Aufgaben optimal und effizient durchzuführen
ZUV	Zuverlässigkeit: Berufsorientiertheit des Unterrichts, Zuverlässigkeit des Prüfungswesens und der Hochschulleitung

1 Einleitung

1.1 Problemstellung

In den letzten 25 Jahren haben sich die deutschen Hochschulen verstärkt damit beschäftigt, die Qualität ihrer Ausbildung systematisch zu verbessern und sich marktgerechter zu orientieren.[1] Während dieser Trend anfangs nur von den Universitäten selbst und eher unauffällig vorangetrieben wurde, ist er inzwischen auch in den Medien und in der Politik ein bedeutendes Thema geworden. Dies liegt einerseits an den Wissenschaftsministerien der Länder, die die Lehr- und Forschungsqualität der Hochschulen als maßgebliche Faktoren für Zielvereinbarungen und leistungsorientierte Mittelzuweisung verwenden möchten[2], und andererseits an Zeitschriften wie Der Spiegel, Focus und Stern, die vor allem mit den regelmäßig von ihnen veröffentlichten ‚Hochschulrankings' das öffentliche Interesse an diesem Thema geweckt und gestärkt haben.[3]

An den deutschen Musikhochschulen ging diese systematische Entwicklung zunächst weitgehend vorüber, meist mit der Begründung, sie seien mit Universitäten nicht vergleichbar.[4] Dabei wurde vor allem auf den regelmäßigen, intensiven Austausch zwischen Dozenten[5] und Studenten hingewiesen, der eine kontinuierliche Qualitätssicherung erlaube, und darüber hinaus betont, dass sich künstlerisch tätige Institutionen nicht mit griffigen Vergleichskennzahlen beschreiben liessen.[6] Hinzu kommt, dass die Zahl der Musikstudierenden in Deutschland bezogen auf die Gesamtstudierendenzahl äußerst gering ist, was zu einem geringeren Interesse in

---

[1] Vgl. Bolsenkötter, *Leistungserfassung in Hochschulen* (1978), für eine Einführung in die Anfänge der Hochschulevaluation. (Allgemeiner Hinweis: Im Folgenden wird in den Fußnoten stets nur der Kurztitel der verwendeten Quellen angegeben. Der vollständige Titel sowie die weiteren Quelleninformationen finden sich im Literaturverzeichnis).

[2] Vgl. Wüstemann, *Akademische Planwirtschaft* (2002), S. 4ff; o.V., *Bestandsaufnahme* (2002); o.V., *Durchleuchtung* (2002); o.V., *Gewinner Musikhochschule* (2002). Das leistungsbezogene Budget einer hessischen Hochschule kann bis zu 20 Prozent des Gesamthaushalts betragen.

[3] Vgl. beispielsweise Der Spiegel, *Spiegel-Rangliste* (2004), Focus, *Die besten Universitäten* (2004) und Stern Spezial, *Studienführer* (2003).

[4] Vgl. beispielsweise RKM, *Schwelle* (2000), S. 21.

[5] Im Folgenden wird im Interesse einer besseren Lesbarkeit des Textes stets nur die männliche Form von Worten verwendet, die bestimmte Personengruppen beschreiben, so beispielsweise „Dozent", „Student" oder „Arbeitgeber".

[6] Vgl. RKM, *Schwelle* (2000), S. 21.

Politik und Medien an dieser Hochschulform führt. Da sich die Arbeitsmarktsituation für Musiker jedoch in den letzten Jahren immer weiter verschlechtert hat und zudem vermehrt Klagen von führenden Pädagogen und Arbeitgebern, aber auch von Studenten über die Qualität der Musikhochschulausbildung laut werden, beginnen die Musikhochschulen nun seit einiger Zeit, ihre bisherige, ablehnende Position zur Evaluation der Ausbildungsqualität zu überdenken.[7] Darüber hinaus zwingen inzwischen fast alle Wissenschaftsministerien auch die Musikhochschulen, sich mit der Qualität ihrer Forschung und Lehre auseinanderzusetzen.

Das bisher nur wenig ausgebildete Interesse vieler Musikhochschulen an der systematischen Auseinandersetzung mit den eigenen Stärken und Schwächen hat dazu geführt, dass sie nun in der Regel nicht in der Lage sind, auf der Basis solider Daten an sich zu arbeiten. Dies wiederum hat zur Folge, dass viele der aktuellen Hochschul-Entscheidungen auf der Grundlage von vagen Informationen getroffen werden müssen, was die Qualität dieser Entscheidungen natürlich stark beeinträchtigt.

1.2 Zielsetzung

Es ist daher zunächst einmal notwendig, den Entscheidungsträgern an Musikhochschulen bewusst zu machen, dass ihre derzeitige Qualitätswahrnehmung gegebenenfalls nicht der Realität entspricht. Weiterhin müssen unter Zuhilfenahme von empirischen Evaluationsansätzen die Wissenslücken der Musikhochschulen geschlossen werden, um die nötigen Reformen konstruktiv und zügig angehen zu können. Dabei reicht es entgegen der bisherigen Praxis nicht aus, nur einzelne Gruppen des Ausbildungssystems (insbesondere Studenten, Dozenten, Vertreter der Hochschulleitung und Arbeitgeber) zu untersuchen. Statt dessen muss man sich mit der Ausbildung im Ganzen beschäftigen, um die geplanten Reformen nicht aus der Perspektive von nur einer der verschiedenen Gruppen zu gestalten. Auf

[7] Dies zeigt sich vor allem daran, dass von den Musikhochschulen seit einigen Jahren verstärkt Kommissionen eingesetzt und Untersuchungen durchgeführt werden, welche die Qualität der einzelnen Einrichtungen bewerten sollen. Unterkapitel 3.2.1 gibt einen umfassenden Überblick über diese Untersuchungen.

diese Weise werden alle am Ausbildungssystem beteiligten Gruppen dann auch eher bereit sein, die Reformen zu akzeptieren und mitzutragen.

Aus diesen Herausforderungen resultiert das Ziel dieser Arbeit, zunächst die bisherigen Entwicklungen und Ansätze zur Qualitätsverbesserung an Musikhochschulen zu analysieren, um dann durch die Entwicklung eines neuen, methodisch fundierten Evaluationsansatzes eine solide Entscheidungsbasis für Musikhochschulen zu schaffen. Bei der Entwicklung dieses Ansatzes soll auch auf wirtschaftswissenschaftliche Modelle zurückgegriffen werden, da sich diese bereits vielfach zur Bewertung von Qualitätsmerkmalen bewährt haben.

Als nächster Schritt muss der entwickelte Evaluationsansatz dann empirisch geprüft werden. Für diese Untersuchungen konnte die Hochschule für Musik und Darstellende Kunst Frankfurt am Main (HfMDK) gewonnen werden, die großes Interesse an den zu erwartenden Ergebnissen gezeigt hat. Auf Grundlage der durch diese Untersuchung gewonnenen Informationsbasis sollen dann konkrete Handlungsempfehlungen für Musikhochschulen im Allgemeinen und für die HfMDK im Speziellen abgeleitet und näher erläutert werden.

Mit diesen Handlungsempfehlungen sollten die Entscheidungsträger von Musikhochschulen dann in der Lage sein, konkrete Schritte einzuleiten, um die Qualität ihrer jeweiligen Einrichtungen zu verbessern.

1.3 Gang der Arbeit

Kapitel 2 gibt zunächst eine Übersicht über die Entwicklung der institutionellen Musikausbildung in Deutschland von ihren systematischen Anfängen gegen 1920 bis zu den aktuellen hochschulpolitischen Entwicklungen. Diese chronologische Darstellung ist wichtig um zu verdeutlichen, wie sehr sich das deutsche, staatliche Musikhochschulwesen im Vergleich zu den Universitäten noch immer am Anfang einer Entwicklung befindet, die erst zu Beginn des 20. Jahrhunderts durch Leo Kestenberg einsetzte und – unterbrochen durch die Entwicklungen im

Nationalsozialismus – erst seit ca. 1960 wieder nennenswerte Fortschritte erkennen lässt. Weiterhin beschreibt das Kapitel die heutigen Aufgaben und Ziele von Musikhochschulen sowie deren Struktur. Dabei wird auch auf die Schwierigkeiten eingegangen, die den Musikhochschulen dadurch entstehen, dass der Gesetzgeber immer wieder versucht, eine Gleichbehandlung von Musikhochschulen und Universitäten sicherzustellen.

Darüber hinaus geht das zweite Kapitel auf den Arbeitsmarkt für Musiker ein und beschreibt dabei u.a. die starken Schwankungen, denen der Markt in den letzten Jahren unterliegt. Dabei wird deutlich, dass das derzeitige Arbeitsmarktumfeld besonders schwierig ist; dies liegt nicht nur an dem deutlichen Überschuss von qualifizierten Arbeitskräften aus deutschen Musikhochschulen, sondern auch an der kontinuierlichen Verkleinerung des Arbeitsmarktes durch Schließung von Orchestern und anderen Kulturinstitutionen.

Kapitel 3 beschäftigt sich mit den unterschiedlichen Methoden zur Evaluation von Ausbildungsqualität. Dabei werden zunächst die Ansätze beschrieben, mit denen bisher versucht wurde, eine Bewertung der Ausbildungsqualität an deutschen Musikhochschulen vorzunehmen. Es fällt auf, dass die meisten Untersuchungen entweder halbherzig oder auf einer empirisch schwachen Basis durchgeführt wurden und dass auch der Erfolg der Untersuchungen im Sinne von nachvollziehbar umgesetzten Handlungsempfehlungen bisher fast immer ausblieb.

Anschließend an die Beschreibung der bisherigen Untersuchungen wird dann ein methodisch solider und allgemein anerkannter Evaluationsansatz gesucht, der die Probleme der Musikhochschulen besser als bisherige Untersuchungen erkennen kann. Um eine größere Auswahl an Modellen heranziehen zu können, wird der Begriff ‚Ausbildungsqualität' auf den Begriff ‚Dienstleistungsqualität' ausgeweitet, der wiederum die Brücke zur wirtschaftswissenschaftlichen Qualitätsforschung schlägt. Die Bewertung der Dienstleistungsqualität stellt in den Wirtschaftswissenschaften ein zentrales Forschungsgebiet dar, und somit ist es hier möglich, ein zuverlässiges Modell zur Messung der Ausbildungsqualität an Musikhochschulen zu identifizieren: das Gap-Modell von Parasuraman, Zeithaml und Berry.

Dieses Gap-Modell teilt die Messung der Dienstleistungs- bzw. Ausbildungsqualität in zwei Perspektiven auf, die Perspektive der Kunden (der Studenten) und die Perspektive des Dienstleistungsunternehmens (der Hochschule). Auf diese Weise ermöglicht das Modell zu untersuchen, inwieweit die Mängel bei der Dienstleistungserstellung (der Ausbildung) durch Wahrnehmungsunterschiede zwischen Anbietern und Abnehmern zu erklären sind. Wie bereits zahlreiche Studien gezeigt haben (und auch diese Untersuchung zeigen wird), sind Wahrnehmungsunterschiede meistens *der* zentrale Faktor, um Unzufriedenheiten bei der Dienstleistungs- bzw. der Ausbildungsqualität zu erklären.

Da das ursprüngliche Gap-Modell für die Bewertung der Dienstleistungsqualität von Unternehmen entwickelt wurde, erfolgt in Kapitel 3 nach der allgemeinen Vorstellung des Modells eine Anpassung an die konkreten Anforderungen in einem Musikhochschulumfeld. Darüber hinaus wird dem Modell noch eine dritte Perspektive hinzugefügt: die Perspektive der potenziellen Arbeitgeber der Studenten. Diese Ergänzung erscheint sinnvoll, da die Zufriedenheit der Studenten mit ihrer Ausbildung allein noch nicht ausreicht, um die Ausbildungsqualität zu messen – letztendlich entscheidet schließlich vor allem die erfolgreiche Vermittlung der Studenten in den Arbeitsmarkt über die Qualität der Ausbildung an einer Musikhochschule.

In *Kapitel 4* erfolgt die empirische Untersuchung der Ausbildungsqualität an der Hochschule für Musik und Darstellende Kunst Frankfurt am Main (HfMDK). Für diese Untersuchung werden die Perspektiven der Studenten, der Hochschulleitung, der Dozenten sowie der potenziellen Arbeitgeber der HfMDK-Absolventen mit einbezogen. Bei allen befragten Gruppen werden weiterhin ausführliche Güteprüfungen der Daten durchgeführt um sicherzustellen, dass die entwickelten Ergebnisse auf einer soliden und zuverlässigen Basis stehen. Diese Gründlichkeit ist hier von besonderer Bedeutung, da einige der hier zu ermittelnden Ergebnisse deutliche Unterscheide gegenüber der derzeitig herrschenden Meinung erwarten lassen.

Der größte Aufwand innerhalb der empirischen Untersuchung wird zur Analyse der Studentenperspektive betrieben; denn um optimale Ergebnisse zu erzielen, werden die Studenten-Fragebögen zunächst auf der Grundlage zahlreicher qualitativer Befragungen entwickelt und erst dann an die breite Masse der Studenten verteilt. Dies hat den Vorteil, dass die Probleme der Studenten zunächst persönlich in kleinen Gruppen und auf einem sehr hohen Detaillevel besprochen werden können, bevor mit den Fragebögen die zentralen Ergebnisse der qualitativen Befragung überprüft werden. Somit können die Vorzüge der qualitativen Forschung (Tiefenanalyse) und der quantitativer Forschung (statistisch abgesicherte, allgemeinere Einzelergebnisse) kombiniert werden.

Weiterhin werden in Kapitel 4 nicht nur die Einzelmeinungen der verschiedenen befragten Personengruppen analysiert, sondern die Wahrnehmungen dieser Gruppen auch verglichen und Gründe für die Unterschiede zwischen den Gruppen gesucht.

In *Kapitel 5* werden aus den empirischen Ergebnissen Handlungsempfehlungen für die HfMDK abgeleitet. Diesen Empfehlungen schließen sich konkrete, detaillierte Umsetzungsvorschläge auf der Grundlage von Literaturrecherchen an, so dass es den Entscheidungsträgern der Hochschule möglich wird, direkte Konsequenzen aus den empirischen Ergebnissen zu ziehen. Vor allem werden hier Empfehlungen zu den Themenbereichen Studienberatung und Evaluation sowie zu möglichen Musikhochschul-Strukturreformen abgegeben.

Abschließend erfolgt in *Kapitel 6* eine Schlussbetrachtung der Arbeit und ein Ausblick. Hier werden noch einmal die zentralen Ergebnisse aller Kapitel zusammengefasst und kurz die wichtigsten nächsten Schritte aufgezeigt, mit denen Musikhochschulen im Allgemeinen und die HfMDK im Speziellen ihre Qualität in den nächsten Jahren verbessern können.

Die folgende Darstellung zeigt den Fluss der Arbeit noch einmal in der Form eines Ablaufdiagramms:

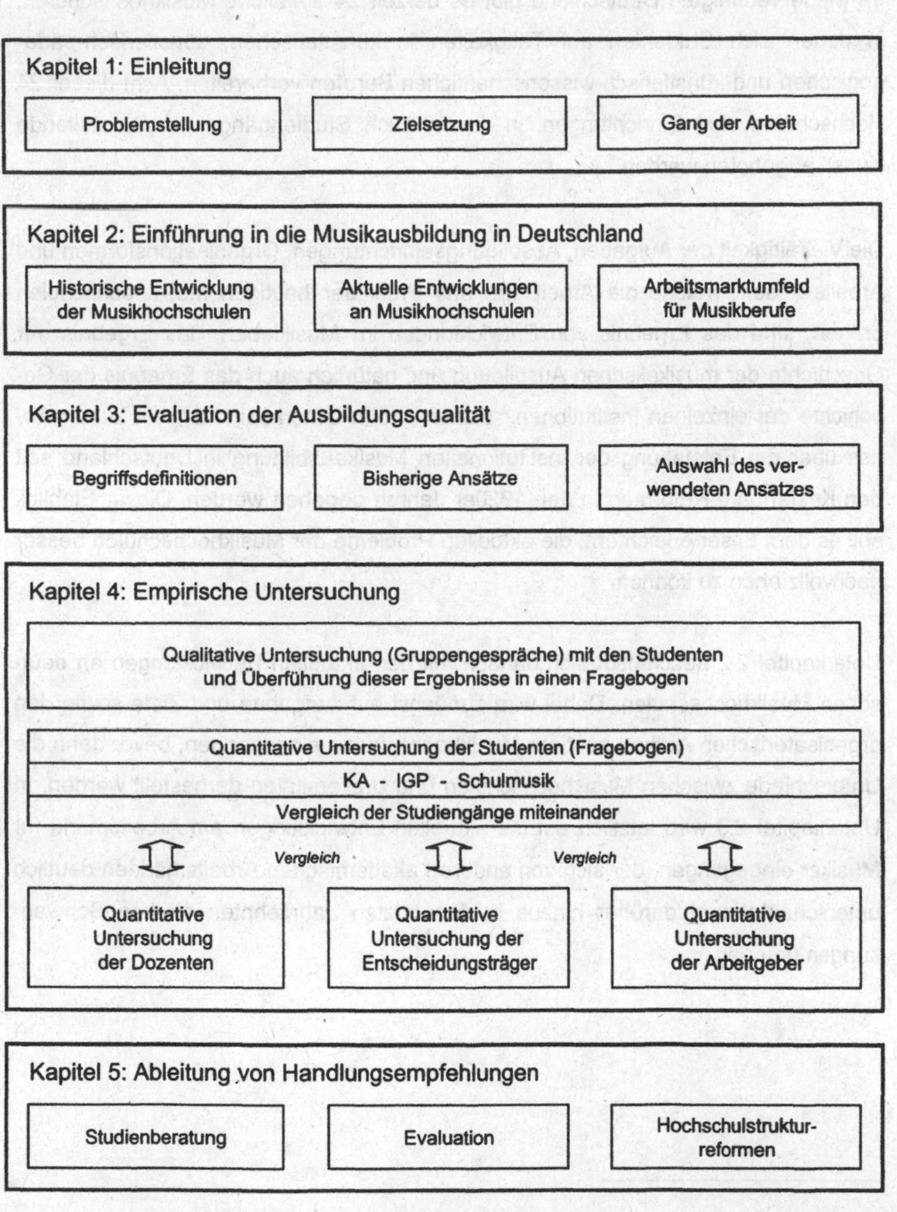

2 Einführung in die Musikausbildung in Deutschland

Im wiedervereinigten Deutschland gibt es derzeit 24 staatliche Musikhochschulen, in denen sich Studenten auf Tätigkeiten in künstlerischen, künstlerisch-pädagogischen und künstlerisch-wissenschaftlichen Berufen vorbereiten. Acht dieser 24 Hochschulen sind Einrichtungen, in denen auch Studiengänge für ‚Darstellende Kunst' angeboten werden.[8]

Die Vielfältigkeit der Aufgaben, Ausbildungseinrichtungen, Organisationsformen und Arbeitsweisen, welche die Arbeit und das Profil der heutigen Musikhochschulen prägen, sind das Ergebnis von Entwicklungen im Musikleben, das Ergebnis der Geschichte der musikalischen Ausbildung und natürlich auch das Ergebnis der Geschichte der einzelnen Institutionen.[9] Daher wird in Unterkapitel 2.1 ein kurzer Abriss über die Entstehung der institutionellen Musikausbildung in Deutschland seit den Kestenberg-Reformen in den 1920er Jahren gegeben werden. Dieser Einblick soll es dem Leser erleichtern, die aktuellen Probleme der Musikhochschulen besser nachvollziehen zu können.

Unterkapitel 2.2 beschäftigt sich danach mit den aktuellen Entwicklungen an deutschen Musikhochschulen. Dabei wird zunächst auf Aufgaben und Ziele sowie den organisatorischen Aufbau heutiger Musikhochschulen eingegangen, bevor dann die Unterschiede zwischen Musikhochschulen und Universitäten dargestellt werden. In Unterkapitel 2.3 wird letztlich auf die aktuellen Entwicklungen am Arbeitsmarkt für Musiker eingegangen, der sich von anderen akademischen Arbeitsmärkten deutlich unterscheidet und darüber hinaus in den letzten Jahrzehnten starken Schwankungen unterlag.

---

[8] Musikhochschulen in Mannheim, Stuttgart, Berlin (UdK), Bremen, Hamburg, Frankfurt am Main, Rostock, Hannover.

[9] Vgl. Richter, *Musikhochschulen* (1993), S. 19.

2.1 Entwicklung des Musikstudiums im 20. Jahrhundert

Unterkapitel 2.1 beschreibt kurz die verschiedenen Entwicklungsschritte der deutschen, heute staatlichen Musikhochschulen seit Anfang des 20. Jahrhunderts.[10] Dabei wird zunächst auf die Kestenberg-Reformen eingegangen, die als der Grundstein der modernen institutionellen Musikausbildung angesehen werden können. Weiterhin werden die Entwicklungen der Musikhochschulen während des Nationalsozialismus und im Nachkriegsdeutschland unter alliierter Besatzung beschrieben, bevor die aktuelleren Entwicklungen in der bundesdeutschen Musikhochschullandschaft dargestellt werden.

2.1.1 Entwicklungen nach den Kestenberg-Reformen

Bis zum Beginn des 20. Jahrhunderts stand in Deutschland bei den musikalischen Ausbildungsinstituten die Aufgabe im Mittelpunkt, das „Erbe der klassischen Periode zu erhalten und zu pflegen".[11] Die Einrichtungen verstanden sich damit als „Institution der Berufsausbildung für musikalische Reproduktionen, auf Spitzenleistungen in der Interpretation von Musik abgestellt"[12], was zu ihrer geistigen Erstarrung führte.[13] Schon zu Anfang des 20. Jahrhunderts war auf die Krise der deutschen Musikerziehung hingewiesen worden[14], aber erst nach dem Ersten Weltkrieg und nachdem Leo Kestenberg mit seinem 1921 vorgelegten Werk „Musikerziehung und Musikpflege" die Grundlagen dafür gelegt hatte, wurden einige der im damaligen Deutschen Reich bestehenden Ausbildungsinstitute in Hochschulen umgewandelt.[15]

[10] Auf eine Darstellung der zahlreichen in kommunaler, kirchlicher oder privater Trägerschaft stehenden Einrichtungen, die teilweise in ihrem Namen auch die Bezeichnung ‚Hochschule' führen (beispielsweise die ‚Katholische Hochschule für Kirchenmusik St. Gregorius' in Aachen), wird hier verzichtet.

[11] Müller-Blattau, *Geschichte Musikhochschulen* (1958), S. 554.

[12] Abel-Struth, *Grundriss* (1998), S. 440.

[13] Vgl. Hofer, *Akademische Grade* (1994), S. 18.

[14] Vgl. Kretzschmar, *Zeitfragen* (o.J.).

[15] Kestenberg war zu dieser Zeit Musikreferent im preußischen Kultusministerium und Leiter der Musikabteilung des Zentralinstituts für Erziehung und Unterricht.

Kestenberg kritisierte die vorherrschenden Praktiken in der Musikausbildung des beginnenden 20. Jahrhunderts[16] und entwarf einen Plan, „der von der allgemeinen musikalischen Bildung in der Schule zum Fachstudium führt".[17] Er postulierte, dass „durch die Vorbildung, die [bereits vorhandene] Volksmusikschulen und Musikgymnasien vermittelt haben, [...] das Niveau der Musikschüler so gehoben [wurde], dass für ihre Weiterbildung neue Unterrichtsmöglichkeiten in Form von Hochschulen geschaffen werden müssen".[18] Dabei strebte er danach, die deutsche Musikkultur nicht nur zu erhalten, sondern sie gleichzeitig auch zu erneuern. Beides setzt jedoch nach Kestenbergs Ansicht die musikalische Bildung des ganzen Volkes voraus.[19] Sein Vorschlag war daher, selbständige Hochschulen zu gründen, die an die Ausbildung von Konservatorien anknüpfen, künstlerische Freiheit gewährleisten und an denen die Lehrkräfte keinen Beamtenstatus erhalten.[20]

Wie der Aufbau der verschiedenen Studiengänge einer Musikhochschule gestaltet werden könnte, legte Kestenberg wie folgt dar: [21]

---

[16] „Die Verhältnisse haben sich im Laufe der Jahre so zugespitzt, dass die gewissenhaften Musikpädagogen zur Selbsthilfe greifen und außerdem um Schutz vor Pfuschern und Scharlatanen bitten. Der Mangel jeder Kontrolle macht den Musikunterricht zum Tummelplatz der fragwürdigsten Elemente" (vgl. Kestenberg, *Musikerziehung* (1921), S. 49).

[17] Kestenberg, *Musikerziehung* (1921), S. 6.

[18] Kestenberg, *Musikerziehung* (1921), S. 75.

[19] Vgl. Günther, *Schulmusikerziehung* (1992), S. 14.

[20] Vgl. Kestenberg, *Musikerziehung* (1921), S. 75. Als Grund für die Ablehnung des Beamtenstatus an Musikhochschulen gab Kestenberg an, dass „Beamtentum [...] mit künstlerischer Freizügigkeit und Freiheit schwer vereinbar" sei „und auch der Wechsel der Anschauungen in Kunst und Erziehung [...] zu steter Erneuerung der Kräfte [zwinge]".

[21] Kestenberg, *Musikerziehung* (1921), S. 76.

	Ausbildung für Konzert und Oper	Ausbildung von Orchestermusikern (Orchesterschule)
Praktische Gruppe	Komposition Klavier und Orgel Gesang Geige und Violoncello (Kammermusik) Opernschule Opernchorschule Kapellmeisterschule Chorschule (Hochschulchor)	Hauptinstrument Nebeninstrumente
Theoretische und wissenschaftliche Gruppe	Musikgeschichte Formenlehre Instrumentenkunde Ästhetik Akustik Literatur Bildende Kunst etc.	Theorie und Musiklehre Orchesterspiel, Übungen Allgemein-wissenschaftliche Fächer

Tabelle 2.1.1: Ausbildungsstruktur nach Kestenberg

Die Tabelle zeigt, wie vielschichtig Kestenberg das Musikstudium gestaltete, insbesondere das Studium für „Konzert und Oper", das in erster Linie Solisten ausbilden sollte. Die Ausbildung von Orchestermusikern war zwar im Vergleich dazu bei weitem nicht so umfangreich, dennoch legte Kestenberg auch bei Orchestermusikern großen Wert auf die theoretische und wissenschaftliche Komponente innerhalb des Studiums.

Kestenbergs Bemühungen hinsichtlich der Umwandlung von Konservatorien in Musikhochschulen zeigten sich auch über die Weimarer Republik hinaus erfolgreich, wie durch die zahlreichen Umwandlungen von Konservatorien in Hochschulen im 20. Jahrhunderts deutlich wird:

Ort	Gründung als	Umwandlung	Bezeichnung nach der Umwandlung
Stuttgart	Conservatorium für Musik	1921	Württembergische Hochschule für Musik
München	Königlich Bayerische Musikschule	1924	Staatliche Hochschule für Musik
Köln	Conservatorium der Musik in Coeln	1925	Staatliche Hochschule für Musik
Weimar	Orchesterschule	1930	Staatliche Hochschule für Musik
Mannheim	Konservatorium Heidelberg	1933	Hochschule für Musik
Frankfurt/M.	Dr. Hoch's Konservatorium	1938	Staatliche Hochschule für Musik
Leipzig	Conservatorium der Musik	1941	Staatliche Hochschule für Musik

Tabelle 2.1.2: In Hochschulen umgewandelten Musikinstitute zwischen 1921 und 1941

Die zunächst nur äußerlich wirksame Verleihung des Hochschultitels am Anfang der 1920er Jahre ging meist mit Änderungen der Lehrinhalte einher. Neue Musik kam auf, und mit ihr traten neue Lehrer in Erscheinung wie beispielsweise Arnold

Schönberg oder Paul Hindemith. Darüber hinaus zog die Schulmusikausbildung in die Hochschulen ein und schuf so die Verbindung zum Universitätsstudium.[22]

Trotz der Verleihung des Titels „Hochschule" blieben die Institute nach Müller-Blattau in ihrem Wesen jedoch „Fachhochschulen"[23] und nach Hufen wurde „ein einheitlicher Status der heutigen Kunst- und Musikhochschulen [...] auch während der zwanziger Jahre weder im Hinblick auf die Aufgabenstellung noch auf die Absicherung der rechtlichen Eigenständigkeit gegenüber der staatlichen Kulturverwaltung erreicht".[24]

2.1.2 Entwicklungen während des Nationalsozialismus

Diese neuen Entwicklungen in der Musikhochschullandschaft zu professionellen, selbstständigen Institutionen wurden durch den Nationalsozialismus unterbrochen: wie auch andere Erziehungsinstitutionen wurden ab 1933 die Musikhochschulen in den Dienst der nationalsozialistischen Ideologie gestellt. Da bei der Ausbildung von Anfang an Gewicht auf die Gemeinschaftserziehung gelegt wurde, entsprachen gerade Musikhochschulen mit ihrer „geschlossenen und überschaubaren Lebensgemeinschaft von Dozenten und Studenten den Vorstellungen der ‚nationalsozialistischen Mannschaftserziehung' am Besten".[25] Unter dem Nationalsozialismus und selbst während des zweiten Weltkrieges riss die Zuerkennung des Hochschulranges an Konservatorien somit nicht ab und noch 1941 wurden 29 Kunsterziehungsanstalten und Hochschulinstitute für Bildende Künste und Musik als Kunsthochschulen im Sinne der Besoldungsgesetznovelle anerkannt.[26]

Weiterhin blieben an den Musikhochschulen wie auch an den Universitäten alle Richtlinien, Verordnungen und Erlasse formal bestehen, sie wurden jedoch vielfach

---

[22] Einzelheiten hierzu siehe Kolland, *Jugendmusikbewegung* (1979).
[23] Müller-Blattau, *Geschichte Musikhochschulen* (1958), S. 552.
[24] Hufen, *Freiheit der Kunst* (1982), S. 89.
[25] Günther, *Schulmusikerziehung* (1992), S. 75.
[26] Vgl. Erlass vom 2.8.1941 (MBIWEV, 1941, S. 317).

durch ‚völkische Erlasse' ausgehebelt.[27] So wurden bedingt durch die politischen Veränderungen die Autonomie und Selbstverwaltung der deutschen Hochschulen stark eingeschränkt[28] und Vorschriften für die Besetzung von Lehrstühlen, eine Strafordnung für Studenten sowie eine einheitliche Prüfungsordnung für Lehramtstudenten aufgestellt.[29]

Die Musikhochschulen verloren darüber hinaus – wie alle im Bereich der Kunst tätigen institutionalisierten Ausbildungsstätten – ihre Rolle als Steuerungsinstanz für die Chancen des künstlerischen Nachwuchses und für die inhaltlichen Aspekte der einzelnen Musikrichtungen an die Reichskulturkammer.[30] Berufsverbote, Verfolgung und Emigration waren weitere Folgen der nationalsozialistischen Umgestaltung, von denen sich die Musikhochschulen bis zum Ende des Dritten Reiches nicht erholten. Die „Moderne Musik" der Jahre 1890 bis etwa 1920 fiel in den Ausbildungsprogrammen der Musikhochschulen ebenso der Verfemung zum Opfer wie die seit etwa 1920 entstandene „Neue Musik".

Diese unter Federführung des ‚Kampfbundes für deutsche Kultur'[31] stehenden Aktionen richteten sich nicht nur gegen bestimmte Werke und Komponisten, sondern in gleicher Weise gegen Interpreten und Hochschullehrer. So diente das „Gesetz zur Wiederherstellung des Berufsbeamtentums" vom 7.4.1933[32] zur Ausschaltung unliebsamer, insbesondere jüdischer Lehrkräfte.[33] Allein am erst 1938 in eine staatliche Hochschule umgewandelten Hoch'schen Konservatorium in Frankfurt/Main[34]

---

27 Vgl. Kestenberg, *Bewegte Zeiten* (1961), S. 42f, und Kasper et al., *Gesetze Hochschulverwaltung* (1942 und 1943), der die Rechtsregeln an Hochschulen im Dritten Reich umfassend darlegt.

28 Vgl. Richtlinien zur Vereinheitlichung der preußischen Kunsthochschulen vom 3.7.1935 (MBlWEV, 1935, S. 320).

29 Vgl. Runderlass des Reichsministers für Wissenschaft, Erziehung und Volksbildung über das Verfahren bei der Besetzung von Lehrstühlen an den Kunsthochschulen vom 2.6.1942 (MBlWEV, 1942, S. 220); Strafordnung für Kunststudenten vom 9.6.1936 (MBlWEV, 1936, S. 317); Ordnung für die Prüfung für das Künstlerische Lehramt an höheren Schulen im Deutschen Reich vom 20.8.1940 (MBlWEV, 1940, S. 417).

30 Vgl. Hufen, *Freiheit der Kunst* (1982), S. 90.

31 Gegründet von Alfred Rosenberg, Winifred Wagner und Alfred Heuß.

32 RGBl. I 1933, S. 175.

33 Vgl. Kilian, *Hochschulen für bildende Künste* (1967), S. 99f.

34 Vgl. Cahn, *Hoch'sches Konservatorium* (1979), S. 310f.

wurde zum 31. August 1933 vierzehn ausländischen und jüdischen Lehrkräften gekündigt, darunter auch Lehrer, die seit Jahrzehnten an der Anstalt tätig waren.[35]

Der Kriegsausbruch im Jahr 1939 setzte dann neue Prioritäten. Bis auf die beiden Berliner Hochschulen ‚Staatliche Hochschule für Musik' und ‚Staatliche Hochschule für Musikerziehung und Kirchenmusik' mussten alle deutschen Musikhochschulen (und die meisten Konservatorien) ihre Unterrichtstätigkeit einstellen, was sich jedoch nach wenigen Monaten wieder änderte, weil Musiklehrer-Nachwuchs zu fehlen drohte und weil - wie die ‚Völkische Musikerziehung' schrieb - „moderne Kriege [...] weder mit Analphabeten gewonnen werden [können] noch mit Massen, denen [...] Unterführer mit innerer Bildung fehlen".[36] Der Musikunterricht sollte nicht nur wegen der nun einsetzenden starken Betonung der unmittelbaren Beziehung der Musik zum Soldatentum fortgesetzt werden[37], sondern auch deswegen, „weil die Beschäftigung mit der Kunst durchaus dazu geeignet ist, die notwendigen entspannenden Momente zu bringen, in denen sich die Kräfte der Seele sammeln, um im richtigen Augenblick mit um so größerer Schlagkraft zum Einsatz bereit zu sein".[38]

Unter den gegebenen politischen Umständen und aufgrund der Kriegseinwirkungen überrascht es wenig, dass in der Zeit des Nationalsozialismus nur wenige grundsätzliche Entwicklungen an den deutschen Musikhochschulen stattfanden. Viele Dozenten waren jedoch bereit, zur Durchsetzung ihrer musikalischen und pädagogischen Vorstellungen persönliche Nachteile in Kauf zu nehmen. So weigerte sich beispielsweise Bertil Wetzelsberger, der Direktor des Frankfurter Hoch'schen Konservatoriums, noch 1935, das Konservatoriumsorchester wie von der NSDAP gewünscht bei Parteiveranstaltungen mitwirken zu lassen und der Pfitzner-Schüler Gerhard Frommel bekannte sich im gleichen Jahr in der damals viel gelesenen

---

35 Vgl. Kommission zur Erforschung der Frankfurter Juden, *Dokumente* (1963), S. 90ff, und Cahn, *Hoch'sches Konservatorium* (1979), S. 301.

36 o.V., *Musikerziehung in Kriegsjahren* (1939), S. 471. Den Ausgaben Jg. 1939, S. 479 und Jg. 1940, S. 39/84 der Zeitschrift „Völkische Musikerziehung" folgend, eröffneten die ersten Musikhochschulen bereits Ende 1939 wieder.

37 Vgl. Ney, *Bekenntnis* (1942), S. 63.

38 o.V., *Musikerziehung in Kriegsjahren* (1939), S. 471.

Schrift ‚Neue Klassik in der Musik'[39] zu Igor Stravinsky, wofür er auf der Ausstellung ‚Entartete Kunst' 1938 in Essen massiv angegriffen wurde.[40]

2.1.3 Entwicklung während der alliierten Besatzung bis zur Gründung der Bundesrepublik Deutschland

Nach dem Ende des Krieges existierten die deutschen Musikhochschulen nur noch vereinzelt. Die im Jahre 1942 in den Hochschulrang erhobenen Hochschulen in Breslau und Königsberg gingen als deutsche Hochschulen verloren[41], von den verbleibenden acht innerhalb der Grenzen des Deutschen Reiches von 1937 liegenden Musikhochschulen befanden sich zwei in der sowjetischen Besatzungszone (Leipzig, Weimar), eine in der Viersektorenstadt Berlin, vier im amerikanischen Besatzungsgebiet (München, Frankfurt/M., Mannheim/Heidelberg, Stuttgart) und eine in der britischen Besatzungszone (Köln).

Allen Musikhochschulen gemeinsam war, dass ihre Gebäude und Unterrichtsmöglichkeiten weitgehend zerstört waren[42], dass die Zahl ihrer (auch potenziellen) Studenten und ihrer während der NS-Zeit im Deutschen Reich verbliebenen Lehrer nicht nur durch Kriegseinwirkungen, sondern auch durch personalpolitische Maßnahmen der einzelnen alliierten Militärregierungen radikal dezimiert war.[43] Weiterhin gab es unmittelbar nach dem Krieg dringendere Probleme als den Wiederaufbau von Musikausbildungsstätten[44], so dass die Wiederaufnahme des Lehr- und Lernbetriebes an Musikhochschulen durch Improvisation, spontane Initiative und durchgängigen Verzicht auf die Verwirklichung von Ausstattungsansprüchen gekennzeichnet war.[45]

---

[39] Frommel, *Neue Klassik in der Musik* (1937).
[40] Vgl. Cahn, *Hoch'sches Konservatorium* (1979), S. 304, S. 306 und S. 368.
[41] Vgl. Gruhn, *Geschichte* (1993), S. 259.
[42] „Viele Unterrichtsstätten lagen in Schutt und Asche und waren darüber hinaus durch den unersetzlichen Verlust an Lehrpersonal zunächst eigentlich gar nicht lebensfähig." (vgl. RKM, *Musikhochschulführer* (1990), S. 25).
[43] Vgl. Cahn, *Hoch'sches Konservatorium* (1979), S. 333f: „Nur wenige [... Lehrer] hatten sich der Mitgliedschaft in der NSDAP zu entziehen gewusst. Aber selbst sie blieben nicht verschont vor Härten".
[44] Vgl. Gruhn, *Geschichte* (1993), S. 279.
[45] Vgl. RKM, *Musikhochschulführer* (1990), S. 25.

Im damals noch ungeteilten Berlin wurde die erste deutsche Musikhochschule nach dem Krieg mit 35 Lehrkräften schon im Oktober 1945 offiziell wiedereröffnet, 1946 folgten die Wiedereröffnungen in Leipzig, Weimar, München und Köln. In Frankfurt am Main war schon unmittelbar nach Kriegsende der Gesangspädagoge Rudolf Ligniez zum kommissarischen Leiter der Musikhochschule ernannt worden, aber erst im Frühjahr 1947 ging man daran, die Wiederaufnahme des Unterrichts vorzubereiten.[46] 1946 wurden die Musikhochschulen Halle/Saale und Freiburg gegründet, es folgten Trossingen und Rostock (1947), Hamburg (1949) und Dresden (1952). Kurz nach der Errichtung der beiden deutschen Teilstaaten wurde weiterhin 1950, auch weil die einzige Musikhochschule Berlins und alle Konservatorien im Westteil der Stadt lagen, die ‚Deutsche Hochschule für Musik' (1964 umbenannt in ‚Hochschule für Musik „Hanns Eisler" Berlin') eröffnet.[47]

Die deutschen Hochschulen waren jedoch nach 1945 aufgrund der sich abzeichnenden Spaltung Deutschlands gezwungen, verschiedene Wege zu gehen. Während in den drei westlichen Besatzungszonen die an den Stand der Weimarer Republik anknüpfende Hochschulpolitik auf eine relative Kontinuität hinauslief und Innovationen sich im wesentlichen auf die Eliminierung bestimmter Relikte aus der NS-Zeit beschränkten, wurde im Rahmen der sozialistischen Umgestaltung der damaligen sowjetischen Besatzungszone von vornherein auch eine radikale Bildungsreform, d.h. die Schaffung sozialistischer Schulen und Hochschulen angestrebt. Da die Entwicklungen an den Musikhochschulen der DDR das heutige Musikhochschulsystem nur geringfügig prägten, kann hier auf eine nähere Darstellung der Entwicklungen in Ost-Deutschland vor der Wiedervereinigung verzichtet werden.[48]

Ein dritter Weg wurde seit 1946 im Zusammenhang mit der von französischer Seite betriebenen staatlichen Verselbständigung des Saargebietes beschritten. Das 1947 gegründete Saarbrücker Konservatorium wurde erst 1957 im Rahmen des Beitritts des Saarlandes zur Bundesrepublik Deutschland in eine Staatliche Hochschule für

---

46 Vgl. Cahn, *Hoch'sches Konservatorium* (1979), S. 334.
47 Vgl. John, *Musikstudium* (1988), S. 342.
48 Für weiterführende Informationen vgl. Hoffmann, *Hochschulreform DDR* (1974).

Musik umgewandelt und unterliegt auch erst seit diesem Jahr dem deutschem Hochschulrecht.

2.1.4 Entwicklung seit der Gründung der Bundesrepublik Deutschland

In der Geschichte der Bundesrepublik lassen sich zwei große Hochschul-Reformansätze bestimmen, die sich auch auf die Musikhochschulen auswirkten: [49]

- die Öffnung der Universitäten (Demokratisierung des Wissenschaftssystems, Chancengleichheit beim Zugang zum Bildungssystem) und die formale Gleichstellung künstlerischer Hochschulen mit wissenschaftlichen Hochschulen durch das Hochschulrahmengesetz in den 1970er Jahren und

- die rigorose Anpassung der Hochschulen an ein neues Gesellschaftsmodell (Individualisierung und individuelle Leistungsanreize) im Rahmen der ‚Großen Hochschulreform' seit Mitte der 1990er Jahre.

Obwohl es nicht an Initiativen für eine grundlegende Erneuerung des Hochschulwesens fehlte[50], war es in den drei westlichen Besatzungszonen zwischen 1945 und 1949 zunächst zu einer Restauration der bereits vor dem Ersten Weltkrieg bestehenden und schon im 19. Jahrhundert entwickelten Hochschulverfassung gekommen. In diesem hochschulpolitischen Umfeld entstand im Jahre 1950 aus der zuvor gebildeten ‚Arbeitsgemeinschaft der Direktoren der Staatlichen Musikhochschulen in der Bundesrepublik einschließlich West-Berlins' die ständige Einrichtung der ‚Rektorenkonferenz der Musikhochschulen in der Bundesrepublik Deutschland'. Ziel dieser Einrichtung war es, „neben der Koordinierung der wichtigsten Studienfragen

---

[49] Vgl. Schramm, *Universitätsreform* (2002), S. 10.
[50] Vgl. hierzu das 1948 vorgelegte „Gutachten zur Hochschulreform" (das sog. „Blaue Gutachten") des von der britischen Besatzungsmacht eingesetzten „Studienausschusses für Hochschulreform" (Lange, *Blaues Gutachten* (1998), S. 10-23).

für die in ihr vereinigten bundesdeutschen Musikhochschulen eine den wissenschaftlichen Hochschulen entsprechende Behandlung zu erreichen".[51] Da aber Hochschulen offenbar „historisch determinierte Institutionen [sind], die in ihrer Organisation und ihrem Habitus starke Beharrungstendenzen aufweisen und sich nur langsam gesellschaftlichen Veränderungen anpassen"[52], veränderte sich – wenn von der Erweiterung der Musikhochschulabteilungen für Instrumentallehrerausbildung und den dadurch notwendig werdenden Novellierungen der entsprechenden Studienordnungen abgesehen wird – an den deutschen Musikhochschulen zwanzig Jahre lang nichts. 1963 wurde von der Hochschulrektorenkonferenz den Kultusministern der Länder zwar die „Denkschrift zur Ordnung des musikalischen Bildungswesens und zum Ausbau der Staatlichen Musikhochschulen"[53] und 1967 eine „Empfehlung der Kultusministerkonferenz zur Förderung der Musikpflege und der Musikausbildung"[54] vorgelegt, beide hatten jedoch keine nennenswerten Auswirkungen.

Bewegung in die Entwicklung der Hochschullandschaft kam erst, nachdem die Kultusministerkonferenz mit Beschluss vom 26. September 1967 empfohlen hatte, den Kunsthochschulen „sachlich und personell die Voraussetzungen für die Erfüllung ihrer Aufgaben in entsprechendem Umfang und mit gleicher Dringlichkeit wie bei den wissenschaftlichen Hochschulen zu sichern"[55] und nachdem 1968 von der Kultusministerkonferenz die „Grundsätze für ein modernes Hochschulrecht und für eine strukturelle Neuordnung des Hochschulwesens"[56] verabschiedet wurden. Unter der allgemeinen Prämisse, dass das Bildungswesen nachfrage- und zugleich bedarfsgerecht auszubauen sei, sprachen sich die Kultusminister in diesem Beschluss für weitgehende Änderungen der Hochschulverfassung aus (u. a. Präsidialverfassung oder mehrjähriges Rektorat, Einrichtung von Fachbereichen, funktionsgerechte Mitsprache der an Forschung und Lehre beteiligten Gruppen, eine Reform

[51] Hofer, *Akademische Grade* (1994), S. 21f.
[52] Schramm, *Universitätsreform* (2002), S. 85.
[53] Hofer, *Akademische Grade* (1994), S. 22.
[54] Kultusministerkonferenz, *Beschlusssammlung*, Beschluss Nr. 2016 vom 20.1.1967.
[55] Kultusministerkonferenz, *Beschlusssammlung*, Beschluss Nr. 1618 vom 26.9.1967.
[56] Kultusministerkonferenz, *Beschlusssammlung*, Beschluss Nr. 1550 vom 10.4.1968.

des Lehrkörpers mit einer verstärkten Beteiligung des Mittelbaus und eine Studien- und Prüfungsreform mit dem Ziel einer Verkürzung der tatsächlichen Studienzeiten).

1976 wurde dann das (seitdem mehrfach novellierte) Hochschulrahmengesetz[57] verabschiedet, das – gefolgt durch Ländergesetze – nicht nur in den Bereichen Organisation, Verwaltung, Personal, Zulassung zum Studium eine größere Einheitlichkeit im bundesdeutschen Hochschulwesen herstellen sollte, sondern die Musikhochschulen mit den wissenschaftlichen Hochschulen auch hinsichtlich des Promotionsrechts gleichstellte.

Genau betrachtet bedeuteten diese hochschulpolitischen Regelungen jedoch kein Gleichbehandlungsgebot der Musikhochschulen mit den wissenschaftlichen Hochschulen, sondern sie enthielten lediglich ein „Schlechterstellungsverbot".[58] Die Einbeziehung der Musikhochschulen in das jeweilige Landesverfassungsrecht war weiterhin sehr lückenhaft und die Stellung dieser Institute im Hochschulumfeld unklar. Um dem entgegenzuwirken, aber auch wegen der Annäherung an ein europäisches Hochschulwesen und wegen des Problems dauernder Unterfinanzierung kam es dann im Jahre 1998 zu einer umfassenden Novellierung des Hochschulrahmengesetzes. Mit dieser Novellierung wurde individualisierten Leistungsanreizen stärkere Beachtung geschenkt und weitgehend auf detaillierte Vorgaben für Organisations- und Leitungsstrukturen der Hochschulen verzichtet.[59] Die Länderparlamente gestalteten daraufhin ihre jeweiligen Hochschulgesetze grundlegend um und stärkten dabei die Autonomie aller deutschen Hochschulen.

Mit diesen Änderungen kündigte sich, wie Schramm[60] ausführt, ein Paradigmenwechsel an, denn Ziel der Hochschulpolitik war seitdem nicht mehr in erster Linie die Verwirklichung der liberalen Freiheiten in der Tradition von Wilhelm von Humboldt, sondern die Konstituierung der Hochschulen als in Eigenverantwortung

---

57 Vgl. BGBl. I 1976, S. 185ff.
58 Kilian, *Hochschulen für bildende Künste* (1967), S. 145.
59 Vgl. Müller-Böling, *Entfesselte Hochschule* (2000), S. 45.
60 Vgl. Schramm, *Universitätsreform* (2002), S. 9.

und im Wettbewerb stehender *Dienstleistungsunternehmen*, in denen die Verwertbarkeit von vermittelten Kenntnissen die Grundlagen für weitere Reformen liefern. „Da bei den Reformvorschlägen von einem konstanten Budget ausgegangen wird, kann das Ziel nur erreicht werden, wenn der Staat sich aus der Finanzierung der Hochschulen zumindest teilweise zurückzieht. Mit anderen Worten: im Mittelpunkt der Reformdiskussion stehen Möglichkeiten der Kosteneinsparung durch Rationalisierung im Zusammenhang mit Organisationsveränderungen und Privatisierung von bestimmten Leistungsbereichen der Hochschulen."[61] Diese fortschreitende ‚Ökonomisierung' der Hochschullandschaft erleichtert es nun Evaluationsforschern, Hochschulen mit neuen Untersuchungsansätzen hinsichtlich ihrer Qualität und Effizienz zu untersuchen und vor allem auch ein breites Interesse für ihre Ergebnisse zu erlangen.

Zusammenfassend kann somit festgestellt werden, dass die fortschreitende Entwicklung der deutschen Musikhochschulen immer wieder durch politische oder finanzielle Veränderungen behindert wurde. Diese häufige Veränderung der Rahmenbedingungen hat es den Musikhochschulen bisher auch fast unmöglich gemacht, eine gemeinsame, konsequente und dauerhafte Linie für Forschung und Lehre festzulegen.

2.2 Aktuelle Entwicklungen an deutschen Musikhochschulen

Im Wintersemester 2002/03 studierten in Deutschland 26.555 Studenten in musikalischen oder musiknahen Fächern, davon 15.832 Studenten an den Musikhochschulen, wie die folgende Tabelle aufschlüsselt.[62]

---

[61] Schramm, *Universitätsreform* (2002), S. 9.
[62] Vgl. Zusammenstellung des Deutschen Musikrates auf Grundlage von Daten des Statistischen Bundesamtes (Fachserie 11, Reihe 4.1.), 29.10.2003.

Studienrichtung	Studierende insgesamt	davon an		
		Musikhoch-schulen	Universitäten/ Gesamthoch-schulen	Sonstige Hoch-schulen
Instrumentalmusik/Orchestermusik	8.418	8.365	53	
Musikwissenschaft/-geschichte	6.142	269	5.873	
Lehramt Musik an allgemein bildenden Schulen	5.541	2.189	3.017	335
Musikerziehung (freier Beruf oder Musikschule)	3.383	2.184	859	340
Gesang (ohne Darstellende Kunst)	1.090	1.033	57	
Jazz und Popularmusik	804	659	145	
Kirchenmusik	531	487	44	
Dirigieren	295	295		
Komposition	275	275		
Sonstige	76	76		
Insgesamt	**26.555**	**15.832**	**10.048**	**675**

Tabelle 2.2.1: Studierende in Studiengängen für Musikberufe im WS 2002/03 (1. Studienfach, ohne Akademien/Konservatorien und Kirchenmusikschulen)

Aufgrund der Gesamtstudentenzahl von derzeit mehr als zwei Millionen in Deutschland[63] überrascht nicht, dass diese 26.555 Studenten in Studiengängen für Musikberufe an den deutschen Musikhochschulen, Universitäten, Gesamthochschulen, Pädagogischen Hochschulen und Fachhochschulen im hochschulpolitischen Diskurs leicht vernachlässigt werden. In den letzten Jahren wurden jedoch – selbst wenn sie kaum öffentliches Interesse erregten – Defizite in der Orchestermusiker-, Opernsänger- und Musiklehrerausbildung, zu spät einsetzende Hochbegabtenförderung und ausbleibende internationale Wettbewerbserfolge beklagt.[64]

2.2.1 Aufgaben und Ziele von Musikhochschulen

Mit dem Hochschulstudium in Deutschland wird das Ziel verfolgt, „Studierende auf ein berufliches Tätigkeitsfeld vorzubereiten und ihnen die dafür erforderlichen Kenntnisse, Fähigkeiten und Methoden dem jeweiligen Studiengang entsprechend

[63] Vgl. Gaehtens, Peter, Präsident der Hochschulrektorenkonferenz; zitiert bei Gillmann, *Rekordzugänge* (2003).

[64] Vgl. Hennevogl, *Marginalien* (1997), S. 88.

[...] zu vermitteln".[65] Bei Musikhochschulen stellt dabei die Vermittlung künstlerischer Kenntnisse und Fähigkeiten einen sehr wesentlichen Aspekt dar, der dazu dient, den Studenten eine optimale Entfaltung ihrer musikalischen Begabung zu ermöglichen.[66]

Die Aufgaben der Musikhochschulen sind in den Hochschul- bzw. Kunsthochschulgesetzen der Länder geregelt und die konkreten Ausbildungsziele in den jeweiligen Studienordnungen der einzelnen Hochschulen verankert. Einige Musikhochschulen, wie z.B. die Hochschule für Musik und Darstellende Kunst Frankfurt am Main (HfMDK) verfügen neben den für die einzelnen Studiengänge geltenden Ausbildungszielen weiterhin auch über ein für die gesamte Hochschule geltendes Leitbild:[67]

> „Die Hochschule für Musik und Darstellende Kunst Frankfurt am Main hat zum Ziel, den künstlerischen Nachwuchs auf dem Gebiet der Musik, des Theaters und des Tanzes sowie den Nachwuchs für musikpädagogische Berufe und für die Musikwissenschaft zu einem Höchstmaß an Kompetenz zu entwickeln. [...] Die Studierenden möchte die Hochschule in Stand setzen, sich in ihrer zukünftigen künstlerischen, pädagogischen und wissenschaftlichen Tätigkeit selbständig und selbstkritisch zu behaupten."

Als Studienabschluss für künstlerische und musikpädagogische Studiengänge kann an allen Musikhochschulen das Diplom erworben werden, Lehramtsstudenten schließen ihr Studium mit dem Ersten Staatsexamen ab. Einzelne Musikhochschulen, wie beispielsweise in Detmold und Weimar, verleihen darüber hinaus für das musikwissenschaftliche Studium den Magistergrad. Im Rahmen der Entstehung neuer Studiengänge finden sich an den Musikhochschulen seit einigen Jahren auch vermehrt Angebote für Bachelor- und Master-Abschlüsse.

Das Promotionsrecht hat inzwischen fast jede staatliche Musikhochschule erworben, aber auch das Habilitationsrecht findet sich vereinzelt, so z.B. an der Hochschule für Musik und Theater Hannover. Letztlich nehmen alle Musikhoch-

---

65 § 7 Hochschulrahmengesetz (HRG) in der Fassung vom 10.1.1999 (BGBl. I, S. 18), zuletzt geändert durch Artikel 1 des Gesetzes vom 8. August 2002 (BGBl. I S. 3138).

66 Vgl. Krüger, *Grundtypen* (1982), S. 121.

67 Vgl. http://www.hfmdk-frankfurt.de/deutsch/hfmdk_leitbild.htm.

schulen das Konzertexamen ab, das für besonders qualifizierte Musiker nach einem Aufbaustudium erworben werden kann.

2.2.2 Organisation und Studienstrukturen an Musikhochschulen

Grundsätzlich lässt sich feststellen, dass meist alle klassischen Fachrichtungen der musikalischen Berufsbildung an den deutschen Musikhochschulen vertreten sind und von den Studenten auch angenommen werden (vgl. die vorausgegangene Tabelle 2.2.1). Weiterhin bieten viele Musikhochschulen auch Ausbildungsgänge an, die nur einem der Musik nahe stehenden Bereich zuzurechnen sind, so beispielsweise Musikmanagement, Musikjournalismus oder Musiktherapie. Die Nachfrage nach diesen neuen Studiengängen steigt in den letzten Jahren kontinuierlich an.[68] Musikhochschulen unterscheiden sich somit von den meisten anderen musikalischen Ausbildungsstätten vor allem dadurch, dass sie den vollständigen Bereich der künstlerischen, wissenschaftlichen und pädagogischen Berufsfelder und Ausbildungsfächer zusammenfassen und so grundsätzlich das gesamte Spektrum der Musik und musikbezogenen Berufe in Ausbildungsgängen anbieten.[69]

Die gesetzliche und organisatorische Grundlage für die Arbeit und die Struktur der staatlichen Musikhochschulen ist neben den allgemeinen verfassungsrechtlichen Vorgaben des Grundgesetzes vor allem das Hochschulrahmengesetz des Bundes. Hier sind unter anderem die Aufgaben der Hochschulen, Anforderungen an Lehre und Forschung und die Zulassung zum Studium, Fragen über Organisation und Verwaltung der Hochschulen, der Planung sowie der Selbstverwaltung definiert. Ergänzt werden diese Regelungen durch die Hochschul- und Kunsthochschulgesetze der Länder und weitere, ergänzende Bundes- und Ländergesetze sowie Länderverordnungen. Hinzu kommen Zielvereinbarungen der Musikhochschulen mit

---

[68] Der erste Studiengang für Kulturmanagement in Deutschland wurde Ende der 1980er Jahre an der Hochschule für Musik und Theater Hamburg gegründet. Aus dem einen Studienangebot sind inzwischen über vierzig Angebote in Deutschland, Österreich und der Schweiz geworden (vgl. Birnkraut, *Mittler zwischen Welten* (2002), S. 3).

[69] Vgl. Richter, *Musikhochschulen* (1993), S. 25.

den Wissenschafts- und Kultusministerien, hochschulinterne Struktur- und Entwicklungspläne, Tarifverträge mit dem Hochschulpersonal, Studien- und Prüfungsordnungen und zahlreiche andere Regelungen.

Wegen der Vielfalt und Vielseitigkeit dieser Regelungen ist die Führung einer Hochschule äußerst komplex und besonders Musik- und Kunsthochschulen haben es hier schwer, weil ihnen der umfangreiche akademische Mittelbau fehlt, der die im Rahmen der Selbstverwaltung geforderte demokratische Gremienarbeit erst ermöglicht. Weiterhin herrscht an Musikhochschulen ein sehr persönliches und unpolitisches Klima, so dass die aus § 7 des Hochschulrahmengesetzes resultierende Verpflichtung, dem Studenten auch Fähigkeiten zu vermitteln, die ihn „zu verantwortlichen Handeln in einem freiheitlichen, demokratischen und sozialen Rechtsstaat"[70] befähigen, weniger stark ausgeprägt ist als bei großen wissenschaftlichen Hochschulen.

2.2.3 Grundlegende Unterschiede zwischen Musikhochschulen und Universitäten

Mit ihrem Lehr- und Forschungsangebot werden die Musikhochschulen den Universitäten und anderen Hochschulen einerseits nicht nur immer ähnlicher, sondern sie wandeln sich gelegentlich auch in Universitäten um.[71] Dennoch gibt es noch viele Merkmale, durch die sich Musikhochschulen von Universitäten und anderen wissenschaftlichen Hochschulen unterscheiden.

So nehmen Musikhochschulen im Bereich der Lehre eine klare Sonderstellung gegenüber Universitäten ein, da die Dozenten im Normalfall nur zwischen einem und einigen Dutzend Studenten gleichzeitig unterrichten.[72] Die Lehrenden sind dabei – ähnlich den Fachhochschulen – in der Regel Praktiker, die aus namhaften

---

[70] Vgl. Rosenberger, *Musikausbildung* (2002), S. 56.

[71] Die Hochschule der Künste (HdK) nennt sich seit November 2001 Universität der Künste (UdK) und vereint seitdem die Fakultäten „Bildende Kunst", „Gestaltung", „Musik", „Darstellende Kunst" und „Erziehungs- und Gesellschaftswissenschaften" unter ihrem Dach.

[72] Vgl. Haase/Senf, *Struktur* (1998), S. 205.

Orchestern und Theatern heraus für die Lehre gewonnen wurden und denen eine flexible Vertragsgestaltung erlaubt, weiterhin aufzutreten.[73]

Darüber hinaus unterscheiden sich die Studenten der Musikhochschulen von denen der Universitäten, weil sie bereits zu Beginn ihres Studiums einen hohen Grad an technischer und musikalischer Vorbildung besitzen, die sie im Rahmen von Aufnahmeprüfungen auch unter Beweis stellen müssen.[74] Musikhochschulen können sich ihre Studenten somit selbst aussuchen.[75]

Ein weiterer Unterschied ist die Definition der Forschung: an den Musikhochschulen werden nicht nur originär musikwissenschaftliche Forschungsleistungen durch die musikwissenschaftlichen und musikpädagogischen Institute erbracht[76] sondern auch vom Gesetz grundsätzlich der Forschung gleichgestellte ‚künstlerischen Entwicklungsvorhaben' durchgeführt[77], bei denen „geistige Tätigkeit mit dem Ziele [ausgeführt wird], in methodischer, systematischer und nachprüfbarer Weise neue Erkenntnisse zu gewinnen".[78]

Ein Teil der Forschung an Musikhochschulen findet aber auch als ‚praktische Forschung' in Form der Weiterentwicklung und Vermittlung von musikalischen Positionen durch anerkannte Musikerpersönlichkeiten statt. Diese Positionen werden

---

[73] Vgl. Rauhe, Präsident der Hochschule für Musik und Theater in Hamburg, in: Friedmann, *Götterfunken* (2004). Die beschriebene Flexibilität der Dozenten hängt von der Vertragsart ab, die sie mit den Musikhochschulen abschließen. So können Lehrbeauftragte und Honorarprofessoren ihre Arbeitsplätze (beispielsweise als Konzertmeister eines staatlichen Orchesters) vollständig beibehalten, während beamtete Professoren nur maximal *eine ganze* staatlich finanzierte Stelle ausüben dürfen. Dennoch bleibt den beamteten Hochschullehrern aber ausreichend Zeit, weiterhin gegen Honorar aufzutreten. Ebenso ist es den Dozenten grundsätzlich möglich, nur eine halbe Stelle an einer Hochschule anzunehmen und die andere Hälfte ihrer Arbeitszeit beispielsweise in einem staatlichen Orchester zu verbringen.

[74] Vgl. RKM, *Schwelle* (2000), S. 9.

[75] Vgl. Friedmann, *Götterfunken* (2004). In diesem Artikel beschreibt Hermann Rauhe, ehemaliger Präsident der Hochschule für Musik und Theater in Hamburg, dass „im letzten Aufnahmeverfahren [...] nur vier von 160 Bewerbern die Prüfung im Fach Klavier" bestanden haben. Dieses Vorgehen wird seit einigen Jahren in der Hochschulreform-Diskussion übrigens auch für Universitäten gefordert. (vgl. beispielsweise Spiewak, *Reifeprüfung* (2004)).

[76] Alle deutschen Musikhochschulen verfügen über das Promotionsrecht, einige sogar über das Habilitationsrecht.

[77] Das Hochschulrahmengesetz stellt in § 26 fest, dass die für die Forschung erlassenen Vorschriften „für künstlerische Entwicklungsvorhaben sinngemäß" gelten.

[78] BVerfGE 35, 79 (113).

von den Künstlern üblicherweise im Rahmen von Auftritten sowie Video- und Audio-Aufnahmen vorgestellt. So betrachtet grenzen sich viele künstlerische Forschungsleistungen von Musikhochschulen vor allem insofern von denen an Universitäten ab, als dass das hier entwickelte Wissen in nicht-schriftlicher Form veröffentlicht wird.

Darüber hinaus vereinigen sich im Instrumentalunterricht nach Ansicht der ‚Rektorenkonferenz der Musikhochschulen in der Bundesrepublik Deutschland' (RKM) zwangsläufig musikalische und wissenschaftliche Elemente, wobei es keine Rolle spielt, wo die Grenze etwa zwischen der (technischen) Bogenführung und der (wissenschaftlichen) Instrumentenkunde liegt. Im Jahr 2000 stellte die RKM daher fest, *„Zentrum des Selbstverständnisses von Musikhochschulen [... seien] die Einheit von Lehre und Forschung einerseits, andererseits die von Lehre und Kunstausübung im Sinne der zentralen Aufgabe, Kunst entstehen zu lassen und vielfältig zu fördern. [...] Künstlerische Lehre unterscheidet sich stark von der Lehre an Universitäten und Fachhochschulen. Sie verbindet Elemente dortiger Forschung und Lehre im künstlerischen Einzelunterricht am Gegenstand Kunstwerk, sie leistet gleiches überindividuell in der Ensemblearbeit.“*[79]

Zusammenfassend zeigt sich, dass die deutschen Musikhochschulen seit einigen Jahren besonders bestrebt sind, sich noch klarer zu strukturieren und ein noch systematischeres Angebot von Forschung und Lehre aufzubauen. Weiterhin ist erkennbar, dass sich die deutschen Musikhochschulen in vielerlei Hinsicht klar von den deutschen Universitäten unterscheiden, auch wenn die aktuelle Gesetzgebung kontinuierlich versucht, Universitäten und Musikhochschulen zu vereinheitlichen. Aufgrund dieser Unterschiedlichkeiten müssen die Musikhochschulen in der Zukunft verstärkt darauf achten, dass sie nicht zu sehr mit den Universitäten verglichen werden, vor allem dann, wenn die Vergleichskriterien auf Universitäten zugeschnitten sind.

---

[79] RKM, *Schwelle* (2000), S.10.

2.3 Darstellung des Arbeitsmarktes

Der Arbeitsmarkt für Musiker und Musiklehrer weist gegenüber den Strukturen anderer Arbeitsmärkte eine Reihe von Besonderheiten auf.

Zunächst gilt, dass von den in Deutschland arbeitenden 38 Millionen Erwerbstätigen nur rd. 94.000 als Musiker oder Lehrer für musikalische Fächer tätig sind.[80] Die Aufnahmefähigkeit dieses Arbeitsmarktes ist mit ca. 0,3% also äußerst gering. Weiterhin hat der Diplomabschluss einer Musikhochschule auf dem Arbeitsmarkt nicht annähernd die Bedeutung wie bei Berufen, die traditionell ein abgeschlossenes Hochschulstudium voraussetzen.[81] Beispielsweise zählt für eine Orchesterstelle ausschließlich das bestandene Probespiel und die Einladung zu diesen Probespielen erfolgt nicht selten bereits vor dem Examen.[82]

Hinzu kommt, dass die Arbeitsmarktlage für Musikberufe stärker als in anderen Branchen einem stetigen Wandel unterliegt; so wurden zwar in den letzten beiden Jahrzehnten vermehrt Bedenken hinsichtlich der Ausbildungszahlen an Musikhochschulen laut, da zu viele Künstler ohne angemessene Beschäftigung bleiben würden.[83] Nur zwanzig Jahre zuvor, also im Jahr 1967, stellten die deutschen Kultusminister hingegen fest, dass die selbständige Musikausübung in der Bundesrepublik Deutschland immer stärker zurückging und sich ein Mangel an Nachwuchs in musikalischen Berufen abzeichnete, so dass sie zur Verbesserung der Situation die stärkere Förderung der staatlichen Musikhochschulen empfahlen.[84]

Während also noch zwei Jahrzehnte nach dem Zweiten Weltkrieg darüber geklagt wurde, dass es an eigenem Musikernachwuchs fehle[85], hat sich nach vielen Jahren des Wachstums und insbesondere nach der deutschen Wiedervereinigung ein

---

[80] Vgl. Statistisches Bundesamt, *Erwerbstätige* (2004), und Söndermann, *Kulturberufe* (2004), S. 15.

[81] Vgl. ausführlicher Hofer, *Akademische Grade* (1994), S. 150ff.

[82] Vgl. Hölscher, *Steinharte Auslese* (2002), S. 2ff.

[83] Vgl. Hufen, *Freiheit der Kunst* (1982), S. 87.

[84] Vgl. Kultusministerkonferenz, *Beschlusssammlung*, Beschluss Nr. 2016 vom 20.1.1967.

[85] Vgl. Jakoby, *Land der Musik* (1997), S. 10.

deutlicher Arbeitsmarktüberhang herausgebildet. Im Wintersemester 1967/68 gab es an den westdeutschen Musikhochschulen 4.312 Studierende[86], im Jahre 1974 waren es bereits 7.617 Studierende, und im Jahr 1990 waren, auch wegen des Zuganges der Musikstudenten aus der früheren DDR, über 14.000 Studierende an deutschen Musikhochschulen immatrikuliert.[87] 1996 waren es dann 14.749 und 2002 sogar 15.832 Studierende.[88]

Dem gegenüber stehen die Zahlen auf der Nachfrage-Seite. 1929 bestanden im Gebiet der alten Bundesrepublik Deutschland 89 Orchester mit 4.259 Planstellen, 1960 gab es 5.486 und 1967 6.083 Planstellen.[89] Bei der ersten gesamtdeutschen Erfassung im Jahre 1992 im wiedervereinigten Deutschland gab es 168 Orchester[90] mit 12.159 Planstellen, bis zum Jahre 2002 schrumpfte die Anzahl der Orchester auf 139 und die der Planstellen auf 10.445.[91] Im Jahre 2003 ist die Zahl der Orchester um weitere zwei gesunken und die Auflösung weiterer Orchester ist zu erwarten.[92]

Wenn man die Stellen- und Absolventenzahlen direkt zueinander in Bezug setzt, so ergibt sich ein noch dramatischeres Bild: in den Jahren von 1998 bis 2002 gab es 848 freie Orchester-Planstellen, denen im selben Zeitraum 7.654 geprüfte Hochschulabgänger für Instrumental- und Orchestermusik gegenüberstanden.[93] Während sich 1980 durchschnittlich nur 16 Kandidaten um eine Orchesterstelle

---

86 Vgl. Statistisches Bundesamt, *Kleine Hochschulstatistik* (Fachserie A, Reihe 10, V, Wintersemester 1967/1968), S. 28f.

87 Rinderspacher, *Musentempel* (1998).

88 Vgl. Zusammenstellung des Deutschen Musikrates auf Grundlage von Daten des Statistischen Bundesamtes (Fachserie 11, Reihe 4.1.), 29.10.2003. In diesen Zahlen nicht enthalten sind Studierende in Studiengängen für Musikberufe an Universitäten, Gesamthochschulen, Pädagogischen Hochschulen und Fachhochschulen. Werden auch diese einbezogen, so belief sich die Zahl der Studierenden im Wintersemester 2002/03 auf 26.555.

89 Vgl. für die Zahlenangaben: Thomas, *Finanzielle Sorgen* (1967), S. 2.

90 Kurz vor der Wiedervereinigung Deutschlands gab es allein in der DDR 88 staatliche Berufsorchester, also so viele wie in der bevölkerungsmäßig rd. vier Mal größeren [alten] Bundesrepublik. Autorenkollektiv, *Politisches Wörterbuch* (1989), S. 563.

91 Vgl. o.V., *Einstufung der deutschen Kulturorchester* (2002), S. 31 ff.

92 Vgl. KIZ, *Aktuelle Meldungen der DOV* (2004).

93 Vgl. Rinderspacher, *Musentempel* (1998); Rinderspacher, *Instrumentalmusiker* (1998), S. 8, und Statistisches Bundesamt, *Prüfungen an Hochschulen* (Fachserie 11, Reihe 4.2., Jahrgänge 1993-2002).

bewarben, waren es 1984 bereits 36 und 1990 sogar 63 Kandidaten.[94] Im Zeitraum 1992 bis 1995 haben sich die Bewerberzahlen – einer Situationsanalyse der Deutschen Orchestervereinigung zufolge – auf hohem Niveau stabilisiert: 57 Kandidaten bewarben sich im Durchschnitt um eine Stelle.[95] Darüber hinaus drängen jährlich etwa 500 Pianisten neu in den Markt, während dieser nur etwa 20 verkraftet.[96]

Aktuelle Statistiken zeigen weiterhin, dass die Arbeitslosigkeit nicht auf rein künstlerische Tätigkeiten beschränkt ist, sondern den gesamten Musiker-Arbeitsmarkt betrifft:[97]

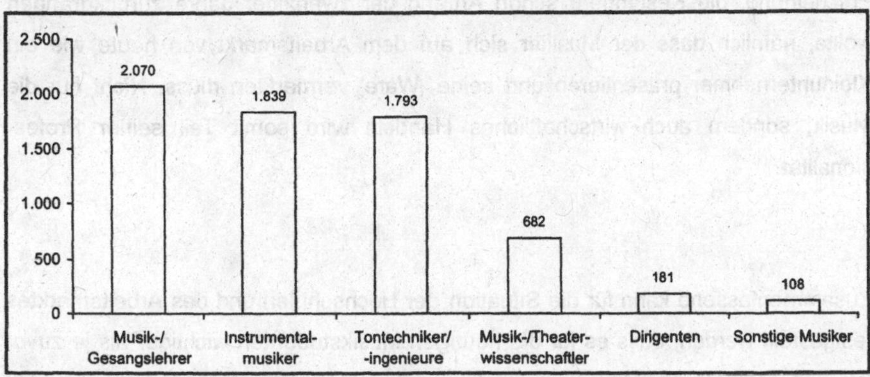

Abbildung 2.3.1: Bei den Arbeitsämtern gemeldete Arbeitslose in Musikberufen

94 Vgl. Rinderspacher, *Thema Nachwuchs* (2000), S. 12.
95 Vgl. Rinderspacher, *Musentempel* (1998); Rinderspacher, *Instrumentalmusiker* (1998), S. 8.
96 Vgl. Kolb, *Ausbildungsstrukturen* (2003), S.1.
97 Zusammenstellung des Deutschen Musikrates auf Grundlage von Daten der Bundesanstalt für Arbeit, 14.10.2003. Diese Tabelle spiegelt nicht die unregistrierten Arbeitslosen wieder, die insbesondere im Bereich des Privatmusikunterrichts vermutlich gehäuft auftreten.

Vor dem Hintergrund dieser Zahlen sind die beruflichen Perspektiven von Musikstudierenden als problematisch zu bewerten. Für die Beurteilung der Berufsaussichten in Deutschland bedarf es zudem, und vor allem seit der EU-Erweiterung im Mai 2004, der Einbeziehung von stellungsuchenden Hochschulabsolventen der osteuropäischen Länder, die mit hervorragenden Fähigkeiten und geringen Gehaltsansprüchen vermehrt an den Probespielen für deutsche Orchester teilnehmen.[98]

Aus der Begrenztheit und den vergleichsweise starken Schwankungen des Arbeitsmarktes, aber auch aus der zunehmenden Bedeutung des privatwirtschaftlichen Anteils[99] am Musikgeschehen resultiert eine sich verringernde Beschäftigungssicherheit. Diese wiederum führte in den 90er Jahren zu einer Erscheinung, die Kestenberg schon Anfang der zwanziger Jahre zurückdrängen wollte, nämlich dass der Musiker sich auf dem Arbeitsmarkt von heute wie ein Kleinunternehmer präsentieren und seine ‚Ware' vermarkten muss. Nicht nur die Musik, sondern auch wirtschaftliches Handeln wird somit Teil seiner Professionalität.[100]

Zusammenfassend kann für die Situation der Hochschulen und des Arbeitsmarktes festgestellt werden, dass es für die heutigen Musikstudenten wichtiger als je zuvor ist, eine optimale Ausbildung zu erhalten, um sich am Arbeitsmarkt behaupten zu können. Die ständige Verbesserung der Ausbildungsqualität und somit der Fertigkeiten der Absolventen sollte daher an den Hochschulen neben allen anderen Herausforderungen den höchsten Stellenwert erhalten.

---

98 Vgl. Friedmann, *Götterfunken* (2004), und Richter, *Musikhochschulen* (1993), S. 58.

99 Mertens beschreibt, dass „der Umbruch in den 90er Jahren [...] durch einen wahren Privatisierungsboom [...] gekennzeichnet" war, was vor allem damit zusammenhänge, dass vielfach staatliche Strukturen der ehemaligen DDR, so z. B. die Bezirke, ersatzlos wegfielen. In der Zeit von 1999 bis 2002 habe es dort allein im Orchesterbereich 27 Privatisierungen gegeben. Unter Bezugnahme auf große Musicaltheater mit z. T. mehreren tausend Beschäftigten weist er zudem darauf hin, dass sich auch in den alten Bundesländern der privatwirtschaftliche Anteil am Musikgeschehen kontinuierlich ausweite (vgl. Mertens, *Orchester* (2002), S. 45ff.).

100 „Im Organismus unserer Musik dominiert, wie in jeder anderen ‚Branche', der Geschäftsgeist. Mit den aus der Arbeitskraft des schaffenden, ausübenden oder lehrenden Musikers entstehenden Werten wird gehandelt wie mit Kaffee und Baumwolle." (Kestenberg, *Musikerziehung* (1921), S. 8f.) Als umfassendere und aktuelle Darstellung siehe Haak et al., *Arbeitsmärkte Künstler* (1995).

Dabei kommt es aus der Sicht einzelner Musikhochschulen vor allem darauf an, die eigene Qualität schnellstmöglich zu verbessern, um sich von anderen Hochschulen zu differenzieren und so auch nur die besten Studenten gewinnen zu können. Dies könnte dann zu einer qualitativen ‚Aufwärts-Spirale' führen, da anspruchsvolle Studenten durch ihre hohen Erwartungen wiederum die Qualitätsentwicklung an ihrer Musikhochschule beschleunigen.

Neben diesen qualitätsverbessernden Maßnahmen sollten alle deutschen Musikhochschulen gemeinsam aber auch überlegen, wie sie mittelfristig die hohe Zahl an Ausbildungsplätzen reduzieren wollen, da die allgemeine Verbesserung der Ausbildungsqualität bei einer gleichbleibenden Anzahl von Arbeitsplätzen den derzeitigen Überhang an Absolventen natürlich nicht ausgleichen kann.[101]

101 Hierfür liegen vor allem Veränderungen bei der Studienberatung und im Prüfungswesen der Musikhochschulen nahe (vgl. hierzu Kapitel 5). Allerdings ist der generelle Abbau von Studienplätzen auch eine politische Entscheidung, da die meisten deutschen Musikhochschulen derzeit vor allem abhängig von der Anzahl ihrer immatrikulierten Studenten finanziert werden. Eine Reduzierung der Studentenzahlen hätte somit Budgetkürzungen für die einzelnen Hochschulen zur Folge.

3 Evaluation der Ausbildungsqualität

Kapitel 3 legt die methodische Grundlage für die in Kapitel 4 durchgeführte empirische Untersuchung. Zunächst werden hier nun die zentralen Begriffe der Arbeit definiert und ein Überblick über die bisherigen Ansätze zur Qualitätsevaluation an Musikhochschulen gegeben. Danach erfolgt die Darstellung alternativer methodischer Ansätze zur Qualitätsmessung, bevor letztlich der Ansatz vorgestellt wird, mit dem die Ausbildungsqualität hier gemessen werden soll.

3.1 Begriffsdefinitionen

Für eine erfolgreiche Evaluation von Ausbildungsqualität an Musikhochschulen bedarf es zunächst einer klaren Definition der Begriffe ‚Qualität' und ‚Evaluation', da in der Literatur für beide ein allgemein sehr hoher Interpretationsspielraum besteht.

3.1.1 Qualität

Im Laufe der letzten Jahre wurden immer wieder neue Ansichten und Dimensionen des Begriffs ‚Qualität' vorgestellt. Obwohl mit dem Begriff typischerweise eine „wie auch immer geartete Vortrefflichkeit" eines Produktes oder einer Dienstleistung beschrieben wird[102], handelt es sich ursprünglich um einen neutralen Begriff und erst der Vergleich der Produkteigenschaften mit den eigenen Anforderungen und Erwartungen erlaubt es, ein Produkt zu beurteilen.[103] Dieser Ansatz hat sich auch für die offizielle Definition des Begriffs ‚Qualität' durchgesetzt. So definiert die europäische Norm den Begriff Qualität als „die Gesamtheit von Merkmalen einer Einheit

---

[102] Vgl. Reinhart et al., *Qualitätsmanagement* (1996), S. 5.

[103] Qualitas (latein.) = Beschaffenheit, Verhältnis, Eigenschaft (vgl. Drosdowski et al., *Herkunftswörterbuch* (1986), S. 541); Hintergrund für diese Entwicklung des ästhetischen Qualitätsbegriffs ist unter anderem die Entwicklung des Zunftwesens im Mittelalter. So forderten die Zünfte die Erfüllung von Mindesteigenschaften bzw. Mindest-Qualität, damit Handwerker ihre Produkte mit einem Siegel versehen und verkaufen konnten. Qualität hat hier also nichts mit Exzellenz, sondern nur mit Erfüllung der Eigenschaften zu tun. (Mutscheller, *Kennzahlen* (1996), S. 12).

bezüglich ihrer Eignung, festgelegte und vorausgesetzte Erfordernisse zu erfüllen", während Fehler als die „Nichterfüllung einer festgelegten Anforderung" beschrieben werden.[104]

Neben dem Qualitätsbegriff als die ,Einhaltung von festgeschriebenen Spezifikationen' entwickelt sich in den letzten Jahren ganz besonders auch der Aspekt der Dienstleistungsqualität als die ,Erfüllung von Kundenanforderungen'. Hierfür ist es notwendig, den produktbezogenen und den kundenbezogenen Qualitätsbegriff zusammenzuführen, was sich häufig als schwierig erweist, weil verschiedene Kunden meist auch verschiedene Vorstellungen über die als wichtig erachteten Eigenschaften eines Produktes haben.[105]

Nach Bruhn definiert sich der Begriff ,Dienstleistungsqualität' wie folgt: *„Dienstleistungsqualität ist die Fähigkeit eines Anbieters, die Beschaffenheit einer primär intangiblen und der Kundenbeteiligung bedürfenden Leistung gemäß den Kundenerwartungen auf einem bestimmten Anforderungsniveau zu erstellen. Sie bestimmt sich aus der Summe der Eigenschaften bzw. Merkmale der Dienstleistung, bestimmten Anforderungen gerecht zu werden".*[106]

Da es sich bei einem Musikstudium zweifelsohne um eine komplexe Dienstleistung handelt, an die jeder Student individuelle Erwartungen knüpft, erscheint es gerechtfertigt, die Definition der Ausbildungsqualität mit der Definition der Dienstleistungsqualität gleichzusetzen. Studenten erwarten zwar vor allem eine Berufsqualifikation von ihrer Hochschule, darüber hinaus fordern sie aber auch noch Spezialwissen, weitere Angebote und individuelle Betreuung, um die Ausbildungs- bzw. Dienstleistungsqualität ihrer Hochschule als hoch zu bewerten.[107] Die Gleichsetzung

---

104 Wortlaut der offiziellen Standard-Normierung DIN EN ISO 8402.
105 Vgl. Bruhn/Henning, *Selektion von Qualitätsmerkmalen* (1993), S. 216f.
106 Bruhn, *Qualitätssicherung im Dienstleistungsmarketing* (2000), S. 29.
107 Vgl. die Ergebnisse vorausgegangener Qualitätsuntersuchungen an Musikhochschulen (Unterkapitel 3.2.1).

der Hochschulausbildung mit einer Dienstleistung ist zum Zwecke der Evaluation in der Literatur übrigens kein Novum, im Rahmen der aktuellen Reformbemühungen an deutschen Hochschulen wird diese Definition häufig verwendet.[108]

3.1.2 Evaluation

Der Duden beschreibt Evaluation als „Bewertung oder Beurteilung", was streng genommen bedeutet, dass jegliche Art von Bewertung/Beurteilung einer Evaluation gleichkommt. Auf diese Weise wurde in den letzten Jahren auch an zahlreichen Stellen in Unternehmen, Institutionen und in der Politik „evaluiert", nicht selten von Laien, die sich mit systematischer Bewertung kaum auskennen und ihre Untersuchungen eher mit ‚gesundem Menschenverstand' als mit System durchgeführt haben.[109] Die Konsequenz dieses Ansatzes, dass jede Form von Bewertung einer Evaluation entspricht („Irgend etwas wird von irgend jemandem nach irgendwelchen Kriterien in irgendeiner Weise bewertet"[110]), hat eine massive Evaluationsverdrossenheit in Deutschland hervorgerufen. Diese erschwert es nun den strukturierten Evaluationsforschern, systematisch und problemorientiert zu arbeiten[111], da potenzielle Gesprächspartner „gleichlautenden sprachlichen Zeichen unterschiedliche Gedanken"[112] zuordnen.

Evaluation sollte folglich, um allgemein akzeptiert zu werden, klar vorgegebenen Richtlinien folgen, die es dem Empfänger von Evaluation ermöglichen, die Methoden nachvollziehen zu können und für sich Konsequenzen daraus zu ziehen.

---

108 Vgl. beispielsweise Schramm, *Universitätsreform* (2002), S. 9. Dabei ist das Ziel der Verwendung des Dienstleistungsbegriffs nicht, akademische oder künstlerische Leistungen zu deklassieren und mit anderen, einfacheren Dienstleistungen auf eine Stufe zu stellen. Vielmehr wird der Begriff ‚Dienstleistung' verwendet, um die Aktivitäten der Hochschulen besser auf einer sachlichen, neutralen Ebene bewerten zu können.

109 Vgl. Spiel, *Evaluation universitärer Lehre* (2001), S. 8.

110 Kromrey, *Evaluation von Lehre und Studium* (2001), S. 21.

111 Vgl. Spiel, *Evaluation universitärer Lehre* (2001), S. 8.

112 Kromrey, *Evaluation von Lehre und Studium* (2001), S. 21.

3.2 Evaluation der Qualität von Musikhochschulen

Zum Themenbereich Qualitätsmanagement/Qualitätsentwicklung an Universitäten wurden in Deutschland bereits zahlreiche, umfassende Studien und Analysen durchgeführt; so finden sich im angelsächsischen Raum ca. 1.500 und im deutschsprachigen Raum etwa 1.000 Artikel zu dieser Thematik.[113] Die Forschungsbereiche erstrecken sich dabei von unstrukturierten Studentenbefragungen zu Einzelthemen bis hin zu strukturierten Gesamtkonzepten, die die Qualität jedes zentralen Kernbereiches einer Hochschule untersuchen. Auch die Hochschulrektorenkonferenz hat bereits über 50 Publikationen veröffentlicht, die Universitäten bei der Verbesserung von Lehre und Forschung unterstützen sollen. Darüber hinaus gibt es inzwischen bereits mehrere Stiftungen und Unternehmensberatungen, die sich ausschließlich mit Hochschulthemen auseinander setzen.[114]

Die Literatur zur Bewertung und Verbesserung der Qualität an Universitäten macht jedoch fast immer einen Bogen um künstlerische Studiengänge.[115] Dies liegt der ‚Rektorenkonferenz der Musikhochschulen in der Bundesrepublik Deutschland' folgend vor allem daran, dass die in akademischen Studiengängen verwendeten Leistungskriterien (Drittmittel, wissenschaftliche Leistungen der Professoren, Dozentenevaluation etc.) für künstlerische Studiengänge nicht systematisch erfassbar seien.[116] Darüber hinaus betonen die Vertreter der Musikhochschulen, dass aufgrund der einzigartigen Studentenbetreuung an Musikhochschulen durch Einzel- und Kleingruppenunterricht zwangsläufig eine hohe Ausbildungsqualität gewährleistet sei.[117]

Neben diesen Argumenten darf aber auch nicht übersehen werden, dass die deutschen Musikhochschulen normalerweise auch nicht über das notwendige wissenschaftliche Personal verfügen, um methodisch solide empirische Studien aus

---

113 Vgl. Spiel/Gössler, *Zwischen Qualitätsmanagement und Selbstzweck* (2001), S. 11.
114 Als Beispiele seien das Centrum für Hochschulentwicklung (CHE) und die Hochschul-Informations-System GmbH (HIS) genannt.
115 Vgl. HRK, *Wegweiser* (2003), S. 19.
116 Vgl. RKM, *Schwelle* (2000), S.21.
117 Vgl. RKM, *Schwelle* (2000), S.16.

eigener Kraft durchzuführen, während die Universitäten in der Regel über verschiedene Lehrstühle verfügen, die mit den Methoden der empirischen Forschung vertraut sind (beispielsweise Soziologie oder Psychologie).

Auf eine Darstellung der zahlreichen existierenden Ansätze und Lösungsvorschläge für Universitäten wird hier verzichtet, da festgehalten werden kann, dass an den deutschen Universitäten inzwischen weniger ein Wissensdefizit als viel mehr ein Handlungsdefizit vorliegt.[118] Statt dessen werden im Folgenden nur die aktuellen Evaluations-Entwicklungen an den deutschen Musikhochschulen dargestellt, da diese noch immer stark mit ihrem Wissensdefizit zu kämpfen haben.

3.2.1 Bisherige Ansätze zur Evaluation von Musikhochschulen

Bei den bisherigen Untersuchungen an Musikhochschulen kann zwischen verschiedenen Ansätzen unterschieden werden: Thesenpapiere der ,Rektorenkonferenz der Musikhochschulen in der Bundesrepublik Deutschland', Expertengutachten und ganzheitliche Musikhochschulanalysen. Darüber hinaus gibt es an einzelnen Hochschulen mehr oder weniger umfangreiche Untersuchungen, die sich mit Einzelaspekten der Musikhochschulqualität auseinandersetzen.

3.2.1.1 Thesenpapiere

In den letzten fünf Jahren wurden von der ,Rektorenkonferenz der Musikhochschulen in der Bundesrepublik Deutschland' (RKM) zwei Thesenpapiere verfasst, von denen das zweite allerdings nie offiziell veröffentlicht wurde.

[118] Vergleiche hier stellvertretend beispielsweise Michaelis, *Zielvereinbarungen* (2002), der eine umfassende Übersicht über die bisherigen Zielvereinbarungen an deutschen Universitäten gibt.

Thesenpapier aus dem Jahr 2000

Im Mai 1999 stellte die RKM unter dem Titel „Musikhochschulen an der Schwelle des 21. Jahrhunderts" Thesen hinsichtlich der Studienstruktur an deutschen Musikhochschulen vor.[119] So lehnt sie die Einführung von Bachelor-Studiengängen ab und möchte stattdessen am traditionellen Diplomstudiengangs-System festhalten. Gleiches gilt für das Solisten- bzw. Konzertexamen, das unverändert weitergeführt werden soll. Weiterhin bekennen sich die Hochschulen ausdrücklich zur intensiven Förderung der Frühausbildung und Hochbegabtenförderung.

Hinsichtlich der Organisation von Studiengängen beabsichtigen die Hochschulen eine Modularisierung in inhaltlich definierte Segmente, so dass es für die Studenten einfacher wird, Studien- und Prüfungsfolgen individuell zu planen, den Wechsel von Hochschulen und Studiengängen zu erleichtern und (im Fall eines Aufbaustudiums) die gleichzeitige Ausübung von Studium und Beruf zu ermöglichen.

Bezüglich der Einführung von Evaluation erklären sich die Hochschulvertreter für grundsätzlich offen, weisen aber darauf hin, dass sich die Evaluationsansätze von Universitäten nicht auf Musikhochschulen übertragen lassen. Weiterhin betonen die Hochschulvertreter, dass formale Evaluation an Musikhochschulen keine größere Bedeutung einnimmt, da sie „aufgrund der Spezifik von Musikhochschulen bereits integrierte gängige Praxis" darstellt.[120] Dies wird mit der Existenz von Aufnahmeprüfungen, der intensiven, persönlichen Zusammenarbeit von Lehrenden und Studenten sowie mit der ständigen öffentlichen Vorstellung von Lernleistungen in Form von Klassenvorspielen, Vortragsabenden und „dem obligatorischen Mitwirken im Hochschulorchester" begründet.[121] Hinsichtlich der Gliederung der Musikhochschulen wünschen sich die Rektoren „die Reduzierung der Anzahl von Gremien und Funktionen, die Stärkung der Leitungsebenen und der Verantwortlichkeit von Personen und die Schaffung flacher Hierarchien."[122]

[119] Vgl. RKM, *Schwelle* (2000).
[120] RKM, *Schwelle* (2000), S. 16.
[121] RKM, *Schwelle* (2000), S. 16.
[122] RKM, *Schwelle* (2000), S. 19.

Konkrete Handlungsempfehlungen, Pläne oder Selbstverpflichtungen zur Erreichung dieser Ziele und Wünsche werden nicht abgegeben.

Thesenpapier aus dem Jahr 2002

Im Mai 2002 beschloss die RKM gemeinsame Ansätze zur Verbesserung der Ausbildung an den deutschen Musikhochschulen[123], wobei diese Thesen ausdrücklich nicht auf Umsetzbarkeit geprüft wurden:

- Qualitätssteigerung in den Studiengängen ‚Künstlerische Ausbildung' und ‚Konzertexamen' durch Verschärfung der Auswahlkriterien,
- Reduzierung der Konzertexamina, insbesondere im Fach Klavier,
- Erprobung eines Musikstudiums nach dem Psi-Modell[124],
- Vergrößerung der Zahl von Absolventen in den musikpädagogischen Studiengängen,
- Verstärkung der Frühförderung musikalisch Hochbegabter,
- Aufbau von Alumni-Netzen, um Fort- und Weiterbildung für und mit Ehemaligen zu entwickeln und
- Intensivierung der Öffentlichkeitsarbeit.

Wie schon das Thesenpapier von 2000 zeigt auch dieses Dokument deutlich, in welch einem allgemeinen Stadium sich die Expertenkommissionen der RKM noch bewegen.

---

[123] Dieses Thesenpapier wurde bisher nicht offiziell veröffentlicht, statt dessen erfolgte eine Beschreibung und ein Kommentar darüber in der NZM. (Vgl. Behne, *Quo Vadis* (2003)).

[124] Nach einem sechssemestrigen Studium mit einem instrumentalen/vokalen Hauptfach als besonderem Schwerpunkt, einem Nebenfach und Musiktheorie folgt die Entscheidung, ob das Studium pädagogisch (Musikerziehung), im Hinblick auf den Orchesterberuf oder mit einem Profil für freischaffende Musiker abgeschlossen werden soll.

3.2.1.2 Expertengutachten

In den letzten Jahren wurden von den Wissenschaftsministerien mehrere Expertengutachten in Auftrag gegeben, bei denen sich die Experten stets aus renommierten Vertretern aus Politik, Kultur und Medien zusammensetzten. Einige qualitative Untersuchungen wurden aber auch von den Hochschulen selbst oder von Musikzeitschriften initiiert.[125] Die beschriebenen Gutachten erlauben einen guten Einblick in die Arbeitsweise von Expertengruppen, die sich mit der Bewertung von Leistungen in der Musikhochschullandschaft auseinandersetzen.

Alle für die Ministerien erstellten Gutachten haben einen ähnlichen Aufbau. So beschreiben die Gutachter zunächst umfassend die Evaluationseinheiten (Studienangebot, materielles Umfeld, finanzielle Ausstattung etc.) und führen eine Begehung der Hochschulen durch, bei der meist auch Gespräche mit den verschiedenen Interessengruppen an der Hochschule geführt werden. Auf Grundlage aller subjektiven Eindrücke aller Gutachter wird dann eine gemeinsame Handlungsempfehlung abgegeben.

Kommission zur Neuordnung der Musikausbildung in Hessen (1995)

Die Kommission setzte sich damit auseinander, inwieweit es sinnvoll ist, Studiengänge im Fach Musik, die für Lehramtsanwärter relevant sind, räumlich zu konzentrieren.[126] Diese Prüfung erfolgte vor dem Hintergrund herauszufinden, ob die Zusammenlegung der Musik-Ausbildungsstätten ggf. die Ausbildungsqualität erhöhen könnte.

Das Ergebnis der Untersuchung ist, dass die Zusammenlegung der Ausbildungszentren sinnvoll erscheint. Als Konsequenz der Untersuchung wird empfohlen, die Staatliche Musiklehrerprüfung (SMP) zügig auslaufen zu lassen und statt dessen im

---

125 Aufgrund der meist nicht öffentlich publizierten Ergebnisberichte für die Wissenschaftsministerien und Hochschulleitungen kann hier nicht sichergestellt werden, dass alle bisher erstellten Gutachten berücksichtigt wurden.

126 Vgl. Kommission zur Neuordnung der Musikausbildung in Hessen (1996) und Hessischer Landtag, *Musiklehrerausbildung* (1995).

Rahmen der Berufsausbildung nur noch den Abschluss ‚Diplomprüfung' an den Musikhochschulen (Frankfurt und Kassel) zu vergeben. Hervorragende hessische Akademien und Konservatorien sollen jedoch als Außenstellen der nächstgelegenen Musikhochschulen weitergeführt werden und den Diplom-Abschluss anbieten können.

Bisher wurde keine der Empfehlungen dieser Kommission umgesetzt.

Vorlage über den ‚Hochschulstandort Berlin im Jahre 2000' (1997)

Die Untersuchung der Situation der Musikhochschulen in Berlin erfolgte im Zusammenhang mit einer Evaluation aller Hochschulen der Stadt Berlin.[127] Dabei entfallen nur zwei Seiten des 53-seitigen Gutachtens auf Kunst- und Musikhochschulen. Die vollständige Handlungsempfehlung für Musik- und Kunsthochschulen lautet:[128]

„Im Hinblick auf die Sicherung und den Ausbau eines qualitativ hochwertigen und vom Studienangebot umfassenden Spektrums künstlerischer Hochschulausbildung in Berlin könnte auf längere Sicht ein umfassendes institutionelles Kooperationsmodell aller Berliner Kunsthochschulen in Erwägung gezogen werden. Denkbar wäre ein solches Modell allerdings nur unter Beibehaltung sowohl der korporativen Identität als auch der akademischen Autonomie der einzelnen Teilhochschulen. Demgegenüber könnte dann im Bereich der administrativen, finanziellen und personellen Ressourcen und Kompetenzen eine institutionelle Zusammenfassung unter einem einheitlichen Dach vorgesehen werden. Hierfür bedarf es gesetzlicher Regelungen im Berliner Hochschulgesetz."

Auf diese Ergebnisse sind bisher keine Handlungen gefolgt.

---

127 Vgl. Abgeordnetenhaus von Berlin, *Hochschulstandort Berlin* (1997).
128 Abgeordnetenhaus von Berlin, *Hochschulstandort Berlin* (1997), S. 34f.

Musikkommission des Landes Nordrhein-Westfalen (2002)

Die Musikkommission des Landes Nordrhein-Westfalen macht folgende Neuerungsvorschläge zur Verbesserung der Ausbildungsqualität:[129]

- Berücksichtigung neuer Inhalte in den traditionellen Studiengängen und eine Stärkung der künstlerisch-pädagogischen Studiengänge,
- Weiterentwicklung des Studienangebots und die Einführung von Bachelor- und Master-Studiengängen,
- Konzentration bestimmter Angebote an einem Studienort verbunden mit der Bildung von Kompetenzzentren,
- Zusammenarbeit der Musikhochschulen untereinander,
- Bildung von Partnerschaften mit Universitäten, Fachhochschulen, Medien- und Produktionseinrichtungen, Rundfunkanstalten, allgemein bildenden Schulen, Musikschulen und kommunalen Musikveranstaltern,
- eine stärkere Orientierung der Arbeit der Musikhochschulen an der Öffentlichkeit, d.h. die Wahrnehmung der Rolle von so genannten regionalen Kulturzentren,
- Entwicklung neuer Darbietungsformen und
- Öffnung für mediale Vermittlungsformen und die Verwendung moderner Technologien.

Für die einzelnen Musikhochschulen werden weiterhin kurze Einzelempfehlungen abgegeben, die sich zusammenfassend allerdings fast nur darauf beschränken, die Kernkompetenzen der einzelnen Institute auszubauen.

Wie schon bei den Empfehlungen der Expertenkommission in Hessen sind seit der Veröffentlichung des Gutachtens in Nordrhein-Westfalen bisher keine nennenswerten Änderungen an der Ausbildungsqualität erkennbar. Allerdings wurden einige

---

129 Vgl. neben dem Bericht selbst (Musikkommission des Landes Nordrhein-Westfalen, *Impulse* (2002)) auch die Informationen vom Ministerium für Schule, Wissenschaft und Forschung Nordrhein-Westfalen, *Profilbildung* (2002). Die einzelnen Positionen werden hier verkürzt wiedergegeben.

regionale Veränderungen vorgenommen: so wurde die Musikhochschul-Außenstelle Dortmund der Musikhochschule in Detmold geschlossen und das Lehrpersonal der Musikhochschule in Düsseldorf zugeführt. In Dortmund wurde eine Orchesterakademie gegründet.

Expertenkommission der Landesrektorenkonferenz Schleswig-Holstein (2003)

Diese Untersuchung beschäftigt sich (wie die Untersuchung in Berlin) mit allen Hochschulen des Bundeslandes.[130] Die Musikhochschule in Lübeck wird dabei umfassend analysiert. Die Expertenkommission empfiehlt folgendes:

- Neue Schwerpunktsetzungen, um die Leistungs- und Wettbewerbsfähigkeit der Musikhochschule zukünftig sicher zu stellen,
- möglichst rasche Besetzung der von der Hochschule mit Priorität versehenen Professuren für Violine, Violoncello, Komposition und Popularmusik,
- Suche nach geeigneten Kooperationspartnern außerhalb der Landesgrenze,
- Öffnung der Prüfungsordnung, um Studierenden die Möglichkeit zu geben, ein Ein-Fach-Studium in Musik in Lübeck absolvieren zu können und
- personelle Konsolidierung des Bereichs Schulmusik durch Zuweisung von Stellen.

Weiterhin werden im Gutachten der Expertenkommission eigene Wünsche der Hochschule aufgeführt, jedoch nicht weiter kommentiert:

- Ausbau der Instrumental- und Gesangsausbildung, acht zusätzliche Professuren für Einzelfächer und Ensembleunterricht,
- Verbesserung des Lehrangebots für Schulmusiker durch drei Professuren,
- Ausbau der Popularmusik durch zwei Professuren oder Stellen für Lehrkräfte,
- Aufbau von Hochschulplanung und Auslandsamt mit zwei Stellen und
- Stärkung von Öffentlichkeitsarbeit und Veranstaltungsmanagement durch Schaffung von zwei Stellen.

---

130 Vgl. Landesrektorenkonferenz Schleswig-Holstein, *Entwicklung der Hochschulen* (2003), S. 147ff.

Nahezu alle messbaren Empfehlungen der Expertenkommission wurden hier inzwischen umgesetzt, insbesondere die Besetzung der mit Priorität versehenen Professuren und die Stärkung von Öffentlichkeitsarbeit und Veranstaltungsmanagement. Verlässliche Informationen über den Erfolg bei der Setzung neuer Schwerpunkte zur Stärkung der Leistungs- und Wettbewerbsfähigkeit der Musikhochschule Lübeck sowie über den Erfolg bei der Suche nach Kooperationspartnern standen hier nicht zur Verfügung.

3.2.1.3 Ganzheitliche Musikhochschulanalysen

Projekt Musikhochschul-Evaluation (2002)

Das „Projekt Musikhochschul-Evaluation" (ProMusE) an den Musikhochschulen in Detmold und Karlruhe kann als das bisher professionellste Evaluationsverfahren für Musikhochschulen betrachtet werden, denn getrennt für sieben (Detmold) bzw. sechs (Karlsruhe) Evaluationseinheiten wurde hier eine umfassende interne und externe Analyse der Qualität der Hochschule durchgeführt.[131] Dabei wurde die interne Analyse von Dozenten und Studenten der Musikhochschulen selbst anhand eines umfassenden Fragenleitfadens und die externe Analyse von nicht der Hochschule angehörenden Gutachtern durchgeführt. Diese externen Gutachter setzten sich dabei sowohl aus fachlich prädestinierten Persönlichkeiten des Musiklebens als auch aus Studenten anderer Musikhochschulen zusammen. Weiterhin existierte eine Lenkungsgruppe unter Leitung eines Vertreters des Centrums für Hochschulentwicklung (CHE).

Bei diesen Untersuchungen wurden für jede der Evaluationseinheiten detaillierte und konkrete Handlungsempfehlungen sowie ein Umsetzungsplan entwickelt. Dabei wurden schwerpunktmäßig Maßnahmen zur Verbesserung der Ausbildungsqualität sowie Maßnahmen zur Stärkung des Profils der Hochschulen geschlossen.

131 Vgl. Harder, *Evaluationsbericht ProMusE* (2002).

Seit dem Sommersemester 2001 werden als Folge der ProMusE-Untersuchung nun regelmäßige Zielvereinbarungen zwischen den einzelnen Fachbereichen und der Hochschulleitung geschlossen. Die Erfüllung bzw. Nichterfüllung dieser Vereinbarungen ist jedoch nicht an Belohnungen oder Sanktionen gekoppelt, so dass die Vereinbarungen eher einer freiwilligen Selbstkontrolle entsprechen als einer vertraglichen Bindung. Weiterhin sind hinsichtlich der profilbildenden Maßnahmen an beiden Musikhochschulen seit der Durchführung der Untersuchungen nur geringe Aktivitäten zu verzeichnen.

‚Zukunftswerkstatt' der Folkwang-Hochschule Essen (2003)

Die Folkwang Hochschule in Essen hat im Jahr 2000 versucht, ihre Ausbildung grundlegend zu reformieren.[132] Während dieses Reformprozesses ruhten alle Stellenausschreibungen, um Dozentenstellen und Professuren zukünftig nach einem neuen Leitbild zu besetzen.

Im Dezember 2000 wurde eine zweitägige ‚Zukunftswerkstatt' durchgeführt, ein basisdemokratisches Verfahren, das es den Studenten und allen Angehörigen der Hochschule (Verwaltung, Technik und Dozenten) ermöglichen sollte, „Kritik am Status Quo zu äußern und Verbesserungsvorschläge zu machen".[133] Die Ergebnisse dieser Untersuchung wurden zusammengefasst und die verschiedenen Themenbereiche in verschiedene Arbeitsgruppen (Vision/Leitbild/Profil, Lehre, Struktur, Verwaltung/Technik und Identifikation/Kommunikation) aufgeteilt. Dabei war das Ziel, die Struktur der Ausbildung in bestehenden Studiengängen zu prüfen, neue Studienangebote zu entwickeln und die Qualität der Lehre zu sichern. Der Reformprozess wurde von den Rektoren der Hochschule und dem Centrum für Hochschulentwicklung (CHE) geleitet.

---

132 Vgl. Pressemitteilung der Folkwang Hochschule Essen vom 13. Februar 2002.
133 Mönig, *Transparenz und Offenheit* (2003) S. 43.

Im Januar 2003 wurde das Reformprogramm vom Senat der Hochschule verabschiedet. Es wurde im Interesse der Internationalität der Hochschule ein Bachelor-/ Master-System eingeführt[134] und die Studiengänge wurden weitgehend modularisiert, um den Studenten ein „selbst verantwortetes, eigenes, individuelles Studium zu ermöglichen".[135] Weiterhin wurde das Studienangebot an aktuelle Trends angepasst (z.B. Integrative Komposition und Autorenschaft/Werksproduktion), während nachfrageschwache Studiengänge reduziert oder abgeschafft wurden (Rhythmik). Darüber hinaus wurden den verschiedenen Standorten der Hochschule Kernkompetenzen zugewiesen und den Dozenten der Hochschule eine Selbstverpflichtung zur Unterrichtsqualität auferlegt, welche die Organisation von Unterricht und Prüfungen sowie die Anwesenheitspflicht regelt.

Die Ziele des Projektes ‚Zukunftswerkstatt' wurden somit grundsätzlich erreicht, allerdings waren die Reformen teilweise so grundlegend, dass sie den Studenten nun den Wechsel zwischen verschiedenen Musikhochschulen erschweren. Ebenso konnten unter den Studenten und Lehrkräften Schwierigkeiten bei der Umstellung auf die neuen Studien- und Prüfungsordnungen beobachtet werden.

<u>Evaluationskommission der Universität der Künste, Berlin (2003)</u>

An der Universität der Künste wurde im Jahr 2001 ein Evaluationsprogramm gestartet, das das Ziel verfolgte, alle Studiengänge ausführlich zu beleuchten und nach Verbesserungspotenzialen zu suchen. Der konzeptionelle Ansatz dabei war, dass zunächst ein umfassender Überblick über das Arbeitsumfeld an der UdK gegeben und die Dozenten gebeten werden, ihre Institute und Projekte zu beschreiben. Darüber hinaus sollten externe Gutachter bestellt und die Studenten mittels eines kurzen Fragebogens (12 Fragen) mit in die Untersuchung einbezogen werden.

Bisher liegen nur mehrere Einzelergebnisse aus dem Bereich Lehramt vor, die jedoch noch nicht offiziell veröffentlicht sind. Für die musikpädagogischen und

---

134 Vgl. Musikkommission des Landes Nordrhein-Westfalen, *Impulse* (2002), S. 27.
135 Richter, *Modularisierung* (2001), S. 26.

künstlerischen Studiengänge sind die Untersuchungen noch nicht abgeschlossen. Die Einzelergebnisse der Lehramtstudiengänge umfassen knapp 150 Seiten und enthalten bislang noch keine autorisierte Zusammenfassung oder Handlungsempfehlung. Da die verschiedenen Einzelergebnisse sich teilweise widersprechen (unterschiedliche Perspektiven), ist zum jetzigen Zeitpunkt nicht abzusehen, welche Ergebnisse oder Konsequenzen seitens der UdK aus den Einzelergebnissen gezogen werden können.

3.2.1.4 Sonstige Untersuchungen

Im Folgenden sind drei Untersuchungen dargestellt, bei denen Hochschulen selbstständig und in einem relativ kleinen Rahmen versucht haben, Informationen über ihre Studenten/Absolventen zu erheben.

Studierendenbefragung an der Hochschule ‚Franz Liszt' in Weimar (1999)

Im Oktober 1999 wurde an der Musikhochschule ‚Franz Liszt' in Weimar eine Studierendenbefragung durchgeführt, die jedoch einen Rücklauf von nur 13% der Studierenden erreichte. Diese Studie, die sich auf nur wenige Fragen beschränkte, kam zu folgenden Ergebnissen, wobei (1) für „nicht zufrieden stellend", (2) für „mittelmäßig" und (3) für „gut" steht:[136]

- Kontakte zu anderen Fachbereichen (1)
- Verfügbarkeit der Räume (1)
- Studienberatung (1)
- Mitwirkung an Entscheidungen am Fachbereich (1)
- Kenntnis der Organisationsstrukturen (1)
- Verständlichkeit der Studienordnung (1)
- Informationen über den Studienverlauf (2)
- Ausstattung der Bibliothek (2)

---

[136] Vgl. Pressebereich der Internetpräsenz der Hochschule „Franz Liszt" in Weimar (www.hfm-weimar.de).

- Internationale Kontakte (2)
- Ausstattung der Räume (2)
- Möglichkeiten bei Projekten (2)
- Ambiente der Gebäude (2)
- Regelmäßigkeit des Unterrichts (3)

Zusammenfassend kann man über die Untersuchung in Weimar aussagen, dass die Studenten deutlich unzufrieden mit ihren Studienbedingungen sind. Aufgrund des geringen Rücklaufes an Fragebögen und aufgrund der Tatsache, dass die Fragen nur sehr undifferenziert gestellt wurden, erscheint jedoch eine Ableitung von Handlungsempfehlungen als methodisch ungerechtfertigt.

Umfrage unter Absolventen des Magisterstudienganges Musikpädagogik an der Universität München (2000)

Im Rahmen eines Fragebogens haben Hörmann/Muth[137] ehemalige Studenten des Lehrstuhls für Musikpädagogik an der Universität München befragt. Dabei wurde der Schwerpunkt auf die rückblickende Zufriedenheit mit dem Studium sowie auf die Zufriedenheit mit der beruflichen Tätigkeit gelegt. Der Fragebogen wurde an 134 ausgewählte Studenten geschickt, die in der Zeit zwischen 1988 und 1996 Musikpädagogik studiert hatten und „deren frühere Adressen sich noch auffinden ließen" (S. 20). Von diesen 134 Studenten sendeten 82 den Fragebogen zurück.

Bei der Betrachtung der Ergebnisse fällt auf, dass die meisten Befragten dem Musikberuf trotz einer finanziell schwierigen Ausgangsbasis treu geblieben ist. Dies begründen sie durch die hohe Zufriedenheit mit der Art ihrer Tätigkeit. Allerdings fällt auf, dass die Befragten mit den meisten Aspekten von Studium und Beruf nur wenig zufrieden sind und die verwendeten Skalen von -2 bis +2 durchgehend von hohen Standardabweichungen geprägt sind.

---

137 Vgl. Hörmann/Muth, *Magisterstudium der Musikpädagogik* (2000).

Ziel dieser Untersuchung war eher die Ermittlung des Status Quo der ehemaligen Studenten als die Entwicklung von Handlungsempfehlungen zur Verbesserung der Ausbildung. Aus diesem Grund sind die Ergebnisse dieser Studie für die vorliegende Arbeit nicht mehr als ein weiteres Signal für die Notwendigkeit einer umfassenderen Untersuchung der Studentenbedürfnisse.

Studentenbefragung an der Hochschule für Musik und Darstellende Kunst Frankfurt am Main (2002)

Die aktuellste und bisher umfassendste Analyse der Studentenmeinung an Musikhochschulen wurde 2002 an der HfMDK als Gemeinschaftsprojekt von Hochschulleitung und AStA durchgeführt.[138] Dabei füllten ca. 25% der Studenten einen vierseitigen Fragebogen aus, der sich mit den Aspekten Lehrangebot, Studienklima, Beratungs- und Serviceleistungen, Räume und Instrumente und Profil der Hochschule zusammensetzte.

Insgesamt erhielt die Hochschule befriedigendes Zeugnis, die Durchschnitts-Schulnote lag je nach Studiengang zwischen 2,5 und 2,9. Vor allem die inhaltliche Basis des Lehrangebots und das Studienklima wurden als sehr positiv wahrgenommen, als problematisch wurden jedoch das Prüfungswesen, die Vermittlung der Fachdidaktik und der interdisziplinäre und praktische Bezug von Veranstaltungen beschrieben. Ebenso wünschten sich die Studenten umfassendere Beratungsleistungen und bessere Übemöglichkeiten. Im Bereich der Darstellenden Künste gaben weiterhin die meisten Studenten an, die HfMDK als ihre Wunschhochschule zu sehen, in den anderen Fachbereichen würde die Überzahl der Studenten hingegen lieber an einer anderen Hochschule studieren.

Insgesamt ist diese Studentenbefragung sehr aufwendig gestaltet. Dennoch lässt die Untersuchung wegen ihres relativ geringen Fragenkataloges zahlreiche Aspekte der Ausbildung offen und erschwert somit die Entwicklung von Handlungsempfehlungen. Darüber hinaus wurde der Fragebogen nicht systematisch entwickelt, so

138 Vgl. HfMDK, *Auswertung* (2003).

dass nicht sichergestellt werden kann, ob den Studenten wirklich alle für die Zufriedenheit relevanten Fragen gestellt wurden; denn sollten zentrale Ausbildungsaspekte bei der Fragebogenerstellung vergessen worden sein, so führt dies zwangsläufig zu einer Fehlinterpretation der Ergebnisse, sobald Durchschnittswerte berechnet werden.

3.2.2 Ableitung von Konsequenzen aus den bisherigen Untersuchungen

Die vorliegenden Untersuchungen machen deutlich, dass in die Musikhochschul-Landschaft inzwischen viel Bewegung gekommen ist. Die Musikhochschulen haben die Bedeutung des Dienstleistungsgedankens erkannt und sind sich bewusst, dass Veränderungen in den Strukturen der Musikhochschullandschaft unvermeidlich sind.[139] Es fällt jedoch auf, dass bei den meisten beschriebenen Untersuchungen die konkrete Ausbildungsqualität – wenn überhaupt – nur am Rande untersucht wurde, vielmehr wurde statt dessen auf grundsätzliche Strukturprobleme der Musikhochschulen eingegangen.

So holten sich einige Hochschulen im Rahmen ihrer Reformbemühungen die Meinung der Studenten überhaupt nicht ein, andere (z.B. Essen und Detmold) gewährten den Studenten zwar Zugang zu den Diskussions- und Entscheidungsgremien, allerdings erhielten diese hier nur in großen Gruppendiskussionen die Gelegenheit, ihre Positionen zu den Vorstellungen der Dozenten und der Hochschulleitung vorzubringen. Weiterhin gibt es Hochschulen, die zwar versuchten, die Meinung der Studenten im Rahmen von Fragebögen zu erheben (z.B. Weimar, Berlin (UdK), Frankfurt/M.), allerdings ist häufig nicht klar, auf welcher methodischen Grundlage die einzelnen Fragen bei den Untersuchungen ausgewählt wurden.

---

139 Vgl. Nastasi, *Motivationsspritzen* (2001), S. 27; Krämer, *Wagnis Musik* (2003), S. 49; Kolb, *Ausbildungsstrukturen* (2003), S. 1.

Darüber hinaus lässt der geringe inhaltliche Umfang der bisherigen Fragebögen erwarten, dass bei den Untersuchungen stets nur ein unvollständiges Bild der studentischen Positionen eingeholt wurde.[140]

Aufgrund dieser meist nur schwachen Einbeziehung der Studenten in die Reformvorhaben entsteht der Eindruck, dass die Entscheidungsträger der meisten Musikhochschulen wohl davon überzeugt sind, die Bedürfnisse der Studenten auch ohne intensive Gespräche umfassend zu kennen. Diesen Schluss lässt auch die Position der ‚Rektorenkonferenz der Musikhochschulen in der Bundesrepublik Deutschland' zu, die zu dem Ergebnis kommt, dass Studentenbefragungen an den Musikhochschulen keine Notwendigkeit darstellen, weil der intensive Austausch zwischen Dozenten und Studenten die formale Evaluation ersetzt und den Dozenten einen guten Einblick in die Bedürfnisse der Studenten erlaubt.[141]

Beobachtungen führender deutscher Musikpädagogen wie auch der Arbeitgeber im musikalischen Bereich zeigen jedoch ein anderes Bild auf. So wird die inhaltliche Ausbildung an Musikhochschulen in der wissenschaftlichen Landschaft seit einigen Jahren kontrovers diskutiert[142] und auch die deutschen Orchester klagen über die Qualität ihres Nachwuchses.[143] Darüber hinaus stellen die Vertreter der Musikschulen eine Verschlechterung der Qualifikation ihrer Bewerber fest[144] und die Gymnasien sind seit einigen Jahren der Meinung, die Musik-Ausbildung sei dringend reformbedürftig.[145]

---

140 Einige der vorliegenden empirischen Untersuchungen erfüllen weiterhin nicht die Kriterien der methodischen Korrektheit, so dass deren Ergebnisse als fragwürdig bewertet werden müssen.

141 Vgl. RKM, *Schwelle* (2000), S. 16.

142 Vgl. exemplarisch Richter, *Musikhochschule im Wandel* (1998); Jank, *Schulmusik im Umbruch* (1996); Bastian, *Schulmusiklehrer und Laienmusik* (1988); Richter, *Musikwissenschaft an der Musikhochschule* (2001); Kreutz/Bastian, *Replik* (2002); Ehrenforth, *Noch einmal* (2002); Mantel, *Zeitgemäße Hochschulausbildung* (2003); Kohut/Fadle, *Musizieren* (1999), S. 126f; Fischer, *Musikpädagogische Studiengänge* (2003), S. 9f; Koch, *Berufsbezogen ausbilden* (2003), S. 13ff; Kalwa, *Praxisbezug der Lehrerausbildung* (2003), S. 21ff.

143 Vgl. Schubert-Riese, *Pulte bleiben frei* (2003), S. 10f; Hölscher, *Steinharte Auslese* (2002), S. 5f; Stephanauskas, *Probespiel der Streicher* (2001), S. 5. Mehrere deutsche Spitzenorchester haben in den letzten Jahren sogar Orchesterakademien gegründet, um den Studenten das beizubringen, was sie an der Hochschule nicht mehr lernen.

144 Vgl. Deutscher Musikrat, *Reform musikpädagogischer Berufe* (1999), S. 41; Deutscher Musikrat, *Revision dringend nötig* (2001), S. 50.

145 Vgl. Werner-Jensen, *Schulmusiker der Zukunft* (2003), S. 23, und Richter, *Musikunterricht* (2002), S. 3ff.

Letztlich sei auch noch darauf hingewiesen, dass das Musikstudium gesellschaftlich häufig als Studium ‚zweiter Klasse' angesehen wird. Selbst das Bundesaußenministerium als staatlicher Arbeitgeber stellt für den diplomatischen Dienst ausdrücklich keine Kunst- und Musikhochschulabsolventen ein, während Bewerbungen aller anderen Absolventen deutscher Hochschulen akzeptiert werden.[146]

Offensichtlich existieren also Wahrnehmungsdifferenzen zwischen Studenten, Dozenten, Hochschul-Entscheidungsträgern und Arbeitgebern hinsichtlich der Ausbildungsinhalte und der Ausbildungsqualität, die für sinnvolle und studentenorientierte Reformen ausgeräumt werden müssen.

Neben der mangelnden Einbeziehung der Studenten in den Untersuchungen fällt weiterhin auf, dass die zuvor beschrieben Musikhochschulen meist nur die schnell erreichbaren bzw. verpflichtenden Ergebnisse der Gutachter (z.B. Besetzung wichtiger Professuren oder Einführung des Bachelor-/Masterstudiums) umgesetzt haben, während die eher grundsätzlichen Empfehlungen (z.B. attraktivere Positionierung gegenüber anderen Hochschulen oder Einführung professioneller Studienberatung) meist liegen blieben. Die Gründe hierfür sind sicherlich vielfältig und natürlich sind grundsätzliche Veränderungen auch immer anspruchsvoller in der Umsetzung als formale Notwendigkeiten. Dennoch liegt der Verdacht nahe, dass es den Verantwortlichen der Musikhochschulen im Anschluss an die Untersuchungen auch an ausreichend detaillierten Umsetzungsempfehlungen mangelte, um die empfohlenen Reformen aktiv voranzutreiben.

Um die zuvor beschriebenen Kritikpunkte auszuräumen, bedarf es einer soliden, umfassenden empirischen Analyse unter den Studenten, den Hochschulvertretern und den Arbeitgebern. Dabei genügt es allerdings nicht, nur die individuelle Position der einzelnen Personengruppen zu untersuchen, vielmehr bedarf es einer ganzheitlichen Analyse, die auch das Zusammenspiel dieser Personengruppen mit in die Betrachtung einbezieht. Die gewonnenen Ergebnisse dieser Analysen müssen dann

---

[146] Vgl. Bundesaußenministerium, *Weltweit Wir* (2003), S. 6.

in Handlungsempfehlungen münden, die konkret genug sind, dass die Hochschulvertreter sie zügig umsetzen zu können.

Als Kooperationspartner für die Erhebung der empirischen Daten für diese Untersuchung hat sich die Hochschule für Musik und Darstellende Kunst Frankfurt am Main (HfMDK) zur Verfügung gestellt. Hier wurden die Ausbildungsbereiche analysiert, die unter den Namen „Künstlerische Ausbildung (KA)", „Instrumental- und Gesangspädagogik (IGP)" und „Schulmusik" angeboten werden. Diese drei Studienbereiche machen den Großteil der Studenten an der HfMDK aus und sind in sich äußerst homogen, was statistisch zuverlässige Ergebnisse ermöglicht. Die empirische Untersuchung fand im Sommersemester 2003 statt. Eine Darstellung der organisatorischen Struktur der HfMDK findet sich in Anhang 1.

3.3 Auswahl des Evaluationsansatzes

Um eine zuverlässige Evaluation von Musikhochschulleistungen durchzuführen, bedarf es eines Ansatzes, der die Musikhochschule ganzheitlich untersucht und gleichzeitig die Perspektive der Studenten in den Mittelpunkt stellt. Weiterhin sollte der Ansatz methodisch solide und in der Praxis vielfach umgesetzt worden sein, damit die spätere Akzeptanz der Untersuchungsergebnisse sichergestellt ist. Darüber hinaus sollte der Ansatz eine quantitative Ergebnisauswertung ermöglichen, um die Untersuchung auch statistisch auf ihre Zulässigkeit und Güte überprüfen zu können. Letztlich sollte der Ansatz methodisch nicht zu komplex sein, damit die Ergebnisse von allen Interessierten auch ohne aufwendige Einarbeitung verstanden werden können.

Wie bereits zuvor erläutert, wurden an den deutschen Musikhochschulen bereits zahlreiche Evaluationsverfahren durchgeführt. Allerdings hat sich noch kein methodisch anerkannter Evaluationsansatz etabliert, der von mehreren Musikhochschulen anerkannt und angewendet wird.[147] Auch der Untersuchungsansatz ‚ProMusE' als scheinbar sehr stabiler Ansatz hat im Musikhochschul-Umfeld noch keine Nachahmer gefunden und konnte somit bisher nicht uneingeschränkt als empirisch zuverlässig bestätigt werden.

Aus diesem Grund wird bei der Auswahl der Methodik für die folgende Untersuchung auf die allgemeinen wirtschaftswissenschaftlichen Konzepte zur Messung der Dienstleistungsqualität zurückgegriffen, die sich in der Vergangenheit bereits in einer Vielzahl von empirischen Untersuchungen bewährt haben. Im Folgenden werden zunächst die gängigen Untersuchungsansätze gegeneinander abgewogen, bevor dann näher auf das letztlich verwendete Modell eingegangen wird.

3.3.1 Darstellung alternativer Analyse-Ansätze

In der wirtschaftswissenschaftlichen Literatur wird meist zwischen kunden- und unternehmensorientierten Ansätzen zur Messung der Dienstleistung unterschieden, außerdem werden diese beiden Ansätze meist noch weiter untergliedert:[148]

[147] Vgl. hierzu auch Spiel/Gössler, *Zwischen Qualitätsmanagement und Selbstzweck* (2001), S. 12f; Kromrey, *Evaluation von Lehre und Studium* (2001), S. 21.

[148] Vgl. beispielsweise Bruhn, *Qualitätsmanagement für Dienstleistungen* (2004), S. 99; Zollondz, *Lexikon Qualitätsmanagement* (2001), S. 565.

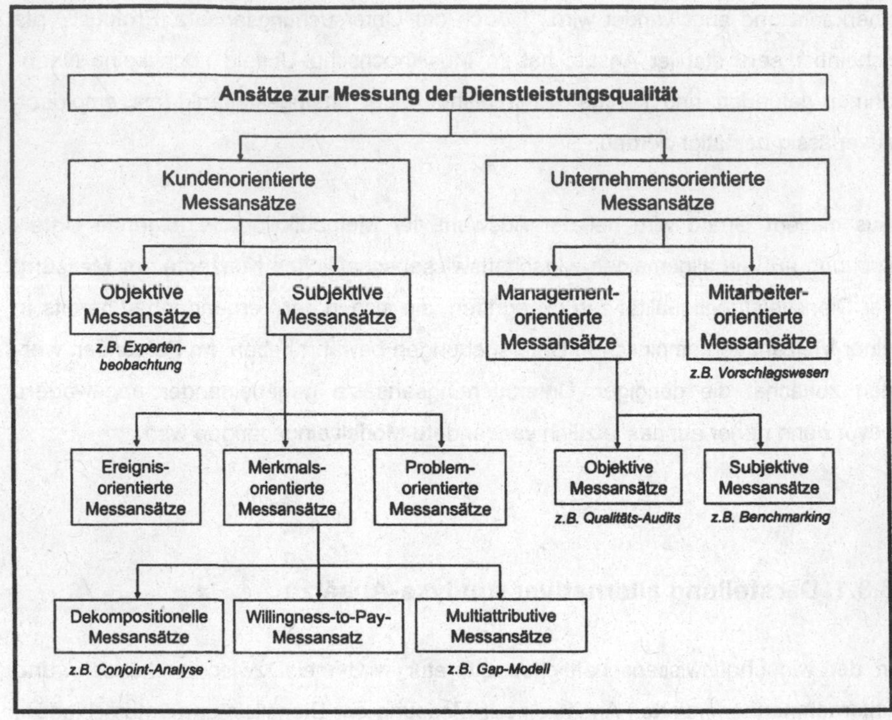

Abbildung 3.3.1: Ansätze zur Messung der Dienstleistungsqualität

Beim unternehmensorientierten Messansatz kann die Dienstleistungsqualität aus der Sicht des Managements oder der Mitarbeiter bewertet werden. Das Management kann dabei die im Unternehmen existierende Dienstleistungsqualität entweder objektiv prüfen (z.B. durch den Vergleich von internen Qualitätszielvorgaben mit dem Grad ihrer Erreichung) oder sich subjektiver Messansätze bedienen. Objektive managementorientierte Messansätze – häufig auch ‚Qualitätsaudits' genannt – haben jedoch den wesentlichen Nachteil, dass sie nicht die Qualität der Dienstleistung selbst bewerten sondern nur die Strukturen und Prozesse des Unternehmens, um die Dienstleistung zu erstellen.[149] Folglich vernachlässigen objektive

[149] Vgl. Zollondz, *Lexikon Qualitätsmanagement* (2001), S. 564; Pfeifer, *Qualitätsmanagement* (2001), S.106.

Ansätze alle Informationen, die nur außerhalb des Unternehmens (bzw. der Hochschule) vorhanden sind.[150]

Zu den subjektiven managementorientierten Messansätzen gehört beispielsweise das Benchmarking, bei denen ein Unternehmen sich selbst und seine Produkte und Mitarbeiter mit anderen Unternehmen innerhalb und außerhalb der eigenen Branche vergleicht. Auf diese Weise versucht das Unternehmen, Ideen zu generieren, durch die es sich relativ zum Wettbewerber verbessern kann.[151] Dieses Verfahren bietet sich jedoch nicht für die zuverlässige Evaluation der Ausbildungsqualität an Musikhochschulen an, da bisher an kaum einer deutschen Musikhochschulen effiziente Programme zur Optimierung der Ausbildungsqualität durchgeführt wurden und somit der Vergleich mit anderen Hochschulen nicht unbedingt zu einer Identifikation von Verbesserungspotentialen an der HfMDK führen würde.

Letztlich können zur unternehmensorientierten Qualitätsmessung auch die Mitarbeiter befragt oder zu einem betrieblichen Vorschlagswesen motiviert werden, wenn diese Mitarbeiter direkten Kontakt zur Dienstleistungserstellung oder zum Kunden haben.[152] Durch ihr Wissen können die Mitarbeiter dann einen wertvollen Beitrag zum Verständnis der Kundenerwartungen und somit zur Verbesserung der Dienstleistungsqualität leisten. Auch dieser Ansatz ist für die hier durchzuführende Untersuchung jedoch nicht anwendbar, weil ausgehend von den bisherigen Untersuchungsergebnissen an Musikhochschulen viele Dozenten und Entscheidungsträger keine zuverlässigen Vorstellungen über die Qualitätswahrnehmungen und Qualitätserwartungen der Studenten und Arbeitgeber zu haben scheinen (vgl. Unterkapitel 3.2.2). Aus diesem Grund wird im Folgenden der Fokus auf die kundenorientierten Ansätze zur Messung der Dienstleistungsqualität gelegt.

---

[150] Vgl. Bruhn, *Qualitätsmanagement für Dienstleistungen* (2004), S. 289f.

[151] Vgl. Bruhn, *Qualitätsmanagement für Dienstleistungen* (2004), S. 144ff; Madu/Kuei, *Strategic TQM* (1995), S. 27ff.

[152] Vgl. Zollondz, *Lexikon Qualitätsmanagement* (2001), S. 564; Bruhn, *Qualitätsmanagement für Dienstleistungen* (2004), S. 154-162; Haist/Fromm, *Qualität im Unternehmen* (2002), S. 75ff; Merz/Bieler, *Betriebliches Vorschlagswesen* (2000).

Bei der kundenorientierten Messung der Dienstleistungsqualität kann – wie schon beim unternehmensorientierten Ansatz – zwischen objektiver und subjektiver Messung unterschieden werden.[153] Als objektiver Messansatz kommt dabei im Fall von Musikhochschulen nur die Expertenbeobachtung in Frage, bei der ausgewiesene Spezialisten eine Bewertung der Hochschule vornehmen. Weitere in der Literatur populäre Ansätze[154] wie das ‚Silent Shopper-Verfahren' oder ‚Warentests' sind hier nicht geeignet, weil es allein schon politisch undenkbar ist, den Dozenten der Hochschule heimlich einen Gutachter als Schüler ‚unterzuschieben' (‚Silent Shopper') oder das Ergebnis der Ausbildung einzelner Studenten als Bewertungsmaßstab für die Bewertung der Ausbildungsqualität heranzuziehen (‚Warentests'). Aber auch Expertenbeobachtungen haben schwerwiegende Nachteile: zum einen, weil sie subjektiv geprägt sein können, und zum anderen, weil sich die Beobachteten während ihrer Begutachtung meist anders verhalten als im Alltag.[155] Ein objektiver kundenorientierter Messansatz scheidet hier somit aus, obwohl gerade Expertenbeobachtungen für die Begutachtung von Musikhochschulen derzeit durchaus populär sind (vgl. Unterkapitel 3.2.1.2).

In der Gruppe der subjektiven kundenorientierten Messansätzen wird zwischen den problemorientierten, den ereignisorientierten und den merkmalsorientierten Ansätzen unterschieden. Der problemorientierte Messansatz untersucht ausschließlich die zentralen Unzufriedenheitsfaktoren von Kunden und die Häufigkeit des Auftretens dieser Faktoren.[156] Für die zentralen Problemfelder können dann Handlungsempfehlungen entwickelt werden, um die Kunden zukünftig zufrieden zu stellen. Es ist jedoch häufig schwierig, vor der Befragung die ‚richtigen' Problemklassen zu identifizieren, d.h. bei der Untersuchung der Unzufriedenheitsfaktoren genau die Aspekte anzusprechen, die den Kunden wichtig sind. Hier müssen die Problemklassen dann erst aufwendig ermittelt werden, weil Kunden häufig nicht

---

153 Vgl. Zollondz, *Lexikon Qualitätsmanagement* (2001), S. 565; Bruhn, *Qualitätsmanagement für Dienstleistungen* (2004), S. 98.
154 Vgl. Bruhn, *Qualitätsmanagement für Dienstleistungen* (2004), S. 100ff.
155 Vgl. Bruhn, *Qualitätsmanagement für Dienstleistungen* (2004), S. 100.
156 Vgl. Hoeth/Schwarz, *Qualitätstechniken* (2002), S. 92.

bereit oder in der Lage sind, ihre Unzufriedenheitsfaktoren direkt und eindeutig zu beschreiben.[157]

Der ereignisorientierte Messansatz berücksichtigt in seiner Methodik „den prozessualen Charakter des Leistungserstellungsprozesses".[158] Diese Methode beruht dabei auf dem so genannten Storytelling, bei dem die Kunden gebeten werden, umfassend und unstrukturiert zu schildern, wie sie die Erlebnisse mit einem bestimmten Dienstleister wahrnehmen.[159] Aus diesen Schilderungen werden dann die Kriterien identifiziert, die dem Kunde besonders wichtig sind und somit maßgeblich zu seiner Zufriedenheit oder Unzufriedenheit mit dem Dienstleistungsunternehmen beitragen.[160] Der ereignisorientierte Messansatz eignet sich jedoch nicht für die Untersuchung der Ausbildungsqualität einer Musikhochschule, da eine Hochschulausbildung keinen prozessualen Charakter im Sinne dieses Messansatzes hat. Der Prozesscharakter des ereignisorientierten Ansatzes tritt statt dessen vielmehr bei Dienstleistern ein, die nur sporadischen Kontakt mit ihren Kunden haben (z.B. beim Kauf eines Flugtickets im Reisebüro). Der ereignisorientierte Messansatz scheidet hier also aus.

Der merkmalsorientierte Messansatz basiert auf der Annahme, dass sich die Gesamtzufriedenheit mit einem Dienstleistungsunternehmen aus der Summe einzelner Leistungselemente zusammensetzt, die für den Kunden wichtig sind. Die Ausprägungen dieser Leistungselemente werden dabei meist durch Kundenbefragungen erhoben.[161] Zu der Gruppe der merkmalsorientierten Messansätze gehören das multiattributive Verfahren, das dekompositionelle Verfahren und der Willingness-to-Pay-Ansatz.

Der Willingness-to-Pay-Ansatz scheidet für die Untersuchung der Ausbildungsqualität von vorn herein aus, da er versucht, alle Leistungen des Dienstleisters mit

---

157 Vgl. Strauss, *Augenblicke der Wahrheit (2000), S. 321ff.*
158 Bruhn, *Qualitätsmanagement für Dienstleistungen* (2004), S. 127.
159 Vgl. Scharitzer, *Dienstleistungsqualität* (1994), S. 137.
160 Vgl. Bruhn, *Qualitätsmanagement für Dienstleistungen* (2004), S. 127ff.
161 Vgl. Bruhn, *Qualitätsmanagement für Dienstleistungen* (2004), S. 103.

Geldbeträgen zu bewerten, um dann den Gesamtwert der Dienstleistung zu schätzen.[162] Diese Bewertungslogik ist bei der Analyse der Ausbildungsqualität eines Studienganges nicht anwendbar.

Dekompositionelle Verfahren und dabei vor allem die Vignette-Methode[163] erfragen Globalurteile, die auf Grundlage der Zusammenstellung von Teilaspekten der Dienstleistungsqualität ermittelt werden. Der Kunde erhält bei diesem Verfahren zahlreiche ‚Vignetten', auf denen jeweils verschiedene Teilaspekte der Dienstleistungsqualität beschrieben werden. Aufgrund dieser unterschiedlich zusammengestellten Teilaspekte muss der Kunde dann die Gesamtattraktivität der jeweiligen Zusammenstellungen auf einer Skala bewerten. Unter Zuhilfenahme des Conjoint-Analyse-Verfahrens ist es schließlich möglich, die jeweilige Bedeutung einzelner Teilaspekte auf die Gesamtzufriedenheit mit der Dienstleistung zu errechnen.[164] Trotz ihrer hohen Zuverlässigkeit sind dekompositionelle Verfahren jedoch nicht besonders populär für die Untersuchung der Zufriedenheit bei der Dienstleistungserstellung. Dies kann vor allem damit begründet werden, dass das Verfahren zeitlich sehr aufwendig wird, sobald viele Teilaspekte der Dienstleistungsqualität untersucht werden sollen. Aufgrund der hohen Komplexität von Dienstleistungen im Allgemeinen und der Ausbildungsqualität an Musikhochschulen im Speziellen wird für diese Untersuchung daher von einem dekompositionellen Ansatz abgesehen.

Multiattributive Verfahren erfragen letztlich beim Kunden zahlreiche Teilaspekte der Dienstleistungsqualität und schließen dann auf der Grundlage dieser Teilaspekte auf die Gesamtzufriedenheit des Kunden. Dabei wird meistens zwischen der

---

162 Vgl. Haller, *Beurteilung von Dienstleistungsqualität* (1998), S. 40ff.

163 Vgl. Bruhn, *Qualitätsmanagement für Dienstleistungen* (2004), S. 119, Haller, *Beurteilung von Dienstleistungsqualität* (1998), S. 113.

164 Vgl. Zollondz, *Lexikon Qualitätsmanagement* (2001), S. 134, und Haller, *Beurteilung von Dienstleistungsqualität* (1998), S. 116. Beispiel: Die Untersuchungsteilnehmer erhalten verschiedene Vignetten, auf denen mehrere Ausprägungen von Eigenschaften einer Bibliothek beschreiben werden (Vignette 1: „unfreundliches Personal, exzellenter Buchbestand, wenig Recherche-PCs, großer Lesesaal, kurze Ausleihzeiten", Vignette 2: „freundliches Personal, kleiner Buchbestand, zahlreiche Recherche-PCs, kein Lesesaal, sehr lange Ausleihzeiten" u.s.w.). Für jede einzelne dieser Vignetten vergeben die Untersuchungsteilnehmer eine Gesamtbewertung, beispielsweise auf der Skala von 1 bis 10. Erst der Vergleich dieser einzelnen Bewertungen erlaubt dann einen Rückschluss auf die Bedeutung von einzelnen Ausprägungen der Bibliothekseigenschaften für die Gesamtzufriedenheit.

einstellungsorientierten und der zufriedenheitsorientierten Qualitätsmessung unterschieden.[165]

Einstellungsorientierte Qualitätsmessung liegt immer dann vor, wenn die Qualitätsbeurteilung des Kunden direkt von seinen eigenen Überzeugungen oder indirekt durch beispielsweise Empfehlungen anderer Kunden gesteuert wird.[166] Die Beurteilung der Dienstleistung hängt hier somit maßgeblich von der inneren Haltung des Kunden ab und ist somit stark subjektiv geprägt. Zufriedenheitsorientierte Qualitätsmessung liegt hingegen immer dann vor, wenn der Kunde seine persönliche Wahrnehmung einer Dienstleistung mit seinen Erwartungen vergleicht. Erst das Ausmaß der Unterschiedlichkeit zwischen Erwartung und Wahrnehmung entscheidet dann über die Zufriedenheit oder Unzufriedenheit des Kunden.[167] Der zufriedenheitsorientierte Messansatz ist ebenfalls subjektiv geprägt, allerdings wird hier – im Gegensatz zur einstellungsorientierten Qualitätsmessung – die Erwartung mit der Realität als Referenz verglichen.

Sowohl die einstellungsorientierte als auch die zufriedenheitsorientierte Qualitätsmessung, vor allem aber die Kombination aus beiden Varianten erscheint zur Untersuchung der Ausbildungsqualität an Musikhochschulen geeignet, da es gerade bei einem Hochschulstudium sowohl auf die positive Grundeinstellung als auch auf die wahrgenommene hohe Zufriedenheit der Studenten mit ihrer Ausbildung ankommt.[168]

Unter den multiattributiven Verfahren zur Qualitätsmessung hat in den letzten Jahren das von Parasuraman, Zeithaml und Berry entwickelte Gap-Modell große Anerkennung erlangt.[169] Dieses Modell analysiert zunächst in vielerlei Hinsicht die Erwartungen von Kunden an ein Dienstleistungsunternehmen und überprüft dann,

---

165 Vgl. Zollondz, *Lexikon Qualitätsmanagement* (2001), S. 565; Bruhn, *Qualitätsmanagement für Dienstleistungen* (2004), S. 105.

166 Vgl. Trommsdorff, *Konsumentenverhalten* (2002), S. 149.

167 Vgl. Zollondz, *Lexikon Qualitätsmanagement* (2001), S. 565f.

168 Alle bisher an Musikhochschulen durchgeführten Studentenbefragungen waren jedoch entweder einstellungs- oder zufriedenheitsorientiert. Eine Kombination der Ansätze erfolgte bisher nicht (vgl. Unterkapitel 3.2.1.4).

169 Vgl. Zeithaml/Berry/Parasuraman, *Communication* (1988).

inwieweit die Prozesse und Verhaltensweisen des Unternehmens Auswirkungen auf die Erfüllung der Kundenerwartungen haben. Beim Gap-Modell wird somit sowohl einstellungs- als auch zufriedenheitsorientierte Qualitätsmessung betrieben.

Weiterhin findet beim Gap-Modell eine Teilung der Analyseebenen zwischen Kunde und Dienstleister statt, um zu gewährleisten, dass zwischen der Wahrnehmung beim Kunden und der Ursache für diese Wahrnehmung seitens des Unternehmens unterschieden wird. Dabei werden fünf verschiedene, potenzielle ‚Gaps' bzw. Qualitätslücken[170] identifiziert, die im Rahmen des Analyseansatzes einzeln untersucht werden:[171]

Lücke 1	Diskrepanz zwischen Kundenerwartungen und Managementvorstellungen über die Kundenerwartungen
Lücke 2	Diskrepanz zwischen Managementvorstellungen über die Kundenerwartungen und den daraus resultierenden definierten Spezifikationen der Dienstleistungsqualität
Lücke 3	Diskrepanz zwischen den definierten Spezifikationen der Dienstleistungsqualität und deren Umsetzung
Lücke 4	Diskrepanz zwischen der externen Unternehmenskommunikation über die Dienstleistungsqualität und der tatsächlichen Dienstleistungsqualität
Lücke 5	Diskrepanz zwischen Erwartungen und Wahrnehmung der Dienstleistungsqualität aus Kundensicht

Tabelle 3.3.1: Die fünf Qualitätslücken im Gap-Modell

170 Gap (engl.) = Lücke. Aufgrund der direkten Übersetzbarkeit würde sich grundsätzlich auch die Bezeichnung „Lücken-Modell" anbieten. Dieser Begriff konnte sich in der Literatur jedoch bisher nicht durchsetzen, sodass im Verlauf der Arbeit das Modell weiterhin als „Gap-Modell" bezeichnet wird.

171 Vgl. Zeithaml/Berry/Parasuraman, *Communication* (1988), S. 35f.

Das Gap-Modell gilt weitreichend als methodisch solide und wurde auch schon häufig praktisch umgesetzt; es handelt sich somit nicht um ein nur theoretisch fundiertes Modell.[172] Weiterhin wird in diesem Ansatz eine qualitative mit einer quantitativen Untersuchung kombiniert, was solide Ergebnisse sicherstellt. Letztlich ist das Gap-Modell auch für den empirisch nicht spezialisierten Leser nachvollziehbar, so dass die Ergebnisse des Modells leicht in die Öffentlichkeit kommuniziert werden können.

Aus allen diesen Gründen erscheint das Gap-Modell als geeignet, um die Ausbildungsqualität an Musikhochschulen zu evaluieren. Es muss allerdings noch an die konkreten Bedürfnisse und Terminologien von Musikhochschulen angepasst werden, damit aus dem Modell auch entsprechend konkrete Handlungsempfehlungen abgeleitet werden können.

3.3.2 Nähere Beschreibung des Gap-Modells

In den folgenden Unterkapiteln wird das Gap-Modell zunächst in seiner allgemeinen Form näher dargestellt. Danach erfolgt eine Anpassung des Modells an die speziellen Anforderungen zur Untersuchung der Ausbildungsqualität an Musikhochschulen.

3.3.2.1 Einführung in das Modell

Die bereits in der vorausgegangenen Tabelle kurz skizzierten Qualitätslücken werden im Folgenden nun näher erläutert.

[172] Vgl. Bruhn, *Qualitätsmanagement für Dienstleistungen* (2004), S. 109ff; Zollondz, *Lexikon Qualitätsmanagement* (2001), S. 138f; Hoeth/Schwarz, *Qualitätstechniken* (2002), S. 83.

Lücke 1

Normalerweise entscheidet sich ein Kunde (bzw. Student)[173] aufgrund von mündlichen Empfehlungen, eigenen Bedürfnissen, bisherigen Erfahrungen und der kundengerichteten Kommunikation für einen bestimmten Anbieter (bzw. Hochschule).[174] An diese vier Faktoren knüpfen sich die Erwartungen des Kunden. Hier entsteht die erste Qualitätslücke, da die Wahrnehmung des Dienstleisters, welche Erwartungen der Kunde hat, häufig von der tatsächlichen Kundenperspektive abweicht. Dies ist nach Parasuraman, Zeithaml und Berry auf die folgenden Problemfelder zurückzuführen:[175]

Problemfeld	Einflussfaktoren
Marktforschung	- Umfang an Marktforschung - Korrektheit bei der Verwendung der Marktforschung - Ausmaß der Marktforschungsfokussierung auf Servicequalitäts-Aspekte - Ausmaß des direkten Kontaktes zwischen Führungskräften und Kunden
Aufwärtskommunikation	- Ausmaß der Kommunikation der Führungskräfte mit den Angestellten - Ausmaß der Meinungssuche bei Angestellten seitens der Führungskräfte - Qualität des Austausches zwischen Führungskräften und Angestellten
Anzahl Hierarchiestufen	- Anzahl der Hierarchieebenen zwischen Kundenkontaktpersonal und Firmenleitung

Tabelle 3.3.2: Einflussfaktoren für die Qualitätslücke 1

[173] Im Folgenden wird – da das Modell zunächst in seiner ursprünglichen Form beschrieben wird – von Kunden gesprochen. Im übertragenen Sinne ist dies das Synonym für „Student“. Unter dem „Management“ werden die Hochschulleitung, Dekane und Ausbildungsdirektoren verstanden und unter den „Mitarbeitern“ die Dozenten. Die umfassende Anpassung der Terminologie an das Musikhochschulumfeld erfolgt in Kapitel 4.

[174] Vgl. Zeithaml/Parasuraman/Berry, *Qualitätsservice* (1992), S. 38ff.

[175] Vgl. Zeithaml/Parasuraman/Berry, *Qualitätsservice* (1992), S. 51ff.; Zeithaml/Berry/Parasuraman, *Communication* (1988), S. 38.

Lücke 2

Die zweite Qualitätslücke entsteht, wenn Unternehmen nicht in der Lage sind, Wissen über den Kunden auf klare Qualitätsstandards für ihr Produkt (bzw. Studiengang) zu übertragen. Die Gründe sind in den folgenden Bereichen zu finden:[176]

Problemfeld	**Einflussfaktoren**
Verpflichtung des Managements gegenüber der Qualität	- Ausmaß der Selbstverpflichtung der Führungskräfte zu maximaler Servicequalität - Ausmaß der empfundenen öffentlichen Wahrnehmung dieser Selbstverpflichtung zur Servicequalität
Zielformulierung zum Qualitätserhalt	- Existenz eines formalen Prozesses zur Festsetzung von Qualitäts- und Service-Zielen
Standardisierung von Prozessen und Aufgaben	- Verwendung von Technologien zur Standardisierung von Aktivitäten, z.B. Hard-/Software, Leitlinien oder Checklisten
Erwartung an die Durchführbarkeit von Qualitätsansprüchen	- Ausmaß der Erwartung seitens des Managements, dass die Erwartungen tatsächlich erfüllt werden können. - Existenz von Fähigkeiten bzw. Systemen zur Erreichung der Ansprüche

Tabelle 3.3.3: Einflussfaktoren für die Qualitätslücke 2

Lücke 3

Die dritte Qualitätslücke beschreibt die Umsetzung der festgelegten Qualitätsstandards (bzw. Ausbildungsstandards wie Studien- und Prüfungsordnungen) durch die Mitarbeiter des Unternehmens. Parasuraman, Zeithaml und Berry[177] unterstellen, dass Qualitätsprobleme hier insbesondere durch eine Einengung der Mitarbeiter in ihrem Arbeitsumfeld zu erklären sind.

---

[176] Vgl. Mutscheller, *Kennzahlen* (1996), S.23; Zeithaml/Parasuraman/Berry, Qualitätsservice (1992), S. 54ff.; Zeithaml/Berry/Parasuraman, *Communication* (1988), S. 39.

[177] Vgl. Zeithaml/Parasuraman/Berry, *Qualitätsservice* (1992), S. 59.

Problemfeld	Einflussfaktoren
Teamarbeit	- Ausmaß, inwieweit Angestellte ihre Kollegen als interne Kunden betrachten - Ausmaß der Kooperation zwischen den Angestellten - Gefühl des Interesses der hierarchisch Höhergestellten - Ausmaß des Einbezuges und des Gefühls der Wichtigkeit des Einzelnen innerhalb des Unternehmens
Mitarbeiter-Aufgaben-Entsprechung	- Fähigkeit der Mitarbeiter, die Aufgabe zu bewältigen - Bedeutung und Effizienz des Mitarbeiterauswahlprozesses
Technologie-Aufgaben-Entsprechung	- Angemessenheit der zur Verfügung gestellten Voraussetzungen und Technologien zur Erfüllung der technischen Arbeitsvoraussetzungen
Wahrgenommene Kontrolle	- Grad der Überprüfung des Verhaltens statt nur des Endergebnisses
Rollenkonflikt	- Konflikt zwischen Kundenerwartungen und Erwartungen durch das Management - Konflikt zwischen zugesagten Spezifikationen und Politik der Firmenleitung
Unklares Rollenverständnis	- Wahrgenommene Klarheit der Ziele und Erwartungen - Wahrgenommenes Kompetenzlevel und Selbstvertrauen der Mitarbeiter

Tabelle 3.3.4: Einflussfaktoren für die Qualitätslücke 3

Lücke 4

Die vierte Lücke zur optimalen Dienstleistungsqualität entsteht aus einer unangemessenen Kommunikation des angebotenen Produktes (bzw. Studienganges). Dies kann eine unkoordinierte oder auch eine systematisch übertrieben positive Darstellung der angebotenen Dienstleistung sein.[178]

[178] Vgl. Zeithaml/Parasuraman/Berry, *Qualitätsservice* (1992), S. 60f.

Problemfeld	Einflussfaktoren
Horizontale Kommunikation	- Ausmaß des Einflusses der ausführenden Organe des Unternehmens in die Werbeplanung und Werbeumsetzung - Ausmaß, zu dem das Kundenkontaktpersonal über die externe Kommunikation des Unternehmens informiert wird, bevor sie erscheint - Ausmaß der Kommunikation zwischen Verkauf und ausführenden Organen - Ausmaß der Ähnlichkeit der Prozeduren zwischen den Abteilungen und Filialen des Unternehmens
Neigung zu übertriebenen Versprechungen	- Ausmaß des Leistungsdrucks des Unternehmens, neue Kunden zu gewinnen. - Ausmaß des Empfindens, wie stark die Wettbewerber zu Übertreibungen neigen.

Tabelle 3.3.5: Einflussfaktoren für die Qualitätslücke 4

Lücke 5

Die letzte Qualitätslücke stellt die Diskrepanz zwischen der Erwartungshaltung des Kunden und dem Grad der Erfüllung dieser Erwartung dar.[179] Es wird davon ausgegangen, dass Kunden die Dienstleistungsqualität nicht auf der Grundlage des fertigen Produktes beurteilen (Haltbarkeit, Fehlerquote etc.) sondern vor allem auf Grundlage der Erfüllung von Erwartungen bei der Dienstleistungsentstehung (Beratung, Freundlichkeit des Anbieters etc.) und Dienstleistungsverwendung (Gebrauchsanweisungen etc.).[180] Diese Diskrepanz wird unter Hinzunahme des so genannten SERVQUAL-Ansatzes untersucht, der von Parasuraman, Zeithaml und Berry (1988) zur Messung der fünften Qualitätslücke entwickelt wurde. Die drei Autoren untersuchen hier die Differenzen zwischen Erwartung und Wahrnehmung mittels fünf verschiedener Dimensionen, die auf der Grundlage von umfangreichen, branchenübergreifenden Erhebungen unter Hinzunahme von Faktoranalysen entwickelt wurden.[181] Diese Dimensionen stellen sich wie folgt dar: [182]

---

179 Vgl. Zeithaml/Parasuraman/Berry, *Qualitätsservice* (1992), S. 62f.
180 Vgl. Parasuraman/Zeithaml/Berry, *SERVQUAL* (1988), S. 13.
181 Vgl. Parasuraman/Zeithaml/Berry, *SERVQUAL* (1988), S. 12 und 19f.
182 Vgl. Parasuraman/Zeithaml/Berry, *SERVQUAL* (1988), S. 23.

Dimension	Kurzbeschreibung
Materielles Umfeld	Erscheinungsbild von Einrichtungen und Ausrüstungen sowie des Personals und der gedruckten Kommunikationsmittel
Zuverlässigkeit	Fähigkeit, den versprochenen Service verlässlich und präzise auszuführen
Entgegenkommen	Bereitschaft, Kunden zu helfen und sie prompt zu bedienen
Leistungskompetenz	Fachwissen und zuvorkommendes Verhalten der Angestellten sowie deren Fähigkeit, Vertrauen zu erwecken
Einfühlungsvermögen	Fürsorgliche Aufmerksamkeit der Firma für jeden einzelnen Kunden

Tabelle 3.3.6: Einflussfaktoren für die Qualitätslücke 5

Zur Untersuchung der fünf Dimensionen haben die SERVQUAL-Autoren weiterhin Einzelfragen entwickelt, die den einzelnen Dimensionen eindeutig zugeordnet werden können, und die allgemein genug gehalten wurden, um branchenunabhängig einsetzbar zu sein.[183] Die Fragen werden auf einer Doppelskala abgefragt, um nicht nur die Ausprägung einer Antwort zu analysieren, sondern auch die relative Bedeutung der Antwort im Gesamtkontext.[184] Dies stellt sich beispielsweise wie in der folgenden Tabelle dar.

Frage	Bei hervorragenden Unternehmen ist das ... (1) absolut falsch (7) absolut richtig	Das hier untersuchte Unternehmen ist in dieser Kategorie hervorragend: (1) absolut falsch - (7) absolut richtig - (?) weiß nicht
Zu hervorragenden Unternehmen gehören modern aussehende Räumlichkeiten	1 2 3 4 5 6 7	1 2 3 4 5 6 7 (?)

Tabelle 3.3.7: Exemplarische Darstellung der Fragenmethode beim SERVQUAL-Ansatz

Die Diskrepanz zwischen den Erwartungen und Wahrnehmungen der Kunden kann auf ihre Erfüllung überprüft werden, indem der Skalenwert für die Erwartung eines Dienstleistungsaspektes von der Wahrnehmung hinsichtlich dieses Aspektes abgezogen wird. Wenn also die Differenz zwischen den beiden Skalen positiv ist, so

183 Vgl. Zeithaml/Berry/Parasuraman, *Communication* (1988), S. 38ff.
184 Vgl. Parasuraman/Zeithaml/Berry, *SERVQUAL* (1988), S. 19; Hammann/Erichson, *Marktforschung* (2000), S. 343ff; Aaker/Kumar/Day, *Marketing Research* (2001), S. 284; Homburg/ Rudolph, *Kundenzufriedenheit* (1998), S. 39ff.

wird eine Erwartung übertroffen. Ist die Differenz negativ, so werden die Erwartungen des Kunden nur unzureichend erfüllt. Je größer diese Differenz ausfällt, desto ausgeprägter wird ein Kriterium (nicht) erfüllt.[185] Dabei können maximal Werte von -6 bis +6 erreicht werden, indem 7 von 1 oder 1 von 7 abgezogen wird.

Abbildung 3.3.2 zeigt abschließend noch einmal grafisch den methodischen Aufbau des Gap-Modells:[186]

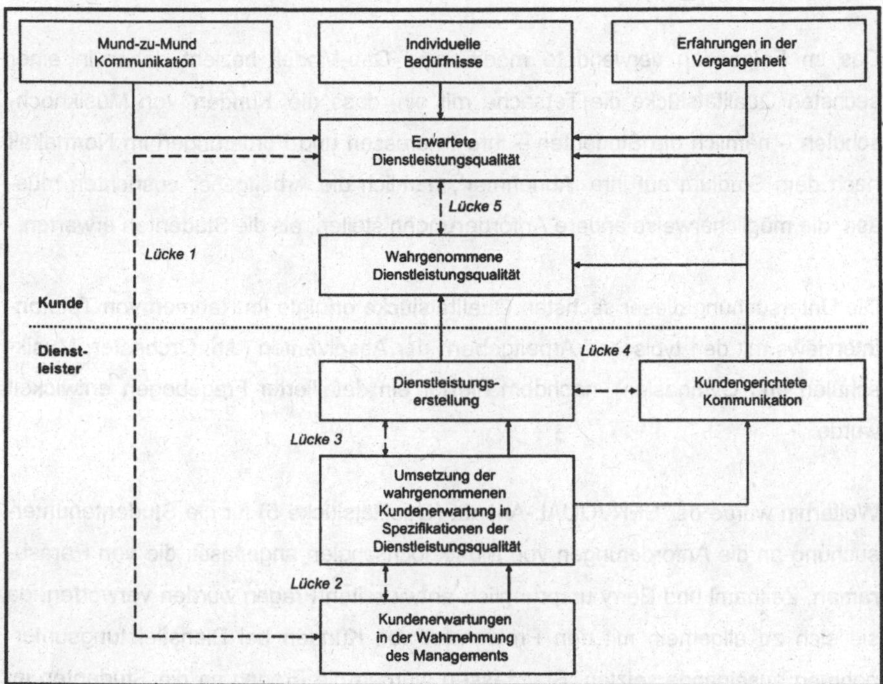

Abbildung 3.3.2: Einflussfaktoren auf die vom Kunden erwartete und wahrgenommene Dienstleistungsqualität im Gap-Modell

185 Vgl. Zeithaml/Berry/Parasuraman, *Communication* (1988), S. 30.
186 Vgl. Zeithaml/Berry/Parasuraman, *Communication* (1988), S. 36.

3.3.2.2 Anpassung des Modells an die Bedürfnisse von Musikhochschulen

Obwohl das Gap-Modell in seiner ursprünglichen Form bereits eine gute Grundlage für die Analyse der Ausbildungsqualität an Musikhochschulen darstellen würde, vernachlässigt es einen zentralen Aspekt bei der Ausbildung: die alleinige Zufriedenheit der Studenten mit ihrer Ausbildung reicht nicht aus, solange nicht auch die zukünftigen Arbeitgeber der Studenten zufrieden mit dem Ausbildungsstandard der Studenten sind.

Das im Folgenden verwendete modifizierte Gap-Modell bezieht daher in einer sechsten Qualitätslücke die Tatsache mit ein, dass die ‚Kunden' von Musikhochschulen – nämlich die Studenten – ihre Interessen und Forderungen im Normalfall nach dem Studium auf ihre ‚Abnehmer', nämlich die Arbeitgeber ausrichten müssen, die möglicherweise andere Anforderungen stellen, als die Studenten erwarten.

Die Untersuchung dieser sechsten Qualitätslücke erfolgte im Rahmen von Telefoninterviews mit den typischen Arbeitgebern der Absolventen (d.h. Orchester, Musikschulen und Gymnasien), nachdem hierfür ein detaillierter Fragebogen entwickelt wurde.

Weiterhin wurde der SERVQUAL-Ansatz (Qualitätslücke 5) für die Studentenuntersuchung an die Anforderungen von Musikhochschulen angepasst: die von Parasuraman, Zeithaml und Berry ursprünglich entwickelten Fragen wurden verworfen, da sie sich zu allgemein mit den Problemen von Kunden bei Dienstleistungsunternehmen auseinandersetzten. Stattdessen wurden die Fragen an die Studenten im Rahmen einer qualitativen Voruntersuchung vollständig neu entwickelt. Allerdings wurde die Kategorisierung der Fragen nach den fünf SERVQUAL-Dimensionen (Materielles Umfeld, Zuverlässigkeit, Entgegenkommen, Leistungskompetenz und Einfühlungsvermögen) beibehalten, da diese Dimensionen sich bereits in zahlreichen vorausgegangenen Untersuchungen bewährt haben und auch im Musikhochschulumfeld als passend erschienen.[187]

---

[187] Vgl. Bruhn, *Qualitätsmanagement für Dienstleistungen* (2004), S. 109ff; Zollondz, *Lexikon Qualitätsmanagement* (2001), S. 138f; Hoeth/Schwarz, Qualitätstechniken (2002), S. 83.

Die Lücken 1 bis 4 (Hochschulperspektive) blieben inhaltlich unverändert, die einzelnen Einflussfaktoren zur Überprüfung der Lücken-Ausprägungen wurden jedoch teilweise in ihrer Terminologie an das Umfeld der HfMDK angepasst. (‚Hochschule' statt ‚Unternehmen' etc.)

Grafisch kann das angepasste Gap-Modell entsprechend der folgenden Abbildung dargestellt werden. Neben der inhaltlichen Erweiterung der Grafik um die Lücke 6 wurde hier eine Zeitachse integriert, die von links (vor dem Studium) nach rechts (nach dem Examen) führt.

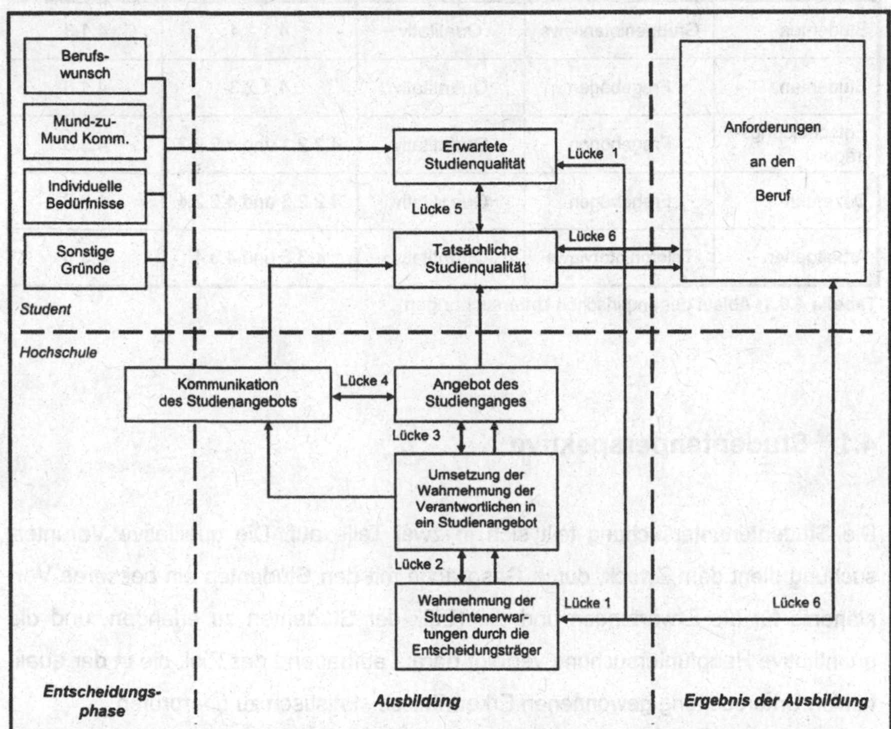

Abbildung 3.3.4: Angepasstes Gap-Modell

Mit dem hier dargestellten, angepassten Gap-Modell ist nun die Grundlage für eine empirisch solide Evaluation der Ausbildungsqualität an Musikhochschulen geschaffen.

4 Evaluation der Ausbildungsqualität an der HfMDK

Kapitel 4 beschreibt das Vorgehen und die Ergebnisse der hier durchgeführten empirischen Untersuchungen. Dabei werden hintereinander die Perspektiven der Studenten, der Hochschulangehörigen (Dozenten und Entscheidungsträger) sowie der potenziellen Arbeitgeber beschrieben:

Zielgruppe der Untersuchungen	Art der Untersuchung		Detaillierte Ergebnisse in Unterkapitel	Zusammenfassung der Ergebnisse in Unterkapitel
	Kontaktart	Erhebungsart		
Studenten	Gruppeninterviews	Qualitativ	4.1.1.4	4.1.3
Studenten	Fragebögen	Quantitativ	4.1.2.3	4.1.3
Entscheidungsträger	Fragebögen	Quantitativ	4.2.2.1 und 4.2.2.2	4.2.3
Dozenten	Fragebögen	Quantitativ	4.2.2.3 und 4.2.2.4	4.2.3
Arbeitgeber	Telefoninterviews	Quantitativ	4.3.3 und 4.3.4	4.3.5

Tabelle 4.0.1: Ablauf der empirischen Untersuchungen

4.1 Studentenperspektive

Die Studentenuntersuchung teilt sich in zwei Teile auf. Die qualitative Voruntersuchung dient dem Zweck, durch Gespräche mit den Studenten ein besseres Verständnis für die Erwartungen und die Kritik der Studenten zu erlangen, und die quantitative Hauptuntersuchung verfolgt darauf aufbauend das Ziel, die in der qualitativen Untersuchung gewonnenen Erkenntnisse statistisch zu überprüfen.

Das methodische Vorgehen bei der qualitativen Voruntersuchung sowie die Ergebnisse dieser Untersuchung werden in Unterkapitel 4.1.1 dargestellt, in Unterkapitel 4.1.2 erfolgt dann die quantitative Hauptuntersuchung. Da die Hauptuntersuchung auf der Voruntersuchung aufbaut, kommt es für den Leser teilweise zu inhaltlichen

Wiederholungen. Die Zielsetzungen der Untersuchungen unterscheiden sich jedoch voneinander: während die Voruntersuchung die Probleme und Anregungen der Studenten eher in der Breite beschreibt, wird in der Hauptuntersuchung der Schwerpunkt darauf gelegt, diese Probleme statistisch zu erfassen, so dass die Fragen enger und somit konkreter gestellt werden. Es bedarf somit beider Untersuchungen, um ein wirklich umfassendes Bild über die studentischen Erwartungen zu erhalten.

4.1.1 Qualitative Voruntersuchung

In diesem Unterkapitel erfolgt zunächst eine Einführung in die Methodik von qualitativen empirischen Untersuchungen, bevor das spezifische Forschungsdesign dieser Untersuchung beschrieben wird. Danach erfolgt die Beschreibung der verwendeten Methode zur Verdichtung der Daten und die Güteprüfung der Ergebnisse. In Unterkapitel 4.1.1.4 werden dann die detaillierten Ergebnisse vorgestellt und in Unterkapitel 4.1.1.5 in Fragen überführt, die zur Erstellung des Fragebogens für die quantitative Untersuchung dienen.

4.1.1.1 Grundsätzliches methodisches Vorgehen bei qualitativen Untersuchungen

Das zentrale Forschungsziel der qualitativen empirischen Forschung liegt „im Erkennen, Beschreiben und Verstehen psychologischer und soziologischer Zusammenhänge, nicht aber in deren Messung".[188] Sie ermöglicht somit, durch den Dialog mit den Befragten ein tieferes Verständnis für deren Probleme und Erwartungen zu erhalten.

---

[188] Kepper, *Qualitative Marktforschung* (1996), S. 18.

Um in der qualitativen empirischen Forschung signifikante Untersuchungserfolge zu erzielen, ist es unverzichtbar, Offenheit bezüglich der Konzeption und des methodischen Ansatzes sicherzustellen. Dabei wird zwischen konzeptioneller und methodischer Offenheit unterschieden. *Konzeptionelle Offenheit* bedeutet, dass auf theoretische Vorstrukturierung und somit Hypothesenbildung des Untersuchungsgegenstandes ex ante weitestgehend verzichtet wird.[189] Statt dessen soll die Hypothesenbildung erst durch die Untersuchung selbst möglich werden.[190] *Methodische Offenheit* bedeutet, dass ein zunächst weitestgehend unstrukturiertes Vorgehen sichergestellt werden muss, so dass sich die zentralen Schwerpunkte der Untersuchung erst im Rahmen der Untersuchung ergeben. Der Interviewer stellt auf diese Weise sicher, dass er keine Informationsselektion betreibt.[191] Das Instrumentarium der Untersuchung muss in der Lage sein, flexibel auf zusätzliche Fragen, Beobachtungsinhalte und unvermutet interessante Aspekte zum Untersuchungsproblem einzugehen.[192] Um dennoch eine Grundstruktur innerhalb der Gespräche zu erhalten, können innerhalb der Gespräche Oberbegriffe verwendet werden, die einzeln angesprochen werden.[193]

Zur Ergänzung der konzeptionellen und methodischen Offenheit wird bei der qualitativen empirischen Forschung weiterhin das Merkmal der Typisierung berücksichtigt. Typisierung bedeutet, dass bei der Untersuchung nicht in erster Linie auf die statistische Repräsentativität einer Untersuchung Wert gelegt wird, sondern darauf, dass vor allem das „Typische" einzelner Untersuchungsfälle erfasst wird.[194]

Die beschriebenen Kriterien zur methodischen und konzeptionellen Offenheit sowie zur Typisierung wurden in der vorliegenden Untersuchung stets eingehalten. Weiterhin wurden die zuvor beschriebenen fünf SERVQUAL-Dimensionen (vgl. Unterkapitel 3.3.2.1) als Oberbegriffe für die Grundstruktur der Gespräche gewählt, da diese Dimensionen in der Literatur allgemeine Anerkennung genießen.

---

189 Vgl. Kepper, *Qualitative Marktforschung* (1996), S. 25.
190 Vgl. Hoffmann-Riem, *Sozialforschung* (1980), S. 343ff.
191 Vgl. Kepper, *Qualitative Marktforschung* (1996), S. 26.
192 Vgl. Wallace, *Qualitative Research* (1984), S. 183.
193 Vgl. Kepper, *Qualitative Marktforschung* (1996), S. 27f.
194 Vgl. Kepper, *Qualitative Marktforschung* (1996), S. 27.

Ein weiteres wichtiges Kriterium zum Erfolg der qualitativen empirischen Forschung ist die „Kommunikativität" des Gesprächsleiters, da sie als „konstitutiver Bestandteil des Forschungsprozesses" angesehen werden muss.[195] Erst durch eine intensive Kommunikation wird es möglich, seitens der Befragten die Bereitschaft aufzubringen, sozial komplexe Sachverhalte ausführlich und freigiebig zu erläutern.[196] Um eine ergiebige Kommunikation sicherzustellen, muss weiterhin darauf geachtet werden, dass sich der Gesprächsleiter hinsichtlich der Problematik und Komplexität des Gesprächs den Befragten gewachsen fühlt und in der Lage ist, das Gespräch in eine angemessene Komplexitätstiefe zu führen.[197] Die Kommunikationsanforderungen waren bei der vorliegenden Untersuchung gewährleistet, da der Gesprächsleiter selbst mehrere Semester an der HfMDK studiert hatte.

4.1.1.2 Forschungsdesign

Insgesamt wurden mit 56 Studenten Gespräche geführt, die sich entsprechend der folgenden Übersicht auf die verschiedenen Studiengänge verteilten. Innerhalb der Studiengänge wurde dabei auf eine repräsentative Mischung der Instrumentengruppen (Streicher, Bläser etc.) geachtet:

Studienfach	Anzahl Studenten	Semesterzahl (Durchschnitt)	Berufswunsch
KA	19	6,5	Orchestermusiker, Instrumentallehrer, Solist
IGP	19	7,5	Instrumentallehrer, diverse Kulturarbeit
Schulmusik	18	7	Gymnasiallehrer, Kulturmanager
Insgesamt	**56**	**7**	

Tabelle 4.1.1: Beschreibung der Gesprächsteilnehmer

Die Studenten wurden dabei in Gruppen von zwei bis vier Personen befragt, da Gruppendiskussionen den Vorteil haben, dass sich der Gesprächsleiter die Gruppendynamik zu Nutze machen kann. So ist es für Gruppendiskussionen

195 Vgl. Küchler, *Qualitative Sozialforschung* (1983), S. 28.
196 Vgl. Hoffmann-Riem, *Sozialforschung* (1980), S. 348ff.
197 Vgl. Wallace, *Qualitative Research* (1984), S. 183.

charakteristisch, dass sich die Gesprächsteilnehmer ‚gegenseitig die Bälle zuspielen', das heisst, dass verschiedene Positionen häufig zu einem Konsens geführt werden und der Gesprächsleiter somit besser in der Lage ist, Einzelmeinungen von allgemeingültigen Meinungen zu unterscheiden.[198] Weiterhin haben Gruppendiskussionen grundsätzlich ein höheres Kreativitätspotenzial als Einzelinterviews und die Ergebnisse werden aufgrund der Gruppeneffekte von den Teilnehmern auch kritischer analysiert und bewertet.[199]

Die Gruppen wurden in dieser Umfrage mit maximal vier Teilnehmern relativ klein gehalten, um innerhalb der Gruppen bei der kritischen Analyse der Hochschule eine hohe Intimität zu gewährleisten. Darüber hinaus wurde bei der Gruppenzusammensetzung darauf geachtet, dass sich die Teilnehmer immer aus Vertretern verschiedener Instrumente zusammensetzen, sodass sich die Studenten nicht gezwungen sahen, beispielsweise ihren Hauptfachlehrer vor Studenten desselben Faches zu kritisieren. Ebenso erleichtert es die kleine Gruppengröße dem Gesprächsleiter, der Situation entsprechend auf einzelne Teilnehmer einzugehen und eine größere Ausgewogenheit zu gewährleisten.[200]

Die Gespräche wurden in der Mensa oder in verschiedenen Aufenthaltsbereichen der HfMDK geführt, da aufgrund der Raumnot an der HfMDK ein fester Raum nicht zur Verfügung stand. Zu Beginn wurde den Teilnehmern zur Vertrauensbildung innerhalb der Interviewrunde erläutert, dass es sich hier um eine Befragung im Rahmen eines wissenschaftlichen Projektes handelt, das nicht im Auftrag der Hochschulleitung durchgeführt wird. Anschließend wurden den Teilnehmern dann die fünf Dimensionen des SERVQUAL-Ansatzes erklärt, bevor das Gruppengespräch beginnen konnte.

---

198 Vgl. Gutjahr, *Gruppendiskussion* (1988), S. 218.
199 Vgl. Kepper, *Qualitative Marktforschung* (1996), S. 78.
200 Vgl. Tull/Hawkins, *Market Research* (1990), S. 401.

4.1.1.3 Verdichtung und Güteprüfung der qualitativen Studentendaten

Die Auswertung qualitativer Daten erfolgt durch die interpretative, aggregierte Datenauswertung mit Hilfe ausführlicher Analyseprotokolle, die faktisch eine neue Datenbasis bilden.[201] Dabei erfolgt zunächst die Verdichtung und dann die Güteprüfung der Daten.

4.1.1.3.1 Verdichtung

Zur Auswertung der Daten wurde zunächst eine systematische Zusammenfassung der Daten durchgeführt, um die Gesprächsprotokolle in eine überschaubare Form zu bringen. Hierfür wurden alle ausschmückenden, nicht inhaltstragenden Wendungen entfernt und der übrige Text auf eine einheitliche Sprachebene gebracht.[202] Gleichzeitig wurde aber versucht, besonders treffende Zitate als solche in der Zusammenfassung zu belassen, da sie die Position der Studenten häufig am Besten wiederzugeben vermögen.

Anschließend wurden die Gesprächsprotokolle einer Querschnitt- und einer Längsschnittanalyse unterzogen.[203] In der zuerst vorgenommenen Längsschnittanalyse wurden die Protokolle vollständig gelesen und die Denk- und Erlebnisweise der Gesprächsteilnehmer nachgezeichnet. Diese „Erlebnisstrukturen"[204] wurden dann in kurzen, schematischen Skizzen dargestellt.

Darauf folgend wurden die einzelnen SERVQUAL-Dimensionen auf Unterdimensionen untersucht. Dabei wurde auch zwischen den verschiedenen Aufgabenbereichen (Haupt-/ Nebenfachunterricht, Verwaltung etc.) und zwischen den Studiengängen (KA, IGP, Schulmusik) unterschieden.

---

201 Vgl. Köhler, *Marktforschung* (1993), Sp. 2782- 2803.
202 Diese Technik wird insbesondere in der Literaturwissenschaft verwendet und "Paraphrasierung" genannt. (Vgl. Arnold/Sinemus, *Literatur- und Sprachwissenschaft* (1974); Meuser/ Nagel, *ExpertInneninterviews* (2002), S. 83f).
203 Vgl. Salcher, *Psychologische Marktforschung* (1995), S. 41f.
204 Salcher, *Psychologische Marktforschung* (1995), S. 42.

Danach wurden die einzelnen Unterdimensionen im Rahmen der Querschnitt-analyse untersucht, indem die einzelnen Themen über alle Gesprächsprotokolle hinweg verfolgt wurden. Die Antworten aller Befragten wurden also themenweise gelesen und die verschiedenen Gedanken, Meinungen und Urteile zusammengefasst. Dabei wurde versucht, die gemeinsamen Inhalte nach der Häufigkeit ihres Vorkommens zu gewichten.

Die Ergebnisse der Querschnittanalyse wurden dann wieder in eine Längsschnitt-analyse überführt. Auf diese Weise wurde das „Denk- und Erlebnismodell mit allen wichtigen Inhalten angereichert“, die sich aus den Protokollen ergeben haben.[205]

4.1.1.3.2 Güteprüfung

In der quantitativen empirischen Forschung werden Befragungsergebnisse grundsätzlich auf ihre Reliabilität und Validität hin getestet. Die *Reliabilität* untersucht die formale Genauigkeit des Untersuchungsansatzes und überprüft somit den Grad der Reproduzierbarkeit des Ergebnisses. Zentrales Element ist somit die Vermeidung von Zufallsfehlern bei der Ergebnisermittlung.[206] Die *Validität* der Untersuchung testet die Gültigkeit einer Untersuchung hinsichtlich systematischer Fehler. Es wird somit überprüft, wie genau mit dem Verfahren oder Messinstrument das Merkmal, das zu messen beansprucht wird, auch tatsächlich gemessen wird.[207]

Bei qualitativen Analysen erweist sich die Prüfung der Reliabilität als schwierig.[208] Dies liegt insbesondere daran, dass dafür notwendige Kriterien wie Standardisierung und Kontrolle im Konflikt mit den Zielen der qualitativen empirischen

[205] Salcher, *Psychologische Marktforschung* (1995), S. 42.
[206] Vgl. Berekoven/Eckert/Ellenrieder, *Marktforschung* (2004), S. 89.
[207] Vgl. Böhler, *Marktforschung* (1992), S. 102.
[208] Vgl. Kepper, *Qualitative Marktforschung* (1996), S. 200; Weiers, *Market Research* (1988), S. 296 und S. 299f; Chisnall, *Market Research* (1986), S. 146; Salcher, *Psychologische Marktforschung* (1995), S. 42.

Forschung (Offenheit, Flexibilität etc.) stehen.[209] Aus diesem Grunde bedient man sich in der qualitativen empirischen Forschung der Prüfung folgender Anforderungen: *Umfassendheit, Transparenz, Nachvollziehbarkeit* und *multipersoneller Diskurs*.[210]

Um die *Umfassendheit* der Ergebnisse der Befragung zu gewährleisten, wurden die Dimensionen des SERVQUAL-Ansatzes verwendet, die aufgrund ihrer hohen Allgemeingültigkeit angemessen scheinen, um alle potenziellen Problembereiche der Musikhochschulausbildung zu erfassen. *Transparenz* wurde gewährleistet, indem im Rahmen der Untersuchung ein systematisches Vorgehen bei den Gruppengesprächen sichergestellt wurde und klare Auswahlkriterien für die befragten Studenten vorlagen. Auf diese Weise wurde auch sichergestellt, dass der Befragungsablauf *nachvollziehbar* bleibt. Weiterhin wurde darauf geachtet, dass die Zusammenfassung der Daten unter Hinzunahme zahlreicher Studentenzitate erfolgte und die Daten weitestgehend unbewertet zusammengefasst wurden. Der Leser ist somit in der Lage, auch den Schritt von den aggregierten Daten zur Interpretation selbstständig *nachzuvollziehen*.

Die Überprüfung der Ergebnisse auf Plausibilität und die Interpretation der Daten erfolgte dann innerhalb eines *multipersonalen Diskurses* mit dem Präsidenten, dem Leiter des Studentensekretariates, mehreren Dozenten und dem Doktorandenkolloquium des Musikwissenschaftlichen Seminars der HfMDK.

Die Validität dieser Untersuchung lies sich durch den oben beschriebenen multipersonalen Diskurs mit Experten bestätigen. Weiterhin konnten die Daten auf dem Wege der „kommunikativen Validierung" überprüft werden, was bedeutet, dass die

---

209 Gruppeninterviews können von anderen Forschern nur schwer wiederholt werden, da sie sich durch die Freiheit der Gesprächsführung, den Sympathiegrad zwischen Interviewer und Teilnehmern der Gruppe sowie das unterschiedliche Geschick des Interviewers zwangsläufig (zumindest leicht) unterscheiden (vgl. Salcher, *Psychologische Marktforschung* (1995), S. 43).

210 Vgl. Kepper, *Qualitative Marktforschung* (1996), S. 205ff.

Daten Studenten der Hochschule präsentiert wurden und die Überprüfung der Ergebnisse anhand der zustimmenden Reaktion dieser Studenten erfolgte.[211]

4.1.1.4 Aufbereitung der Ergebnisse

Bei der Aufbereitung der Ergebnisse werden zunächst die Ergebnisse zu einführenden Fragen an die Studenten wiedergegeben, die ursprünglich gar nicht als inhaltlicher Teil der Untersuchung, sondern als ‚Aufwärmfragen' zur Förderung der Offenheit der Studenten geplant waren, rückblickend betrachtet jedoch wertvolle Hintergrundinformationen zum besseren Verständnis der Studentenperspektive darstellen. Diese einführenden Fragen waren solche nach den allgemeinen Gründen für ein Musikstudium und für die Wahl der HfMDK sowie Fragen nach der Berufserwartung. Nach diesem Einführungsteil wird dann auf die fünf SERVQUAL-Dimensionen eingegangen (Materielles Umfeld, Zuverlässigkeit, Entgegenkommen, Leistungskompetenz, Einfühlungsvermögen).

Insgesamt konnte bei den Studenten ein hohes Interesse an den Interviews beobachtet werden. Nahezu alle, die nach ihrer Bereitschaft gefragt wurden, an einem der Interviews teilzunehmen, waren interessiert. Überraschend war jedoch, dass im Laufe der Interviews fast alle Studenten ihre Anonymität sicherstellen wollten.

4.1.1.4.1 Allgemeines zum Musikstudium

<u>Gründe der Studenten für das Musikstudium</u>
Die meisten Studenten beginnen ein Musikstudium, weil ihnen Musik zu diesem Zeitpunkt große Freude macht und sie sich gut vorstellen können, ihr Leben lang beruflich zu musizieren. Fast alle Studenten haben bereits bei „Jugend musiziert"

---

211 Vgl. Kepper, *Qualitative Marktforschung* (1996), S. 217. Hinweis: Normalerweise ist die Validität qualitativer Untersuchungen immer außerordentlich gut, da der Interviewer im Rahmen des persönlichen Gespräches fast zwangsläufig versteht, auf was die Befragten hinauswollen und somit kaum falsche Schlussfolgerungen entstehen können.

mindestens auf Landesebene teilgenommen, in Orchestern gespielt (insb. Landes- oder Bundesjugendorchester) und/oder an Kammermusikkursen teilgenommen.

Die meisten Studenten schätzen den starken sozialen Zusammenhalt zwischen Musikern und die überschaubare Größe der einzelnen Studiengänge. Es wird einstimmig die Meinung vertreten, dass es kaum ein Studium mit einer individuelleren Ausbildung geben kann.

Fast alle Studenten haben sich bereits vor dem Studium Gedanken über die Chancen und Risiken des Musikerberufes gemacht, allerdings haben sie sich dabei fast immer nur mit Vertrauten besprochen. Professionelles Informationsmaterial wurde nur vereinzelt verwendet, teilweise auch deshalb, weil die Studenten nicht von der Existenz dieser Materialien wussten.

Insbesondere bei den Schulmusikern gibt es viele Studenten, die von ihrem Gefühl her lieber KA oder IGP studiert hätten, sich jedoch nicht für versiert genug hielten oder denen das Berufsbild dieser Studienfächer zu unsicher war. Viele dieser Schulmusikstudenten spielen auch mit dem Gedanken, nach dem Schulmusikstudium noch ein KA- oder IGP-Studium anzuschließen. Generell lässt sich aber feststellen, dass kaum ein Student der Hochschule – auch zu Beginn seines Studiums – mit der Erwartung studiert hat, mit diesem Beruf später reich zu werden. Die KA-Studenten sind sich bewusst, dass man in guten Orchestern „zwar nicht schlecht", dennoch aber auch nirgendwo außerordentlich gut verdient. IGP-Studenten haben kaum finanzielle Erwartungen an ihren späteren Beruf („Ich möchte davon leben können") und Schulmusiker gehen überwiegend ganz unverbindlich von einem „normalen Lehrereinkommen" aus, ohne jedoch dessen Höhe auch nur schätzen zu können.

Gründe der Studenten für das Studium an der HfMDK

IGP- und Schulmusikstudenten studieren vorwiegend wegen ihrer räumlichen Nähe zum Heimatort an der HfMDK, Schulmusiker sind darüber hinaus besonders interessiert an einer Ausbildung in Hessen, um die Vorteile des attraktiven hessischen Lehrerarbeitsmarktes für sich nutzen zu können. Die Person des Hauptfachlehrers hat bei beiden Studiengängen eine zweitrangige Rolle. IGP-Studenten legen zwar immer noch mehr Wert auf die Qualität ihrer Hauptfachlehrer als die Schulmusiker, dennoch geben aber weniger als die Hälfte aller IGP- und Schulmusikstudenten einen Lehrerwunsch bei der Studienplatzbewerbung an.

KA-Studenten suchen sich in erster Linie einen guten Hauptfachlehrer aus, für den sie auch an einem abgelegenen Hochschulort studieren würden. Allerdings würden die meisten KA-Studenten bei sonst gleichen Studienbedingungen einen Studienort nahe dem Heimatort wählen, bevorzugt eine größere Stadt. In den hier durchgeführten Befragungen stammte etwa die Hälfte der befragten KA-Studenten aus Hessen.

Alle Studenten sind der Überzeugung, dass sich das Nebenfach-Kursangebot der deutschen Hochschulen qualitativ nur unwesentlich unterscheidet und dass es zwar Unterschiede beim Image der verschiedenen Hochschulen gibt, dass dies jedoch nicht darüber hinwegtäuschen dürfe, dass die Studienqualität letztendlich maßgeblich vom Können des Hauptfachlehrers und von der Lebensqualität in der jeweiligen Stadt beeinflusst werde. Der gute Ruf der Hochschule sei daher kein sinnvolles Kriterium für eine Studienplatzbewerbung.

Einige Studenten studieren nur deshalb an der HfMDK, weil sie an ihrer Wunschhochschule keinen Studienplatz bekommen haben. Diese Studenten beabsichtigen aber mittelfristig, die Hochschule zu wechseln, insbesondere wegen des Hauptfachunterrichts. Hinsichtlich des Nebenfachunterrichts oder der Hochschulstrukturen erwarten sie sich jedoch keine wesentlichen Veränderungen durch den Hochschulwechsel.

<u>Erwartungen der Studenten an Beruf und Arbeitsmarkt</u>

Die KA-Studenten gehen fast alle davon aus, nach dem Studium eine Orchesterstelle zu erhalten, zumindest dann, wenn sie „notfalls" hinsichtlich der Qualität des Orchesters zu Abstrichen bereit sind. Allerdings gestehen sich alle KA-Studenten ein, das Studium mit höheren Berufserwartungen begonnen zu haben. Insbesondere solche Studenten, die als Schüler beispielsweise Bundespreisträger bei

„Jugend musiziert" oder Mitglied im Bundesjugendorchester waren, sind zu Beginn ihres Studiums davon ausgegangen, mit sehr großer Wahrscheinlichkeit einen Arbeitsplatz in einem deutschen Spitzenorchester zu erhalten.

Nahezu alle befragten KA-Studenten erwarten, dass sie zunächst Aushilfs- oder Praktikantenstellen annehmen werden, bevor sie ihre erste feste Einstellung in einem Profiorchester erhalten. Weiterhin gehen alle KA-Studenten davon aus, sich ihr Einkommen mit „Muggen" (bezahlten Auftritten) und/oder der Unterrichtung von Schülern aufzubessern. Dabei rechnen sie jedoch – im Gegensatz zu den IGP-Studenten – eher mit fortgeschrittenen Schülern.

Die IGP-Studenten erwarten überwiegend, später einmal jüngere Schüler auf ihrem Instrument zu unterrichten. Dabei haben sie für ihren eigenen Unterrichtsstil meist einen ihrer ehemaligen Instrumental-Lehrer als Vorbild. Bevorzugt möchten diese Studenten einen festen Vertrag von einer professionellen Musikschule erhalten, die Festanstellung stellt aber keine zwingende Bedingung dar. Die meisten der Studenten gehen sogar davon aus, dass sie nach dem Studium entweder nur einen Vertrag auf Stundenbasis erhalten oder – zumindest zeitweise – vollkommen auf die Erteilung von Privatunterricht angewiesen sind. Ansonsten hoffen sie, Mitglied in einem Ensemble zu sein, mit dem sie auch gelegentlich Konzerte geben. Einige Studenten hoffen auch auf gelegentliche bezahlte Solo-Abende.

Die Schulmusik-Studenten stehen ihrem Berufsbild zurzeit alle sehr positiv gegenüber. Zwar gehen sie davon aus, dass die kommenden Generationen von Schülern an Gymnasien sich noch schwieriger für Musikunterricht begeistern lassen werden als die eigene Generation, dennoch trauen sie sich diese Herausforderung grundsätzlich zu. Viele Schulmusiker haben sich deshalb entschieden, Musiklehrer zu werden, weil sie glauben, dass sie es besser machen könnten als ihre eigenen Musiklehrer. Alle Schulmusikstudenten (bis auf solche, die das Schulmusikstudium als ‚Sprungbrett' zur KA oder IGP begonnen haben) haben ihr Studium mit dem Berufsziel ‚Gymnasiallehrer' begonnen. Etwa ein Drittel der Schulmusik-Studenten könnte sich aber jetzt nach einigen Semestern Studium auch gut vorstellen, nach dem Examen nicht mit dem Referendariat zu beginnen, sondern sich beruflich anders zu orientieren. Dies hängt damit zusammen, dass diese Studenten im Laufe des Studiums ihr Bild vom Lehrerberuf revidiert haben. Dem Arbeitsmarkt sehen die Schulmusik-Studenten aufgrund der aktuellen politischen Entwicklung sehr positiv entgegen, denn „wer in diesen Zeiten keine Stelle an einer Schule bekommt, der ist selber schuld".

KA- und IGP-Studenten würden es überwiegend als einen Rückschritt und eine Verfehlung ihres Berufsziels ansehen, wenn sie später nicht in professionellen Orchestern spielen und/oder unterrichten. Sie vertreten daher die Auffassung, dass sie berufsqualifizierende Maßnahmen für alternative Berufe erst dann in Angriff nehmen möchten, wenn sie in ihrem eigentlichen Berufsfeld keine Perspektiven mehr sehen. Die aktuellen Entwicklungen an der HfMDK, wonach in Zukunft auch Veranstaltungen verpflichtend sein sollen, die nicht direkt mit der Musikausbildung in Verbindung stehen (z.B. Soziologie), werden daher weitgehend abgelehnt. Schulmusiker sind dagegen auch schon während des Studiums an alternativen Studienangeboten interessiert, auch wenn sie ihren engen terminlichen Zeitplan (Pflichtfächer) als hinderlich ansehen, um diese Kurse auch wirklich zu belegen.

4.1.1.4.2 Materielles Umfeld

Dieses Unterkapitel beschäftigt sich mit den materiellen Grundvoraussetzungen der HfMDK sowie der Ausstattung der Hochschule. Ebenso wird auf die Qualität der Kommunikationsmaterialien der Hochschule eingegangen.

Immobilie

Die befragten Studenten halten das Gebäude der HfMDK für architektonisch ansprechend. Es wird die architektonische Modernität des Hauses und dessen moderne technische Grundausstattung gelobt. Weiterhin wird die zentrale Lage, die gute Erreichbarkeit durch öffentliche Verkehrsmittel sowie die Sauberkeit der Hochschule als sehr positiv wahrgenommen.

Das Gebäude hat jedoch den Nachteil, dass es nahezu keine Parkmöglichkeiten gibt. Darüber hinaus wird die Hochschule für zu klein und platzverschwenderisch gebaut gehalten, denn zugunsten architektonischer Aspekte wurde Platz für Veranstaltungs- und Überäume geopfert. Weiterhin ist die Hochschule sehr verwinkelt und macht es somit schwierig, insbesondere mit großen Instrumenten in kurzer Zeit einen Raumwechsel durchzuführen. Ebenfalls ist den Studenten unklar, warum der einzige Fahrstuhl der Hochschule nur so restriktiv genutzt wird.

Generell ist Unmut über den Raummangel erkennbar, dies gilt insbesondere für die Überäume, bei denen der momentane Zustand als katastrophal eingeschätzt wird, aber auch für die Veranstaltungsräume. Zu erwähnen ist hier, dass die Schulmusiker das Überaum-Problem als gravierender ansehen als die IGP- und KA-Studenten. Dies liegt darin begründet, dass Schulmusiker mehr über den Tag verstreute Vorlesungen besuchen und somit häufig nur in bestimmten kurzen Zeitblöcken üben können, während die anderen beiden Studiengänge bei ihrer Übezeitplanung flexibler zu sein scheinen.

Bei der Frage nach dem Gesamteindruck des Hochschulgebäudes wurde festgestellt, dass die Hochschule häufig einen unordentlichen, wenn auch sauberen Eindruck macht und dass der Eingangsbereich der Hochschule „provisorisch" wirkt. Dies liegt unter anderem an der „chaotisch beklebten" Aushangs-Säule, den regelmäßig auf Notenständern abgestellten Hinweisschildern und der „leerstehenden und noch nie genutzten" Garderobe, auf deren Tresen fast immer zigarettenrauchende Studenten sitzen.

Innenausstattung/Erscheinungsbild

Die allgemeine Ausstattung der Hochschule wird als positiv empfunden. Aufgrund des „ziemlich hohen Verantwortungsbewusstseins der Studenten gegenüber ihrer Hochschule" sind die meisten Nutzungsgegenstände (Tische, Stühle etc.) in einem mindestens akzeptablen Zustand.

Die Konzerträume werden insgesamt als sehr gut eingeschätzt, wobei der kleine Saal besser bewertet wird als der große. Im großen Saal gelten die Klagen der für große Projekte zu kleinen Bühne und der unbequemen Publikumsbestuhlung. Kritik gibt es weiterhin an der Ausstattung beider Konzertsäle mit Kleinteilen: Musizierstühle und Notenständer befinden sich in einem teilweise desolaten Zustand und sind nicht in ausreichendem Maße verfügbar. Auch wunderten sich einige Studenten, warum das vorhandene Tonstudio so wenig genutzt wird, obwohl es einen eigenen Tontechniker an der Hochschule gibt.

Die Hauptfachlehrerräume werden grundsätzlich als gut ausgestattet eingeschätzt, was meist daran liegt, dass die Hauptfachlehrer ihre Zimmer selbst „verschönern und personalisieren". Die Instrumente werden bei Klavier-Hauptfachlehrern als gut beurteilt, Nebenfachlehrer verfügen in ihren Räumen teilweise über schlechte Klaviere/Flügel. Letzteres wird jedoch nicht als Anlass zur Kritik gesehen, sondern als wenig überraschend bewertet.

Die Überäume der Hochschule werden hingegen stark kritisiert. Sie seien zu klein („Schuhkartons"), überakkustisch und schlecht ausgestattet. Die Instrumente sind allesamt „alt, heruntergekommen und abgespielt" und es mangelt an Notenständern sowie Stühlen/Klavierhockern. Darüber hinaus heizen sich die Räume im Sommer auf unerträgliche Temperaturen auf, was ihre Nutzung nahezu unmöglich macht. Die Studenten sind daher sehr froh, dass es eine neue Überaumregelung für die Dozentenräume gibt, halten diese Maßnahme jedoch noch nicht für ausreichend, um den eigenen zeitlichen Überaumansprüchen gerecht zu werden. Ganz besonders kritisch wird dieses Problem vor allem von Ensemblespielern gesehen, die aufgrund ihrer Gruppenstärke für ihre Proben keine normalen Überäume verwenden können.

Die Bibliothek wird als gut, wenn auch als nicht immer ausreichend vollständig bewertet. Mit ein Grund für diese relativ hohe Zufriedenheit mit der Bibliothek ist das Bewusstsein der Studenten, dass die HfMDK im Vergleich zu anderen Hochschulen extrem gut ausgestattet sei. Als völlig unzureichend wird in der Bibliothek allerdings die Ausstattung mit Computern zwecks Recherche und Internetzugang bewertet.

Die öffentlichen Computer der Hochschule werden ineffizient verwaltet und können daher die Nachfrage bei weitem nicht decken. Auch die Öffnungszeiten der Bibliothek werden als zu kurz betrachtet, wobei hier zu bedenken gegeben wurde, dass die meisten Studenten der Hochschule (insb. IGP und KA) die Bibliothek nur in wenigen Abschnitten ihres Studiums sehr intensiv nutzen und zu den anderen Zeiten fast gar nicht.

Die Mensa der Hochschule wird zwar hinsichtlich der Qualität des Essensangebotes als schlecht bewertet, gilt aber als sauber. Die Frage, ob finanzielle Investitionen in die Mensa eine hohe Priorität gegenüber anderen notwendigen Investitionen haben sollten, wurde klar verneint.

Letztlich vermissen die Schulmusik-Studenten an der Hochschule moderne Präsentationsgeräte (z.B. Beamer), während vor allem die KA- und IGP-Studenten großes Interesse an modernen Bild- und Tonaufnahmegeräten hätten, „am besten in allen Hauptfachlehrer-Räumen".

PR-Material

Die PR-Materialien der Hochschule werden gemischt bewertet. Es gibt optisch hochwertige Broschüren wie das Vorlesungsverzeichnis und die interne Hochschulzeitung. Viele PR-Materialien und interne Mitteilungen lassen jedoch gestalterisch zu wünschen übrig, sie gelten als unübersichtlich und wenig ansprechend. Dies liegt vor allem daran, dass die Informationen fast immer auf Umweltpapier sowie „lieblos und unübersichtlich angebracht" an die Informationssäule im Eingangsbereich gehängt werden.

Inhaltlich wird die Hochschulzeitung als gut bewertet und es wäre für die Studenten von Interesse, dieses Medium regelmäßiger erscheinen zu lassen. Die Studenten sind über die Hochschulzeitung hinaus aber an einer besseren Homepage und auch an einem Email-Verteiler interessiert, der Veranstaltungen ankündigt. Dieser Verteiler sollte die Studenten ein- bis zweimal pro Monat informieren, jedoch nicht öfter.

Hinsichtlich der Außenwirkung der Hochschule vermissen die befragten Studenten eine angemessene Medienwirksamkeit. Zwar hängen schön gestaltete und leicht erkennbare Sammelplakate der wichtigsten Veranstaltungen an allen U-Bahn-Stationen, andere Kommunikationskanäle gibt es aber kaum. Insbesondere vermissen die Studenten Anzeigen und Artikel in Frankfurter Stadtmagazinen wie beispielsweise dem ‚Journal Frankfurt'.

4.1.1.4.3 Zuverlässigkeit der Ausbildung

Unter einer hohen Zuverlässigkeit der Ausbildung wird innerhalb des SERVQUAL-Ansatzes verstanden, dass die Qualität der einzelnen Personen/Angebote (Veranstaltungen, Dozenten, Hochschulleitung, Dekanate etc.) so gut ist, dass der Student der Hochschule grundsätzlich keine direkte Schuld gibt, wenn er nach seinem Studium nicht am Arbeitsmarkt unterkommt.

In diesem Bereich gehen die Meinungen der Studenten abhängig von ihren Studiengängen stark auseinander. Zum einen liegt das daran, dass die verschiedenen Studentengruppen so unterschiedliche Berufsbilder haben. Zum anderen ist dies aber auch dadurch begründet, dass Studiengänge unterschiedlich starken Kontrollen unterliegen: so hat der Fachbereich Schulmusik einen konkreten Kriterienkatalog seitens des Landes Hessen zu erfüllen, während sich die Studiengänge KA und IGP weitgehend selbst kontrollieren.

<u>Allgemeine Zuverlässigkeit</u>

Die KA-Studenten bewerten die allgemeine Zuverlässigkeit ihrer Hochschule von allen Studentengruppen am besten, weil sie für ihren späteren Beruf insbesondere ihr Hauptfachinstrument beherrschen müssen und eigentlich weder auf Nebenfächer noch Examenszeugnisse angewiesen sind.

Die IGP-Studenten sind generell eher besorgt über die Zuverlässigkeit der Hochschulausbildung. Aufgrund der Entwicklung des Arbeitsmarktes für Instrumentalpädagogen in Richtung Anstellung an Musikschulen nur auf Stundenbasis, haben die IGP-Studenten offenbar ein höheres Interesse an einem qualitativ hochwertigen Studium im Ganzen, um am Arbeitsmarkt ihre Chancen zu erhöhen. Abgesehen davon, dass sich die meisten IGP-Studenten ein quantitativ besseres Angebot (z.B. Jazz, populäre Musik etc.) wünschen, beklagen sie vor allem auch die Qualität der bereits jetzt angebotenen Veranstaltungen. Sie würden „lieber weniger exzellente Veranstaltungen als viele verschiedene Veranstaltungen auf mittlerem Niveau" belegen. Die Studenten wären überwiegend auch bereit, einige Angebote in Form von Blockseminaren wahrzunehmen, wenn dies die Veranstaltungs- oder Dozentenqualität verbessert. Etwa ein Drittel der Studenten würde dafür sogar am Wochenende in die Hochschule kommen.

Die Schulmusik-Studenten halten ihre Ausbildung an der HfMDK für zielführend, da sie aufgrund des derzeit hervorragenden Arbeitsmarktes fast schon davon ausgehen können, dass sie eine Anstellung erhalten, sobald sie das Examenszeugnis von der HfMDK erhalten haben. Im Fall der Schulmusiker bedeutet „zielführend" jedoch ausdrücklich nicht gleichzeitig qualitativ zufriedenstellend, denn die Studenten glauben, dass sie ihre guten Chancen auf dem Arbeitsmarkt nicht der Ausbildung, sondern dem aktuellen Lehrermangel in Hessen verdanken. Sollte dieser gute Arbeitsmarkt in nächster Zeit rückläufig werden, so sind sich die Studenten einig, dass sie die Ausbildung an der HfMDK für überhaupt nicht mehr zuverlässig halten, da sie die ungenügende Einbeziehung der Schulrealität in die Ausbildung kritisieren.

Hauptfach-Unterricht [212]

Grundsätzlich halten die befragten Studenten ihren Unterricht für formal zuverlässig, d.h. Unterricht findet weitestgehend regelmäßig, pünktlich und in ausreichender Länge statt. Bei den KA-Studenten, die meist auch bei den namhafteren Lehrern der HfMDK Unterricht erhalten, ist Kontinuität zwar oft nicht gegeben, insgesamt sehen sie die formale Ausbildungsverpflichtung ihrer Hauptfachlehrer aber dennoch als erfüllt an. Der Grund für diese Akzeptanz von Unregelmäßigkeit der Ausbildung liegt darin, dass die Studenten gerne zugunsten der Qualität und Reputation ihres Lehrers diesen „Preis zahlen" und weil sie überzeugt sind, dass sie im Durchschnitt wahrscheinlich sogar mehr Unterricht erhalten als ihnen zusteht, da ihre Lehrer vor wichtigen Anlässen häufig kostenlose Zusatzstunden anbieten.

Bei der inhaltlichen Zuverlässigkeit des Unterrichts gehen die Meinungen zwischen den Studenten der verschiedenen Studiengänge jedoch auseinander, darüber hinaus wird eine „Klassengesellschaft" zwischen den Studiengängen deutlich. Die KA-Studenten werden als die besten Instrumentalisten eingeschätzt, gefolgt von den IGP-Studenten. Den Schulmusikern traut man innerhalb der Hochschule auf ihrem Instrument am wenigsten zu.

Schulmusiker sind sich bewusst, dass ihr Hauptfachunterricht – wenn es nicht Klavierunterricht ist – meistens geringe Auswirkungen auf die Chancen am Arbeitsmarkt hat. Sie sehen ihren Unterricht eher als notwendige Ergänzung, um musikalisch fundiert ausgebildet zu sein und somit beim Unterrichten von Schülern in Gymnasien mehr Selbstvertrauen und Erfahrung zu haben, wenn es um musikalische Fähigkeiten geht. Schulmusik-Studenten mit dem Hauptfach Klavier sehen ihre Hauptfachlehrer jedoch auch nicht als Garant für bessere Berufschancen. Als

---

212 Obwohl sich sowohl bei den Schulmusik- und den IGP-Studenten ein Großteil der Examensnote durch andere Fächer als den Instrumentalunterricht ergibt, bezeichnen nahezu alle befragten Studenten nur den Einzelunterricht auf ihrem Hauptinstrument als „Hauptfach-Unterricht". Kurse wie Pädagogik oder Methodik bewerten die befragten Studenten trotz ihrer hohen inhaltlichen Bedeutung als „Nebenfächer". Aus diesem Grund wird im Folgenden mit „Hauptfach-Unterricht" studiengangsunabhängig immer nur der Instrumental-Hauptfachunterricht beschrieben.

entscheidende Kriterien sehen sie – wie auch alle anderen Schulmusikstudenten – die Bereiche Methodik, Pädagogik und „Methoden zur Ruhigstellung oder Beschäftigung“ von Schülern, z.B. durch Liedbegleitungskurse.

IGP-Studenten halten die Zuverlässigkeit ihrer Hauptfachausbildung für wichtiger als ihre Schulmusik-Kommilitonen. Da sie später den Beruf ihres Lehrers ausüben wollen, stehen sie dem Unterricht in ihrem Hauptfach kritisch gegenüber. Sie erwarten als Lehrer eine Persönlichkeit, von der sie nicht nur auf dem Instrument sondern auch pädagogisch „viel abschauen“ möchten. Allerdings meinen die Studenten, dass ihr Hauptfachunterricht nur zu einem Teil zum späteren Erfolg am Arbeitsmarkt beiträgt, weil die pädagogischen Fähigkeiten von Instrumentalpädagogen häufig wichtiger sind als die Fertigkeiten auf dem Instrument. Dies gilt ganz besonders für Berufe an Musikschulen und beim privaten Anfänger- und Fortgeschrittenenunterricht. Etwa die Hälfte der befragten IGP-Studenten beklagen mangelnde pädagogische Fähigkeiten bei ihren Hauptfachdozenten und deren häufig mangelndes Bewusstsein, hier Pädagogen und nicht Solisten auszubilden. Auch Gespräche mit den Dozenten führen häufig nicht zu einer Lösung. Dennoch möchte keiner der befragten IGP-Studenten derzeit seinen Lehrer wechseln.

Die KA-Studenten sehen ihren Hauptfachunterricht als die maßgebliche Komponente des Studiums, um nach dem Examen einen Beruf als Musiker auszuüben. Aufgrund der weitgehend bekannten Anforderungen zum Bestehen von Probespielen können die Studenten auch sehen, ob ihr Unterricht zielführend aufgebaut ist: nämlich ob die Hauptfachlehrer genau die Stücke mit ihnen einstudieren, die in Probespielen verlangt werden. Alle KA-Studenten, die bei ihrem Wunschlehrer studieren, halten ihn auch für zuverlässig.

<u>Nebenfach-Kursangebot</u>[213]

Keine der untersuchten Studentengruppen sieht den Nebenfachunterricht an der HfMDK als Voraussetzung an, die eigenen Chancen am Arbeitsmarkt zu erhöhen; das bedeutet jedoch nicht, dass die Studenten auf ihn verzichten wollen. Die Studenten betrachten insbesondere den Klavier-Nebenfachunterricht als Chance, einen Eindruck von einem weiteren Instrument zu bekommen. Da der Nebenfachdozent nach Angaben der Studenten bei Unzufriedenheit „leicht austauschbar" ist, sehen die Studenten im Nebenfach selbst bei einem (aus ihrer Sicht) schlechten Dozenten zunächst kein größeres Problem. So betrachtet ist der Nebenfachunterricht inhaltlich absolut ‚zuverlässig'.

Die Studenten sehen sich weiterhin einem umfangreichen Angebot an theoretischen Veranstaltungen gegenüber, allerdings kritisieren sie die inhaltliche Zusammenstellung der Kurse. Insbesondere im Bereich der Musiktheorie wird festgestellt, dass der Bezug zur angewandten Praxis fehlt. Weiterhin scheint ein Defizit bei den pädagogischen Fächern zu existieren, was vor allem die Schulmusiker kritisieren, weil sie diesen Ausbildungsbereich an der Universität erlassen bekommen, ihn aber für ihren Beruf dringend benötigen. Aber auch die IGP- und KA-Studenten sind unzufrieden über die pädagogischen Angebote der HfMDK, weil sie später meist zumindest teilweise vom Unterrichten leben möchten.

In den Musikwissenschaften wird kritisiert, dass die Vorlesungen häufig zu speziell auf die Interessen eines bestimmten Studienganges ausgerichtet werden. Die Studenten wünschen sich daher einen musikwissenschaftlichen Unterricht, der optimal auf die inhaltlichen Schwerpunkte der unterschiedlichen Studiengänge eingeht und somit im Idealfall auch für die einzelnen Studiengänge getrennt abgehalten wird.

Weiterhin wird beanstandet, dass es nur möglich ist, innerhalb der Regelstudienzeit das Studium zu beenden, wenn man seine (Wahl-)Pflichtkurse „ohne Rücksicht auf

---

[213] Wie bereits in der vorausgegangenen Fußnote beschrieben, verstehen die Studenten unter dem Nebenfach-Kursangebot sämtliche praktischen und theoretischen Veranstaltungen außer dem Instrumental-Hauptfachunterricht.

inhaltliche Verluste“ jedes Semester belegt und nicht nach seiner jeweiligen Interessenlage vorgeht. Das schränkt auch teilweise die Aussage von zuvor ein, dass die Studenten quantitativ mit ihrem Vorlesungsangebot zufrieden sind. Denn selbst, wenn zahlreiche Kurse angeboten werden, bedeutet das nicht, dass man hinsichtlich seiner zeitlichen Restriktion (Pflichtkurse!) auch in der Lage ist, diese Kurse zu belegen.

Die IGP-Studenten kritisieren außerdem einen Mangel an Lehrproben mit „unterrichtungswilligen Schülern“, an denen man neue Unterrichtstechniken ausprobieren kann. Hier müsste die Hochschule ggf. auch Geld zahlen, um Schüler für Unterrichtsproben zu gewinnen. Die Schulmusiker kritisieren schließlich, dass es keinerlei Kurse gibt, die die Studenten adäquat auf die schulpraktischen Studien an Schulen vorbereiten oder mit ihnen ihre Erfahrungen in der Schule nachbereiten.

Auch das Hochschulorchester wird besonders kritisch betrachtet. Es wird als nicht zielführend erachtet, da die Streicher oft unvorbereitet zu den Proben erscheinen, die Literatur für Kurzprojekte zu schwer und die Teilnahmemoral gering ist. Darüber hinaus finden die Konzerte des Hochschulorchesters nach Ansicht der Studenten meist in einem unverhältnismäßig kleinen Rahmen statt.

Die grundsätzliche Bedeutung des Orchesters wird in den verschiedenen Studiengängen und Instrumenten unterschiedlich eingeschätzt. KA-Studenten erachten das Orchester häufig als Zeitverschwendung, weil sie überwiegend in anderen Orchestern tätig sind, die sie als besser einschätzen, während IGP- und Schulmusikstudenten gerne im Hochschulorchester spielen. Weiterhin haben die Bläser an der Hochschule ein höheres Interesse am Orchester als die Streicher, weil Bläser während des Studiums meist nicht so oft die Gelegenheit bekommen, Solo-Stimmen in einem Sinfonieorchester zu spielen.

Der Kammermusikunterricht wird im Gegensatz zur Orchesterarbeit von allen befragten Studenten als sehr positiv bewertet, da er die Studenten in der persönlichen instrumentalen Entwicklung deutlich weiterbringt. Allerdings ist es häufig schwierig, adäquate Spielpartner zu finden, da Kammermusik nur formal ein verpflichtendes Fach ist und somit viele Kommilitonen dieses Fach nicht ernst genug nehmen, um erstklassige Kammermusik zu ermöglichen.

Die Kammermusikdozenten selbst und ihr Unterricht werden sehr geschätzt, allerdings ist ihr Lehrdeputat zu knapp bemessen und die Unterstützung der Hauptfachlehrer an der Kammermusik häufig gering, selbst wenn die Studenten von ihren Dozenten ursprünglich zur Kammermusik angetrieben wurden.

Prüfungswesen

Für die Aufnahmeprüfung zum Studium werden die Anforderungen der Hochschule an die Studenten von den Schulmusik- und IGP-Studenten als gerechtfertigt eingeschätzt, KA-Studenten wünschen sich hingegen einen höheren Anspruch bei der Hauptfachprüfung mit dem Ziel einer besseren Selektion. Bezüglich der Nebenfach-Aufnahmeprüfungen wundern sich allerdings zahlreiche Studenten, warum diese einerseits von fast jedem Bewerber problemlos bestanden werden, viele Studenten andererseits aber später in den theoretischen Vorlesungen überfordert seien. Daher wird entweder eine konsequentere Selektion oder gleich die Abschaffung der Nebenfach-Aufnahmeprüfungen gefordert.

Hinsichtlich der Prüfungen für Vordiplom und Diplom wird von den IGP- und KA-Studenten bemängelt, dass mehrere Versionen der Prüfungsordnungen im Umlauf seien, so dass sich die Studenten auf verschiedene Prüfungsordnungen berufen können. Dies gilt insbesondere für die Regelungen in den Nebenfächern (Beispiel: „Wann darf man Klavier im Nebenfach abwählen?"). Weiterhin rufen zahlreiche Gerüchte um eine neue Studien- und Prüfungsordnung in den Studiengängen KA und IGP Verunsicherung hervor. Die Studenten sind nicht davon angetan, dass Kurse, die nichts mit ihrem Berufsziel zu tun haben, sich nun auf ihre Endnote auswirken sollen (z.B. Soziologie-Veranstaltungen). Das ist insbesondere deshalb so, weil die Studenten sehen, dass das an anderen Hochschulen nicht üblich ist, und dass diese Zusatzkurse wahrscheinlich auch ihre Berufschancen im Falle einer beruflichen Umorientierung nicht verbessern würden.

Bei der Prüfungsstruktur stört die Studenten weiterhin die Tatsache, dass es zahlreiche Blockprüfungen gibt, dennoch aber Anwesenheit für die einzelnen Kurse (meist ohne Note) verpflichtend ist. Auch ist ihnen häufig nicht klar, warum in einigen Kursen nur Teilnahmescheine erworben werden können, während in anderen Kursen aber Prüfungen abgelegt und/oder Referate geschrieben werden. Etwa die Hälfte der Studierenden gibt an, dass sie sich – allein schon aus Gründen der Motivation – Noten für die einzelnen Veranstaltungen (einschließlich des Hauptfachunterrichts) wünschen, wenn sie dafür auf die Blockprüfungen verzichten könnten.

Insgesamt wird somit festgestellt, dass die Studenten die Pflichtfächer im Studium nicht immer für sinnvoll halten. Einerseits werden für den Beruf nur indirekt wichtige Studienleistungen bewertet (z.B. Musikwissenschaften) und gehen in die Endnote ein, andererseits werden berufsrelevante oder sinnvolle Aktivitäten (z.B. Klassenvorspiele, Kammermusik oder auch Rhetorik) weder gefordert noch benotet. Ebenso sind Lehrproben im Curriculum unterrepräsentiert.

Weiterhin werden die Prüfungsanforderungen der HfMDK von zahlreichen Studenten als nicht praxisrelevant beschrieben. So werden die IGP-Studenten nicht ausreichend darauf geprüft, ein neues Werk zu erarbeiten und es dann pädagogisch aufbereitet an Schüler weiterzugeben. Die KA-Studenten geben an, dass ihre Prüfungen keinen Probespielcharakter besitzen und dass auch ihre künstlerischen Fähigkeiten nicht überprüft werden, da sie nie aufgefordert sind, kurzfristig ein Werk zu erarbeiten und in einer Prüfungssituation aufzuführen. Schulmusiker beklagen sich letztlich, dass in den Prüfungen die für das „Überleben" an der Schule wichtigen Kriterien (Liedbegleitung, Durchsetzungsvermögen etc.) nicht ausreichend berücksichtigt werden.

<u>Prüfungsrealität</u>

Neben der grundsätzlichen Kritik an den Prüfungen an der HfMDK sind die Studenten aber auch unzufrieden mit der Prüfungsrealität an der Hochschule. Hinsichtlich der Prüfungsrealität monieren die Studenten in den Fächern KA und IGP eine Tendenz zur „Noteninflation", so dass eine ‚zwei minus' hier bereits als miserabel eingeschätzt wird, während Schulmusiker kritisieren, dass zu häufig und unberechtigt Prüfungen mit ‚ausreichend' oder ‚mangelhaft' bewertet werden.

Alle Studenten beklagen darüber hinaus, dass ihre bisherigen Prüfungen – entgegen den Vorgaben in den Prüfungsordnungen – extrem planlos erfolgten und dass sie häufig nur eine sehr schlechte Vorstellung davon hatten, was genau von ihnen erwartet wird. Dies liegt daran, dass nach Einschätzung aller Studenten kaum ein Prüfer wirklich die Prüfungsordnung für das von ihm zu prüfende Fach kennt. Etwa die Hälfte der Studenten stimmte weiterhin darin überein, dass sie in Nebenfachprüfungen schon mindestens einmal zu Themen befragt wurden, die nicht inhaltlicher Bestandteil der vorausgegangenen Veranstaltungen waren.

Etwa ein Drittel der Studenten bemängelt weiterhin, dass Prüfungen häufig als Schauplatz von Dozenten für „persönliche Konkurrenz- und Machtspiele" missbraucht werden, was sich zwangsläufig auf die Objektivität der Prüfungen auswirkt. Darüber hinaus sind die Prüfungen über die Semester hinweg nicht objektiv, so dass „zwei gleich gute Studenten an zwei Terminen häufig nicht einmal annährend ähnliche Noten erhalten". Auch haben die Studenten den Eindruck, dass die Dozenten ihre Verantwortung als Prüfer häufig verkennen, da sie sie offenbar nicht ernst nehmen (Pünktlichkeit, Terminfindung etc.).

Letztlich beklagen die Studenten mangelndes Feedback nach den Prüfungen. Aufgrund der Tatsache, dass an der Hochschule so wenige offizielle Prüfungen stattfinden, wünschen sich die Studenten, dass alle an der Prüfung teilnehmenden Professoren ihnen nach der Prüfung ein ausführliches Feedback geben, um auch die Meinung anderer Dozenten zum eigenen Spiel zu hören. Dieser Wunsch bleibt jedoch häufig ungehört, was auch daran liegt, dass sich viele Studenten nicht trauen, dieses Feedback einzufordern. Als Grund für diese Angst wird häufig gesagt, dass die Studenten nicht möchten, dass der eigene Hauptfachlehrer den Eindruck gewinnt, man würde seiner alleinigen Meinung nicht mehr vertrauen. Ein seitens der Prüfungsordnung vorgeschriebenes Feedbackgespräch würde dieses Problem lösen.

Die Studenten sehen hinsichtlich dieser Schwierigkeiten zu einem nicht unwesentlichen Teil die Dekanate in der Pflicht, diese Zuverlässigkeit der Prüfung zu gewährleisten. Zahlreiche Studenten wünschen sich daher, dass „das Dekanat den Druck auf die Prüfer erhöht“ und zum Beispiel Stichproben bei den Prüfungen abnimmt.

Organe der Hochschul-Selbstverwaltung

Die Studenten wissen, dass aufgrund der Struktur der hessischen Hochschulen Entscheidungen an zahlreichen Stellen der HfMDK dezentral getroffen werden. Diese Entscheidungsstruktur erschwert es den Studenten, die Entscheidungsträger für einzelne Anliegen zuzuordnen. Auf diese Weise entsteht gelegentlich der Eindruck, dass zwischen den verschiedenen Gremien und Instanzen der Hochschule (z.B. Hochschulleitung, Hochschulrat, Senat und Dekanaten) ein „Kompetenzen-Chaos“ existiert, das wichtige Entscheidungen verzögert. Auf diese Weise sehen die Studenten die Zuverlässigkeit der Hochschulleitung und der Dekanate als eingeschränkt an und glauben, dass „weniger Demokratie“ die Hochschulen handlungsfähiger machen könnte.

Die Studenten lasten der Hochschulselbstverwaltung als Ganzes somit eine Mitschuld bei der teilweise schwachen Zuverlässigkeit der Hochschulausbildung an. Dies gilt insbesondere beim Thema Überäume, wo die Studenten der Meinung sind, dass solch ein zentrales und berufsrelevantes Problem notfalls durch die Anmietung von Räumen (z.B. an der Universität) gelöst werden müsste, wenn es nicht anders in den Griff zu bekommen ist. Aufgrund dieses technischen Versagens der Hochschule sehen sich zahlreiche Studenten in ihrer musikalischen Entwicklung gebremst.

Nach Ansicht der meisten Studenten wird es seitens der Hochschulleitung und der Dekanate auch versäumt, mit den Studenten ausreichend zu kommunizieren. Deshalb tun sich die Studenten auch schwer, die Aufgaben und Tätigkeiten der verschiedenen Hochschulinstanzen einzuordnen und deren Leistung einzuschätzen. Dies gilt vor allem für die Aufgaben des Hochschulrates und des Senates.

Die Verwaltung (Studentensekretariat, Prüfungsamt etc.) der HfMDK wird hingegen als „manchmal etwas chaotisch", trotzdem aber zuverlässig eingeschätzt. Keiner der befragten Studenten denkt, dass die allgemeine Verwaltung wichtige Aufgaben im Interesse der Studentenschaft versäumt.

Der AStA wird von den Studenten als nur teilweise zuverlässig erachtet. Hinsichtlich aller „Spaß-" und sozialen Aktivitäten wird er als durchaus kompetent eingeschätzt. Als Sprachrohr der Studentenschaft innerhalb der Hochschulselbstverwaltung wird er jedoch nicht ernst genommen. Grund dafür ist, dass der AStA in der Vergangenheit hochschulpolitisch kaum in Erscheinung getreten ist. Selbst die im Wintersemester 2002/2003 vom AStA durchgeführte Umfrage konnte dieses Image nicht verbessern, denn die Untersuchung wird vor allem dem Betreiben der Hochschulleitung zugeschrieben.

<u>Interne Kommunikation</u>
Insbesondere das Vorlesungsverzeichnis wird als unzuverlässig beurteilt. Die befragten Studenten gehen bei ihrer Kurswahl davon aus, dass ein Großteil der angebotenen Kurse nicht wie im Verzeichnis angekündigt stattfinden wird. Dies betrifft hauptsächlich die Zuverlässigkeit der Raum- und Zeitangaben.

Neben diesem Medium beklagen die Studenten die zahlreichen Informationsmedien wie Aushänge, Hinweise, Briefe an die Mitarbeiter/Studenten. Sie werden teilweise als „zu häufig" und „oft zu unwichtig" eingeschätzt. Dies mindert das Interesse an den Aushängen. Dennoch meinen die Studenten, dass die Hochschule die Studenten nicht ausreichend über anstehende Veranstaltungen informiert. Schätzungen zufolge werden nicht einmal die Hälfte der Veranstaltungen angemessen (wenn überhaupt) angekündigt.

Nach Angaben aller Studenten gibt es kein Informationsmaterial der Hochschule, das sich speziell an zukünftige Studenten richtet. Auf diese Weise war es vielen Studenten nicht möglich, sich vor Studienbeginn ein genaueres Bild von der Hochschule zu machen. Auch gibt es für Erst-Semester keine Informationsmaterialien mit

Tipps und Informationen zum Studium. Vielmehr mussten sich die Studenten die für ein effizientes Studium relevanten Informationen zu Studienbeginn alle einzeln zusammensuchen, so dass fast das gesamte erste Semester sehr unstrukturiert ablief.

4.1.1.4.4 Entgegenkommen der Hochschulangehörigen

Unter ‚Entgegenkommen der Hochschulangehörigen' wird verstanden, inwieweit die Entscheidungsträger, Dozenten und Verwaltungsangestellten der Hochschule auf Wünsche und Anfragen der Studenten reagieren.

Hauptfach-Unterricht

Insgesamt wird bestätigt, dass die Professoren bei der Planung ihrer Unterrichtszeiten auf die Studenten eingehen. Die Dozenten versuchen sich – soweit möglich – nach den Studenten zu richten und Terminwünsche zu berücksichtigen. Das gleiche gilt für die Wahl der zu bearbeitenden Stücke. Hier sind die Lehrer entgegenkommend, so lange es in ihr Lehrkonzept passt.

Wenn es um den eigenen Unterricht oder damit verbundene Aktivitäten geht, dann sind die meisten Dozenten sehr aktiv. So wurden die meisten Studenten bereits von ihren Hauptfachdozenten aufgefordert, sich ein Kammermusikensemble zusammenzustellen, öffentlich zu spielen und/oder an Wettbewerben teilzunehmen. Bei der Umsetzung dieser Forderungen werden die Studenten jedoch häufig alleingelassen, nur wenige Dozenten unterstützen beispielsweise die Phase des Zusammenfindens bei der Suche nach einem Ensemble, etwa durch Kontaktaufnahme mit anderen Hauptfachlehrern.

Öffentliche Auftritte werden von den Dozenten ebenfalls unterschiedlich stark unterstützt. Einige Lehrer organisieren regelmäßig öffentliche Vorspielabende (meist in der Hochschule, manchmal aber auch außerhalb in Form von „Muggen"), andere wiederum beschränken sich – wenn überhaupt – auf nur einen internen Vorspielabend im Jahr, für den sie kaum Werbung machen und bei dem sie noch nicht einmal alle Studenten verpflichten, etwas aufzuführen.

Bezüglich der Jobsuche im studierten Fach sind die meisten Lehrer insoweit kooperativ, dass sie sich mit den Bewerbungsunterlagen der Studenten beschäftigen und Ratschläge zu deren Verbesserung geben. Allerdings ist es offenbar unüblich, dass Dozenten sich bei ihren (ehemaligen) Arbeitgebern und professionellen Kontakten für ihre Studenten stark machen oder durch Beziehungen eine Einladung zu Probespielen erwirken.

Was außerhochschulische und berufsfremde Aktivitäten (z.B. Vereinsarbeit oder Gasthörerschaft in anderen Studiengängen) angeht, sind die Studenten eher enttäuscht von der Unterstützung der Dozenten bei der Meinungsfindung. Das gleiche gilt für das Thema „Frustbewältigung" im Studium, insbesondere, wenn das erste Mal wahrgenommen wird, wie schwierig der aktuelle Arbeitsmarkt für Musiker ist. Fast alle Studenten beklagen, dass sie mit ihren Dozenten nicht über solche Themen reden können.

Nebenfach-Kursangebot

Die Nebenfach-Dozenten gelten insgesamt als freundlich und zeigen sich bei Sonderwünschen (z.B. Sondertermin bei Prüfungen, Termine für Referate) meist sehr flexibel. Auch bei Rückfragen und weiterführenden Fragen zum Thema sind die Dozenten überwiegend bereit, den Studenten entgegenzukommen.

Gruppenfachdozenten bieten ihren Studenten hingegen häufig ein vorgefertigtes Vorlesungskonzept, das über Jahre hinweg nicht aktualisiert wird. Auf Wünsche der Studenten hinsichtlich Kursinhaltsveränderungen wird nur selten eingegangen, allerdings wissen die Studenten auch, dass es in Gruppenveranstaltungen immer schwierig ist, Wunschthemen anzugeben, weil die Gruppe zu heterogen für eine Einigung im Sinne aller Beteiligten ist.

Für allgemeine studentische Belange interessieren sich die Nebenfachdozenten nur wenig, allerdings wird das nach Ansicht der Studenten auch nicht erwartet.

Sonstige studentische Belange

Der Hochschulleitung wird ein großes Interesse an den studentischen Belangen und somit Entgegenkommen nachgesagt. Der derzeitige geschäftsführende Präsident gilt als interessiert und „reformmotiviert“. Allerdings gilt er als nicht studentennah genug, was damit begründet wird, dass er kein Musiker ist und somit nicht so sehr im aktiven Geschehen beteiligt sein kann wie sein Vorgänger, der seinerzeit gleichzeitig eine Professur für Kammermusik inne hatte und somit zwangsläufig stets im engen Kontakt zu den Studenten stand. Diese Distanz zu den Studenten wird jedoch nicht als grundsätzliches Problem angesehen. Sie halten den Präsidenten für offen genug, um die Interessen der Studenten dennoch wahrzunehmen.

Das Entgegenkommen der Vizepräsidenten kann von den Studenten nicht eingeschätzt werden, da den meisten von ihnen unklar ist, welche Aufgaben sie eigentlich haben.[214] Ähnlich unklar ist die Arbeit der Kanzlerin.

Die Studenten haben weiterhin den Eindruck, die Hochschulleitung und die Dekane würden den Vergleich mit anderen Hochschulen scheuen und daher beispielsweise kein Interesse an der Organisation von Meisterkursen in der Hochschule haben. Auch stellen die Studenten fest, dass der Hochschulwettbewerb nur intern ausgeschrieben ist, was sie zwar einerseits wegen der höheren Gewinnchancen gutheißen, andererseits jedoch als bedenklich einschätzen, da auf diese Weise der Vergleich zu anderen Hochschulen verhindert wird. Zu den Wettbewerben wurde von verschiedenen Studenten bemerkt, dass z.B. die Hochschule für Musik und Theater Hannover ihren begabten Studenten Fahrtkostenzuschüsse anbietet, wenn sie zu Wettbewerben und anspruchsvollen Meisterkurseen reisen.

214 Zum Zeitpunkt der Untersuchung gab es aufgrund der nur geschäftsführenden Tätigkeit des Präsidenten formal keine Vizepräsidenten, was jedoch nicht allen Studenten bewusst war.

Die Arbeit der Dekane bleibt hinter den Erwartungen der Studenten zurück, vor allem die Studenten im Fachbereich 1 (KA/IGP) vermissen die individuelle Betreuung und Kommunikation, die den Studenten des Fachbereichs 2 (Schulmusik) zukommt. Nur etwa die Hälfte der Studenten im Fachbereich 1 kannte den Namen des derzeitigen Dekans, viele nannten bei Nachfrage noch den Namen des Vorgängers. Von der Existenz der Ausbildungsdirektoren wissen nur die wenigsten Studenten etwas, aber auch die Nennung ihrer Namen führt nicht zu Erleichterung, da sich die Studenten fachlich meistens nicht von den Ausbildungsdirektoren repräsentiert fühlen. Statt sich einem Vertreter des Dekanates anzuvertrauen, sprechen die Studenten – auch wenn es direkt den Fachbereich betrifft – lieber mit dem Leiter des Studentensekretariates, wenn sie Unterstützung oder Ratschläge brauchen.

Das Entgegenkommen und Reaktionsvermögen der Studentenverwaltung in der HfMDK wird bei Routineaktivitäten (Rückmeldung, Prüfungsanmeldung etc.) letztlich als gut bewertet. Die Mitarbeiter der Studentenverwaltung zeigen sich im Rahmen ihrer Möglichkeiten flexibel, hilfsbereit und freundlich.

4.1.1.4.5 Leistungskompetenz der Hochschulangehörigen

Dieses Unterkapitel beschreibt aus der Sicht der Studenten die Fähigkeit der Dozenten und der Hochschulverwaltung, ihren Aufgaben an der HfMDK nachzugehen.

<u>Hauptfach-Unterricht</u>

Alle Studenten halten ihre Dozenten für exzellente Musiker, weiterhin sind die Studenten von der Vermittlung technischer Aspekte des Spiels ihrer Lehrer überzeugt und motiviert, auch die technischen Eigenheiten der Dozenten zu erlernen. Gleichzeitig sind sich jedoch einige Studenten durchaus darüber im Klaren, dass diese technische Spezialausbildung es ihnen später einmal erschweren könnte, den Lehrer zu wechseln. Musikalisch sind die Studenten nicht immer der Meinung ihrer Lehrer. Sie stimmen aber überein, dass die Dozenten ihnen ausreichend interpretatorischen Freiraum gewähren, um einen musikalischen Kompromiss zu finden.

Fast alle Studenten bestätigen weiterhin, dass ihre Lehrer kein klares methodisches und didaktisches Konzept für ihren Unterricht verwenden. Insbesondere KA-Studenten sehen dies jedoch nicht immer als konkreten Nachteil der Ausbildung an. Vielmehr sagen sie, dass diese „Flexibilität" ihrer Lehrer den Unterricht individueller macht. Klar strukturierter Unterricht (z.B. „Tonleiter – Etüde – Werk") ist für die meisten KA-Studenten eine abschreckende Vorstellung, weil sie der Meinung sind, für technische Übungen tragen sie die eigene Verantwortung. Allerdings sind sie auch der Auffassung, dass es zahlreiche Kommilitonen gibt, die diese Verantwortung nicht für sich selbst übernehmen können.

IGP-Studenten beklagen sich – besonders wenn sie bei Professoren mit KA-Fokus Unterricht erhalten – eher über diese Unstrukturiertheit als die KA-Studenten. Da sie ihre Erfahrungen aus anderen Kursen (Pädagogik etc.) auf ihren eigenen Unterricht übertragen wollen, fällt ihnen auf, dass das pädagogische und methodische Vorgehen ihrer Dozenten häufig unausgereift ist. Ähnliches (allerdings nicht so kritisch) bestätigen die Schulmusiker.

Hinsichtlich der Bereitschaft der Dozenten zu Vergleich und Kooperation wird von den Studenten festgestellt, dass sie sich dem Stil ihrer Lehrer anpassen und nicht umgekehrt. Die Lehrer unterrichten also alle ihre Studenten mit einem ähnlichen Ansatz. Weiterhin stellt der überwiegende Teil der Befragten fest, dass sich viele Hauptfachlehrer generell vor dem Vergleich zu den anderen Hauptfachlehrern desselben Faches drücken. Zwar würde kaum ein Professor seinem Studenten verbieten, sich Rat bei einem Kollegen zu holen, viele Studenten gehen jedoch davon aus, dass der Lehrer dann enttäuscht wäre. Alle Studenten sind sich aber einig, dass Ratschläge von anderen Dozenten ihrem Vorankommen zuträglich wären. Ähnlich problematisch wird das Thema Lehrerwechsel bei den Studenten betrachtet. So gilt ein Lehrerwechsel insbesondere zwischen zwei KA-Dozenten der HfMDK als „politisch fast unmöglich".

Nach Ansicht der meisten KA-Studenten ist es aufgrund des geringen Interesses an Kooperation auch nicht möglich, Probespiel-Trainings zu veranstalten, bei denen mehrere Professoren eine Prüfungssituation simulieren und anschließend alle einzeln Kritik an den Leistungen des Vorspielenden äußern. Die Studenten glauben, dass diese Art von Feedback ihnen sehr helfen würde.

Nebenfach-Unterricht

Allen Nebenfachdozenten für Einzelunterrichtsveranstaltungen wird eine hohe fachliche und methodische Kompetenz zugeschrieben.[215]

Gruppenveranstaltungsdozenten wird generell eine hohe fachliche Kompetenz unterstellt, obwohl die Unterrichtsleistungen dies häufig in Frage stellen. Alle Studenten bestätigen, dass sie schon mindestens eine Veranstaltung besucht hätten, die jeweils entweder langweilig, schlecht vorbereitet, schlecht präsentiert, am Lernziel vorbei und/oder unprofessionell war. Weiterhin sind die gestellten Aufgaben an die Studenten innerhalb des Kurses teilweise zusammenhangslos. (Beispiel: Referatsthemen und Klausuren in Seminaren können oft auf Grundlage des in der Veranstaltung erlernten Stoffes nicht bearbeitet werden.)

Aufgrund dieser Erfahrungen im Nebenfachunterricht wünschen sich fast alle Studenten Evaluationsverfahren für die Nebenfächer. Hier können sich viele Studenten eine neue Verantwortlichkeit des AStA vorstellen.

Hochschulselbstverwaltung

Wie bereits im Unterkapitel 4.1.1.4.3 („Zuverlässigkeit der Ausbildung") erläutert, gelten die Entscheidungsträger der Hochschulselbstverwaltung im Einzelnen als kompetent, ihre Zusammenarbeit wird jedoch – insbesondere wegen der intensiven und langwierigen Gremienarbeit – als ineffizient eingeschätzt. Das ist ganz besonders der Fall, wenn es um grundlegende Dinge geht: so bleiben die von der

215 Hier muss jedoch wieder berücksichtigt werden, dass an den Nebenfach-Einzelunterricht meist keine hohen Anforderungen gestellt werden.

Studentenschaft seit lange gewünschten Entwicklungen weitgehend ungehört (z.B. Kulturmanagement-Veranstaltungen).[216] Ähnliches gilt für die Künstlerbörse, der die befragten Studenten nur wenige Chancen auf ein längeres erfolgreiches Bestehen einräumen, und für die Reform der Überaumverwaltung, die „bei weitem nicht ausreicht".

4.1.1.4.6 Einfühlungsvermögen der Hochschulangehörigen

Dieses Unterkapitel beschreibt im Gegensatz zu Unterkapitel 4.1.1.4.4 (Entgegenkommen der Hochschulangehörigen), inwieweit sich die Angehörigen der Hochschule aktiv in die Probleme der Studenten hineinversetzen und ihnen helfen, den richtigen Weg im Rahmen des Studiums zu finden. Dieses Einfühlungsvermögen schließt sowohl die Ehrlichkeit und Verantwortung der Dozenten ebenso mit ein wie das Angebot von systematischer Studienberatung durch die Verwaltung.

<u>Hauptfach-Unterricht</u>
Alle Studenten bestätigen, dass ihr Hauptfachdozent ihr Spiel während des Unterrichts umfassend und konstruktiv kritisiert; auch langwierige Probleme, die eine andauernde Wiederholung der Aufgabenbeschreibung notwendig machen, werden von den Dozenten meist „geduldig" bearbeitet. Nach einer Unterrichtssitzung sind die Studenten somit alle in der Lage einzuschätzen, zu welchem Grad der Dozent mit ihren Leistungen dieser Unterrichtseinheit (un-)zufrieden war.

Eine andere Meinung zeigt sich jedoch, wenn die Studenten nach der Reflexion über die Dauer mehrerer Unterrichtsstunden befragt werden. Fragen wie „War der Dozent in den letzten sechs Wochen insgesamt zufrieden mit der Entwicklung?" oder „Wird der Lehrer am Ende des Semesters mit der Semesterleistung zufrieden sein?" konnten von den Studenten nur in Ausnahmefällen konkret bewertet werden.

---

[216] Erstaunlich bei dieser Aussage ist jedoch, dass Frankfurt seit dem Wintersemester 02/03 über einen Masterstudiengang „Kulturmanagement" verfügt, jedoch scheinbar niemand davon weiß.

Insgesamt fällt auf, dass nur die wenigsten Studenten von ihren Dozenten ein ausführliches, rückblickendes Feedback über die Leistung in einem vergangenen, längeren Zeitabschnitt erhalten, sondern eher Beratung „zwischen Tür und Angel“ im Stil von „Das Semester war ganz gut, das Nächste muss aber noch besser werden“ bekommen. Zielvereinbarungen für das nächste Semester werden allenfalls bezüglich der Werkwahl geschlossen, konkrete technische oder musikalische Ziele werden fast nie vereinbart. Auch gibt es kaum konkrete Planungen bezüglich Aufführungspraxis und Wettbewerben/Probespielen.

Dieser Mangel an Planung missfällt insbesondere den IGP-Studenten, da sie zu erkennen scheinen, dass diese Planungsgespräche ihnen durchaus von Nutzen sein könnten. Schulmusiker zeigen sich auch grundsätzlich interessiert an dem Konzept, KA-Studenten lehnen es jedoch weitgehend ab, ohne dafür konkrete Gründe nennen zu können.

Grundsätzlich schließen die Studenten nicht aus, diese Art von Feedback theoretisch von ihren Lehrern bekommen zu können, z.B. indem sie mit ihrem Lehrer einmal im Semester eine reine Gesprächsstunde vereinbaren. Allerdings haben viele Studenten Bedenken, dass die Dozenten diese Bitte dann als Kritik an ihren Lehrerqualitäten auffassen könnten, was dann möglicherweise das gute Verhältnis zum Hauptfachlehrer trüben könnte. Weiterhin bestehen Bedenken, dass das Gespräch mangels systematischen Vorgehens „sehr schnell und sehr wenig zielführend“ zu Ende geht. Einige Studenten wünschen sich daher für solche Gespräche ausdrücklich die Einführung von Leitfäden, die auch den Dozenten bekannt sind oder die vielleicht sogar von den Dozenten und den Studenten (ggf. auch klassenübergreifend) entwickelt werden sollten.

Die Mehrzahl der Studenten hätte grundsätzlich auch nichts gegen Notengebung durch den Hauptfachlehrer einzuwenden, um die oben beschriebene Bewertung vorzunehmen. Allerdings meinen einige Studenten, dass eine zielführende Notengebung durch den Hauptfachlehrer nur funktionieren kann, wenn die einzelnen Semesternoten nicht in die Vordiploms- und Endnote eingehen. Ansonsten würden nämlich nur Gefälligkeitsnoten vergeben werden und der Nutzen der Noten als „Warnschuss“ seitens des Lehrers wäre hinfällig.

Prinzipiell wird den Hauptfach-Dozenten zwar ein hohes Verantwortungsbewusstsein gegenüber ihren Studenten bestätigt, dennoch stellen die Studenten fest, dass ihre Dozenten oft zu nett und nicht ehrlich genug sind. Kaum ein Student kann sich erinnern, dass ihr Dozent jemals von sich aus einem Schüler empfohlen hätte, das Studium zu beenden oder sich nach Berufsalternativen umzusehen. Die Studenten müssen daher normalerweise selbstständig zu der Erkenntnis kommen, dass ihre Qualifikationen nicht ausreichen, um nach dem Studium von der Musikausübung leben zu können.

Nebenfach-Unterricht

Einzelunterrichtsdozenten im Nebenfach haben weitgehend ein gutes Einfühlungsvermögen. Sie sind sich bewusst, welchen Stellenwert ihr Unterricht für die Studenten hat und sind auch meist nur entsprechend anspruchsvoll. Nur wenige Dozenten im Nebenfacheinzelunterricht stellen wirklich anspruchsvolle Forderungen und verkennen damit häufig die Erwartungen der Studenten an den Unterricht.

Gruppenfachdozenten zeigen sich im Rahmen ihrer Möglichkeiten meist einfühlsam. Verzögerte Abgaben von Hausarbeiten oder schlechte Mitarbeit aufgrund von anderen Aktivitäten werden weitestgehend akzeptiert und somit die „wirklich wichtigen Dinge im Studium“ nicht behindert. Ansonsten wird kein größeres Einfühlungsvermögen (etwa zu allgemeinen Studienproblemen) von den Gruppenfachdozenten erwartet.

Beratung der Studenten

Insgesamt wird deutlich, dass die Studenten ihre Hochschule in einer Bringschuld für Studienberatung sehen. Sie meinen auch, dass die Hochschule die Pflicht habe, ihnen zu erläutern, warum z.B. die Studienordnungen der jeweiligen Studiengänge „so und nicht anders“ aufgebaut sind. Allerdings sind nur die Schulmusiker der Meinung, dass die Hochschule diese Aufklärungarbeit zur Zeit leistet.

Die meisten KA-Studenten stellen weiterhin fest, dass sie zu Beginn des Studiums „fälschlicherweise“ geglaubt haben, keine Beratung zu benötigen, da sie auf ein sehr klares Berufsziel hinarbeiten. Sie fühlten sich jedoch dann häufig von der Hochschule und ihren Hauptfachlehrern allein gelassen, wenn sie im Laufe des Studiums bemerkten, dass ihre Berufspläne teilweise zu hoch gesteckt waren und kritisieren nun rückwirkend die schlechte präventive Informationspolitik.

Die Studenten würden folgende Beratungsleistungen gerne annehmen, wobei wieder darauf hingewiesen werden muss, dass einige Studenten diese Veranstaltungen rückblickend gerne besucht hätten, gleichzeitig aber glauben, dass sie die Veranstaltung damals „unvernünftigerweise“ wohl nicht besucht hätten:

- Umfassende Informationen über das Berufsbild (z.B. Tätigkeit, Einkommen, Arbeitszeiten) bereits vor Beginn des Studiums. Diese Informationen sollten in Form von Öffentlichkeitsarbeit (z.B. Vorträgen) der Hochschule und umfangreichem, hochwertigem Informationsmaterial zur Verfügung gestellt werden.

- Umfassende Einführungsveranstaltungen in das Studium, um zielgerichtet studieren sowie die Möglichkeiten und Angebote der Hochschule besser ausnutzen zu können. Dies betrifft nicht nur Pflicht- und Wahlpflichtfächer, sondern z.B. auch Einführungen in die Veranstaltungen anderer Studiengänge wie Kulturmanagement.

- Einen „Studienfahrplan“, mit dem Studenten sich ein Bild über die Möglichkeiten in ihrer gesamten Studienzeit machen können. Diese Forderung entwickelt sich aus der Erfahrung der Studenten, dass sie am Ende des Studiums sehr viel Zeit investieren müssen, um noch ihre Pflichtfächer zu absolvieren, obwohl sie dann viel lieber für Probespiele und -unterricht üben würden.

- Eine individuelle, semester- oder jahresweise Beratung zur Reflexion des vergangenen und Planung des kommenden Studiensemesters/-jahres. (Einige Studenten beklagen, dass sie sich am Ende des Semesters fragen, was sie im laufenden Semester „eigentlich gelernt hätten“.)

- Eine Anlaufstelle für die „großen und kleinen Fragen" im Studium, bei der die Studenten sich Beratung für alle Lebenslagen einholen können.
- Eine Anlaufstelle, die für Studenten Informationen z.B. über den Arbeitsmarkt, Wettbewerbe, Stipendien und „Muggen" recherchiert.
- Beratung über das Studium an anderen Hochschulen, vor allem im Ausland. Hier besteht auch Interesse an Informationen über Stipendien und andere Fördermöglichkeiten.

Diese Informationen sollten über Broschüren, Informationsveranstaltungen und individuelle Besprechungen stattfinden. Auch wünschen sich die Studenten Berater, die einmal in ähnlichen Situationen wie sie selbst waren. Diese Berater sollten nicht nur aktiv werden, wenn das Problem schon aufgetreten ist, sondern auch präventiv tätig sein.

Die befragten Studenten wären auch bereit, für die gewünschten Broschüren eine Aufwandspauschale zu bezahlen, wenn die Qualität stimmt. Auch könnten sie sich gut vorstellen, dass Teile der Materialien von der studentischen Vertretung (AStA) erstellt und/oder vertrieben werden.

Weiterhin wird ein allgemeines Mentorenprogramm, bei dem die Studenten in höheren Semestern die Beratungsverantwortung für einen Erstsemester-Studenten übernehmen, für interessant gehalten. Allerdings glauben die Befragten, dass ein Mentor eher für grundsätzliche Fragen nützlich ist, während bei anspruchsvollen Problemen wie der Gesamtstudienplanung jemand die Beratung übernehmen sollte, der pädagogisch und methodisch geschult ist.

4.1.1.5 Entwicklung von Fragen für die quantitative Untersuchung

Insgesamt wurden bei den in Unterkapitel 4.1.1.4 dargestellten Gesprächen weit über 100 Kritikpunkte zusammengetragen, die zeigen, dass es an der HfMDK zentrale Themenbereiche gibt, die der Verbesserung bedürfen. Dies gilt besonders für den Bereich der Ausbildungsqualität sowie deren Evaluation (d.h. Prüfungsordnung, Selbstbewertung, Dozentenbewertung), aber auch für die Bereiche Studienberatung und Kommunikation. Letztlich besteht Reformbedarf bei der Handlungsfähigkeit des Hochschulmanagements (Hochschulleitung, Dekane etc.).

Um diese qualitativen Kritikpunkte und Verbesserungsvorschläge der Studenten auf die quantitative Untersuchung zu übertragen, bedurfte es einer Zusammenfassung und Strukturierung der Daten. Hierfür wurde nach den folgenden Kriterien vorgegangen:

- Es wurde nicht weiter auf Kritikpunkte eingegangen, bei denen die Hochschule vollkommen unflexibel ist. In diese Kategorie fielen vor allem Aspekte, die mit der Immobilie der Hochschule zusammenhängen (z.B. Lage der Hochschule oder Modernität des Gebäudes).

- Ebenfalls wurde nicht weiter auf Kritikpunkte eingegangen, die offensichtlich sind (z.B. „Die Anbindung der Hochschule an die öffentlichen Verkehrsmittel kann gar nicht gut genug sein").

- Letztlich wurden Kritikpunkte zusammengefasst, wenn sie ähnliche Bereiche abdecken (z.B. Forderung nach mehr Literatur und nach mehr Recherche-PCs in der Bibliothek).

Die Streichung bzw. Zusammenfassung einzelner Aspekte erfolgte nach Rücksprache mit ausgewählten Hochschulvertretern.

Durch die Anwendung dieser Methode konnte der endgültig verwendete Fragenkatalog auf insgesamt 51 Aspekte reduziert werden. Bei der Formulierung der endgültigen Fragen wurde darauf geachtet, diese einfach, allgemein verständlich, konkret und so kurz wie möglich zu formulieren sowie Suggestivfragen und doppelte Negationen zu vermeiden. Die folgenden fünf Tabellen zeigen die für jede der fünf SERVQUAL-Dimensionen entwickelten Aspekte einer ‚hervorragenden Ausbildung' aus Studentensicht. Diese Aspekte wurden in den Tabellen immer so formuliert, dass sie eine Maximalforderung beschreiben.

MATERIELLES UMFELD: An einer hervorragenden Hochschule ...	
1	ist das Gebäude immer sauber und ordentlich
2	gibt es eine exzellente Ausstattung (z.B. Klaviere, Notenständer, Computer)
3	existieren genügend Räume
4	steht eine exzellente Bibliothek zur Verfügung
5	gibt es ausreichend lange Öffnungszeiten
6	gibt es eine optisch ansprechende interne Kommunikation (Design von Broschüren, Vorlesungsverzeichnis etc.)
7	gibt es eine optisch ansprechende externe Kommunikation (Design und Platzierung für Plakate, Prospekte etc.)

Tabelle 4.1.2: Fragen der SERVQUAL-Dimension ‚Materielles Umfeld'

ZUVERLÄSSIGKEIT: An einer hervorragenden Hochschule ...	
1	ist die Kommunikation (z.B. Vorlesungsverzeichnis, Termine) immer verlässlich
2	ist die Prüfungsordnung verständlich
3	prüft die Prüfungsordnung berufsrelevante Aktivitäten (z.B. Probespielcharakter)
4	gibt es zahlreiche kleine statt einer zentralen Prüfung in den verschiedenen Fächern
5	sind die Prüfer immer verantwortungsvoll (insb. Termine, Ablauf, Notengebung)
6	geben die Prüfer nach der Prüfung immer Feedback
7	gibt es außer offiziellen Prüfungen genügend Gelegenheit, um sich selbst zu bewerten und zu vergleichen (z.B. Probespieltraining, öffentliches Vorspiel)
8	werden Studenten unterstützt, wenn sie sich systematisch und strukturiert mit ihrer Entwicklung im Studium auseinandersetzen möchten
9	wird genügend Hauptfachunterricht angeboten
10	unterrichten die Hauptfachlehrer insgesamt pünktlich und regelmäßig
11	unterstützen die Hauptfachlehrer die individuelle Entfaltung der einzelnen Studenten und erziehen somit „selbstständige Musiker" (d.h. Richtungsempfehlungen statt Vorschriften)
12	wird genügend Nebenfach-Einzelunterricht angeboten
13	unterrichten die Dozenten im Nebenfach-Einzelunterricht insgesamt pünktlich und regelmäßig
14	ist das Angebot für Pädagogik und Methodik insgesamt inhaltlich sinnvoll gestaltet
15	ist das Nebenfachangebot für Musiktheorie (Tonsatz etc.) insgesamt inhaltlich sinnvoll gestaltet
16	ist das Nebenfachangebot für Musikwissenschaften (Musikgeschichte, Musikästhetik etc.) insgesamt inhaltlich sinnvoll gestaltet
17	unterrichten die Nebenfachlehrer für Gruppenveranstaltungen insgesamt pünktlich und regelmäßig
18	sind die Hochschulorchesterprojekte inhaltlich sinnvoll gestaltet
19	nehmen Hochschulorchesterprojekte zeitlich eine zentrale Rolle im Studium ein
20	ist der Kammermusikunterricht inhaltlich sinnvoll gestaltet
21	nimmt der Kammermusikunterricht zeitlich eine zentrale Rolle im Studium ein
22	gibt es Kursangebote für Randgebiete des Studiums (Kulturmanagement, Philosophie etc.)
23	lässt die Studienordnung den Studenten genügend Zeit, um neben den Pflichtfächern auch noch Kurse nach eigenem Interesse zu belegen
24	wird die Lehrqualität mit Hilfe von Dozenten-Evaluation sichergestellt
25	werden organisatorische Beschlüsse (Hochschulleitung/Dekane) immer schnell und effizient gefasst
26	kommunizieren die Hochschulleitung/Dekanate ihre Ziele und Erfolge regelmäßig an die Studenten
27	ist der AStA ein zuverlässiges „Sprachrohr der Studenten" bei Hochschulleitung und Dekanen

Tabelle 4.1.3: Fragen der SERVQUAL-Dimension ‚Zuverlässigkeit'

ENTGEGENKOMMEN: An einer hervorragenden Hochschule ...	
1	fördern Hauptfachdozenten die Teilnahme an öffentlichen Auftritten, Wettbewerben etc.
2	interessieren sich die Hauptfachlehrer auch für die Studienentwicklung ihrer Studenten in Nebenfächern und außeruniversitären Tätigkeiten (z.B. Arbeitsplatzsuche)
3	kommen Hochschulleitung und Dekane den Studenten bei Fragen und Wünschen entgegen
4	kommt die allgemeine Verwaltung den Studenten bei Fragen und Wünschen entgegen

Tabelle 4.1.4: Fragen der SERVQUAL-Dimension ‚Entgegenkommen'

LEISTUNGSKOMPETENZ: An einer hervorragenden Hochschule ...	
1	sind die Hauptfachlehrer methodisch/didaktisch vorbildlich ausgebildet
2	sind Hauptfachlehrer daran interessiert, sich mit anderen Hauptfachklassen zu vergleichen und/oder mit ihnen zu kooperieren
3	sind die Nebenfach-Dozenten (Einzelunterricht) methodisch/ didaktisch vorbildlich ausgebildet
4	sind die Nebenfach-Dozenten (Vorlesung/Seminar) insgesamt methodisch/didaktisch vorbildlich ausgebildet und präsentieren ihren Stoff im Rahmen der Möglichkeiten interessant
5	sind die Vertreter der Hochschulleitung und die Dekane für ihre Aufgaben qualifiziert
6	ist die ausführende Verwaltung (z.B. Studentensekretariat) für ihre Aufgaben qualifiziert

Tabelle 4.1.5: Fragen der SERVQUAL-Dimension ‚Leistungskompetenz'

EINFÜHLUNGSVERMÖGEN: An einer hervorragenden Hochschule ...	
1	geben Hauptfachlehrer konstruktive und ausführliche, verbale Semesterrückblicke (z.B. Stärken-Schwächenanalyse)
2	erläutern Hauptfachlehrer regelmäßig und ausreichend ihre mittelfristigen Unterrichtsziele (Technik und Musikalität, nicht nur Werkswahl!)
3	werden den Studenten ihre realistischen Chancen am Arbeitsmarkt offen kommuniziert (z.B. durch Hauptfachlehrer, Dekane, etc)
4	wird genügend allgemeine Beratung zum gewählten Berufsbild angeboten (z.B. Aufgaben, Chancen, Einkommen)
5	wird genügend persönliche Beratung angeboten (z.B. Studienentwicklung, Studienalternativen, Hochschulwechsel, Auslandsstudium)
6	gibt es genügend gedruckte Informationsunterlagen
7	übernimmt der AStA einen wichtigen Teil der studentischen Beratung

Tabelle 4.1.6: Fragen der SERVQUAL-Dimension ‚Einfühlungsvermögen'

Auf Grundlage dieser insgesamt 51 konkreten, empirisch entwickelten Aspekte für eine hervorragende Ausbildung kann nun die quantitative Hauptuntersuchung durchgeführt werden.

4.1.2 Quantitative Hauptuntersuchung

Das folgende Unterkapitel beschreibt zunächst das Forschungsdesign und die Methodik der Güteprüfung für die quantitative Studentenbefragung. In Unterkapitel 4.1.2.3 erfolgt dann die detaillierte Darstellung der Ergebnisse und in Unterkapitel 4.1.2.4 eine Zusammenfassung.

4.1.2.1 Forschungsdesign

Design des Fragebogens

Die auf Grundlage der qualitativen Interviews entwickelten 51 Aspekte der Studentenzufriedenheit wurden auf dem Studentenfragebogen mit der am Ende von Unterkapitel 3.3.2.1 beschriebenen, siebenstufigen Doppelskala abgefragt. Ein Exemplar des Studenten-Fragebogens findet sich in Anhang 2.

Neben den 51 konkreten Einzelfragen wurden die Befragten gemäß der Methodik des SERVQUAL-Ansatzes nach ihrer Einschätzung hinsichtlich der relativen Bedeutung der fünf SERVQUAL-Dimensionen zueinander sowie weiterhin über ihre Berufserwartungen und Gesamtzufriedenheit mit der Hochschule befragt. Bei den Fragen zur Berufserwartung und Gesamtzufriedenheit sollten die Studenten angeben, ob sie davon ausgehen, später eine Stelle im von ihnen studierten Berufsbild zu finden, ob sie überhaupt eine Stelle im studierten Berufsbild annehmen möchten und ob sie die HfMDK anderen Studenten weiterempfehlen würden. Diese drei Fragen wurden auf einer 4er-Skala (ja/eher ja/eher nein/nein) gestellt, da hier nur eine Meinungstendenz von Interesse war.

Letztlich wurde auf die Aspekte ‚Bewerbung/Probespiel' und ‚Anforderungen im späteren Berufsleben' der Studenten eingegangen. Die Ergebnisse dieser Fragen werden jedoch erst im Rahmen der Arbeitgeberanalyse (Unterkapitel 4.3) untersucht.

Pre-Test und Distribution des Fragebogens

Der Fragebogen wurde vor der Distribution von sechs Studenten (jeweils zwei aus den einzelnen Studiengängen) einem Pre-Test unterzogen, um die Klarheit der Fragen sicherzustellen. Die lange Ausfüllzeit des Fragebogens (ca. 15 Minuten) machte weiterhin eine aufwendige Distribution notwendig, da ein bloßes Austeilen der Bögen in der Hochschule wahrscheinlich zu einem geringen Rücklauf geführt hätte. Aus diesem Grunde wurde versucht, die Studenten zu involvieren: statt einer Vollerhebung im formalen Sinne[217] erfolgte die Distribution der Fragebögen in drei Phasen.

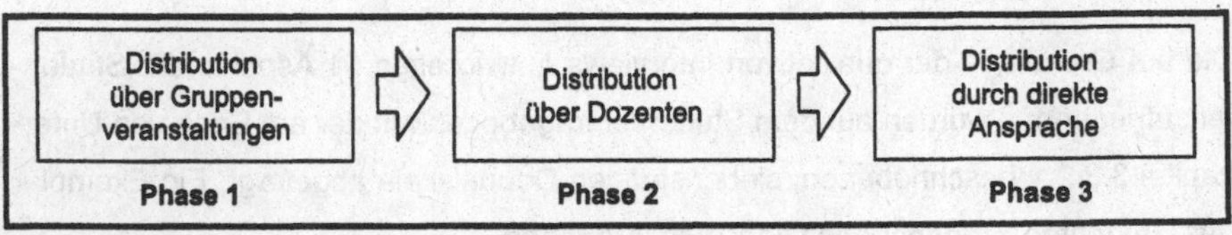

Abbildung 4.1.1: Distributionsphasen beim Studentenfragebogen

In *Phase 1* wurden alle Dozenten für Vorlesungen und Seminare mittels eines Schreibens des Präsidenten der Hochschule gebeten, 15 Minuten ihres Unterrichtes für den Fragebogen zur Verfügung zu stellen, so dass die Studenten zu einem Zeitpunkt angesprochen wurden, in dem sie ohnehin verplant waren. Auf diese Weise wurden alle Studenten erfasst, die im Semester der Untersuchung eine Vorlesung oder ein Seminar an der HfMDK belegt hatten.

In *Phase 2* wurden allen Dozenten Fragebögen mit der Bitte zugestellt, diese an „zuverlässige und erfahrene Studenten" weiterzuleiten. Auf diese Weise sollte erreicht werden, dass eine ‚Respektsperson' die Studenten darum bittet, den Fragebogen auszufüllen, was wiederum die Ausfüllmotivation erhöhen sollte.

217 Bei einer formal korrekten Vollerhebung erhält jede Person in der Untersuchungszielgruppe beispielsweise durch Zusendung per Post einen Fragebogen (Vgl. beispielsweise Meffert, *Marketing* (2000), S. 149f).

Letztendlich wurden in *Phase 3* die Fragebögen zwei Wochen nach Phase 2 direkt an die Studenten im Hochschulgebäude und in zwei Orchesterprojekten verteilt. Dabei wurde deutlich, dass in den ersten beiden Distributionsphasen bereits die meisten Studenten erreicht wurden.

Aufgrund dieser aufwendigen, dreistufigen Distributionsmethode kann man davon ausgehen, dass diese Stichprobenerhebung einer Vollerhebung sehr nahe kommt. Dies bestätigt auch der Rücklauf an Fragebögen, der fast doppelt so hoch war wie der Rücklauf einer ‚tatsächlichen' Vollerhebung bei einer Umfrage des AStA im Jahr 2003.[218]

4.1.2.2 Bewertung der Datenbasis

Die erhobenen Daten sind als qualitativ sehr hochwertig anzusehen. Dies wird einerseits an den allgemeinen statistischen Angaben (Rücklauf, fehlende Werte etc.) wie auch bei der Güteprüfung der Daten (Reliabilität und Validität) deutlich.

4.1.2.2.1 Statistische Angaben

Rücklauf

An der HfMDK studierten zum Zeitpunkt der Erhebung (Sommersemester 2003) in den untersuchten Fachbereichen insgesamt ca. 450 Studenten, die sich zu 45% aus KA-, zu 30% aus IGP-, und zu 25% aus Schulmusikstudenten (Gymnasium) zusammensetzten.[219]

Der Rücklauf der Fragebögen lag bei insgesamt 282 Exemplaren, was einem Rücklauf über 50% Prozent der Grundgesamtheit entspricht. Allerdings wurden 17 ungültige Fragebögen aussortiert, so dass insgesamt 265 gültige Fragebögen zur

218 Vgl. HfMDK, *Auswertung* (2003).

219 Die HfMDK erstellt ihre Immatrikulations-Statistiken nur zum Wintersemester, da hier zum Sommersemester grundsätzlich keine Studenten aufgenommen werden. Im Wintersemester 2002/2003 studierten 471 Studenten in den untersuchten Fachbereichen, nach Angaben des Studentensekretariates exmatrikulieren sich jedoch vor allem KA-Studenten häufig nach dem Wintersemester, da für diesen Studiengang an verschiedenen anderen deutschen Musikhochschulen auch zum Sommersemster eine Immatrikulation möglich ist.

Auswertung verfügbar waren. In allen drei untersuchten Studiengängen konnten ausreichend große Stichproben für eine solide statistische Auswertung festgestellt werden, wobei der Rücklauf bei den Schulmusik-Studenten am Besten war.

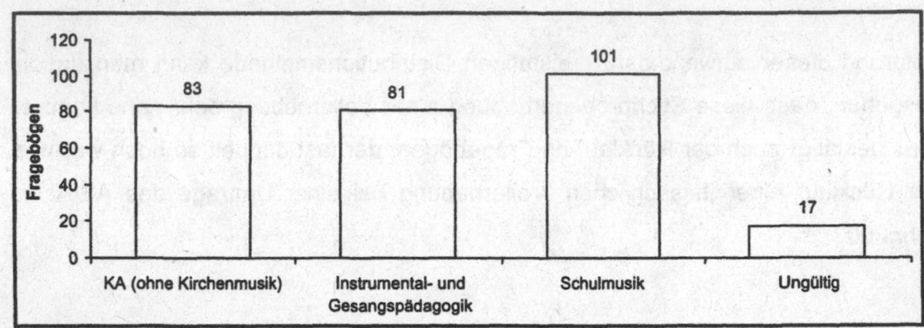

Abbildung 4.1.2: Rücklauf der Studentenfragebögen (nach Studiengang)

Eine nähere Betrachtung der Daten bestätigt weiterhin, dass die Fragebögen auch ein gutes Abbild der Studentenstruktur darstellen: so nehmen bei der Betrachtung der Rückläufe in den Studiengängen IGP und Schulmusik die Bläser, Streicher und Pianisten – wie auch im tatsächlichen Studentenbild an der HfMDK – den größten Anteil der Studenten ein. Bei den KA-Fragebögen sind die Pianisten im Vergleich zu den Gesamtstudentenzahlen allerdings deutlich unterrepräsentiert, so dass diese bei späteren Verallgemeinerungen unter dem Begriff ‚KA-Student' nicht berücksichtigt werden sollten.[220] Ansonsten entspricht aber auch hier die Studentenverteilung in der Stichprobe weitgehend einem Abbild der Grundgesamtheit.

Studiengang	Bläser	Streicher	Klavier	Gesang	Sonstige	Summe
KA	29	38	4	4	8	83
IGP	17	21	24	7	12	81
Schulmusik	29	20	37	4	11	101
Insgesamt	75	79	65	15	31	265

Tabelle 4.1.7: Rücklauf der Studentenfragebögen (nach Studienfach)

220 Ein Grund für die geringe Rücklaufquote bei den Pianisten könnte die Tatsache sein, dass ein großer Teil der Klavier-KA-Studenten aus dem Ausland stammt und daher sprachlich mit dem Fragebogen überfordert war.

Auch hinsichtlich des Studienabschnittes kann man von einer repräsentativen Verteilung sprechen, wobei jedoch auffällt, dass in den Studiengängen KA und IGP mehr Studenten des Hauptstudiums den Fragebogen ausgefüllt haben, während bei den Schulmusikern die Grundstudium-Studenten in der Überzahl sind. Diese Auffälligkeit hat jedoch keine wesentliche Bedeutung für die Untersuchung, da alle Einzelgruppen immer noch über eine ausreichende Stichprobengröße verfügen.[221]

Studiengang	Grundstudium	Hauptstudium	Summe
KA	35	48	83
IGP	32	49	81
Schulmusik	58	43	101
Insgesamt	125	140	265

Tabelle 4.1.8: Rücklauf der Studentenfragebögen (nach Studienabschnitt)

Fehlende Werte

Fehlende Werte im Sinne der vollständigen Nichtbeantwortung von einzelnen Fragen konnte bei den Fragebögen nur in vernachlässigbarem Umfang festgestellt werden. Allerdings wählten die Studenten bei einigen Fragen vermehrt die Option „weiß nicht", die methodisch wie ein fehlender Wert ausgelegt werden muss. Die Tabellen 4.1.9 und 4.1.10 geben eine Übersicht über alle Fragen, bei denen für mehr als 10% der Antworten die Option „weiß nicht" gewählt wurde.

Tabelle 4.1.9 zeigt dabei deutlich, dass die Fragen N11 und N12 (Themenbereich Kammermusikunterricht) sowie O7 und O11 (Rolle des AStA) für weitere Auswertungen gestrichen werden sollten, da sie sich in allen Studiengängen durch eine sehr hohe Anzahl an mit „weiß nicht" beantworteten Fragen auszeichnen, ohne dass hierfür Gründe erkennbar wären. Die Fragen N9 und N10 beschäftigen sich mit der Zufriedenheit der Studenten mit der Orchesterarbeit an der Hochschule. Dabei wird deutlich, dass die IGP- und Schulmusik-Studenten hier keine gesicherte Meinung vertreten, was wenig überrascht, da nur die KA-Studenten die Übung im Orchesterspiel für ihre spätere Berufsausübung benötigen. Aus diesem Grund wird auf die Meinung der IGP- und Schulmusik-Studenten hinsichtlich des Hochschul-

221 Vgl. beispielsweise Sudman, *Applied Sampling* (1976), S. 30.

orchesters im weiteren Verlauf der Untersuchung nicht weiter eingegangen, sondern nur die Perspektive der KA-Studenten betrachtet.

Frage Nr.	Erfüllung der studentischen Erwartungen:	Option „weiß nicht" (>10%)[222]					
		KA		IGP		Schulmusik	
		GS (35)	HS (48)	GS (32)	HS (49)	GS (58)	HS (43)
N9	Qualität des Hochschulorchesters	-	5	10	18	30	16
N10	Umfang an Hochschulorchesterprojekten	-	6	9	17	19	14
N11	Qualität des Kammermusikunterrichts	-	11	4	6	30	14
N12	Umfang an Kammermusikunterricht	-	7	4	6	28	14
O7	AStA ist „Sprachrohr" der Studentenmeinung	5	6	8	12	26	7
O11	AStA übernimmt Beratungsaufgaben.	-	7	8	13	28	6

Tabelle 4.1.9: Gestrichene Fragen wegen fehlender Werte in der Studentenuntersuchung

Weiterhin zeigt Tabelle 4.1.10, dass sich die Schulmusik-Studenten des Grundstudiums offensichtlich nicht zu den Themen Organisation, Studienberatung und Prüfungswesen äußern wollen bzw. können, während sich die Studenten der Studiengänge KA und IGP eher dazu in der Lage fühlen. Dies könnte entweder darauf hindeuten, dass die Schulmusik-Studenten den Fragebogen kritischer ausgefüllt haben als ihre Kommilitonen in den Studiengängen KA und IGP, oder, dass die Schulmusik-Studenten zu Beginn des Studium tatsächlich eine schlechtere Vorstellung von ihren eigenen Erwartungen an ihr Studium haben.

Trotz der relativ hohen Anzahl an mit „weiß nicht" beantworteten Fragen ist davon auszugehen, dass die in Tabelle 4.1.10 aufgeführten Fragen verwendet werden können, da die Anzahl der zulässigen Antworten mit ≥30 Personen immer noch groß genug für eine statistisch repräsentative Untersuchung ist.[223]

---

222 Die Zahl unter „GS" und „HS" gibt die Gesamtstichprobengröße an.
223 Vgl. beispielsweise Sudman, *Applied Sampling* (1976), S. 30.

Frage Nr.	Erfüllung der studentischen Erwartungen:	Option „weiß nicht" (>10%)					
		KA		IGP		Schulmusik	
		GS (35)	HS. (48)	GS (32)	HS (49)	GS (58)	HS (43)
N13	Umfang des Kursangebotes in Randgebieten	-	-	-	-	16	-
N15	Evaluation von Dozenten	-	-	8	-	19	-
O1	Handlungsfähigkeit der Hochschule bei organisatorischen Beschlüssen	-	-	9	-	23	-
O3	Entgegenkommen der Hochschulleitung bei studentischen Fragen und Problemen	-	-	-	-	12	-
O4	Qualifikation der Hochschulleitung	-	-	-	-	22	-
O5	Entgegenkommen der Verwaltung bei Fragen	-	-	-	-	14	-
O8	Existenz allgemeiner Beratungsmöglichkeiten	-	-	-	-	12	-
O9	Existenz persönlicher Beratungsmöglichkeiten	-	-	-	-	13	-
O10	Existenz gedruckter Informationsunterlagen	-	-	-	-	15	-
P2	Berufsrelevanz der Prüfungen	-	-	-	-	22	-
P4	Verantwortungsbewusstsein der Prüfer	-	-	-	-	27	-
P5	Feedback nach Prüfungen	-	-	-	-	28	-
P7	Unterstützung bei der Selbstbewertung	5	-	7	-	19	-

Tabelle 4.1.10: Sonstige fehlende Werte in der Studentenuntersuchung

4.1.2.2.2 Güteprüfung der quantiativen Studentendaten

Quantitative empirische Ergebnisse werden grundsätzlich auf ihre Reliabilität und Validität getestet.[224] Im Folgenden werden die beiden Ansätze zunächst kurz erklärt und dann auf die vorliegenden Daten angewandt.

Reliabilität

Die Reliabilität untersucht die formale Genauigkeit des Untersuchungsansatzes, d.h. den Grad der Reproduzierbarkeit des Ergebnisses.[225] Dabei wird zwischen zwei Ansätzen unterschieden:[226]

---

224 Vgl. beispielsweise Berekoven/Eckert/Ellenrieder, *Marktforschung* (2004), S. 88; Hammann/Erichson, *Marktforschung* (2000), S. 92ff; Hüttner, *Grundzüge Marktforschung* (1997), S. 13ff. Berekoven/Eckert/Ellenrieder, *Marktforschung* (2004) fordern weiterhin die Untersuchung der Objektivität der Untersuchung. Dieser Forderung wird in Form einer ausführlichen Darstellung der verwendeten Erhebungsmethode Rechnung getragen.

225 Vgl. Berekoven/Eckert/Ellenrieder, *Marktforschung* (2004), S. 89.

226 Vgl. Hüttner, *Grundzüge Marktforschung* (1997), S. 14f; Hammann/Erichson, *Marktforschung* (2000), S. 94; Peter, *Reliability* (1979), S. 6-17.

1. Stabilitätsmessungen

Die Stabilität der Messung wird durch eine Wiederholungsmessung (Test-Retest-Verfahren) zu einem späteren Zeitpunkt mit den gleichen Befragungsteilnehmern nochmals überprüft.

2. Konsistenzmessungen

Konsistenzmessungen können mit drei unterschiedlichen, alternativ zu einander anwendbaren Verfahren durchgeführt werden:

- Paralleltest-Verfahren: Vergleichstest, bei dem zum gleichen Zeitpunkt eine Erhebung mit einem anderen Messinstrument durchgeführt wird.
- Interne-Konsistenz-Verfahren: Korrelation aller Items einer Messung miteinander.
- Split-Half-Verfahren: Die Items der Messung werden in zwei Gruppen aufgeteilt und diese beiden Gruppen dann miteinander verglichen.[227]

Bei allen Verfahren erfolgt eine Berechnung von Koeffizienten, deren Höhe einen Rückschluss auf die Reproduzierbarkeit der Messergebnisse ermöglicht.[228]

Eine Stabilitätsprüfung unter Zuhilfenahme des Test-Retest-Verfahrens war im Rahmen dieser Untersuchung nicht möglich, da es bei einem so umfangreichen Fragebogen nicht zumutbar war, ihn mehrfach ausfüllen zu lassen. Allerdings konnte ein enger Zusammenhang zwischen den Ergebnissen der quantitativen und der vorausgegangenen qualitativen Untersuchung feststellt werden, was im weiteren Sinne als Test-Retest-Untersuchung gewertet werden könnte.

Die dann folgende Konsistenzprüfung der SERVQUAL-Dimensionen wurde mit dem Interne-Konsistenz-Verfahren vorgenommen. Dabei wurde das Cronbach'sche Alpha für die Erwartungs-Wahrnehmungs-Differenzen der fünf verschiedenen

---

227 Das Split-Half-Verfahren kann als eine Sonderform der „Interne Konsistenz"-Reliabilität angesehen werden (Hüttner, *Grundzüge Marktforschung* (1997), S. 15).

228 Vgl. Hüttner, *Grundzüge Marktforschung* (1997), S. 15.

SERVQUAL-Dimensionen je Studiengang berechnet.[229] Dieser Koeffizient ist zwischen 0 und 1 normiert, wobei 1 das reliabelste Ergebnis darstellt.

Die folgende Tabelle zeigt die Werte des Cronbach'schen Alphas für die drei untersuchten Studiengänge:[230]

SERVQUAL-Dimension	Cronbach'sche Alphas		
	KA	IGP	Schulmusik
Materielles Umfeld	0,6714	0,6968	0,7174
Zuverlässigkeit	0,7879	0,9158	0,5870
Entgegenkommen	0,7866	0,7475	0,5763
Leistungskompetenz	0,8491	0,6267	0,6615 [231]
Einfühlungsvermögen	0,8549	0,7493	0,5960

Tabelle 4.1.11: Reliabilität (Cronbach'sches Alpha) der Studentenerhebung

Die Ergebnisse zeigen, dass die Reliabilität der Daten in den Studiengängen KA und IGP deutlich besser ausfällt als im Studiengang Schulmusik. Alle Werte für das Cronbach'sche Alpha liegen jedoch in einem mindestens akzeptablen Bereich, so dass die fünf SERVQUAL-Dimensionen als stabil sowie methodisch zulässig zur Darstellung des vorliegenden Sachverhaltes betrachtet werden können.[232]

Zur Prüfung der Reliabilität der drei Gesamtzufriedenheitsfragen[233] wurde im Gegensatz zum Vorgehen bei den SERVQUAL-Fragen das Split-Half-Verfahren angewandt, da das Cronbach'sche Alpha nur die Reliabilität von Fragengruppen und nicht die von einzelnen, allein stehenden Fragen überprüfen kann. Daher wurden die Ergebnisse für die drei Studiengänge einzeln nach dem Zufallsprinzip hälftig

229 Vgl. Zeithaml/Parasuraman/Berry, *SERVQUAL* (1988), S. 19ff.

230 In der wissenschaftlichen Praxis ist man weitgehend einig, dass Alpha-Werte ab 0,5 akzeptabel sind und ab 0,7 als gut eingeschätzt werden können. Vgl. Litfin/Teichmann/Clement, *Güte von Faktorenanalysen* (2000), S. 285; Hair et al., *Multivariate Data Analysis* (1998), S. 118.

231 Dieser Wert wurde durch die Streichung der Fragen H4, H5, N3, N8 erreicht (Die Streichungen wurden durch die Anwendung der Funktion „Alpha if Item deleted" in SPSS vorgenommen).

232 Auch eine durchgeführte rotierende Faktoranalyse (SPSS-Befehl OBLIMIN) führte nicht zu einer Verbesserung der Faktorladungen innerhalb der Dimensionen durch die Verschiebung einzelner Items untereinander.

233 Die Fragen lauten „Gehen Sie davon aus, nach dem Studium eine feste Stelle in dem von Ihnen studierten Fach zu erhalten?", „Möchten Sie nach dem Studium in dem von Ihnen studierten Fach arbeiten?" und „Würden Sie das Studium hier an der Hochschule weiterempfehlen?".

aufgeteilt und dann die Unterschiedlichkeit der beiden Datengruppen mit dem paarweisen T-Test überprüft. Für keine der Gruppen konnten signifikante Unterschiede erkannt werden (Signifikanzniveau: 5%), so dass auch bei den Gesamtzufriedenheitsfragen von reliablen Ergebnissen auszugehen ist.

Validität

Die Validität überprüft eine Untersuchung hinsichtlich systematischer Fehler, es wird also getestet, wie genau mit dem Verfahren oder Messinstrument das zu messende Merkmal auch tatsächlich gemessen wird.[234] Dabei wird zwischen interner und externer Validität unterschieden.

Die *externe Validität* überprüft die Generalisierbarkeit eines experimentellen Ergebnisses auf die Realität, d.h. die Übertragbarkeit der Stichprobenergebnisse auf die Grundgesamtheit.[235] Aufgrund ihrer Eigenschaft als Quasi-Vollerhebung, der hohen Praxisnähe der Untersuchung sowie der aufwendigen Entwicklung der Fragen durch die vorausgegangene qualitative Untersuchung kann bei dieser Studie von einer hohen externen Validität ausgegangen werden.

Die *interne Validität* untersucht, inwieweit genau das gemessen wird, was im Untersuchungsverfahren gemessen werden soll und zu welchem Grad externe, ungewollte Einflüsse die Repräsentativität des Ergebnisses verfälschen.[236] Dabei stehen drei verschiedene Ansätze zur Verfügung:[237]

1. *Inhaltsvalidität:* Die Messungen werden validiert, indem Plausibilitätsprüfungen durch Experten vorgenommen werden.
2. *Kriteriumsvalidität:* Ein externes Kriterium (z.B. eine andere, ähnliche Untersuchung) wird mit dem zu prüfenden Konstrukt verglichen.[238]

234 Vgl. Böhler, *Marktforschung* (1992), S. 102.
235 Vgl. Berekoven/Eckert/Ellenrieder, *Marktforschung* (2004), S. 90f.
236 Vgl. Hüttner, *Grundzüge Marktforschung* (1997), S. 13.
237 Vgl. Hildebrandt, *Validierung* (1984), S. 42ff; Hammann/Erichson, *Marktforschung* (2000), S. 94ff. Im Idealfall sollten empirische Ergebnisse mit allen drei Validitätsansätzen geprüft werden, allerdings ist das häufig mangels alternativer Vergleichs-Untersuchungen schwierig.
238 Vgl. Aaker/Kumar/Day, *Market Research* (2001), S. 294.

3. *Konstruktvalidität:* Hier wird die Messung des Konstruktes mit den wahren Werten des Konstruktes verglichen. Die Konstruktvalidität ist empirisch nicht fassbar, so dass in der Praxis ersatzweise auf eine der drei folgenden Methoden zurückgegriffen wird:[239]

- *Diskriminanzvalidität*, die die Unterschiede der Messungen verschiedener Konstrukte mit einem einzigen Messinstrument untersucht
- *Konvergenzvalidität*, die die Übereinstimmung der Messungen eines Konstruktes mit mehreren verschiedenen Messinstrumenten überprüft
- *Nomologische Validität*, die die Übereinstimmung der Messwerte von Konstrukten auf der Grundlage von „theoretisch postulierten Beziehungen (Kausalstruktur)"[240] zwischen den Konstrukten überprüft.

Die Inhaltsvalidität dieser Untersuchung kann auf Grundlage des Vergleichs dieser Daten mit der qualitativen Untersuchung (Unterkapitel 4.1.1) bestätigt werden, da hier zahlreiche Übereinstimmungen zu erkennen sind. Weil darüber hinaus die qualitative Untersuchung als extrem valide bewertet wurde, ist davon auszugehen, dass auch diese Untersuchung als valide angesehen werden kann.

Eine Prüfung der Kriteriumsvalidität ist aufgrund der Nicht-Existenz ähnlicher Studien nicht möglich, statt dessen konnte aber die Konstruktvalidität geprüft werden, indem die Ergebnisse des Konstrukts ‚Zufriedenheit' hier mit mehreren verschiedenen Messinstrumenten (SERVQUAL-Dimensionen, Berufserwartung und Gesamtzufriedenheit) auf Ähnlichkeit überprüft wird.[241] Das bedeutet, dass bei einer hohen Konstruktvalidität ein enger Zusammenhang zwischen der Zufriedenheit mit den einzelnen fünf SERVQUAL-Dimensionen und der Gesamtzufriedenheit bzw. der Berufserwartung bestehen sollte.

---

239 Vgl. Hammann/Erichson, *Marktforschung* (2000), S. 94ff, Lehmann/Gupta/Steckel, *Marketing Research* (1998), S. 254ff.

240 Hammann/Erichson, *Marktforschung* (2000), S. 96.

241 Mit dem gleichen Ansatz prüfen auch Parasuraman/Zeithaml/Berry, *SERVQUAL* (1988), S.28ff. die Validität ihrer Untersuchung.

In den folgenden drei Tabellen wurden für jeden Studiengang die Ergebnisse der einzelnen SERVQUAL-Dimensionen mit den Ergebnissen der Berufserwartungs- und Gesamtzufriedenheitsfragen zueinander in Beziehung gesetzt. Dabei wird deutlich, dass Studenten, die die Hochschule weiterempfehlen und eine hohe Berufserwartung haben, grundsätzlich auch zufriedener mit den einzelnen SERVQUAL-Dimensionen sind (d.h., dass die Zahlenwerte näher an null sind, wenn die Studenten für „Ja" oder „Eher Ja" bei den Gesamtzufriedenheitsfragen angekreuzt haben). Die Konstruktvalidität kann hier also bestätigt werden.[242]

Dimension	Empfehlung				Fester Job			
	Ja	Eher ja	Eher nein	Nein	Ja	Eher ja	Eher nein	Nein
Mat. Umfeld	-1,68	-1,94	-2,42	-2,75	-1,56	-2,11	-2,52	N/A
Zuverlässigkeit	-1,64	-1,99	-2,81	-3,34	-1,70	-2,33	-2,73	N/A
Entgegenkommen	-0,51	-1,21	-2,95	-4,13	-0,96	-1,60	-2,98	N/A
Leistungskomp.	-0,92	-1,53	-2,77	-3,48	-1,15	-1,81	-2,94	N/A
Einfühlungsverm.	-1,28	-2,21	-3,62	-3,43	-1,37	-2,56	-3,75	N/A
Stichprobengröße	12	35	33	4	17	41	26	0

Tabelle 4.1.12: Konvergenzvaliditätsanalyse für die Studentenergebnisse (KA)

Dimension	Empfehlung				Fester Job			
	Ja	Eher ja	Eher nein	Nein	Ja	Eher ja	Eher nein	Nein
Mat. Umfeld	-1,30	-1,83	-1,76	-3,21	-1,92	-1,74	-1,91	-2,54
Zuverlässigkeit	-1,33	-2,12	-2,43	-3,11	-2,08	-1,88	-2,43	-2,57
Entgegenkommen	-1,02	-1,76	-2,35	-3,31	-1,63	-1,65	-2,36	-2,77
Leistungskomp.	-0,98	-1,76	-2,15	-2,04	-1,73	-1,42	-2,11	-2,31
Einfühlungsverm.	-1,60	-2,57	-2,80	-3,79	-2,39	-2,32	-2,98	-2,70
Stichprobengröße	15	39	19	4	26	31	20	4

Tabelle 4.1.13: Konvergenzvaliditätsanalyse für die Studentenergebnisse (IGP)

Dimension	Empfehlung			Fester Job		
	Ja	Eher ja	Eher nein/Nein[243]	Ja	Eher ja	Eher nein/Nein
Mat. Umfeld	-1,37	-1,77	-1,39	-1,56	-1,59	-2,03
Zuverlässigkeit	-1,62	-2,22	-2,27	-1,96	-2,11	-1,51
Entgegenkommen	-1,21	-1,67	-0,93	-1,28	-1,64	-2,43
Leistungskomp.	-1,26	-1,73	-1,96	-1,42	-1,84	-1,86
Einfühlungsverm.	-1,47	-1,93	-1,72	-1,67	-1,90	-1,57
Stichprobengröße	39	54	8	66	31	4

Tabelle 4.1.14: Konvergenzvaliditätsanalyse für die Studentenergebnisse (Schulmusik)

[242] Eine durchgeführte Varianzanalyse bestätigt die Zulässigkeit der Darstellung. Alle Werte waren mindestens unter 0,03 signifikant unterschiedlich. (Signifikanzniveau: 0.05).

[243] Aufgrund der geringen Anzahl an Items wurden bei den Schulmusikern die Antworten „Eher nein" und „Nein" zusammengefasst.

4.1.2.3 Aufbereitung der Ergebnisse

Bei der Betrachtung der erhobenen Daten fällt auf, dass sich die Untersuchungsergebnisse zwischen den Studiengängen (KA, IGP, Schulmusik) und den Studienabschnitten (Grundstudium und Hauptstudium) teilweise deutlich unterscheiden, sonstige auffällige Gruppierungen innerhalb des Datenmaterials aber weder augenscheinlich noch unter Einsatz einer Cluster-Analyse isoliert werden konnten. Aus diesem Grunde wurde bei der Auswertung der Daten nur nach diesen beiden identifizierten Gruppierungen unterschieden.

In den folgenden Unterkapiteln wird zunächst die Gesamtzufriedenheit der Studenten untersucht, bevor auf die Ergebnisse der einzelnen SERVQUAL-Dimensionen eingegangen wird. Grundsätzlich gilt, dass im Folgenden immer von den Studenten als ganzer Gruppe gesprochen wird. Formulierungen wie „Die Studenten stellen fest, dass ..." spiegeln somit den Mittelwert der beschriebenen Gruppe wieder. Um auf den Grad an Homogenität innerhalb der Ergebnisse schließen zu können, wurde neben den Mittelwerten auch die Standardabweichung angegeben. Darüber hinaus wurde in den Tabellen die Signifikanz der Unterschiede zwischen den beiden Studienabschnitten unter Hinzunahme der Varianzanalyse (ANOVA) dargestellt. Durch diese Signifikanzprüfung konnte überprüft werden, ob die Unterschiedlichkeit der Werte zwischen Grund- und Hauptstudium zufällig oder statistisch gesichert ist.[244]

Die Ergebnisse der einzelnen Studiengänge werden in Unterkapitel 4.1.2.3.2.5 dann miteinander verglichen, bevor in Unterkapitel 4.1.3 die Zusammenfassung der Ergebnisse erfolgt.

[244] Die Varianzanalyse (=ANOVA) ist ein statistisches Verfahren der Datenanalyse, das versucht, die Standardabweichung einer Variable unter Hinzunahme einer anderen Variable zu erklären. Dabei wird getestet, ob die Standardabweichung zwischen den Gruppen größer ist als die Standardabweichung innerhalb der Gruppen. Dadurch kann ermittelt werden, ob die Gruppeneinteilung sinnvoll ist bzw. ob sich die Gruppen signifikant unterscheiden (vgl. Fahrmeir et al., *Statistik* (2003), S. 517ff).

4.1.2.3.1 Gesamtzufriedenheit und Berufserwartung

Schon die bloße Betrachtung der Einzelergebnisse je Studiengang und Studienabschnitt lässt deutliche Schlüsse zu, dass Unterschiede zwischen den verschiedenen Studentengruppen bestehen.

Wie aus der folgenden Tabelle zu ersehen ist, gehen Schulmusik-Studenten im Hauptstudium zu 100% (69% „Ja" und 31% „Eher Ja") davon aus, später wahrscheinlich eine Arbeitsstelle zu finden, während nur 62% der IGP-Studenten und 46% der KA-Studenten im Hauptstudium ein Stellenangebot nach dem Studium erwarten. Vor allem ist jedoch die große Unterschiedlichkeit der Ergebnisse zu denen im Grundstudium bemerkenswert: hier gehen noch 84% der IGP- und 100% der KA-Studenten von guten Berufschancen aus.

Fach	Studienabschnitt	Berufserwartung		Bewertungsverteilung			
		MW	StAbw	Ja	Eher Ja	Eher Nein	Nein
KA (**)	Grundstudium	1,69	0,471	31%	69%	0%	0%
	Hauptstudium	2,42	0,710	**13%**	**33%**	54%	0%
	Gesamt	2,11	0,716	21%	48%	31%	0%
IGP (*)	Grundstudium	1,75	0,718	39%	45%	15%	0%
	Hauptstudium	2,20	0,935	**27%**	**35%**	31%	8%
	Gesamt	2,02	0880	32%	39%	24%	5%
SM ()	Grundstudium	1,45	0,680	64%	29%	5%	2%
	Hauptstudium	1,33	0,474	**69%**	**31%**	0%	0%
	Gesamt	1,39	0,601	66%	30%	3%	1%
Die angegebenen Mittelwerte geben den Durchschnitt der 4er-Skala wieder, wobei „Ja" mit dem Wert 1, „Eher Ja" mit dem Wert 2, „Eher Nein" mit dem Wert 3 und „Nein" mit dem Wert 4 gewichtet wurde. ** = Signifikanz zwischen Grund- und Hauptstudium unter 0,01; * = Signifikanz unter 0,05 (Signifikanzniveau: 5%)							

Tabelle 4.1.15: Mittelwerte und Bewertungsverteilung für die Berufserwartung

Die folgende Abbildung verdeutlicht diesen Unterschied noch weiter. Die hier gezeigten Mittelwerte je Studiengang und Studienabschnitt führen beim Schulmusikstudium zu einem grundlegend anderen Linienverlauf als bei den Studenten der Studiengänge KA und IGP.

Die linke Ordinate zeigt dabei den Mittelwert der Studentenantworten im Grundstudium, während die rechte Ordinate den Mittelwert im Hauptstudium angibt. Eine steigende Linie ist somit gleichbedeutend mit einer Verschlechterung der Wahrnehmung im Laufe des Studiums und umgekehrt.

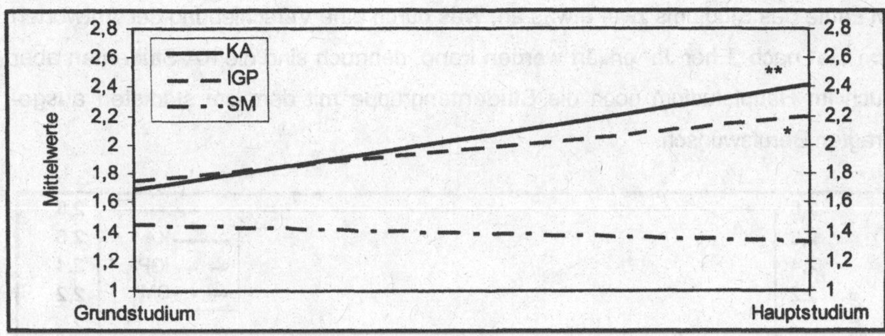

Abbildung 4.1.3: Erwartung an eine feste Stelle

Bei der Betrachtung des Berufswunsches zeigt sich ein anderes Bild: trotz der deutlichen Verringerung der Erwartungen der KA- und IGP-Studenten im Hauptstudium an den Arbeitsmarkt treten im Laufe des Studiums nur geringfügige Veränderungen beim Berufswunsch dieser Studenten auf: 86% der IGP- und 95% der KA-Studenten im Hauptstudium möchten ihren studierten Beruf später auch ausüben. Im Studiengang Schulmusik planen jedoch nur noch 72% der Studenten, den von ihnen studierten Beruf auch wirklich auszuüben, während im Grundstudium noch 83% der Schulmusik-Studenten davon ausgehen.

Fach	Studienabschnitt	Berufswunsch		Bewertungsverteilung			
		MW	StAbw	Ja	Eher Ja	Eher Nein	Nein
KA (*)	Grundstudium	1,14	0,430	89%	9%	3%	0%
	Hauptstudium	1,44	0,580	**60%**	**35%**	4%	0%
	Gesamt	1,31	0,539	72%	24%	4%	0%
IGP ()	Grundstudium	1,66	0,902	58%	27%	9%	6%
	Hauptstudium	1,61	0,786	**55%**	**31%**	12%	2%
	Gesamt	1,63	0,828	56%	29%	11%	4%
SM ()	Grundstudium	1,75	0,786	46%	37%	15%	2%
	Hauptstudium	1,86	0,941	**48%**	**24%**	24%	5%
	Gesamt	1,80	0,854	47%	31%	19%	3%

Die angegebenen Mittelwerte geben den Durchschnitt der 4er-Skala wieder, wobei „Ja" mit dem Wert 1, „Eher Ja" mit dem Wert 2, „Eher Nein" mit dem Wert 3 und „Nein" mit dem Wert 4 gewichtet wurde.
** = Signifikanz zwischen Grund- und Hauptstudium unter 0,01; * = Signifikanz unter 0,05 (Signifikanzniveau: 5%)

Tabelle 4.1.16: Mittelwerte und Bewertungsverteilung für den Berufswunsch

Auch diese Erkenntnisse zeichnen sich in der grafischen Darstellung ab: die Mittelwerte in den Studiengängen IGP und Schulmusik verändern sich zwischen den Studienabschnitten nicht signifikant. Im Studiengang KA steigt die Unzufriedenheit im Laufe des Studiums zwar etwas an, was durch eine Verschiebung der Antworten von „Ja“ nach „Eher Ja“ erklärt werden kann, dennoch sind die KA-Studenten aber auch im Hauptstudium noch die Studentengruppe mit dem am stärksten ausgeprägten Berufswunsch.

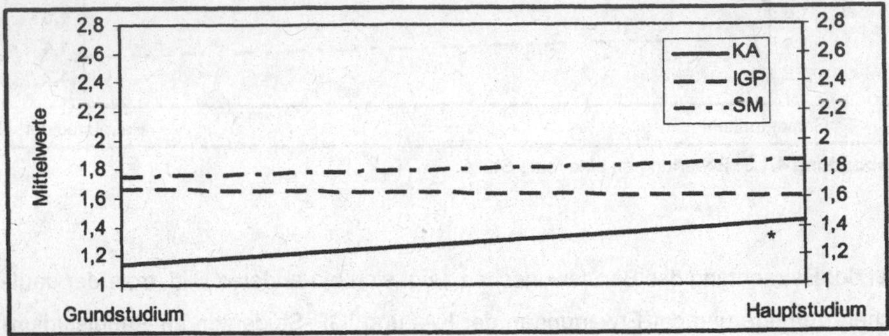

Abbildung 4.1.4: Berufswunsch der Studenten

Trotz ihres relativ schwächer ausgeprägten Berufswunsches sind die Schulmusik-Studenten im Vergleich zu den Studenten der beiden anderen Studiengänge deutlich zufriedener mit ihrer Ausbildung: sie sind über ihr gesamtes Studium hinweg eher bereit, die Hochschule weiterzuempfehlen als die Studenten der Studiengänge KA und IGP, bei denen die Werte für die Gesamtzufriedenheit im Hauptstudium extrem einbrechen: nur 8% der KA- und 7% der IGP-Studenten würden die HfMDK im Hauptstudium noch uneingeschränkt weiterempfehlen, während es im Grundstudium noch 23% bzw. 36% getan hätten.

Fach	Studienabschnitt	Empfehlung		Bewertungsverteilung			
		MW	StAbw	Ja	Eher Ja	Eher Nein	Nein
KA (**)	Grundstudium	1,94	0,684	**23%**	63%	11%	3%
	Hauptstudium	2,63	0,733	**8%**	27%	58%	6%
	Gesamt	2,33	0,785	15%	42%	39%	5%
IGP (**)	Grundstudium	1,78	0,706	**36%**	45%	18%	0%
	Hauptstudium	2,42	0,753	**7%**	53%	31%	9%
	Gesamt	2,16	0,796	19%	50%	26%	5%
SM (*)	Grundstudium	1,58	0,531	43%	55%	2%	0%
	Hauptstudium	1,86	0,743	33%	50%	14%	2%
	Gesamt	1,70	0,641	39%	53%	7%	1%

Die angegebenen Mittelwerte geben den Durchschnitt der 4er-Skala wieder, wobei „Ja“ mit dem Wert 1, „Eher Ja“ mit dem Wert 2, „Eher Nein“ mit dem Wert 3 und „Nein“ mit dem Wert 4 gewichtet wurde.
** = Signifikanz zwischen Grund- und Hauptstudium unter 0,01; * = Signifikanz unter 0,05 (Signifikanzniveau: 5%)

Tabelle 4.1.17: Mittelwerte und Bewertungsverteilung für die Hochschulempfehlung

Allerdings steigt auch bei den Schulmusik-Studenten die Unzufriedenheit im Laufe des Studiums signifikant an:

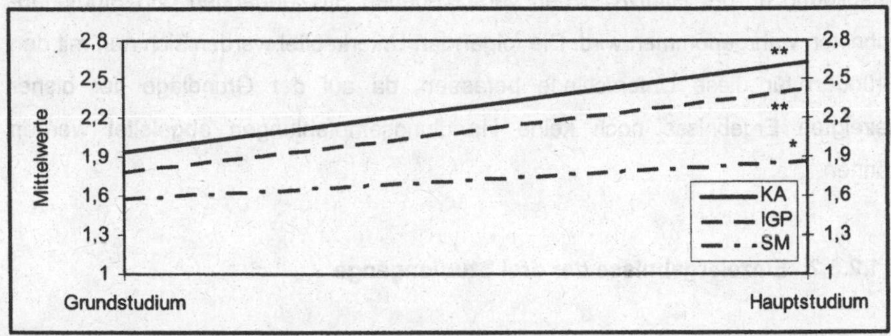

Abbildung 4.1.5: Weiterempfehlung der Hochschule

Unter Zuhilfenahme der Varianzanalyse und dem Scheffé-Posthoc-Test[245] werden die gerade beobachteten Unterschiede zwischen den Studiengängen auch statistisch belegbar. Wie die folgende Tabelle verdeutlicht, unterscheiden sich die Berufserwartungen im Schulmusik-Studium signifikant von denen im KA- und IGP-Studium, denn die Schulmusik-Studenten gehen von signifikant besseren Berufschancen nach dem Studium aus als die KA- und IGP-Studenten. Weiterhin kann hier klar gezeigt werden, dass sich die KA-Studenten deutlich stärker auf ihren Berufswunsch festlegen als die IGP- und Schulmusik-Studenten. Letztlich wird zweifelsfrei deutlich, dass die Schulmusik-Studenten viel eher bereit sind, die HfMDK weiterzuempfehlen, als die KA- und IGP-Studenten.

Scheffé Posthoc-Test		Berufserwartung	Berufswunsch	Weiterempfehlung
KA vs. IGP	MW-Differenz	0,09 [246]	-0,32	0,17
	Signifikanz (Niveau: 5%)	0,743	***0,030***	0,251
KA vs. SM	MW-Differenz	0,72	-0,49	0,63
	Signifikanz (Niveau: 5%)	***0,000***	***0,000***	***0,000***
IGP vs. SM	MW-Differenz	0,63	-0,17	0,46
	Signifikanz (Niveau: 5%)	***0,000***	0,336	***0,000***

Tabelle 4.1.18: Varianzanalyse der Gesamtzufriedenheit (Scheffé Posthoc-Test)

245 Der Scheffé-Post-Hoc-Test untersucht die einzelnen Teildimensionen der Varianzanalyse auf Unterschiedlichkeiten. Hier wurde die Unterschiedlichkeit der Studiengänge untereinander untersucht.

246 Der Wert ergibt sich aus der Differenz der „Gesamt"-Ergebnisse für KA und IGP in Tabelle 4.1.15 (d.h. 2,11 – 2,02).

Zusammenfassend kann somit bereits auf diesem stark aggregierten Untersuchungslevel festgehalten werden, wie unterschiedlich die Zufriedenheit mit der Ausbildung an der HfMDK in den verschiedenen Studiengängen und Studienabschnitten wahrgenommen wird. Die folgenden Unterkapitel werden sich nun mit den Gründen für diese Unterschiede befassen, da auf der Grundlage der bisher gezeigten Ergebnisse noch keine Handlungsempfehlungen abgeleitet werden können.

4.1.2.3.2 Einzelergebnisse der drei Studiengänge

In den folgenden Unterabschnitten werden die Ergebnisse des SERVQUAL-Ansatzes ausführlich wiedergegeben. Zunächst erfolgt eine Auswertung der relativen Bedeutungsgewichte der fünf Dimensionen untereinander, danach werden die Einzelfragen innerhalb der Dimensionen für jeden Studiengang separat untersucht. Zum Schluss erfolgt dann ein Vergleich der Studiengänge.

4.1.2.3.2.1 Relative Bedeutung der SERVQUAL- Dimensionen

Neben den zuvor beschriebenen 51 Einzelfragen wurden die Studenten um eine relative Gewichtung der fünf SERVQUAL-Dimensionen gebeten. Dabei mussten sie den Dimensionen prozentuale Bedeutungen zuweisen, die sich zu 100% addieren.

Es wurde deutlich, dass vor allem die KA-Studenten im Laufe ihres Studiums die Bedeutungen der einzelnen Dimensionen umgewichten: während die Bedeutung von Zuverlässigkeit und Einfühlungsvermögen stark ansteigt, sinkt die Bedeutung der Leistungskompetenz. Die IGP-Studenten hingegen verändern ihre Bewertungen im Laufe des Studiums nicht signifikant und die Schulmusik-Studenten senken im Hauptstudium nur die relative Bedeutung des Entgegenkommens signifikant ab, ohne dass aber eine andere Dimension dabei in signifikantem Umfang hinzugewinnt.

Fach	Dimension	Grundstudium		Hauptstudium		Differenz	ANOVA[247]	
		MW	StAbw	MW	StAbw	GS-HS[248]	F	Sig.
KA	Materielles Umfeld	19,1%	0,077	19,3%	0,107	0,2%	0,584	
	Zuverlässigkeit	18,4%	0,081	21,8%	0,128	3,4%	0,455	*
	Entgegenkommen	14,4%	0,047	13,0%	0,130	-1,4%	0,017	
	Leistungskompetenz	36,1%	0,093	27,2%	0,146	-8,9%	5,753	*
	Einfühlungsvermögen	12,1%	0,038	18,6%	0,126	6,5%	13,338	**
IGP	Materielles Umfeld	18,6%	0,082	16,0%	0,084	-2,6%	1,481	
	Zuverlässigkeit	19,8%	0,081	20,1%	0,073	0,3%	0,105	
	Entgegenkommen	16,5%	0,058	16,9%	0,091	0,4%	0,119	
	Leistungskompetenz	25,5%	0,124	28,8%	0,146	3,4%	1,387	
	Einfühlungsvermögen	19,5%	0,087	18,3%	0,085	-1,2%	0,194	
SM	Materielles Umfeld	17,9%	0,193	17,1%	0,171	-0,8%	1,989	
	Zuverlässigkeit	21,4%	0,187	20,5%	0,074	-0,9%	2,283	
	Entgegenkommen	18,5%	0,192	15,6%	0,050	-2,9%	4,739	*
	Leistungskompetenz	23,7%	0,204	28,8%	0,116	5,1%	0,025	
	Einfühlungsvermögen	18,6%	0,191	18,1%	0,061	-0,5%	1,902	

** = Signifikanter Unterschied zwischen Grund- und Hauptstudium von <0,01 (Signifikanzniveau: 5%)
* = Signifikanter Unterschied zwischen den jeweiligen Studiengängen von <0,05 (Signifikanzniveau: 5%)

Tabelle 4.1.19: Bedeutungsgewichte der SERVQUAL-Dimensionen nach Studienfach

Wie die folgende Varianzanalyse zeigt, gleichen sich die stark unterschiedlichen Bedeutungsgewichte der KA-Studenten im Hauptstudium an die Werte der Studenten der anderen beiden Studiengänge an.

	ANOVA (Grundstudium)			ANOVA (Hauptstudium)		
	KA vs. IGP	KA/SM	IGP/SM	KA/IGP	KA/SM	IGP/SM
Materielles Umfeld	0,183	0,413	0,715	5,311 *	3,545	0,499
Zuverlässigkeit	0,292	4,531 *	3,017	2,930	2,045	0,091
Entgegenkommen	1,940	5,249 *	2,754	1,440	0,465	0,713
Leistungskompetenz	17,594 **	3,626 *	1,119	0,063	0,078	0,000
Einfühlungsvermögen	18,622 **	9,471 **	0,738	0,749	0,989	0,016

Alle angegebenen Zahlen geben den F-Wert der ANOVA wider.
** = Signifikanter Unterschied zwischen den jeweiligen Studiengängen von <0,01 (Signifikanzniveau: 5%)
* = Signifikanter Unterschied zwischen den jeweiligen Studiengängen von <0,05 (Signifikanzniveau: 5%)

Tabelle 4.1.20: Varianzanalyse der Bedeutungsgewichte zwischen den Studienfächern

---

247 Hier wird die Signifikanz des Unterschiedes zwischen den Ergebnissen in Grund- und Hauptstudium überprüft.

248 Bei dieser Differenz entstehen durch die Angabe von nur einer Kommastelle Rundungsfehler. Die angegebenen Differenzwerte berücksichtigen die ungerundete Zahl.

Diese Beobachtungen lassen den Schluss zu, dass die KA-Studenten im Grundstudium deutlich leistungsorientierter und selbstsicherer studieren als ihre Kommilitonen im IGP- und Schulmusik-Studium, im Hauptstudium jedoch erkennen, dass sie auch auf die Unterstützung anderer angewiesen sind, während die IGP- und Schulmusik-Studenten diese Unterstützung schon von Beginn des Studiums an erwartet haben.

Neben der Beobachtung hinsichtlich der Erwartungsveränderungen im KA-Studium kann festgehalten werden, dass alle Studenten im Hauptstudium der ‚Leistungskompetenz' der Hochschule den mit Abstand höchsten Stellenwert beimessen, gefolgt von der ‚Zuverlässigkeit' der Ausbildung an der Hochschule. Für die restlichen drei Dimensionen unterscheiden sich die Reihenfolgen abhängig vom Studiengang, allerdings nur noch unwesentlich.

4.1.2.3.2.2 Ergebnisse im Studiengang KA

Zunächst werden für jede Dimension einzeln die zentralen Ergebnisse beschrieben, danach erfolgt eine tabellarische Darstellung der ermittelten Durchschnittswerte. Eine Zusammenfassung und Diskussion aller Ergebnisse erfolgt am Ende der Studentenuntersuchung (Unterkapitel 4.1.3). In den folgenden Tabellen wird nur die Differenz zwischen Erwartung und Wahrnehmung hinsichtlich eines bestimmten Kriteriums angegeben[249], die Einzelwerte für Erwartung und Wahrnehmung können in Anhang 5 eingesehen werden.

[249] Vgl. Unterkapitel 3.3.2.1 für den Doppelskala-Untersuchungsansatz.

Materielles Umfeld

Aus der Sicht der KA-Studenten sind in der Dimension ‚Materielles Umfeld' der Mangel an Überäumen (M3)[250] sowie die Qualität der Ausstattung (M2) klar die Hauptkritikpunkte. Hinsichtlich der Überäume gibt es bei allen Studenten (Grund- und Hauptstudium) eine gravierende Erwartungs-Wahrnehmungs-Differenz. Bei der Qualität der Ausstattung sind aber vor allem die Hauptstudium-Studenten unzufrieden.[251] Ebenso beurteilen insbesondere die Hauptstudium-Studenten die Öffnungszeiten der Hochschule als zu kurz (M5) und die Qualität des externen Kommunikationsmaterials der Hochschule (M7) wie beispielsweise Plakate oder Informationsbroschüren als nicht erwartungsgemäß.

Die Qualität der Bibliothek (M4) und des internen Kommunikationsmaterials (M6) der Hochschule bleibt hingegen bei allen Studenten nur geringfügig hinter den Erwartungen zurück, gleiches gilt für den Gebäudezustand (M1).[252]

Nr.	Kurzbeschreibung der Frage	Grundstudium		Hauptstudium		ANOVA	
		MW	StAbw	MW	StAbw	F	
M1	Gebäudezustand[253]	-0,69	1,13	-0,08	1,67	4,730	*
M2	Ausstattung (Instrumente etc.)	-2,94	1,24	-3,72	1,12	9,066	**
M3	Anzahl Überäume	-4,43	1,14	-4,81	1,16	3,167	
M4	Bibliothek	-0,89	1,23	-1,33	1,78	1,833	
M5	Öffnungszeiten	-1,03	1,12	-2,42	1,44	23,292	**
M6	Internes Kommunikationsmaterial	-1,14	1,14	-1,64	1,52	2,984	
M7	Externes Kommunikationsmaterial	-1,36	1,25	-2,68	1,56	17,099	**

** = Signifikanter Unterschied zwischen Grund- und Hauptstudium von <0,01 (Signifikanzniveau: 5%)
* = Signifikanter Unterschied zwischen Grund- und Hauptstudium von <0,05 (Signifikanzniveau: 5%)

Tabelle 4.1.21: KA-Ergebnisse – Materielles Umfeld

[250] Diese und die folgenden Abkürzungen in Klammern verweisen auf die Codierung der einzelnen Fragen.

[251] Die Begriffe „unzufrieden" und „Unzufriedenheit" sind im weiteren Verlauf der Ergebnisbeschreibung entsprechend der Definition innerhalb des SERVQUAL-Ansatzes als Synonym für eine negative Differenz zwischen Erwartung und Wahrnehmung zu verstehen. Auch Formulierungen wie beispielsweise „Die Studenten wünschen sich…" beschreiben eine negative Differenz der Studenten zwischen Erwartung und Wahrnehmung.

[252] Allerdings dürfen diese relativ guten Mittelwerte nicht darüber hinwegtäuschen, dass im Hauptstudium bei der Frage nach dem Gebäudezustand eine Standardabweichung von 1,67 vorliegt, so dass sich die Studenten offensichtlich in eine sehr zufriedene und eine sehr unzufriedene Gruppe aufteilen. Trotzdem ist eine Standardabweichung in dieser Höhe bei Studentenuntersuchungen normal, selbst die Ergebnisse von national angelegten Großuntersuchungen wie dem CHE-Hochschulranking schwanken in dieser Bandbreite. (vgl. Federkeil, *Beschäftigungsfähigkeit* (2002), S. 12).

[253] Die Mittelwerte ergeben sich aus der Differenz zwischen Erwartung und Wahrnehmung der einzelnen Fragen. Alle Einzelwerte sind in Anhang 5 einsehbar.

Zuverlässigkeit

Innerhalb der Dimension ‚Zuverlässigkeit' stellt das Prüfungswesen das Hauptproblem dar. Die Studenten halten die Prüfungsordnung für unverständlich (P1), weiterhin vermissen vor allem die Hauptstudium-Studenten in ihren Prüfungen eine ausreichende Berufsrelevanz (P2). Alle Studenten beklagen darüber hinaus nicht ausreichendes Verantwortungsbewusstsein ihrer Prüfer (P4), Mangel an Feedback nach Prüfungen (P5) sowie eine nicht optimale Anzahl an Prüfungen (P3).

Außerdem beklagen sich vor allem die Hauptstudium-Studenten über den Mangel an Möglichkeiten zur Selbstbewertung außerhalb von Prüfungen (P6) sowie über ein Defizit an Hochschulunterstützung beim Erlernen und Umsetzen von Selbstbewertungsmethoden (P7). Beim letzten Aspekt ergibt sich mit einer Differenz zwischen Erwartung und Wahrnehmung der KA-Studenten im Hauptstudium von -4,60 die höchste Erwartungs-Wahrnehmungs-Differenz in der gesamten KA-Untersuchung.[254]

Mit der Anzahl an Unterrichtsstunden sind die Studenten abhängig von den jeweiligen Fächern (Hauptinstrument, Nebeninstrument, Vorlesungen und Seminare) unterschiedlich zufrieden. So wünschen sich insbesondere die Hauptstudium-Studenten mehr Hauptfachunterricht (H1), während alle Studenten beim Nebenfach-Einzelunterricht (N1) ihre Erwartungen als nahezu erfüllt bewerten. Alle KA-Studenten wünschen sich weiterhin mehr Zeit, um ihre Nebenfachveranstaltungen nach ihrem persönlichen Interesse auswählen zu können (N14), ebenso würden sie ein größeres Kursangebot in Randgebieten des Studiums wie z.B. Kulturmanagement (N13) begrüßen. Aber auch im Hauptfachunterricht sehen sich vor allem die Hauptstudium-Studenten eingeschränkt, denn sie wünschen sich von ihren Lehrern mehr Freiraum zur freien musikalischen Entfaltung (H3).

254 Der Wert ergibt sich – wie alle Werte in den Tabellen – aus der Differenz der beiden Doppelskalen (vgl. hierzu Tabelle 3.3.7 in Unterkapitel 3.3.2.1). -6,00 der maximale Unzufriedenheitswert.

Die Qualität der Vorlesungen und Seminare in Pädagogik und Methodik (N4) bewerten alle KA-Studenten als enttäuschend, ähnliches äußern die Hauptstudium-Studenten über den Unterricht in den musiktheoretischen Fächern wie beispielsweise Tonsatz (N5). Das Kursangebot der Musikwissenschaften, z.B. Musikgeschichte und Musikästhetik (N6), entspricht hingegen sowohl im Grund- als auch im Hauptstudium eher den studentischen Erwartungen als alle anderen Vorlesungen und Seminare.

Weiterhin wird das Hochschulorchester kritisch betrachtet. Zwar wünschen sich vor allem die Grundstudium-Studenten mehr Orchesterprojekte an der Hochschule (N10), die Qualität des Hochschulorchesters bleibt jedoch bei allen Studenten deutlich hinter den Erwartungen an ein ideales Hochschulorchester zurück (N9).

Auch wird vor allem von den Studenten im Hauptstudium die Fähigkeit der Hochschule in Frage gestellt, effizient Beschlüsse zu fassen (O1). Außerdem beklagen sich alle KA-Studenten gleichermaßen über die unzuverlässige Kommunikationspolitik der Hochschule (O2).

Letztlich wünschen sich alle KA-Studenten, vor allem aber die Studenten im Hauptstudium dringend die Einführung von Lehrevaluation (N15) an der Hochschule (Erwartungs-Wahrnehmungs-Differenz von -4,22).

Nr.	Kurzbeschreibung der Frage	Grundstudium		Hauptstudium		ANOVA	
		MW	StAbw	MW	StAbw	F	
H1	Umfang an Hauptfach-Unterricht	-1,49	1,04	-2,63	1,38	18,233	**
H2	Pünktlichkeit/Regelmäßigkeit Hauptfach-Unterricht	-0,06	1,07	-0,48	1,29	2,428	
H3	Unterstützung der freien Entfaltung im Hauptfach-Unterricht	-0,74	1,75	-3,10	1,40	46,271	**
M8	Verlässlichkeit der Kommunikation	-3,29	1,27	-3,49	1,32	0,488	
N1	Umfang Nebenfach-Unterricht (Einzelunterricht)	1,85	1,82	-0,64	1,28	49,851	**
N2	Pünktlichkeit/Regelmäßigkeit Nebenfach-Unterricht (Einzelunterricht)	-1,36	0,99	-1,57	1,22	0,608	
N4	Qualität des Kursangebotes Pädagogik/ Methodik	-2,09	0,93	-2,58	1,22	3,325	
N5	Qualität des Kursangebotes Musiktheorie (Tonsatz etc.)	-0,71	1,47	-2,38	0,98	35,407	**
N6	Qualität des Kursangebotes Musik-wissenschaften	-0,36	0,90	-1,16	1,45	6,985	*
N7	Pünktlichkeit/Regelmäßigkeit Nebenfach-Unterricht (Vorlesungen/ Seminare)	-1,82	1,14	-0,91	0,78	0,745	
N9	Qualität des Hochschulorchesters	-3,39	1,31	-3,80	1,68	1,699	
N10	Umfang an Orchesterprojekten	-2,96	1,44	-1,40	1,58	19,397	**
N13	Umfang des Kursangebotes in Rand-gebieten (z.B. Kulturmanagement)	-2,43	1,41	-3,72	1,42	14,360	**
N14	Verfügbare Zeit zur Wahl von Kursen nach eigenem Interesse	-2,00	1,48	-2,90	1,37	9,719	**
N15	Evaluation von Dozenten	-3,18	1,35	-4,22	1,47	9,150	**
O1	Handlungsfähigkeit der Hochschule bei organisatorischen Beschlüssen	-1,18	2,07	-2,07	1,62	4,097	*
O2	Kommunikation der Beschlüsse	-3,94	1,39	-3,17	1,57	4,521	*
P1	Verständlichkeit der Prüfungsordnung	-3,09	1,00	-2,13	1,13	17,362	**
P2	Berufsrelevanz der Prüfungen	-1,03	1,40	-3,28	1,46	54,136	**
P3	Optimale Anzahl an Prüfungen	-2,23	1,93	-2,86	1,73	2,923	
P4	Verantwortungsbewusstsein der Prüfer	-2,70	1,31	-3,48	1,21	7,301	**
P5	Feedback nach Prüfungen	-2,15	1,20	-3,78	1,33	30,856	**
P6	Gelegenheit zur Selbstbewertung außerhalb von Prüfungen	-2,87	1,18	-4,09	1,65	13,234	**
P7	Unterstützung bei der Selbstbewertung	-3,47	1,36	-4,60	1,52	10,572	**

** = Signifikanter Unterschied zwischen Grund- und Hauptstudium von <0,01 (Signifikanzniveau: 5%)
* = Signifikanter Unterschied zwischen Grund- und Hauptstudium von <0,05 (Signifikanzniveau: 5%)

Tabelle 4.1.22: KA-Ergebnisse – Zuverlässigkeit

Entgegenkommen

Bei der Dimension ‚Entgegenkommen' sind vor allem die Studenten des Hauptstudiums unzufrieden. Sie wünschen sich dringend mehr Unterstützung seitens der Hauptfachdozenten bei der Suche nach Auftrittsgelegenheiten (H8) sowie ein erhöhtes Interesse der Hauptfachlehrer an ihren Problemen und Belangen (H9). Darüber hinaus beklagen sich die Studenten im Hauptstudium über ein aus ihrer Sicht mangelndes Entgegenkommen der Verwaltung (O5) und der Hochschulleitung (O3) bei studentischen Fragen und Problemen.

Nr.	Kurzbeschreibung der Frage	Grundstudium MW	Grundstudium StAbw	Hauptstudium MW	Hauptstudium StAbw	ANOVA F
H8	Förderung von Auftrittsgelegenheiten durch den Hauptfach-Dozent	-0,39	1,81	-3,40	1,59	67,827 **
H9	Allgemeines Interesse des Hauptfach-Dozenten am Student	-1,12	1,67	-3,10	2,04	23,688 **
O3	Entgegenkommen der Hochschulleitung bei studentischen Fragen und Problemen	-2,09	1,77	-2,48	1,70	0,863
O5	Entgegenkommen der Verwaltung bei studentischen Fragen und Problemen	0,22	2,07	-1,67	1,48	22,445 **

** = Signifikanter Unterschied zwischen Grund- und Hauptstudium von <0,01 (Signifikanzniveau: 5%)
* = Signifikanter Unterschied zwischen Grund- und Hauptstudium von <0,05 (Signifikanzniveau: 5%)

Tabelle 4.1.23: KA-Ergebnisse – Entgegenkommen

Leistungskompetenz

Keine der Dozentengruppen schafft es, die Erwartungen der KA-Studenten hinsichtlich der didaktischen und methodischen Qualifikation vollständig zu erfüllen. Allerdings sind deutliche Unterschiede zwischen den Studienabschnitten erkennbar: der Differenzwert zwischen Erwartung und Wahrnehmung ist bei den Hauptstudium-Studenten konstant über alle Dozentengruppen hinweg ungefähr doppelt so hoch wie bei den Grundstudium-Studenten. Dies bedeutet, dass die Studenten im Laufe ihres Studiums zunehmend unzufriedener mit dem Unterricht werden. Die Studenten beklagen weiterhin den nur schwach ausgeprägten Vergleich von Studienleistungen zwischen den verschiedenen Instrumental-Hauptfachklassen (H5), der vor allem den Hauptstudium-Studenten sehr wichtig ist.

Am ehesten erfüllen die Hauptfach- und Nebenfach-Instrumentaldozenten (H4 und N3) die studentischen Erwartungen, aber selbst hier existiert im Hauptstudium noch ein deutlicher Unterschied zwischen Erwartung und Wahrnehmung (-2,37 bzw. -2,64). Die Qualität der Dozenten für Vorlesungen und Seminare (N8) bleibt im Hauptstudium hingegen besonders deutlich hinter den studentischen Erwartungen zurück (-3,46).

Die Qualifikation der Hochschulleitung (Präsident und Dekane) wird von allen KA-Studenten als ähnlich ernüchternd wahrgenommen (O4), das Image der Verwaltung ist überraschenderweise deutlich besser (O6). Im Grundstudium werden die Erwartungen der Studenten an die Verwaltung im Durchschnitt sogar übertroffen.

Nr.	Kurzbeschreibung der Frage	Grundstudium		Hauptstudium		ANOVA	
		MW	StAbw	MW	StAbw	F	
H4	Methodische/didaktische Qualifikation der Hauptfach-Dozenten	-1,09	1,44	-2,37	1,30	17,993	**
H5	Vergleich zwischen Hauptfach-Klassen	-0,56	1,37	-3,28	1,48	72,223	**
N3	Methodische/didaktische Qualifikation der Nebenfach-Dozenten (Einzelunterricht)	-1,88	1,34	-2,64	1,13	7,603	**
N8	Methodische/didaktische Qualifikation der Nebenfach-Dozenten (Vorlesungen/ Seminare)	-1,97	1,03	-3,46	1,21	33,541	**
O4	Qualifikation der Hochschulleitung	-1,97	1,38	-2,50	1,17	3,205	
O6	Qualifikation der Verwaltung	0,41	1,37	-1,81	1,21	59,271	**

** = Signifikanter Unterschied zwischen Grund- und Hauptstudium von <0,01 (Signifikanzniveau: 5%)
* = Signifikanter Unterschied zwischen Grund- und Hauptstudium von <0,05 (Signifikanzniveau: 5%)

Tabelle 4.1.24: KA-Ergebnisse – Leistungskompetenz

<u>Einfühlungsvermögen</u>

In der Dimension 'Einfühlungsvermögen' zeigen sich die deutlichsten Diskrepanzen zwischen Erwartungen und Wahrnehmungen der KA-Studenten, insbesondere bei den Studenten des Hauptstudiums: Die Studenten sind mit den gedruckten Informationsunterlagen (O10), der allgemeinen Beratung (O8) und der persönlichen Beratung (O9) sehr unzufrieden und auch im Hauptfachunterricht kritisieren vor allem die Hauptstudium-Studenten, dass die Kommunikation zwischen Dozenten und Studenten nicht genügend ausgeprägt ist. Sie wünschen sich dringend ausführliche Semesterrückblicke (H6), eine klare Kommunikation zu mittelfristigen Unterrichtszielen (H7) sowie eine ehrliche Aufklärung über Berufschancen (H10).

Nr.	Kurzbeschreibung der Frage	Grundstudium		Hauptstudium		ANOVA
		MW	StAbw	MW	StAbw	F
H6	Semesterrückblicke durch den Hauptfachdozent	-0,06	1,95	-2,77	1,13	67,034 **
H7	Klare Erläuterung der Unterrichtsziele durch den Hauptfach-Dozent	-0,33	1,68	-3,23	1,60	68,922 **
H10	Kommunikation der Berufschancen durch den Hauptfach-Dozent	-1,11	1,51	-3,59	1,46	58,458 **
O8	Existenz allgemeiner Beratungsmöglichkeiten	-1,52	1,94	-4,39	1,47	58,744 **
O9	Existenz spezieller, persönlicher Beratungsmöglichkeiten	-4,16	1,05	-4,42	1,62	1,181
O10	Existenz gedruckter Informationsunterlagen	-3,80	1,15	-3,33	1,66	1,630
** = Signifikanter Unterschied zwischen Grund- und Hauptstudium von <0,01 (Signifikanzniveau: 5%)						
* = Signifikanter Unterschied zwischen Grund- und Hauptstudium von <0,05 (Signifikanzniveau: 5%)						

Tabelle 4.1.25: KA-Ergebnisse – Einfühlungsvermögen

4.1.2.3.2.3 Ergebnisse im Studiengang IGP

Materielles Umfeld

In der Dimension ‚Materielles Umfeld' stellt auch bei den IGP-Studenten die Anzahl der Überäume (M3) das zentrale Problem dar, denn bereits im Grundstudium sind die Studenten hier äußerst unzufrieden. Ebenfalls deutlich unzufrieden sind alle IGP-Studenten mit der Ausstattung der Hochschule (M2), der Bibliothek (M4) und dem externen Kommunikationsmaterial (M7). Der Zustand des Gebäudes (M1) erfüllt zwar im Mittel die Erwartungen aller IGP-Studenten, allerdings ist die Standardabweichung vor allem im Hauptstudium hier sehr hoch, so dass es viele sehr zufriedene, aber auch viele unzufriedene Studenten gibt.

Nr.	Kurzbeschreibung der Frage	Grundstudium		Hauptstudium		ANOVA
		MW	StAbw	MW	StAbw	F
M1	Gebäudezustand	-0,10	1,62	-0,78	2,09	2,359
M2	Ausstattung (Instrumente etc.)	-2,09	1,42	-2,41	1,82	0,085
M3	Anzahl Überäume	-3,22	1,74	-4,10	1,49	5,967 *
M4	Bibliothek	-2,13	1,60	-2,68	1,78	2,007
M5	Öffnungszeiten	-0,28	1,61	-1,88	1,89	15,356 **
M6	Internes Kommunikationsmaterial	-0,69	1,45	-1,45	1,69	4,301 *
M7	Externes Kommunikationsmaterial	-1,50	1,28	-1,94	1,90	1,219
** = Signifikanter Unterschied zwischen Grund- und Hauptstudium von <0,01 (Signifikanzniveau: 5%)						
* = Signifikanter Unterschied zwischen Grund- und Hauptstudium von <0,05 (Signifikanzniveau: 5%)						

Tabelle 4.1.26: IGP-Ergebnisse – Materielles Umfeld

Zuverlässigkeit

Das Prüfungswesen nimmt im Studiengang IGP – wie schon im Studiengang KA – eine zentrale Rolle bei der Erklärung der Unzufriedenheit mit der HfMDK ein. Bereits im Grundstudium sind alle Studenten äußerst unzufrieden mit den Prüfungsbedingungen und im Hauptstudium steigt diese Unzufriedenheit sogar noch deutlich an. Abgesehen von der optimalen Anzahl an Prüfungen (P3) verändern sich alle Antworten zum Themenbereich ‚Prüfungswesen' signifikant zu Ungunsten der Hochschule.

Mit der angebotenen Hauptfach-Unterrichtszeit (H1) sind die Grundstudium-Studenten weitgehend zufrieden, die Studenten im Hauptstudium wünschen sich jedoch deutlich mehr Zeit mit ihren Hauptfachlehrern. In den Nebenfächern hingegen wünschen sich alle Studenten mehr Unterricht (N1), die Studenten im Hauptstudium aber vor allem auch Kursangebote in Randgebieten des Studiums (N13). Des Weiteren wünschen sich alle IGP-Studenten mehr inhaltliche Freiheit bei der Auswahl ihrer Kurse (N14).

Der Qualität der Veranstaltungen stehen die Studenten des Hauptstudiums insgesamt kritischer gegenüber als ihre Kommilitonen im Grundstudium. Nur bei den Musikwissenschaften haben alle Studenten ein ähnlich moderates Urteil (N6), im Bereich Pädagogik/Methodik (N4) und Musiktheorie (N5) bleiben die Leistungen der Dozenten jedoch signifikant hinter den studentischen Erwartungen zurück. Weiterhin wünschen sich vor allem die Studenten im Hauptstudium mehr Raum zur freien musikalischen Entfaltung im Hauptfachunterricht (H3).

Die Kommunikation der Hochschule halten vor allem die Hauptstudium-Studenten für nicht ausreichend, dies gilt besonders für die Kommunikation von Beschlüssen der Hochschulleitung (O2). Ohnehin halten die Hauptstudium-Studenten im Gegensatz zu den Grundstudium-Studenten die Hochschule hinsichtlich organisatorischer Beschlüsse für nicht ausreichend handlungsfähig (O1).

Letztlich wünschen sich die IGP-Studenten die Evaluation von Dozentenleistungen (N15). Dies gilt vor allem für die Studenten im Hauptstudium (-4,97).

Nr.	Kurzbeschreibung der Frage	Grundstudium MW	StAbw	Hauptstudium MW	StAbw	ANOVA F	
H1	Umfang an Hauptfach-Unterricht	-0,72	1,51	-1,98	1,74	10,328	**
H2	Pünktlichkeit/Regelmäßigkeit Hauptfach-Unterricht	-1,09	1,12	-1,02	1,44	0,059	
H3	Unterstützung der freien Entfaltung im Hauptfach-Unterricht	-1,22	1,50	-2,11	1,40	7,222	**
M8	Verlässlichkeit der Kommunikation	-1,84	1,63	-2,90	1,49	8,901	**
N1	Umfang Nebenfach-Unterricht (Einzelunterricht)	-2,79	1,55	-2,08	1,56	3,612	
N2	Pünktlichkeit/Regelmäßigkeit Nebenfach-Unterricht (Einzelunterricht)	-0,86	1,60	-1,48	1,56	2,662	
N4	Qualität des Kursangebotes Pädagogik/Methodik	-2,00	1,30	-2,65	1,36	4,495	*
N5	Qualität des Kursangebotes Musiktheorie (Tonsatz etc.)	-1,53	1,50	-2,36	1,43	5,703	*
N6	Qualität des Kursangebotes Musikwissenschaften	-1,31	1,75	-1,84	1,31	2,234	
N7	Pünktlichkeit/Regelmäßigkeit Nebenfach-Unterricht (Vorlesungen/Seminare)	-1,45	1,61	-1,07	1,14	1,519	
N13	Umfang des Kursangebotes in Randgebieten (z.B. Kulturmanagement)	-2,76	1,88	-3,78	2,58	2,992	
N14	Verfügbare Zeit zur Wahl von Kursen nach eigenem Interesse	-2,10	1,76	-2,88	1,66	3,957	
N15	Evaluation von Dozenten	-2,05	1,29	-4,97	1,68	50,159	**
O1	Handlungsfähigkeit der Hochschule bei organisatorischen Beschlüssen	-0,48	2,37	-3,07	1,71	26,126	**
O2	Kommunikation der Beschlüsse	-2,46	1,64	-3,30	1,55	4,722	*
P1	Verständlichkeit der Prüfungsordnung	-1,68	1,56	-2,44	1,41	5,030	*
P2	Berufsrelevanz der Prüfungen	-1,50	1,50	-2,93	1,52	14,966	**
P3	Optimale Anzahl an Prüfungen	-1,80	1,40	-2,23	2,19	0,908	
P4	Verantwortungsbewusstsein der Prüfer	-2,09	1,27	-3,20	1,38	11,699	**
P5	Feedback nach Prüfungen	-2,07	1,49	-3,16	1,57	8,267	**
P6	Gelegenheit zur Selbstbewertung außerhalb von Prüfungen	-1,14	1,03	-2,60	1,64	18,462	**
P7	Unterstützung bei der Selbstbewertung	-1,38	1,69	-2,82	1,30	15,450	**

** = Signifikanter Unterschied zwischen Grund- und Hauptstudium von <0,01 (Signifikanzniveau: 5%)
* = Signifikanter Unterschied zwischen Grund- und Hauptstudium von <0,05 (Signifikanzniveau: 5%)

Tabelle 4.1.27: IGP-Ergebnisse – Zuverlässigkeit

<u>Entgegenkommen</u>

Wie aus der folgenden Tabelle ersichtlich wird, wünschen sich alle Studenten von ihren Hauptfachlehrern eine intensivere Förderung von Auftrittsgelegenheiten (H8) und vor allem die Studenten im Hauptstudium vermissen das Interesse der Dozenten an den Studenten selbst (H9). Ebenso erwarten die Studenten von der Hochschulleitung mehr Interesse an den studentischen Belangen (O3) und mehr Entgegenkommen der Verwaltung bei studentischen Fragen und Problemen (O5).

Nr.	Kurzbeschreibung der Frage	Grundstudium MW	Grundstudium StAbw	Hauptstudium MW	Hauptstudium StAbw	ANOVA F
H8	Förderung von Auftrittsgelegenheiten durch den Hauptfach-Dozent	-1,47	1,85	-2,51	1,94	5,479 *
H9	Allgemeines Interesse des Hauptfach-Dozenten am Student	-0,77	2,12	-2,06	1,83	8,135 **
O3	Entgegenkommen der Hochschulleitung bei studentischen Fragen und Problemen	-1,52	1,93	-2,89	1,42	11,979 **
O5	Entgegenkommen der Verwaltung bei studentischen Fragen und Problemen	-1,39	1,87	-1,85	1,32	1,689

** = Signifikanter Unterschied zwischen Grund- und Hauptstudium von <0,01 (Signifikanzniveau: 5%)
* = Signifikanter Unterschied zwischen Grund- und Hauptstudium von <0,05 (Signifikanzniveau: 5%)

Tabelle 4.1.28: IGP-Ergebnisse – Entgegenkommen

Leistungskompetenz

Die Erwartung der Studenten an die methodische und pädagogische Kompetenz ihrer Hauptfachlehrers (H4) steigt im Laufe des Studiums signifikant an, die Erwartungs-Wahrnehmungsdifferenz der Hauptstudium-Studenten ist hier doppelt so hoch wie bei den Studenten im Grundstudium. Bei den Nebenfächern (N3 und N8) verändert sie sich zwischen den Studienabschnitten jedoch nicht signifikant, was möglicherweise auch daran liegt, dass hier bereits im Grundstudium eine stärkere Unzufriedenheit erkennbar ist als beim Hauptfachunterricht. Weiterhin vermissen vor allem die Hauptstudium-Studenten die Möglichkeit, die eigene Leistung durch Vergleiche zwischen den Hauptfachklassen messen zu können (H5) und auch bei der Bewertung der Qualifikation von Hochschulleitung (O4) und Verwaltung (O6) existiert ein Unterschied zwischen beiden Studienabschnitten: während die Grundstudium-Studenten ihre Erwartungen an die Hochschulleitung zumindest teilweise erfüllt sehen, sind die Hauptstudium-Studenten unzufrieden.

Nr.	Kurzbeschreibung der Frage	Grundstudium MW	Grundstudium StAbw	Hauptstudium MW	Hauptstudium StAbw	ANOVA F
H4	Methodische/didaktische Qualifikation der Hauptfach-Dozenten	-1,19	1,33	-2,40	1,44	14,450 **
H5	Vergleich zwischen Hauptfach-Klassen	-0,71	1,68	-2,23	1,64	15,606 **
N3	Methodische/didaktische Qualifikation der Nebenfach-Dozenten (Einzelunterricht)	-1,47	1,07	-1,82	1,45	1,280
N8	Methodische/didaktische Qualifikation der Nebenfach-Dozenten (Vorlesungen/ Seminare)	-2,28	1,51	-2,15	1,40	0,169
O4	Qualifikation der Hochschulleitung	-1,23	2,08	-2,75	1,13	14,721 **
O6	Qualifikation der Verwaltung	-0,50	1,53	-1,40	1,38	7,173 **

** = Signifikanter Unterschied zwischen Grund- und Hauptstudium von <0,01 (Signifikanzniveau: 5%)
* = Signifikanter Unterschied zwischen Grund- und Hauptstudium von <0,05 (Signifikanzniveau: 5%)

Tabelle 4.1.29: IGP-Ergebnisse – Leistungskompetenz

Einfühlungsvermögen

Im Bereich des Einfühlungsvermögens sind die Unterschiede zwischen den Studienabschnitten bei allen Fragen signifikant unterschiedlich, die Studenten des Hauptstudiums sind hier stets unzufriedener als die Studenten des Grundstudiums.

Aber auch schon die Erwartungs-Wahrnehmungs-Differenzen im Grundstudium sind nicht vernachlässigbar, in allen Punkten bleibt die Wahrnehmung der Studenten erkennbar hinter den Erwartungen zurück. Dies ist vor allem bei den Fragen nach der vom Hauptfachlehrer unabhängigen Studienberatung auffällig (Fragen O8, O9 und O10).

Nr.	Kurzbeschreibung der Frage	Grundstudium MW	Grundstudium StAbw	Hauptstudium MW	Hauptstudium StAbw	ANOVA F
H6	Semesterrückblicke durch den Hauptfach-Dozent	-1,17	1,91	-2,50	1,79	9,568 **
H7	Klare Erläuterung der Unterrichtsziele durch den Hauptfach-Dozent	-1,22	1,62	-2,27	1,53	8,681 **
H10	Kommunikation der Berufschancen durch den Hauptfach-Dozent	-1,03	2,11	-2,26	1,96	6,852 *
O8	Existenz allgemeiner Beratungsmöglichkeiten	-2,54	1,27	-4,33	1,85	19,233 **
O9	Existenz spezieller, persönlicher Beratungsmöglichkeiten	-2,65	1,29	-3,95	1,77	10,551 **
O10	Existenz gedruckter Informationsunterlagen	-2,77	1,74	-3,60	1,59	4,605 *

** = Signifikanter Unterschied zwischen Grund- und Hauptstudium von <0,01 (Signifikanzniveau: 5%)
* = Signifikanter Unterschied zwischen Grund- und Hauptstudium von <0,05 (Signifikanzniveau: 5%)

Tabelle 4.1.30: IGP-Ergebnisse – Einfühlungsvermögen

4.1.2.3.2.4 Ergebnisse im Studiengang Schulmusik

Materielles Umfeld

Im materiellen Umfeld der HfMDK sehen die Schulmusik-Studenten insgesamt ihre Erwartungen besser erfüllt als die Studenten der beiden vorausgegangenen Studiengänge. Darüber hinaus gibt es hier auch keine so wesentlichen Unterschiede bei der Qualitätswahrnehmung zwischen Studenten des Grund- und des Hauptstudiums.

Die zentralen Probleme beim materiellen Umfeld sehen die Studenten der Schulmusik vor allem bei der Anzahl der Überäume (M3), der technischen Ausstattung der Hochschule (M2), aber auch bei der Qualität der Bibliothek (M4).

Nr.	Kurzbeschreibung der Frage	Grundstudium		Hauptstudium		ANOVA
		MW	StAbw	MW	StAbw	F
M1	Gebäudezustand	-0,45	1,42	-0,36	1,60	0,089
M2	Ausstattung (Instrumente etc.)	-3,00	1,52	-2,41	1,37	4,109 *
M3	Anzahl Überäume	-3,88	1,60	-3,72	1,32	0,280
M4	Bibliothek	-1,51	1,28	-1,61	1,45	0,148
M5	Öffnungszeiten	-0,76	1,38	-0,36	1,31	2,135
M6	Internes Kommunikationsmaterial	-0,96	1,67	-0,77	1,98	0,267
M7	Externes Kommunikationsmaterial	-1,22	1,80	-0,63	1,77	2,648

** = Signifikanter Unterschied zwischen Grund- und Hauptstudium von <0,01 (Signifikanzniveau: 5%)
* = Signifikanter Unterschied zwischen Grund- und Hauptstudium von <0,05 (Signifikanzniveau: 5%)

Tabelle 4.1.31: Schulmusik-Ergebnisse – Materielles Umfeld

<u>Zuverlässigkeit</u>

Hinsichtlich des Prüfungswesens sind die gleichen Tendenzen zu erkennen wie schon bei KA und IGP: sowohl der Inhalt und Ablauf von Prüfungen (P1 bis P5), als auch die nicht vorhandenen Möglichkeiten zur Selbstbewertung (P6 und P7) werden deutlich kritisiert.

Dem Umfang an Einzelunterricht (Haupt- und Nebeninstrument, d.h. H1 und N1) stehen die Studenten hingegen positiv gegenüber, insbesondere im Hauptstudium sehen die Studenten ihre Erwartungen hier weitgehend erfüllt. Allerdings sind alle Schulmusik-Studenten sehr unzufrieden mit der knappen Zeit, die ihnen zur Wahl von Fächern des eigenen Interesses zur Verfügung steht (N14) und sie beklagen sich über den Mangel an Kursangeboten in Randgebieten des Studiums (N3).

Auch bezüglich der Kursqualität in Vorlesungen und Seminaren (N4 bis N6) sehen alle Schulmusik-Studenten ihre Erwartungen als nicht erfüllt an, im Hauptstudium sind die Studenten vor allem mit den Pädagogik- und Methodikveranstaltungen sogar besonders unzufrieden. Aus diesem Grund sehen alle Schulmusikstudenten die dringende Notwendigkeit für die Lehrevaluation von Dozenten (N15): hier konnte eine Erwartungs-Wahrnehmungsdifferenz von -4,00 im Grundstudium und -4,27 im Hauptstudium ermittelt werden.

Letztlich sehen die Schulmusik-Studenten die Verlässlichkeit der Kommunikation der Hochschule (O2) als eher mäßig an. Ähnliches gilt hinsichtlich der Handlungs- und Beschlussfähigkeit der Hochschule (O1).

Nr.	Kurzbeschreibung der Frage	Grundstudium		Hauptstudium		ANOVA	
		MW	StAbw	MW	StAbw	F	
H1	Umfang an Hauptfach-Unterricht	-1,14	1,43	-0,63	1,29	3,511	
H2	Pünktlichkeit/Regelmäßigkeit Hauptfach-Unterricht	-0,95	1,25	-0,36	0,84	7,185	**
H3	Unterstützung der freien Entfaltung im Hauptfach-Unterricht	-0,81	1,36	-1,16	1,10	1,866	
M8	Verlässlichkeit der Kommunikation	-3,42	1,76	-2,86	1,37	3,039	
N1	Umfang Nebenfach-Unterricht (Einzelunterricht)	-1,07	1,61	-0,66	1,41	1,799	
N2	Pünktlichkeit/Regelmäßigkeit Nebenfach-Unterricht (Einzelunterricht)	-0,78	1,29	-1,07	1,04	1,425	
N4	Qualität des Kursangebotes Pädagogik und Methodik	-3,05	2,07	-3,95	0,95	7,031	**
N5	Qualität des Kursangebotes Musiktheorie (Tonsatz etc.)	-1,62	1,70	-2,12	1,10	2,819	
N6	Qualität des Kursangebotes Musikwissenschaften	-2,85	1,53	-2,41	1,42	2,158	
N7	Pünktlichkeit/Regelmäßigkeit Nebenfach-Unterricht (Vorlesungen und Seminare)	-1,11	1,38	-1,48	1,21	1,933	
N13	Umfang des Kursangebotes in Randgebieten (z.B. Kulturmanagement)	-3,55	2,01	-3,95	1,86	0,885	
N14	Verfügbare Zeit zur Wahl von Kursen nach eigenem Interesse	-3,99	1,73	-4,50	1,28	2,671	
N15	Evaluation von Dozenten	-4,00	1,71	-4,27	1,76	0,449	
O1	Handlungsfähigkeit der Hochschule bei organisatorischen Beschlüssen	-2,74	2,09	-1,98	1,59	3,295	
O2	Kommunikation der Beschlüsse	-2,87	1,87	-3,16	1,51	0,648	
P1	Verständlichkeit der Prüfungsordnung	-2,10	1,61	-2,00	1,46	0,091	
P2	Berufsrelevanz der Prüfungen	-2,34	1,53	-2,73	1,57	1,210	
P3	Optimale Anzahl Prüfungen	-1,60	2,23	-2,58	1,93	4,566	*
P4	Verantwortungsbewusstsein der Prüfer	-2,11	1,26	-2,67	1,18	3,479	
P5	Feedback nach Prüfungen	-1,48	1,50	-2,58	1,41	9,178	**
P6	Gelegenheit zur Selbstbewertung außerhalb von Prüfungen	-1,02	1,92	-1,40	1,77	0,907	
P7	Unterstützung bei der Selbstbewertung	-1,32	1,80	-2,61	1,58	11,559	**

** = Signifikanter Unterschied zwischen Grund- und Hauptstudium von <0,01 (Signifikanzniveau: 5%)
* = Signifikanter Unterschied zwischen Grund- und Hauptstudium von <0,05 (Signifikanzniveau: 5%)

Tabelle 4.1.32: Schulmusik-Ergebnisse – Zuverlässigkeit

Entgegenkommen

Bei der Dimension ‚Entgegenkommen' wird deutlich, wie gering die Bedeutung des Hauptfachlehrers für die Schulmusiker zu sein scheint, denn genau dieses Entgegenkommen der Hauptfachlehrer wird von den Studenten (insbesondere im Hauptstudium) kaum vermisst (H9). Ebenso legen die Schulmusik-Studenten keinen gesteigerten Wert auf die Förderung von Auftrittsgelegenheiten am Instrument (H8). Viel mehr wünschen sich die Studenten der Schulmusik statt dessen eine Verbesserung des Entgegenkommens der Hochschulleitung und der Verwaltung bei Fragen und Problemen (O3 und O5).

Nr.	Kurzbeschreibung der Frage	Grundstudium MW	Grundstudium StAbw	Hauptstudium MW	Hauptstudium StAbw	ANOVA F	
H8	Förderung von Auftrittsgelegenheiten durch den Hauptfach-Dozent	-1,41	1,96	-1,50	1,70	0,052	
H9	Allgemeines Interesse des Hauptfach-Dozenten am Student	-1,39	2,05	-0,05	1,55	12,856	**
O3	Entgegenkommen der Hochschulleitung bei studentischen Fragen und Problemen	-1,68	1,58	-2,41	1,30	5,517	*
O5	Entgegenkommen der Verwaltung bei studentischen Fragen und Problemen	-1,75	1,59	-1,25	1,24	2,560	

** = Signifikanter Unterschied zwischen Grund- und Hauptstudium von <0,01 (Signifikanzniveau: 5%)
* = Signifikanter Unterschied zwischen Grund- und Hauptstudium von <0,05 (Signifikanzniveau: 5%)

Tabelle 4.1.33: Schulmusik-Ergebnisse – Entgegenkommen

Leistungskompetenz

Was die methodische und didaktische Kompetenz der Dozenten angeht, so unterscheiden die Schulmusik-Studenten zwischen den verschiedenen Dozentengruppen wie folgt: die Hauptfachdozenten (H4) erfüllen weitgehend die Erwartungen, während die Dozenten im Nebenfach (N3) und vor allem die Dozenten in Vorlesungen und Seminaren deutlich schlechter abschneiden (N8). Die Möglichkeit, die eigene Instrumentalkompetenz durch den Vergleich mit Studenten aus anderen Hauptfachklassen zu messen, sehen die Schulmusik-Studenten als insgesamt gegeben an (H5).

Bei der Bewertung der Kompetenz von Hochschulleitung und Verwaltung ist zu beobachten, dass sich das Image der Verwaltung (O6) im Laufe des Studiums verbessert, ganz im Gegensatz zur Wahrnehmung der Qualifikation der Hochschulleitung (O4), die über das gesamte Studium hinweg relativ konstant hinter den studentischen Erwartungen zurückbleibt.

Nr.	Kurzbeschreibung der Frage	Grundstudium		Hauptstudium		ANOVA
		MW	StAbw	MW	StAbw	F
H4	Methodische/didaktische Qualifikation der Hauptfach-Dozenten	-1,30	1,36	-1,58	1,31	1,045
H5	Vergleich zwischen Hauptfach-Klassen	-1,40	1,61	-1,00	1,06	0,297
N3	Methodische/didaktische Qualifikation der Nebenfach-Dozenten (Einzelunterricht)	-1,18	1,34	-1,89	1,24	7,454 **
N8	Methodische/didaktische Qualifikation der Nebenfach-Dozenten (Vorlesungen und Seminar)	-2,64	1,52	-2,84	1,43	0,441
O4	Qualifikation der Hochschulleitung	-1,72	1,81	-1,46	1,05	0,604
O6	Qualifikation der Verwaltung	-1,47	1,55	-0,58	1,14	9,508 **
** = Signifikanter Unterschied zwischen Grund- und Hauptstudium von <0,01 (Signifikanzniveau: 5%) * = Signifikanter Unterschied zwischen Grund- und Hauptstudium von <0,05 (Signifikanzniveau: 5%)						

Tabelle 4.1.34: Schulmusik-Ergebnisse – Leistungskompetenz

Einfühlungsvermögen

Die Schulmusik-Studenten bewerten das Einfühlungsvermögen ihrer Hauptfachlehrer (H6/H7/H10) zwar als nicht optimal, allerdings fällt auf, dass die Studenten hier im Grundstudium unzufriedener sind als im Hauptstudium.

Deutlich unzufriedener als mit dem Einfühlungsvermögen ihrer Hauptfachlehrer sind die Schulmusik-Studenten statt dessen mit dem Einfühlungsvermögen der Hochschulvertreter (O8 bis O10). Auffällig ist hierbei, dass selbst die Grundstudium-Studenten hier bereits deutliche Kritik äußern.

Nr.	Kurzbeschreibung der Frage	Grundstudium		Hauptstudium		ANOVA
		MW	StAbw	MW	StAbw	F
H6	Semesterrückblicke durch den Hauptfach-Dozent	-2,23	1,97	-1,47	1,18	5,014 *
H7	Klare Erläuterung der Unterrichtsziele durch den Hauptfach-Dozent	-1,22	1,65	-1,16	1,03	0,052
H10	Kommunikation der Berufschancen durch den Hauptfach-Dozent	-1,23	1,59	-0,93	1,45	0,868
O8	Existenz allgemeiner Beratungsmöglichkeiten	-1,98	2,01	-2,33	1,76	0,762
O9	Existenz spezieller, persönlicher Beratungsmöglichkeiten	-2,27	1,90	-2,83	1,20	2,633
O10	Existenz gedruckter Informationsunterlagen	-2,63	2,06	-2,90	1,38	0,529
** = Signifikanter Unterschied zwischen Grund- und Hauptstudium von <0,01 (Signifikanzniveau: 5%) * = Signifikanter Unterschied zwischen Grund- und Hauptstudium von <0,05 (Signifikanzniveau: 5%)						

Tabelle 4.1.35: Schulmusik-Ergebnisse – Einfühlungsvermögen

4.1.2.3.2.5 Vergleich der Studiengänge miteinander

Die vorausgegangenen drei Unterkapitel haben sich mit den einzelnen Erwartungen und Wahrnehmungen der drei untersuchten Studentengruppen beschäftigt, dabei wurde aber noch nicht auf die relativen Unterschiede zwischen den Studiengängen eingegangen. Der folgende Vergleich analysiert daher nun diese Unterschiede bei den verschiedenen Studentengruppen. Dabei wurde schwerpunktmäßig auf die Ergebnisse der Hauptstudium-Studenten eingegangen, weil diese Studenten eine stabilere Vorstellung von ihrem Studium haben als ihre Kommilitonen im Grundstudium. Trotz des Fokus auf die Hauptstudium-Ergebnisse werden die Grundstudium-Ergebnisse in den folgenden Tabellen aber mit angegeben und berücksichtigt, wenn besonders bemerkenswerte Unterschiede zu den Hauptstudium-Ergebnissen auffallen.

<u>Materielles Umfeld</u>

Der Gebäudezustand (M1) wie auch die interne Kommunikation der HfMDK (M6) werden von allen Studentengruppen in etwa gleich gut bewertet. Die Qualitätswahrnehmung der Ausstattung der Hochschule (M2) ist bei den KA-Studenten hingegen besonders schlecht, ebenso wie die Wahrnehmung über die Zahl der Überäume (M3), die Öffnungszeiten (M5) und die externe Kommunikation (M7). Die IGP-Studenten hingegen sind – relativ zu ihren Kommilitonen – besonders enttäuscht von der Qualität der Bibliothek (M4).

Beim Vergleich der Werte mit denen des Grundstudiums fällt auf, dass die Qualitätswahrnehmungen der Schulmusik- und der KA-/IGP-Studenten auseinanderklaffen: den Schulmusik-Studenten im Hauptstudium sind die Aspekte Ausstattung, Öffnungszeiten und externe Kommunikation relativ gesehen deutlich unwichtiger als noch im Grundstudium.

		Differenzen (Grundstudium)			Differenzen (Hauptstudium)		
		KA/IGP	KA/SM	IGP/SM	KA/IGP	KA/SM	IGP/SM
M1	Gebäudezustand	-0,59 [255]	-0,23	0,36	0,69 *	0,28	-0,41
M2	Ausstattung	-0,85 *	0,06	0,91 **	-1,31	-1,31 **	0,00
M3	Anzahl Überäume	-1,21 **	-0,55	0,66	-0,71 **	-1,09 **	-0,38
M4	Bibliothek	1,24 **	0,62 *	-0,62	1,35 **	0,28	-1,07 **
M5	Öffnungszeiten	-0,75 *	-0,27	0,48	-0,54	-2,05 **	-1,51 **
M6	Internes Kommunikationsmaterial	-0,46	-0,18	0,28	-0,19	-0,87 *	-0,67
M7	Externes Kommunikationsmaterial	0,14	-0,13	-0,28	-0,74 *	-2,05 **	-1,31 **
** = Signifikanter Unterschied zwischen den jeweiligen Studiengängen von <0,01 (Signifikanzniveau: 5%)							
* = Signifikanter Unterschied zwischen den jeweiligen Studiengängen von <0,05 (Signifikanzniveau: 5%)							

Tabelle 4.1.36: Vergleich der Studiengänge - Materielles Umfeld

<u>Zuverlässigkeit</u>

Im Hauptstudium sind die KA-Studenten mit dem Umfang an angebotenem Hauptfachunterricht (H1) am unzufriedensten, gefolgt von den IGP-Studenten. Beim Nebenfach-Einzelunterricht (N1) sind hingegen vor allem die IGP-Studenten unzufrieden, während bei den KA- und Schulmusik-Studenten hier ähnliche Wahrnehmungen festzustellen sind.

Hinsichtlich der frei verfügbaren Zeit zur Wahl von Veranstaltungen (N14), sind die Schulmusik-Studenten am unzufriedensten, während hier die KA- und IGP-Studenten relativ zufrieden sind. Gleiches gilt für die Qualität des Unterrichts für Pädagogik und Methodik (N4) sowie Musikwissenschaften (N6). Die Qualität des Musiktheorie-Unterrichts bewerten jedoch alle Studenten etwa gleich (N5).

[255] Dieser Wert ergibt ergibt sich aus der Differenz der Einzelwerte für M1 im Grundstudium bei den Studiengängen KA und IGP. In diesem Fall errechnet sich der Wert also durch -0,69 – (-0,10) = -0,59 (vgl. Tabelle 4.1.21 für den ersten und Tabelle 4.1.26 für den zweiten Wert). Ein negatives Vorzeichen bei dieser Differenz deutet auf eine höhere Unzufriedenheit bei den KA-Studenten hin, eine positive Differenz auf eine größere Unzufriedenheit bei den IGP-Studenten. Alle anderen Werte dieser und der folgenden Tabellen lesen sich auf die gleiche Art. (Die zu den Signifikanzangaben gehörigen F-Werte wurden im Interesse der Lesbarkeit hier nicht dargestellt und finden sich statt dessen in Anhang 5).

Vor allem die KA-Studenten beklagen im Hauptstudium einen Mangel an Entfaltungsmöglichkeiten im Hauptfach-Unterricht (H3), gefolgt von den IGP-Studenten. Bemerkenswert an diesem Ergebnis ist, dass im Grundstudium alle Studentengruppen diesen Ausbildungsaspekt noch ähnlich gut eingeschätzt hatten und die signifikante Änderung erst im Hauptstudium eintritt.

Bei der Handlungsfähigkeit der Hochschule, organisatorische Beschlüsse durchzusetzen, sind im Hauptstudium vor allem die IGP-Studenten kritisch, im Grundstudium waren sie jedoch noch die Gruppe, die am wenigsten an der Handlungsfähigkeit der Hochschule auszusetzen hatte (O1). Die Kommunikation der Hochschul-Beschlüsse wird von allen Studenten ähnlich schwach bewertet (O2), ebenso wie die Verlässlichkeit der allgemeinen Kommunikation der Hochschule (M8).

Im Bereich des Prüfungswesens sind die KA-Studenten am unzufriedensten, gefolgt von den IGP-Studenten; dies gilt insbesondere für die Unterstützung bei der Selbstbewertung (P6 und P7). Die Schulmusik-Studenten sind hier relativ betrachtet deutlich zufriedener, allerdings sind sie trotzdem – absolut betrachtet – noch äußerst unzufrieden. Alle Studenten wünschen sich letztlich ähnlich dringend die Einführung eines Lehrevaluationsverfahrens an der Hochschule (N15).

		Differenzen (Grundstudium)			Differenzen (Hauptstudium)		
		KA/IGP	KA/SM	IGP/SM	KA/IGP	KA/SM	IGP/SM
H1	Umfang an Hauptfach-Unterricht	-0,76 *	-0,35	0,42	-0,65 *	-2,01 **	-1,35 **
H2	Pünktlichkeit/Regelmäßigkeit Hauptfach-Unterricht	1,03 **	0,89 **	-0,15	0,54	-0,12	-0,66 **
H3	Unterstützung der freien Entfaltung im Hauptfach-Unterricht	0,48	0,08	-0,41	-1,00 **	-1,95 **	-0,95 **
M8	Verlässlichkeit der Kommunikation	-1,46 **	0,13	1,58 **	-0,59 *	-0,63 *	-0,03
N1	Umfang Nebenfach-Unterricht (Einzelunterricht)	4,63 **	2,92 **	-1,72 **	1,44 **	0,02	-1,42 **
N2	Pünktlichkeit/Regelmäßigkeit Nebenfach-Unterricht (Einzelunterricht)	-0,50	-0,58 *	-0,08	-0,09	-0,50 *	-0,41
N4	Qualität des Kursangebotes Pädagogik/Methodik	-0,09	0,96 *	1,05 *	0,07	1,38 **	1,31 **
N5	Qualität des Kursangebotes Musiktheorie (Tonsatz etc.)	0,82 *	0,90 *	0,08	-0,02	-0,26	-0,24
N6	Qualität des Kursangebotes Musikwissenschaften	0,95 **	2,49 **	1,54 **	0,69 *	1,25 **	0,56
N7	Pünktlichkeit/Regelmäßigkeit Nebenfach-Unterricht (Vorlesungen/Seminare)	-0,37	-0,71 *	-0,34	0,15	0,57	0,41
N9	Qualität des Hochschulorchesters	N/A	N/A	N/A	N/A	N/A	N/A
N10	Umfang an Orchesterprojekten	N/A [256]	N/A	N/A	N/A	N/A	N/A
N13	Umfang des Kursangebotes in Randgebieten (z.B. Kulturmanagement)	0,33	1,12 *	0,79	0,05	0,23	0,17
N14	Verfügbare Zeit zur Wahl von Kursen nach eigenem Interesse	0,10	1,99 **	1,89 **	-0,03	1,60 **	1,63 **
N15	Evaluation von Dozenten	-1,14 **	0,82 *	1,95 **	0,75 *	0,05	-0,71
O1	Handlungsfähigkeit der Hochschule bei organisatorischen Beschlüssen	-0,70	1,56 **	2,26 **	1,00 **	-0,09	-1,09 **
O2	Kommunikation der Beschlüsse	-1,48 **	-1,07 **	0,41	0,13	-0,01	-0,14
P1	Verständlichkeit der Prüfungsordnung	-1,41 **	-0,99 **	0,42	0,31	-0,13	-0,44
P2	Berufsrelevanz der Prüfungen	0,47	1,31 **	0,84 *	-0,35	-0,54	-0,20
P3	Optimale Anzahl Prüfungen	-0,43	-0,62	-0,20	-0,63	-0,28	0,35
P4	Verantwortungsbewusstsein der Prüfer	-0,61	-0,59	0,02	-0,28	-0,81 **	-0,53
P5	Feedback nach Prüfungen	-0,08	-0,67	-0,59	-0,61	-1,20 **	-0,59
P6	Gelegenheit zur Selbstbewertung außerhalb von Prüfungen	-1,73 **	-1,84 **	-0,11	-1,49 **	-2,68 **	-1,19 **
P7	Unterstützung bei der Selbstbewertung	-2,09 **	-2,15 **	-0,06	-1,78 **	-1,99 **	-0,21

** = Signifikanter Unterschied zwischen den jeweiligen Studiengängen von <0,01 (Signifikanzniveau: 5%)
* = Signifikanter Unterschied zwischen den jeweiligen Studiengängen von <0,05 (Signifikanzniveau: 5%)

Tabelle 4.1.37: Vergleich der Studiengänge - Zuverlässigkeit

[256] Da die Erwartungs-Wahrnehmungs-Differenz nur für den Studiengang KA errechnet werden konnte (vgl. Unterkapitel 4.1.1.3), ist eine Berechnung hier und bei Frage N9 nicht möglich.

Entgegenkommen

Während sich im Grundstudium insbesondere die IGP- und Schulmusik-Studenten mehr Förderung von Auftrittsgelegenheiten durch den Hauptfachlehrer wünschen, sind diesbezüglich im Hauptstudium ganz besonders die KA-Studenten unzufrieden (H8). Ähnlich ist es mit dem Wunsch nach mehr allgemeinem Interesse des Hauptfachlehrers am Studenten: während die Erwartungs-Wahrnehmungs-Differenz aller Studenten im Grundstudium ähnlich ist, sind die KA-Studenten im Hauptstudium hier ganz besonders unzufrieden (H9).

Mit dem Entgegenkommen der Hochschulleitung bei studentischen Fragen und Problemen (O3) sind die Studenten aller Fachbereiche und Studienabschnitte in etwa gleich unzufrieden, dasselbe gilt für das Entgegenkommen der Verwaltung (O5). Im Grundstudium wünschen sich die KA-Studenten im Gegensatz zu den IGP- und Schulmusik-Studenten jedoch deutlich mehr Entgegenkommen von der Verwaltung. Im Hauptstudium gleicht sich diese Erwartungshaltung zwischen den Studentengruppen dann weitgehend aneinander an.

		Differenzen (Grundstudium)			Differenzen (Hauptstudium)		
		KA/IGP	KA/SM	IGP/SM	KA/IGP	KA/SM	IGP/SM
H8	Förderung von Auftrittsgelegenheiten durch den Hauptfach-Dozent	1,08 *	1,03 *	-0,05	-0,89 *	-1,90 **	-1,01 *
H9	Allgemeines Interesse des Hauptfach-Dozenten am Student	-0,34	0,27	0,61	-1,04 **	-3,06 **	-2,02 **
O3	Entgegenkommen der Hochschulleitung bei studentischen Fragen und Problemen	-0,58	-0,41	0,17	0,41	-0,07	-0,48
O5	Entgegenkommen der Verwaltung bei studentischen Fragen und Problemen	1,61 **	1,97 **	0,36	0,19	-0,42	-0,60 *

** = Signifikanter Unterschied zwischen den jeweiligen Studiengängen von <0,01 (Signifikanzniveau: 5%)
* = Signifikanter Unterschied zwischen den jeweiligen Studiengängen von <0,05 (Signifikanzniveau: 5%)

Tabelle 4.1.38: Vergleich der Studiengänge - Entgegenkommen

Leistungskompetenz

Beim Vergleich der Erwartungen an die Leistungskompetenz fällt auf, dass der Wunsch nach methodischer und didaktischer Qualifikation der Dozenten (H4, N3, N8) im Grundstudium von allen Studentengruppen ähnlich bewertet wird.

Im Hauptstudium verschieben sich die relativen Wahrnehmungen jedoch: während den Schulmusik-Studenten in diesem Studienabschnitt die Qualität des Hauptfach-Unterrichts nicht mehr so wichtig ist, entwickeln vor allem die KA-Studenten im Hauptstudium einen vollkommen neuen, gesteigerten Anspruch an die methodische und didaktische Qualität ihrer Lehrer. Dies gilt sowohl für den Hauptfach- als auch für den Nebenfachunterricht und die Vorlesungen/Seminare. Ebenfalls sinkt auch das relative Interesse der Schulmusik-Studenten am Leistungsvergleich zwischen Instrumentalklassen (H5) und an der Qualifikation von Hochschulleitung (O4) und Verwaltung (O6), während hier wieder vor allem die KA-Studenten signifikant zulegen.

		Differenzen (Grundstudium)			Differenzen (Hauptstudium)		
		KA/IGP	KA/SM	IGP/SM	KA/IGP	KA/SM	IGP/SM
H4	Methodische/didaktische Qualifikation der Hauptfach-Dozenten	0,10	0,21	0,12	0,04	-0,79 **	-0,82 **
N3	Methodische/didaktische Qualifikation der Nebenfach-Dozenten (Einzelunterricht)	-0,41	-0,70 *	-0,29	-0,82 **	-0,75 **	0,07
N8	Methodische/didaktische Qualifikation der Nebenfach-Dozenten (Vorlesung/Seminar)	0,31	0,67 *	0,36	-1,31 **	-0,62 *	0,70 *
H5	Vergleich zwischen Hauptfach-Klassen	0,15	0,84 *	0,69	-1,05 **	-2,28 **	-1,23
O4	Qualifikation der Hochschulleitung	-0,74	-0,24	0,49	0,25	-1,04 **	-1,29 **
O6	Qualifikation der Verwaltung	0,91 *	1,88 **	0,97 **	-0,41	-1,23 **	-0,81 **

** = Signifikanter Unterschied zwischen den jeweiligen Studiengängen von <0,01 (Signifikanzniveau: 5%)
* = Signifikanter Unterschied zwischen den jeweiligen Studiengängen von <0,05 (Signifikanzniveau: 5%)

Tabelle 4.1.39: Vergleich der Studiengänge - Leistungskompetenz

Einfühlungsvermögen

Beim Vergleich der Differenzen im Bereich des Einfühlungsvermögens fällt ganz besonders die Wahrnehmungsveränderung der KA- und IGP-Studenten im Laufe des Studiums auf: so vermissen die Studenten im Grundstudium kaum das Angebot von Semesterrückblicken (H6), Erklärungen der Unterrichtsziele (H7) oder die Kommunikation von Berufschancen (H10) durch ihren Hauptfachdozenten, ebenso vermissen sie relativ zu den Schulmusikern kaum die allgemeinen Beratungsmöglichkeiten (O8). Im Hauptstudium verändern sich diese Wahrnehmungen jedoch alle signifikant, hier fordern vor allem die KA- und IGP-Studenten diese Angebote, während die Schulmusik-Studenten zufriedener sind.

Mit der Verfügbarkeit allgemeiner wie auch spezieller, persönlicher Beratungsmöglichkeiten (O9) sind im Hauptstudium insbesondere die KA- und IGP-Studenten unzufrieden, das Angebot an gedruckten Informationsunterlagen (O10) betrachten hingegen alle Studenten als nur mäßig. Im KA-Grundstudium werden allgemeine Beratungsleistungen hingegen kaum vermisst.

		Differenzen (Grundstudium)			Differenzen (Hauptstudium)		
		KA/IGP	KA/SM	IGP/SM	KA/IGP	KA/SM	IGP/SM
H6	Semesterrückblicke durch Hauptfach-Dozent	1,11 *	2,17 **	1,06 *	-0,27	-1,31 **	-1,03 **
H7	Klare Erläuterung der Unterrichtsziele durch den Hauptfach-Dozent	0,89 *	0,90 *	0,01	-0,96 **	-2,07 **	-1,11 **
H10	Kommunikation der Berufschancen durch den Hauptfach-Dozent	-0,08	0,11	0,20	-1,34 **	-2,66 **	-1,33 **
O8	Existenz allgemeiner Beratungsmöglichkeiten	1,02 *	0,46	-0,56	-0,06	-2,06 **	-2,00 **
O9	Existenz spezieller, persönlicher Beratungsmöglichkeiten	-1,50 **	-1,89 **	-0,39	-0,47	-1,59 **	-1,12 **
O10	Existenz gedruckter Informationsunterlagen	-1,04 **	-1,18 **	-0,14	0,27	-0,42	-0,70 *

** = Signifikanter Unterschied zwischen den jeweiligen Studiengängen von <0,01 (Signifikanzniveau: 5%)
* = Signifikanter Unterschied zwischen den jeweiligen Studiengängen von <0,05 (Signifikanzniveau: 5%)

Tabelle 4.1.40: Vergleich der Studiengänge - Einfühlungsvermögen

4.1.3 Zusammenfassung und Diskussion der Ergebnisse

Sowohl bei der Untersuchung der Gesamtzufriedenheit als auch bei der Untersuchung der Erwartungs-Wahrnehmungs-Differenzen fällt auf, dass die Schulmusik-Studenten deutlich zufriedener mit ihrem Studium sind als die KA- und IGP-Studenten; sie äußern zwar teilweise ebenfalls deutliche Kritik an der Ausbildung der HfMDK, dennoch ist diese Kritik nicht so extrem ausgeprägt wie bei den anderen beiden Studiengängen. Weiterhin fällt auf, dass die Ergebnisse der Schulmusik-Studenten insgesamt keine so ausgeprägten Wahrnehmungsänderungen zwischen Grund- und Hauptstudium erkennen lassen wie die Ergebnisse der KA- und IGP-Studenten.

Dies lässt darauf schließen, dass die Schulmusik-Studenten offensichtlich im Grundstudium bereits relativ klare Vorstellungen von ihrem Studiengang haben, während vor allem die KA-, aber auch die IGP-Studenten ihre Studienerwartungen im Laufe des Studiums grundlegend verändern. Besonders deutlich ist dies bei der Untersuchung der Bedeutungsgewichte für die einzelnen SERVQUAL-Dimensionen (vgl. Unterkapitel 4.1.2.3.2.1) zu erkennen, denn hier korregieren die KA-Studenten ihre Erwartungen im Laufe des Studiums vom klaren Leistungsfokus weg und hin zu Einfühlungsvermögen und Zuverlässigkeit der Ausbildung. Mit dieser Entwicklung nähern sie sich im Hauptstudium den Erwartungen der IGP- und Schulmusik-Studenten an.

Ein Grund für die relativ hohe Zufriedenheit der Schulmusik-Studenten könnte – den qualitativen Untersuchungsergebnissen folgend – die hohe Berufssicherheit dieser Studentengruppe im Bundesland Hessen sein. Während die Schulmusiker zum Zeitpunkt der Untersuchung einem äußerst arbeitnehmerfreundlichen Markt entgegensahen, waren die KA- und IGP-Studenten mit einem völlig gesättigtem Arbeitsmarkt konfrontiert (vgl. Unterkapitel 2.3). Die hohe Stabilität der Schulmusik-Ergebnisse über die Studienabschnitte hinweg könnte aber auch damit begründet werden, dass Schulmusik-Studenten sich oft mit musikalisch geringeren Erwartungen in den Studiengang einschreiben als die KA- und IGP-Studenten. (Es ist an der HfMDK keine Seltenheit, dass sich Bewerber zunächst für das Probespiel im Bereich KA oder IGP anmelden und erst bei Nichtbestehen des Probespiels an der Aufnahmeprüfung für Schulmusik teilnehmen.)

Umgekehrt betrachtet wäre eine mögliche Begründung für die hohe Instabilität der KA- und IGP-Ergebnisse über das Studium hinweg, dass diese Studenten deutlich begeisterter und dafür weniger rational an ihr Studium herantreten; auch diese These lässt sich mit den Ergebnissen der qualitativen Untersuchung stützen. Vor allem die KA-Studenten hatten weiterhin häufig bereits vor dem Beginn des Studiums Kontakt mit musikalischer Begabtenförderung (z.B. „Jugend Musiziert" oder Bundesjugendorchester) oder wurden von Freunden, Bekannten oder Lehrern als hochbegabt gelobt, was ihre Selbstwahrnehmung zu Studiumsbeginn möglicherweise zu positiv werden ließ. Aber auch die IGP-Studenten haben ihr Studium meistens mit hohen Erwartungen, nämlich einer festen Stelle an einer anerkannten Musikschule mit guten Schülern, begonnen und müssen im Laufe der Ausbildung erkennen, dass sie weder gut für dieses Berufsziel vorbereitet werden, noch dass ein ausreichend großer Arbeitsmarkt für sie vorhanden ist.

Trotz der unterschiedlich ausgeprägten Zufriedenheiten in den drei Studiengängen lassen sich aber sowohl in der qualitativen als auch in der quantitativen Untersuchung verschiedene Aspekte des Studiums identifizieren, die bei allen Studenten zu einer sehr deutlichen Unzufriedenheit führen.[257] Vor allem anderen ist hier das Prüfungswesen zu nennen: viele Studenten betrachten die Prüfungsordnung weder als verständlich noch als berufsorientiert gestaltet. Darüber hinaus beklagen sich alle Studenten über ein mangelndes Verantwortungsbewusstsein der Prüfer und den Umfang des Feedbacks nach den Prüfungen.

Weiterhin sind alle Studentengruppen sowohl inhaltlich als auch hinsichtlich der Aufbereitung des Kursmaterials für Vorlesungen und Seminare unzufrieden und erachten das Veranstaltungsangebot der Hochschule als nicht umfassend genug. Die Studenten wünschen sich insbesondere mehr freiwillige Veranstaltungsangebote aus Randgebieten des Musikstudiums, beispielsweise Kulturmanagement.[258] Wohl aufgrund dieser Schwachstellen in der Ausbildung sehen die Studenten aller Studiengänge außerdem eine dringende Notwendigkeit zur Einführung von Lehrevaluation.

Darüber hinaus sind die Studenten aller Studiengänge offensichtlich über die Qualität der internen Kommunikation der Hochschule sowie über die angebotene Studienberatung enttäuscht: die Studenten halten die interne Kommunikation für unzuverlässig und erwarten deutlich mehr Informationsunterlagen sowie andere

---

[257] Die Ausbildungskritik der Studenten unterscheidet sich in der qualitativen und der quantitativen Untersuchung grundsätzlich nur kaum. Aufgrund der Befragungsart erscheinen die qualitativen Ergebnisse allerdings positiver, weil hier die befragten Studenten gleich ihre Verbesserungsvorschläge vorbringen können, während sie in der quantitativen Untersuchung nur den ,Ist-Zustand' auf einer Skala bewerten.

[258] Der qualitativen Untersuchung folgend werden *Pflicht*veranstaltungen in Randgebieten des Studiums von den Studenten allerdings klar abgelehnt (vgl. Unterkapitel 4.1.1.4.1).

allgemeine Beratungsmöglichkeiten. Aber auch die Möglichkeit, eine spezielle, persönliche Beratung zu erhalten, wird an der Hochschule vermisst.

Neben den für alle Studiengänge identifizierten Faktoren für die Unzufriedenheit gibt es weiterhin Bereiche, in denen sich die Erwartungen in den Studiengängen unterschiedlich darstellen. So vermissen vor allem die Hauptstudium-Studenten der Studiengänge KA und IGP eine bessere methodische und didaktische Ausbildung ihrer Hauptfachlehrer, während die Schulmusik-Studenten hier relativ zufrieden sind. Weiterhin sind die KA- und IGP-Studenten enttäuscht von der Erfüllung verschiedener Beratungsaufgaben ihrer Hauptfachlehrer; sie wünschen sich von ihren Dozenten vor allem erheblich mehr ehrliche Einschätzungen ihrer Leistungen und Berufschancen, Unterstützung bei der Selbstbewertung, Semesterrückblicke, mittelfristige Planungen und ein größeres allgemeines Interesse an studentischen Problemen. Insbesondere die KA-Studenten erwarten weiterhin mehr Förderung von Auftrittsgelegenheiten und den Vergleich zwischen Hauptfachklassen. Die Schulmusik-Studenten schätzen die Bedeutung des Hauptfachlehrers hingegen als nicht besonders relevant ein und haben hier auch keine hohen Erwartungen.

Die Studenten der Studiengänge KA und IGP wünschen sich letztlich deutlich mehr externe Kommunikation der Hochschule als die Schulmusiker und vermissen auch eher eine ausreichende Anzahl an Überäumen als ihre Schulmusik-Kommilitonen. Die Schulmusiker hingegen legen sehr viel Wert auf die Qualität des Nebenfachunterrichts sowie die Möglichkeiten, sich das Studium flexibel nach eigenen Interessen einzurichten und auch die Randgebiete des Studiums mit ausreichend vielen Veranstaltungsangeboten abzudecken.

Fast alle dieser genannten Unterschiede zwischen Schulmusik-Studenten und KA- bzw. IGP-Studenten lassen sich auch mit den späteren beruflichen Aufgaben der Studenten erklären: während sich die KA- und IGP-Studenten im Studium auf die spätere Anwendung bzw. Vermittlung von technischen und musikalischen Fähigkeiten vorbereiten, stellen sich die Schulmusik-Studenten auf die Vermittlung relativ elementarer musikalischer Konzepte vor einer Gruppe teilweise desinteressierter Jugendlicher ein. Die souveräne Beherrschung eines Instruments ist somit für die

Durchführung des Unterrichts zweitrangig, während Kompetenz in Methodik und Pädagogik, eine musikalische Allgemeinbildung und das Belegen von Kursen in Randgebieten des Studiums von zentraler Bedeutung ist.[259]

Im Kontext mit anderen Studentenzufriedenheits-Untersuchungen an Musikhochschulen betrachtet fällt bei den hier erhobenen Ergebnissen auf, dass sie insgesamt deutlich negativer ausfallen als die meisten bisher durchgeführten Studenten-Befragungen (vgl. Unterkapitel 3.2.1). Hierfür gibt es verschiedene Gründe:

- Zunächst ist dies die erste Musikhochschul-Untersuchung, die zwischen den Studienabschnitten der Studenten unterscheidet. Dies führt zwangsläufig dazu, dass der bisher stets vorhandene Mischeffekt zwischen Grund- und Hauptstudium-Antworten beseitigt wird. Es ist daher davon auszugehen, dass die Studenten im Hauptstudium auch schon in vorausgegangenen Untersuchungen deutlich schlechtere Noten vergeben haben als die Studenten im Grundstudium, dass diese Unterschiede bisher jedoch nicht aufgezeigt werden konnten.

- Weiterhin wurden in dieser Untersuchung die einzelnen Fragen an die Studenten mit aufwendigen qualitativen Methoden entwickelt, so dass die Schwächen der Ausbildung an der HfMDK punktgenau angesprochen werden konnten. (Dies begründet auch die hohe Ähnlichkeit der hier vorliegenden qualitativen und quantiativen Ergebnisse.)

- Darüber hinaus haben sich die Studenten bei dieser Untersuchung wahrscheinlich mehr Zeit und Ruhe für die Beantwortung der Fragen genommen als in anderen Untersuchungen, weil ein großer Anteil der Teilnehmer den Fragebogen während einer Vorlesung ausgefüllt hat (vgl. Unterkapitel 4.1.2.1).

---

[259] Hier sei noch einmal erwähnt, dass auch die Schulmusik-Studenten den Instrumentalunterricht als ihren „Hauptfach-Unterricht“ betrachten, obwohl sie sich bewusst sind, dass er für ihr Berufsbild nur eine zweitrangige Bedeutung hat (vgl. Unterkapitel 4.1.1.4.3).

Die hier vorliegenden Ergebnisse sind überraschenderweise eher denen von bisherigen Untersuchungen an Universitäten ähnlich als denen von Musikhochschulen. So beschreibt beispielsweise Voegelin[260], dass an den deutschen Universitäten aufgrund der aktuellen Umstände vermehrt „Maßnahmen wie Einführungsveranstaltungen, Verbesserung des Studien- und Beratungsangebotes [... und] Verbesserung der Lesbarkeit von Prüfungsordnungen" eingeführt werden müssen. Wie zuvor in Unterkapitel 2.2.3 beschrieben, sind die Vertreter der deutschen Musikhochschulen jedoch der Überzeugung, dass Musikhochschulen hinsichtlich der Betreuung und Beratung ihrer Studenten überhaupt nicht mit Universitäten vergleichbar sind. Offensichtlich existieren hier somit Fehlwahrnehmungen seitens der Musikhochschulvertreter. Auf diese Fehlwahrnehmungen wird im Folgenden näher eingegangen.

4.2 Hochschulperspektive (Dozenten/Entscheidungsträger)

Als Hochschulperspektive gelten in dieser Arbeit die Wahrnehmungen der Dozenten und der Entscheidungsträger der Hochschule. In Unterkapitel 4.2.1 wird der methodische Ansatz zur Untersuchung dieser Personengruppen näher dargestellt und auf seine Güte geprüft, in Unterkapitel 4.2.2 erfolgen dann die detaillierten Untersuchungsergebnisse und in Unterkapitel 4.2.3 die Zusammenfassung der Ergebnisse.

4.2.1 Forschungsdesign und Bewertung der Datenbasis

In 4.2.1.1 wird die Methodik der Dozentenuntersuchung beschrieben, in Unterkapitel 4.2.1.2 erfolgt dann die methodische Beschreibung der Entscheidungsträgeruntersuchung.

---

260 Voegelin, *Qualitätsverbesserung* (2001), S. 35.

4.2.1.1 Dozenten

Design des Fragebogens

Die Dozentenfragebögen (vgl. Anhang 3) setzen sich gemäß der Vorgaben des Gap-Modells aus einer Vielzahl von Einzeluntersuchungen zusammen. Zunächst wurden allgemeine Informationen (unterrichtetes Fach, Art des Vertragsverhältnisses etc.) über die Dozenten erhoben, danach waren die Dozenten aufgefordert, Angaben über ihre Arbeitsbedingungen zu machen. Diese Angaben erfolgten – ähnlich dem Studentenfragebogen – zunächst in einem hohen Detaillevel, danach folgten drei zusammenfassende Fragen.

Für die Detailuntersuchung der Arbeitsbedingungen wurden 31 Einzelfragen zu den möglichen Ursachen der Qualitätslücke 3 (Einhaltung von Studiennormen durch die Dozenten) und der Qualitätslücke 4 (Kommunikation) gestellt. Dabei wurden die von Parasuraman, Zeithaml und Berry vorgeschlagenen Fragen grundsätzlich übernommen, da sie auch für Musikhochschulen zulässig erschienen. Nach Rücksprache mit ausgewählten Dozenten, Mitgliedern der Hochschulleitung und Angehörigen der Verwaltung wurden allerdings sieben Fragen gestrichen und zehn Fragen hinzugefügt, da sie für das Musikhochschulumfeld als nicht anwendbar bzw. als sinnvolle Ergänzung angesehen wurden. Bei allen anderen Fragen wurde der Wortlaut an die Besonderheiten der HfMDK angepasst, inhaltlich jedoch nichts verändert.

Die beiden folgenden Tabellen geben die den Dozenten gestellten Detailfragen für die Qualitätslücken 3 und 4 wieder. Nachträglich hinzugefügte Fragen wurden kursiv dargestellt, jedoch nicht weiter erläutert, da ihre Zweckmäßigkeit leicht nachvollziehbar ist. Alle Fragen wurden von den Dozenten auf einer Skala von 1 (absolut falsch) bis 7 (absolut richtig) beantwortet.

Kategorien	Frage
Teamarbeit	Ich spüre, dass ich an der Hochschule Teil eines Teams bin, das sich für die Ausbildung der Studenten verantwortlich fühlt
	Alle Dozenten der Hochschule sind motiviert, für ihre Studenten das Beste zu leisten
	Ich fühle mich verpflichtet, anderen Dozenten bei der Umsetzung von ihren Ideen/Veranstaltungen zu helfen
	Die anderen Dozenten und die Verwaltung kooperieren mehr mit mir als dass sie mir Konkurrenz machen
	Ich habe das Gefühl, ein wichtiger Mitarbeiter an der Hochschule zu sein
	Ich halte Gemeinschaftsprojekte mit anderen Haupt- und Nebenfachdozenten für einfach durchführbar
Qualifizierung der Arbeitnehmer	Ich fühle mich an der Hochschule wohl, weil ich meine Aufgaben gut erfüllen kann
	Die Hochschule stellt nur Dozenten ein, die für ihre Aufgaben hervorragend qualifiziert sind
	Zu Beginn meiner Tätigkeit als Dozent hätte ich mir persönlich mehr Wissen über Methodik und Didaktik gewünscht, um noch besser auf meine Studenten eingehen zu können
	Auf Wunsch hätte ich von der Hochschule noch weitere Beratung oder Schulungen erhalten können
Handlungs-spielraum	Ich hänge bei der Unterrichtung und Beratung meiner Studenten nicht von anderen Dozenten/Mitarbeitern der Hochschule ab
	Die Studien- und Prüfungsordnung schränkt meinen Handlungsspielraum für eine optimale Ausbildung meiner Studenten nicht ein
Kriterien der Leistungsüber-wachung	Besondere Anstrengungen, den Studenten gute Leistung zu bieten, werden von Hochschulseite in irgendeiner Form honoriert
	Ich erhalte von meinen Studenten ausreichendes Feedback über die Zufriedenheit mit meinem Unterricht
Rollenharmonie	Meine sonstigen Aufgaben (Prüfungen/Gremienarbeit) an der Hochschule schränken mich nicht darin ein, meine Studenten ausreichend gut zu unterrichten
	Was die Studenten und die Hochschule von mir erwarten ist meist identisch
	Die Hochschule und ich haben die gleiche Vorstellung über die Umsetzung meiner Aufgaben
Rollenverständnis	Die Entscheidungsträger der Hochschule (z.B. Dekane) informieren mich klar und ausführlich über meine Aufgaben und Lehrinhalte an der Hochschule
	Ich weiß genau, was meine Studenten von mir erwarten und wie ich mit ihnen umzugehen habe
	Ich weiß genau, welche Aspekte meiner Arbeit bei der Bewertung meiner Leistungen seitens der Hochschule am meisten bewertet werden
	Die Studien- und Prüfungsordnung ist klar definiert und ermöglicht es mir, meine Aufgaben unmissverständlich nachzulesen
	Ich bin auch für die Beratung meiner Studenten in Studienfragen verantwortlich
	Ich bin für meine Studenten auch ein Mentor für diverse Fragen und Probleme

Tabelle 4.2.1: Dozenten-Detailfragen für Lücke 3 - Einhaltung von Studiennormen durch die Dozenten

Kategorien	Frage
Horizontale Kommunikation	Wenn die Entscheidungsträger und/oder die PR-Abteilung der Hochschule etwas kommunizieren, was mich oder meine Studenten betrifft, dann werde ich zuvor gefragt, ob ich diesen Entschluss auch umsetzen kann
	Ich werde im Voraus über öffentliche Versprechungen und Planungen der Hochschulleitung informiert, sodass ich über Entwicklungen an der Hochschule immer mindestens so gut wie die Studenten und Studienbewerber Bescheid weiß
	Entscheidungen und Beschlüsse werden an der Hochschule immer erst nach Rücksprache mit Dozenten als „ausführende Organe" getroffen
	Die Richtlinien für die Ausbildungsqualität sind an der Hochschule überall gleich (z.B. Hauptfach, Nebenfach (Einzelunterricht) und Nebenfach (Gruppenveranstaltungen))
	Die Interessen der verschiedenen Dozenten sind ähnlich genug, als dass es grundsätzlich möglich ist, eine breit akzeptierte Hochschulmeinung festzulegen
Einhaltbarkeit der Serviceversprechen	Die Tatsache, dass andere Hochschulen inzwischen aktiv hervorragende Studenten rekrutieren, erhöht an unserer Hochschule nicht den Druck, dies auch zu tun
	Andere Hochschulen machen keine unhaltbaren Versprechen, um Studenten zu rekrutieren
	Unsere Hochschule macht keine unhaltbaren Versprechen, um Studenten zu rekrutieren

Tabelle 4.2.2: Dozenten-Detailfragen für Lücke 4 - Kommunikation

Bei den Fragen nach den zusammenfassenden Arbeitsbedingungen wurden die Dozenten gebeten, Angaben darüber zu machen, zu welchem Grad die Hochschule ihre praktizierten Normen klar festlegt, umsetzt und kommuniziert. Diese Einschätzung wurde auf Grundlage der fünf SERVQUAL-Dimensionen vorgenommen und verfolgt im Gap-Modell den Zweck, zu erkennen, in welchen Bereichen der studentischen Erwartungen ausreichende Normen existieren und gelebt werden (vgl. Fragen 3, 4 und 5 auf dem Dozentenfragebogen in Anhang 3).

Am Ende des Dozentenfragebogens wurden den Dozenten dann die 51 SERVQUAL-Fragen (vgl. Unterkapitel 4.1.1.5) vorgelegt, die sie aus der Perspektive ihrer Studenten beantworten sollten. Diese Fragen dienten dem Zweck, mögliche unterschiedliche Vorstellungen der Studenten und Dozenten zu erkennen.

Pre-Test und Distribution

Der Fragebogen wurde von drei Dozenten einem Pre-Test unterzogen und für eindeutig befunden. Er wurde dann zusammen mit einem Anschreiben des Hochschulpräsidenten über die Hauspost als Vollerhebung an alle Dozenten verschickt.

Statistische Angaben

Insgesamt unterrichten ca. 300 Dozenten der HfMDK in den Studiengängen KA, IGP und Schulmusik. Von den 104 Lehrenden (28 Professoren und 76 Lehrbeauftragten), die den Fragebogen ausgefüllt haben, gaben 27 an, überwiegend KA-Studenten zu unterrichten. 17 von ihnen unterrichten überwiegend IGP-Studenten, 34 vor allem Schulmusiker und 16 legen ihren Unterrichtsschwerpunkt auf sonstige Fächer. Zehn Lehrende gaben keinen Unterrichtsschwerpunkt an.

55 der Dozenten sind Hauptfachlehrer, 50 unterrichten ein Nebenfach (Mehrfachnennungen möglich), des weiteren erteilen 51 Lehrende ausschließlich Einzelunterricht und 14 ausschließlich Gruppenunterricht. 31 Lehrende erteilen sowohl Einzel- als auch Gruppenunterricht und acht machten hier keine Angaben.

Der Fragebogenrücklauf stellt somit grundsätzlich ein gutes Abbild der Lehrkörper-Population an der HfMDK dar. Allerdings ist die Stichprobe der IGP-Dozenten relativ klein, so dass die später beschriebenen Vergleiche der Wahrnehmungen zwischen den Studenten und Dozenten im Studiengang IGP unter Vorbehalt betrachtet werden müssen.

Fehlende Werte

Wie auch bei den Studentenfragebögen konnte bei den Dozenten bei einzelnen Detailfragen ein vermehrtes Aufkommen von mit „weiß nicht“ beantworteten Fragen festgestellt werden. Im Gegensatz zu den Studenten, bei denen die Wissenslücken zu bestimmten Fragen überrascht haben, war dies bei den Dozenten fast zu erwarten, da sich insbesondere die Lehrbeauftragten häufig nicht am Hochschulleben (z.B. Gremienarbeit, interne Konzerte etc.) beteiligen, sondern nur für die Zeit ihres Unterrichts in die Hochschule kommen oder sogar ausschließlich zu Hause unterrichten.

Insgesamt lassen die mit „weiß nicht“ beantworteten Fragen daher in diesem Fall nicht auf die Unklarheit der Fragen, sondern einfach auf Nicht-Wissen schließen, so dass auch die Fragen mit hohem Aufkommen an „weiß nicht“-Antworten als interpretierbar betrachtet werden können. Aus diesem Grund wurden in der folgenden Tabelle auch nur solche Fragen berücksichtigt, bei denen mehr als 33% der Dozenten mit „weiß nicht" geantwortet haben.

Frage Nr.	Kurzform der Frage	Option "weiß nicht" (>33%) Dozenten (104)
Q3	Dozenten können Beratungen oder Schulungen erhalten	43
T2	Dozenten leisten das Beste für ihre Studenten.	35
K4	An der Hochschule gibt es überall einheitliche Richtlinien für die Ausbildung	50
SV2	An der Hochschule werden keine unhaltbaren Versprechen zur Rekrutierung von Studenten gemacht	62
SV3	An anderen Hochschulen werden keine unhaltbaren Versprechen zur Rekrutierung von Studenten gemacht	73

Tabelle 4.2.3: Fehlende Werte in der Dozentenuntersuchung

Die Fragen zu den Service-Versprechen (SV2 und SV3) werden im Folgenden nicht in die Auswertungen mit einbezogen, weil hier 60% bzw. 70% der Dozenten keine Antworten gegeben haben. Ebenfalls hatten die drei zusammenfassenden Fragen zu den Normen der HfMDK[261] einen sehr hohen Anteil an fehlenden oder fehlerhaften Werten: bei einem Großteil der Fragebögen wurden diese drei Fragen überhaupt nicht beantwortet, nur die erste Frage beantwortet oder überhaupt nicht zwischen den fünf SERVQUAL-Dimensionen differenziert. Offensichtlich ist den Dozenten trotz des erfolgreichen Pre-Tests das Ziel dieser Fragen somit nicht klar geworden. Auf eine Auswertung der zusammenfassenden Fragen wurde daher verzichtet.

Die Fragen zur Einschätzung der Studentenerwartung wurden allerdings von allen Dozenten vollständig und fehlerfrei ausgefüllt.

[261] Vgl. Fragen 3, 4 und 5 im Dozentenfragebogen (Anhang 3).

Reliabilität

Die Überprüfung der Reliabilität dieser Untersuchung wurde – wie schon bei den Studenten – unter Zuhilfenahme des Interne-Konsistenz-Verfahrens vorgenommen. Die Ergebnisse sind aus der folgenden Tabelle ersichtlich.

Dimension	Cronbach'sche Alphas		
Lücke 3	0,8266		
Lücke 4	0,5413 (ohne SV1) [262]		
Lücke 5 (SERVQUAL)	0,9642 (KA)	0,9349 (IGP)	0,9102 (Schulmusik)

Tabelle 4.2.4: Reliabilität (Cronbach'sches Alpha) der Dozentenuntersuchung

Fast alle Daten können somit zusammenfassend als sehr reliabel angesehen werden. Allerdings wurde für den weiteren Verlauf der Untersuchung die gesamte Kategorie ‚Einhaltbarkeit von Serviceversprechen' (vgl. Tabelle 4.2.2) gestrichen, da hier nicht von zuverlässigen Ergebnissen ausgegangen werden kann: die erste der drei Fragen in der Kategorie (SV1) wurde im Rahmen der Reliabilitätsprüfung abgelehnt (vgl. Tabelle 4.2.4), während die anderen beiden Fragen (SV2 und SV3) einen zu geringen Stichprobenumfang aufweisen, um repräsentative Ergebnisse sicherzustellen (vgl. Tabelle 4.2.3).

Validität

Die Inhalts-Validität ist nach Rücksprache mit zahlreichen Hochschulvertretern bei den vorliegenden Ergebnissen sehr hoch. Die Konstruktvalidität wurde nicht geprüft, da derzeit keine weitere Untersuchung existiert, die zum Vergleich der Ergebnisse hätte herangezogen werden können.

---

[262] Die Frage SV1 wurde gestrichen, um den Wert für das Cronbach'sche Alpha zu verbessern. Hierfür wurde die SPSS-Funktion „Alpha if deleted" verwendet.

4.2.1.2 Entscheidungsträger

Forschungsdesign

Entscheidungsträger sind Vertreter der Hochschule, die maßgeblichen Einfluss auf die Entwicklung der Studieninhalte und des Studienablaufes haben, so beispielsweise die Vertreter der Hochschulleitung, die Dekane und die Ausbildungsdirektoren. In der Regel werden diese Entscheidungsträger aus den Reihen der Hochschulprofessoren gewählt und kehren nach ihrer Amtszeit wieder in den normalen Lehrbetrieb zurück. In der Alltagspraxis nehmen diese Amtsträger jedoch nicht eigenständig grundlegende Änderungen am Studium an sich vor, ohne diese Änderungen zuvor von Gremien entwickeln und/oder genehmigen zu lassen.

Für den Fachbereich 1 (KA und IGP) der HfMDK tagte während der Entstehungszeit der vorliegenden Arbeit eine Kommission, die sich insbesondere mit den Inhalten der Studiengänge KA und IGP auseinandersetze (‚AG Studienstrukturreform'). Diese Kommission setzte sich aus dem Präsidenten der Hochschule, den Dekanen und Ausbildungsdirektoren der Studiengänge sowie ausgewählten Dozenten und Studenten aus allen Fachbereichen und Vertretern der Hochschulverwaltung zusammen. Dieses Gremium wurde für die Untersuchung ausgewählt, weil es das für diese Arbeit greifbarste Entscheidungsorgan der Hochschule war. Es ist jedoch wichtig zu betonen, dass dieses Gremium die Entscheidungen nicht selbst trifft, sondern nur Entscheidungsvorlagen entwickelt. Für den Schulmusik-Studiengang stand zum Zeitpunkt der Untersuchung kein ähnliches Gremium zur Verfügung. Aus diesem Grund werden im Folgenden nur die Entscheidungsträger-Einschätzungen für die Studiengänge KA und IGP untersucht.

Design des Fragebogens

Der Fragebogen für die Entscheidungsträger (vgl. Anhang 4) ähnelt dem Fragebogen der Dozenten. Allerdings wird auf die Erhebung allgemeiner Daten wie unterrichtetes Fach oder Vertragsart verzichtet, da die Stichprobe bei den Entscheidungsträgern so gering ist, dass diese Informationen es erlauben würden, einzelne Personen zu identifizieren.

Der Fragebogen besteht aus einem Teil, der die Arbeitsbedingungen und Arbeitsziele der Entscheidungsträger im Detail und zusammenfassend prüft, sowie einem Teil, bei dem auf die Erwartungen der Studenten an das Studium eingegangen wird. Darüber hinaus beschäftigt sich der Fragebogen mit dem Musiker-Arbeitsmarkt.[263]

Hinsichtlich der Fragen zu den Studentenerwartungen sowie der zusammenfassenden Fragen zu den Normen der Hochschule stimmt der Fragebogen der Entscheidungsträger mit dem für die Dozenten überein. Bei den Detailfragen wird jedoch auf die Qualitätslücke 1 (Wahrnehmung der Studentenerwartungen) und die Qualitätslücke 2 (Etablierung von Normen für die Ausbildung) eingegangen.

Wie schon bei den Dozenten konnten die Detailfragen für die Entscheidungsträger aus den Vorschlägen von Zeithaml, Parasuraman und Berry übernommen werden, nachdem sie hinsichtlich der Wortwahl auf das Umfeld der HfMDK angepasst sowie einige Fragen gestrichen bzw. hinzugefügt wurden.

Die beiden folgenden Tabellen zeigen die im Fragebogen verwendeten Fragen für die Qualitätslücken 1 und 2. Diese Fragen wurden auf einer Skala von 1 (absolut falsch) bis 7 (absolut richtig) abgefragt. Kursiv dargestellte Fragen stellen Ergänzungen zum ursprünglichen Fragenkatalog von Zeithaml, Parasuraman und Berry dar. Diese Ergänzungen wurden – wie schon bei den Dozentenfragebögen – zusammen mit ausgewählten Dozenten, Verwaltungsangestellten und Entscheidungsträgern entwickelt.

---

263 Die Arbeitsmarkt-Ergebnisse werden an dieser Stelleallerdings noch nicht ausgewertet, sie dienen vielmehr nur zur Bestätigung der Ergebnisse im später folgenden Unterkapitel 4.3.

Kategorien innerhalb der Lücke 1	Angepasste Frage
Orientierung an der Marktforschung	Die Entscheidungsträger der Hochschule machen ausreichend häufig Gebrauch von Informationen, die durch Umfragen über unsere Studenten beschafft werden
	Die Entscheidungsträger der Hochschule verschaffen sich regelmäßig Informationen über die Studienbedürfnisse der Studenten
	Die Entscheidungsträger der Hochschule verschaffen sich regelmäßig Informationen über die Qualitätsansprüche der Studenten
	Die Entscheidungsträger in der Hochschule haben häufig direkten Kontakt zu den Studenten und besprechen mit ihnen hochschulrelevante Themen
Kommunikation nach oben	Hochschulangehörige mit Studentenkontakt (z.B. Dozenten, Verwaltung, AStA) tauschen sich regelmäßig mit den Entscheidungsträgern in der Hochschule aus
	Die Entscheidungsträger der Hochschule bemühen sich häufig um Vorschläge der Hochschulangehörigen mit Studentenkontakt, wie Inhalt und Ablauf des Studiums verbessert werden könnte
	Die Entscheidungsträger der Hochschule wirken häufig von Angesicht zu Angesicht mit den Hochschulangehörigen mit Studentenkontakt zusammen
	Schriftliche Mitteilungen sind in unserer Hochschule das am wenigsten wichtige Kommunikationsmittel zwischen Mitarbeitern und Entscheidungsträgern
Managementschichten	In unserer Hochschule gibt es nicht zu viele Verwaltungs- und Managementschichten zwischen Hochschulangehörigen mit Studentenkontakt und Hochschulleitung (Präsident/Dekane)
	In der Hochschule ist es nicht schwer, Verantwortlichkeiten für bestimmte Entscheidungen und Aktivitäten klar bestimmten Personen/Gremien (z.B. Hochschulleitung, Dekanat etc.) zuzuordnen

Tabelle 4.2.5: Entscheidungsträger-Detailfragen für Lücke 1

Kategorien innerhalb der Lücke 2	Angepasste Frage
Entschlossenheit zur Servicequalität	Die Hochschule stellt die nötigen finanziellen und personellen Mittel für eine hervorragende Ausbildungsqualität zur Verfügung
	Es gibt an der Hochschule effiziente interne Programme zur Verbesserung der Studienqualität
	Die stetige Verbesserung der Studienqualität ist der persönliche Ehrgeiz der Entscheidungsträger der Hochschule
Orientierung der Qualitätsziele an Kundenerwartungen	Es gibt in den Gremien der Hochschule klare Vorstellungen, wie das Studium auszusehen hat
	In der Hochschule wird versucht, konkrete Ausbildungsziele vorzuschreiben (z.B. Arbeitsplatzvermittlungs-Quote, Studiendauern, Wettbewerbserfolge)
	Die Entscheidungsträger der Hochschule orientieren sich bei ihrer Arbeit mehr an der Verbesserung der Ausbildung als an einem reibungslosem Ablauf an der Hochschule
Bestmögliche Standardisierung der Serviceaufgaben	Die Hochschule macht in der Verwaltung (z.B. Rückmeldung, Examensanmeldung) wirksamen Gebrauch von Automation und Standardisierung, um alle Studenten gleich gut zu bedienen
	Die Hochschule stellt konkrete Anforderungen an den Unterricht, um sicherzustellen, dass die Studenten in etwa die gleichen Ausbildungsstandards haben. (z.B. Studien- und Prüfungsordnung)
Überzeugung des Managements, dass die Kundenwünsche erfüllbar sind	Die Hochschule hat grundsätzlich alle nötigen Fähigkeiten, um den Ausbildungsbedarf der Studenten zu befriedigen
	Wenn wir die Ausbildung soviel besser leisten, wie es sich die Studenten wünschen, so würde das die Hochschule finanziell nicht überfordern
	Die Studienvoraussetzungen an der Hochschule (Dozenten, Instrumente, Innenausstattung, Gebäude etc.) der Hochschule sind auf dem Niveau, das die Studenten sich wünschen
	Die Führungskräfte fühlen sich uneingeschränkt befähigt, ihre wirtschaftlichen und verwaltungstechnischen Aufgaben optimal und effizient durchzuführen

Tabelle 4.2.6: Entscheidungsträger-Detailfragen für Lücke 2

Pre-Test und Distribution

Aufgrund der Tatsache, dass ohnehin ein so kleiner Kreis an Befragungsteilnehmern zur Verfügung stand (17 Personen), wurde bei diesem Fragebogen auf einen Pre-Test durch Mitglieder der AG Studienstrukturreform verzichtet.[264] Statt dessen wurde der Fragebogen von Mitgliedern der Verwaltung geprüft und für eindeutig befunden. Der Fragebogen wurde dann als Vollerhebung an alle Mitglieder der ‚AG Studienstrukturreform' über die Hauspost verteilt und aufgrund des zunächst schwachen Rücklaufes noch ein zweites Mal per Post mit frankiertem Rückumschlag an die Privatadressen aller Gremienmitglieder geschickt.

Statistische Angaben

Insgesamt wurde der Fragebogen von 10 der 17 Mitglieder der Kommission ausgefüllt und alle Rückläufe waren gültig. Aufgrund der geringen Grundgesamtheit wurde demographisch nicht weiter gruppiert werden, weil sonst einzelne Person hätten identifiziert werden können.

Fehlende Werte

Im Fragebogen für die Entscheidungsträger gab es keine fehlenden Werte, auch nicht bei den drei zusammenfassenden Fragen. Die zusammenfassenden Fragen können dennoch nicht weiter analysiert werden, weil die notwendigen Vergleichsdaten der Dozenten nicht verwendbar sind (vgl. ‚Fehlende Werte' in Unterkapitel 4.2.1.1).

---

[264] Es ist nicht sinnvoll, den Fragebogen von jemandem ausfüllen zu lassen, der bereits am Pre-Test teilgenommen hat, da diese Personen mit einer anderen Einstellung an den Fragebogen herantreten als Personen, die den Bogen zuvor noch nicht gesehen haben.

Reliabilität

Die Überprüfung der Konsistenz wurde wiederum unter Zuhilfenahme des Interne-Konsistenz-Verfahrens vorgenommen. Aufgrund der Ergebnisse kann die Erhebung als sehr reliabel angesehen werden.

Dimension	Cronbach'sches Alpha	
Lücke 1	0,8904	
Lücke 2	0,6902	
Lücke 5 (SERVQUAL)	0,8992 (KA)	0,8875 (IGP)

Tabelle 4.2.7: Reliabilität (Cronbach'sches Alpha) der Entscheidungsträger-Erhebung

Validität

Wie schon bei den Dozentenfragen ist aufgrund der zahlreichen, den Inhalt bestätigenden Rückmeldungen von einer hohen Inhalts-Validität auszugehen. Der Rücklauf von 10 Fragebögen birgt jedoch das Risiko eines systematischen Fehlers bei der Messung, weil Statistiker normalerweise eine Stichprobengröße von 30 Probanden empfehlen, um zulässige Ergebnisse zu erzielen.[265] So betrachtet könnte man die Ergebnisse nicht verwenden. Andererseits besteht die gesamte ‚AG Studienstrukturreform' aus nur 17 Personen, sodass selbst eine Vollerhebung mit 100% Rücklauf mit dieser Betrachtungsweise nicht zulässig wäre.

Die folgenden Ergebnisse der Entscheidungsträger müssen aus rein statistischer Sicht somit unter Vorbehalt betrachtet werden, auch wenn sie inhaltlich scheinbar sehr valide sind.

4.2.2 Aufbereitung der Ergebnisse

In den Unterkapiteln 4.2.2.1 bis 4.2.2.4 werden die Ergebnisse für die Qualitätslücken 1 bis 4 dargestellt. In Unterkapitel 4.2.2.5 werden die Erwartungen der Studenten dann mit der Einschätzung der Dozenten und Entscheidungsträger der

[265] Vgl. beispielsweise Sudman, *Applied Sampling* (1976), S. 30.

Hochschule verglichen. Eine Zusammenfassung und Diskussion der hier entwickelten Ergebnisse erfolgt letztlich in Unterkapitel 4.2.3.

4.2.2.1 Wahrnehmung der studentischen Erwartungen (Lücke 1)

Die Prüfung der Wahrnehmung von studentischen Erwartungen setzt sich im Gap-Modell aus den folgenden Kategorien zusammen: Orientierung an der Marktforschung, Kommunikation nach oben und Managementschichten. Die Ergebnisse dieser drei Kategorien werden nun hintereinander beschrieben.

Die Entscheidungsträger der HfMDK schätzen ihre ‚Orientierung an der Marktforschung' (d.h. an den Studentenbefragungen) als überdurchschnittlich ein; so gehen sie insbesondere davon aus, dass sie sich viele Informationen durch Gespräche mit den Studenten (OM4) einholen. Auch glauben sie, dass sie sich überdurchschnittlich gut mit den Erwartungen und Bedürfnissen der Studenten auseinandersetzen. Für keine dieser vier Antworten wurde von den Entscheidungsträgern jedoch das obere Drittel der Bewertungsskala ausgenutzt.

Frage	Kurzbeschreibung der Frage	Mittelwert[266]	StAbw
OM1	Verwendung Marktforschung	4,50	1,58
OM2	Beschaffung von Informationen über Bedürfnisse der Studenten	4,30	0,95
OM3	Beschaffung von Informationen über Qualitätsanspruch der Studenten	4,40	0,97
OM4	Entscheidungsträger haben direkten Kontakt zu Studenten	4,90	1,20

Tabelle 4.2.8: Ergebnisse für Qualitätslücke 1 – ‚Orientierung der Entscheidungsträger an der Marktforschung'

Die ‚Kommunikation nach oben' scheint nach Angaben der Entscheidungsträger ähnlich gut zu funktionieren. So sehen sie den Austausch von Informationen auf verschiedenen Führungsebenen als überdurchschnittlich an.

[266] Diese Werte wurden auf einer Skala von 1 bis 7 ermittelt, wobei der Wert 1 der Formulierung „absolut falsch" und der Wert 7 der Formulierung „absolut richtig" entspricht.

Frage	Kurzbeschreibung der Frage	Mittelwert	StAbw
KO1	Austausch zwischen Entscheidungsträgern und Hochschulangehörigen mit Studentenkontakt	4,10	1,45
KO2	Einforderung von Vorschlägen zur Verbesserung der Ausbildung	4,30	1,25
KO3	Direkter Kontakt der Entscheidungsträger zu Hochschulangehörigen mit Studentenkontakt	4,40	1,43
KO4	Direkter Kontakt ist an der Hochschule wichtiger als schriftliche Mitteilungen	4,33	1,50

Tabelle 4.2.9: Ergebnisse für Qualitätslücke 1 – Kategorie ‚Kommunikation nach oben'

Auch die Anzahl der Verwaltungs- und Management-Schichten an der HfMDK (MS1) wird als eher gut bewertet, mit 5,1 erreicht diese Frage sogar die höchste Bewertung innerhalb der Entscheidungsträger-Untersuchung. Allerdings wird gleichzeitig kritisiert, dass in der Verwaltung häufig keine klaren organisatorischen Verantwortlichkeiten existieren (MS2).

Frage	Kurzbeschreibung der Frage	Mittelwert	StAbw
MS1	Ideale Anzahl an Management- und Verwaltungsschichten	5,10	1,29
MS2	Klare organisatorische Verantwortlichkeiten	3,40	1,51

Tabelle 4.2.10: Ergebnisse für Qualitätslücke 1 – Kategorie ‚Managementschichten'

Zusammenfassend bewerten die Entscheidungsträger ihre Informationsgrundlage zur Entscheidungsfindung also durchaus als gut. Ebenso schätzen sie den Informationsfluss an der HfMDK als relativ gut ein. Gleichzeitig erkennen die Entscheidungsträger aber einen Mangel an Entscheidungsverantwortlichkeiten innerhalb der Hochschulstruktur.

4.2.2.2 Existenz von Normen (Lücke 2)

Die Prüfung der Existenz von Normen erfolgt auf Grundlage folgender Kategorien: Entschlossenheit zur Servicequalität, Orientierung der Hochschul-Qualitätsziele an den Studentenerwartungen, Standardisierung von Serviceaufgaben und Überzeugung der Entscheidungsträger hinsichtlich der Verbesserungsfähigkeit ihrer Hochschule.

In der Kategorie ‚Entschlossenheit zur Servicequalität' vertreten die Entscheidungsträger die Meinung, durch die beschränkten finanziellen Ressourcen der Hochschule stark eingeschränkt zu sein (EMS1). Weiterhin kritisieren sie den Mangel an effizienten internen Programmen, die zur Verbesserung der Studienqualität dienen (EMS2).

Auch die Frage, ob die Verbesserung der Studienqualität ein persönliches Ziel der Entscheidungsträger der Hochschule sei (EMS3), erhält ein zwar überdurchschnittliches, dennoch aber überraschend niedriges Ergebnis, wenn man bedenkt, dass sich die Entscheidungsträger freiwillig für ihre Ämter wählen lassen.

Frage	Kurzbeschreibung der Frage	Mittelwert	StAbw
EMS1	Ausreichend finanzielle und personelle Mittel	2,20	0,63
EMS2	Existenz effizienter Programme zur Verbesserung der Studienqualität	3,00	1,49
EMS3	Verbesserung der Studienqualität ist der persönliche Ehrgeiz aller Entscheidungsträger	4,40	1,71

Tabelle 4.2.11: Ergebnisse für Qualitätslücke 2 – Kategorie ‚Entschlossenheit des Managements zur Servicequalität'

Bei der ‚Orientierung der Hochschul-Qualitätsziele an die Studentenerwartungen' ist erkennbar, dass es für die Hochschul-Gremien ein Problem darstellt, nicht über einheitliche, klare Vorstellungen zu verfügen, wie das Studium zukünftig aussehen soll (OQ1); allerdings ist es nach den Angaben der Entscheidungsträger auch nicht unbedingt das Ziel der Hochschule, das Studium konkret vorzuschreiben (OQ2). Weiterhin verdeutlicht Frage OQ3, dass die Entscheidungsträger einen starken Fokus auf reibungslose Abläufe an der Hochschule legen, was zwangsläufig die stetige Weiterentwicklung der Ausbildungsqualität an der HfMDK bremst.

Frage	Kurzbeschreibung der Frage	Mittelwert	StAbw
OQ1	Klare Vorstellungen in den Gremien, wie das Studium auszusehen hat.	3,10	0,88
OQ2	Konkrete Ausbildungsziele werden vorgeschrieben	3,78	1,72
OQ3	Orientierung der Arbeit eher an Verbesserung der Ausbildung als an reibungslosem Ablauf	3,60	0,52

Tabelle 4.2.12: Ergebnisse für Qualitätslücke 2 – Kategorie ‚Orientierung der Qualitätsziele an den Studentenerwartungen'

Auch die ‚Standardisierung von Serviceaufgaben' wird nach Einschätzung der Entscheidungsträger nur befriedigend bis gut umgesetzt. Dies gilt sowohl für Verwaltungsaufgaben (SS1), in denen noch Potenzial für Automation und Standardisierung vorhanden ist, als auch für die verschiedenen Studienordnungen der Hochschule (SS2), die noch konkreter formuliert werden könnten.

Frage	Kurzbeschreibung der Frage	Mittelwert	StAbw
SS1	Verwaltung macht wirksamen Gebrauch von Automation und Standardisierung	4,00	1,63
SS2	Die Hochschule stellt konkrete Anforderungen an den Unterricht	4,22	1,56

Tabelle 4.2.13: Ergebnisse für Qualitätslücke 2 – Kategorie ‚Standardisierung von Serviceaufgaben'

Letztlich lässt die Untersuchung erkennen, dass die Entscheidungsträger der Hochschule nicht uneingeschränkt davon überzeugt sind, die Erwartungen der Studenten erfüllen zu können (ÜM1/ÜM3), vielmehr halten sie die von den Studenten erwarteten Ausbildungsverbesserungen für nur schwer finanzierbar (ÜM2). Auch fühlen sich viele Entscheidungsträger nicht ausreichend qualifiziert, ihre Aufgaben optimal und effizient durchzuführen (ÜM4).

Frage	Kurzbeschreibung der Frage	Mittelwert	StAbw
ÜM1	Hochschule hat alle nötigen Fähigkeiten, um Ausbildungsbedarf zu befriedigen	3,30	1,34
ÜM2	Wenn wir die Ausbildung soviel besser leisten, wie es sich die Studenten wünschen, würde das die Hochschule finanziell nicht überfordern	3,30	2,06
ÜM3	Studienvoraussetzungen sind auf dem Niveau, das die Studenten sich wünschen	2,60	1,35
ÜM4	Führungskräfte fühlen sich befähigt, ihre Aufgaben optimal und effizient durchzuführen	2,90	1,52

Tabelle 4.2.14: Ergebnisse für Qualitätslücke 2 – Kategorie ‚Überzeugung der Entscheidungsträger, dass Qualitätsziele erreichbar sind'

Zusammenfassend sehen die Entscheidungsträger die Schwierigkeiten zur Verbesserung der Ausbildungsqualität an der HfMDK vor allem bei den stark begrenzten finanziellen Mitteln. Weiterhin fühlen sie sich nicht in der Lage, untereinander eine Einigung zu erzielen, wie das Studium gestaltet werden soll. Überraschenderweise sind die Mitglieder der AG Studienstrukturreform weiterhin der Meinung, dass an der Hochschule keine „effizienten Programme zur Verbesserung der Studienqualität" existieren (vgl. EMS2). Dieses Ergebnis überrascht vor allem deshalb, da es ja gerade die Mitglieder der AG Studienstrukturreform selbst sind, die solche Programme etablieren könnten. Möglicherweise verbirgt sich hinter dieser Position daher auch eine Überforderung der Entscheidungsträger.

4.2.2.3 Umsetzung der existierenden Normen (Lücke 3)

Da die Umsetzung der existierenden Normen an der HfMDK vor allem Aufgabe der Dozenten ist, werden bei dieser Gruppe die Kriterien Qualifizierung der Arbeitnehmer, Handlungsspielraum, Kriterien zur Leistungsüberwachung, Rollenharmonie, Rollenverständnis und Teamarbeit geprüft. Dabei werden auch die Unterschiede zwischen den Antworten der Professoren und Lehrbeauftragten untersucht, indem für jede Frage die Signifikanz des Unterschieds beider Gruppen berechnet wird.

Grundsätzlich fühlen sich die Professoren und Lehrbeauftragten überdurchschnittlich wohl an der Hochschule (Q1). Beide Arbeitnehmergruppen sind aber nicht überzeugt, dass die Hochschule nur hervorragend qualifizierte Dozenten einstellt (Q2). Des Weiteren gestehen sich die Dozenten vielfach ein, keine optimal ausgebildeten Pädagogen zu sein: viele hätten sich ein besseres Wissen über Methodik und Didaktik gewünscht, bevor sie mit ihrer Tätigkeit an der Hochschule begannen (Q4). Auch vermissen die Dozenten die Möglichkeit, sich selbst beraten oder weiterbilden zu lassen (Q3).

		Professoren		Lehrbeauftr.		ANOVA
		MW	StAbw	MW	StAbw.	F
Q1	Dozenten fühlen sich wohl, weil sie ihre Aufgaben gut erfüllen können	4,89	1,59	5,28	1,43	1,426
Q2	Die Hochschule stellt nur hervorragend qualifizierte Dozenten ein	4,04	1,24	4,23	1,61	0,260
Q3	Dozenten können Beratungen oder Schulungen erhalten[267]	3,07	1,79	2,41	1,82	1,470
Q4	Dozenten hätten sich zu Beginn ihrer Tätigkeit ein besseres Wissen über Pädagogik/Methodik gewünscht	4,21	1,69	4,06	1,76	0,130
** = Signifikanter Unterschied zwischen Professoren und Lehrbeauftragten von <0,01 (Signifikanzniveau: 5%) * = Signifikanter Unterschied zwischen Professoren und Lehrbeauftragten von <0,05 (Signifikanzniveau: 5%)						

Tabelle 4.2.15: Ergebnisse für Qualitätslücke 3 – Kategorie ‚Qualifizierung der Arbeitnehmer'

[267] Hinweis: Bei dieser Frage haben 43 von 104 Dozenten die Option „weiß nicht" gewählt.

Ihren persönlichen Handlungsspielraum sehen die Dozenten nur in geringem Maße eingeschränkt und sie bestätigen, dass sie bei der Unterrichtung und Beratung ihrer Studenten kaum von anderen Dozenten/Mitarbeitern der Hochschule abhängen (HS1). Auch von der Studien- und Prüfungsordnung sehen sich die Dozenten nur geringfügig eingeschränkt (HS2).

		Professoren		Lehrbeauftr.		ANOVA
		MW	StAbw	MW	StAbw	F
HS1	Dozenten hängen nicht von anderen Dozenten/Mitarbeitern ab	4,69	1,87	5,28	1,89	1,892
HS2	Die Studien- und Prüfungsordnung schränkt den Handlungsspielraum für eine optimale Ausbildung nicht ein	4,92	1,52	5,04	1,76	0,092

** = Signifikanter Unterschied zwischen Professoren und Lehrbeauftragten von <0,01 (Signifikanzniveau: 5%)
* = Signifikanter Unterschied zwischen Professoren und Lehrbeauftragten von <0,05 (Signifikanzniveau: 5%)

Tabelle 4.2.16: Ergebnisse für Qualitätslücke 3 – Kategorie ‚Handlungsspielraum'

Im Bereich der Leistungsüberwachung sind die Dozenten nach eigenen Angaben auf das Feedback ihrer Studenten angewiesen (L2), da ihre Leistungen von Seiten der Hochschule fast überhaupt nicht honoriert werden (L1). Mit dem Feedback ihrer Studenten sind die Dozenten jedoch sehr zufrieden.

		Professoren		Lehrbeauftr.		ANOVA
		MW	StAbw	MW	StAbw	F
L1	Besondere Anstrengungen, den Studenten gute Leistung zu bieten, werden von Hochschulseite honoriert	2,84	1,75	2,16	1,52	3,238
L2	Dozenten erhalten ausreichendes Feedback über die Zufriedenheit der Studenten	5,67	0,92	5,83	1,18	0,407

** = Signifikanter Unterschied zwischen Professoren und Lehrbeauftragten von <0,01 (Signifikanzniveau: 5%)
* = Signifikanter Unterschied zwischen Professoren und Lehrbeauftragten von <0,05 (Signifikanzniveau: 5%)

Tabelle 4.2.17: Ergebnisse für Qualitätslücke 3 – Kategorie ‚Kriterien zur Leistungsüberwachung'

Im Bereich der Rollenharmonie beanstanden vor allem die Professoren, dass sie ihre Unterrichtsquantität einschränken müssen, um ihren Verpflichtungen in Prüfungen und Gremien nachzukommen. Lehrbeauftragte sehen hier mit 6,26 Punkten kein Problem (RH1). Hinsichtlich der Unterrichtsgestaltung gehen die Dozenten weiterhin davon aus, dass ihre Vorstellungen nicht unbedingt mit denen der Studenten (RH2) und der Hochschule (RH3) übereinstimmen, allerdings erwecken die Ergebnisse nicht den Eindruck, dass es sich hier um wirklich grundlegende Meinungsverschiedenheiten handelt.

		Professoren MW	StAbw	Lehrbeauftr. MW	StAbw	ANOVA F
RH1	Sonstige Aufgaben schränken Dozenten nicht ein, Studenten ausreichend gut zu unterrichten	5,11	1,45	6,26	1,51	11,863 **
RH2	Studenten und Hochschule haben gleiche Erwartungen an Dozenten	4,91	1,28	4,72	1,69	0,250
RH3	Hochschule und Dozenten haben die gleiche Vorstellung über die Umsetzung der Unterrichtsaufgaben	4,33	1,74	4,72	1,80	0,738

** = Signifikanter Unterschied zwischen Professoren und Lehrbeauftragten von <0,01 (Signifikanzniveau: 5%)
* = Signifikanter Unterschied zwischen Professoren und Lehrbeauftragten von <0,05 (Signifikanzniveau: 5%)

Tabelle 4.2.18: Ergebnisse für Qualitätslücke 3 – Kategorie ‚Rollenharmonie'

Die Dozenten fallen darüber hinaus durch ein sehr gemischtes Rollenverständnis auf. So fühlen sie sich über ihre Aufgaben an der Hochschule sowie die geforderten Lehrinhalte eher schlecht informiert (RV1) und wissen auch nur ungenau, auf welche Aspekte ihrer Arbeit es der Hochschule bei der Bewertung von Leistungen ankommt (RV3). Selbst die Studienordnung löst dieses Problem nicht, denn die Dozenten gestehen ihr nur einen mäßigen Informationsgehalt zu (RV4). Zumindest meinen die Dozenten aber zu wissen, was die Studenten von ihnen erwarten (RV2), auch betrachten sich vor allem die Professoren als Berater ihrer Studenten in Studienfragen (RV5). Ihr Selbstverständnis als Mentor, der den Studenten bei ihren allgemeinen Fragen und Problemen hilft, betonen darüber hinaus alle befragten Dozenten (RV6).

		Professoren MW	StAbw	Lehrbeauftr. MW	StAbw	ANOVA F
RV1	Entscheidungsträger der Hochschule informieren Dozenten über Aufgaben und Lehrinhalte	2,84	1,82	3,73	2,11	3,594
RV2	Dozenten kennen Erwartungen der Studenten und wissen damit umzugehen	6,00	0,98	5,58	1,17	2,918
RV3	Dozenten kennen die Kriterien, nach denen die Hochschulleitung sie bewertet	3,71	1,59	3,45	1,84	0,338
RV4	Aufgaben der Dozenten können in Studien- und Prüfungsordnung exakt eingesehen werden	4,81	1,73	4,23	1,85	2,049
RV5	Dozenten sind für die Beratung (Studienfragen) ihrer Studenten verantwortlich	5,37	2,08	4,23	2,21	5,355 *
RV6	Dozenten verstehen sich als Mentoren (Unterstützung bei Fragen und Problemen) für ihre Studenten	6,07	1,44	5,96	1,34	0,137

** = Signifikanter Unterschied zwischen Professoren und Lehrbeauftragten von <0,01 (Signifikanzniveau: 5%)
* = Signifikanter Unterschied zwischen Professoren und Lehrbeauftragten von <0,05 (Signifikanzniveau: 5%)

Tabelle 4.2.19: Ergebnisse für Qualitätslücke 3 – Kategorie ‚Klares Rollenverständnis'

Im Vergleich zu den anderen Zufriedenheitskategorien der Dozenten fällt der Bereich ‚Teamarbeit' relativ positiv auf. Zwar entsteht unter den Dozenten kein wahres Teamgefühl (T1) und sie gehen auch nicht davon aus, dass alle Kollegen das Beste für ihre Studenten geben (T2), dennoch fühlen sie sich aber verpflichtet, anderen Dozenten bei der Umsetzung von Ideen und Veranstaltungen zu helfen (T3). Auch gehen die Dozenten – und insbesondere die Professoren – davon aus, dass untereinander eher kooperiert als konkurriert wird (T4). Dennoch halten sowohl Professoren als auch Lehrbeauftragte Gemeinschaftsprojekte zwischen Dozenten für nur schwer durchführbar (T6).

Letztlich ist das Selbstwertgefühl („Ich bin ein wichtiger Mitarbeiter der Hochschule") der Professoren an der HfMDK ausgeprägter als das der Lehrbeauftragten (T5). Aber auch die Professoren bewegen sich hier nur im oberen Mittel der 7er-Skala.

		Professoren		Lehrbeauftr.		ANOVA	
		MW	StAbw	MW	StAbw	F	
T1	Dozenten fühlen sich als Teil eines Teams	3,67	2,00	3,36	2,06	0,430	
T2	Dozenten leisten das Beste für ihre Studenten[268]	3,61	1,50	4,16	1,82	1,619	
T3	Dozenten fühlen sich verpflichtet, sich untereinander zu helfen	5,39	1,66	4,69	1,77	3,313	
T4	Dozenten kooperieren miteinander und mit der Verwaltung	5,31	1,46	4,37	1,94	4,898	*
T5	Dozenten fühlen sich als wichtige Mitarbeiter der Hochschule	4,81	1,86	3,24	1,87	13,358	**
T6	Gemeinschaftsprojekte mit anderen Dozenten sind einfach möglich	3,77	1,45	3,88	1,75	0,080	

** = Signifikanter Unterschied zwischen Professoren und Lehrbeauftragten von <0,01 (Signifikanzniveau: 5%)
* = Signifikanter Unterschied zwischen Professoren und Lehrbeauftragten von <0,05 (Signifikanzniveau: 5%)

Tabelle 4.2.20: Ergebnisse für Qualitätslücke 3 – Kategorie ‚Teamarbeit'

Zusammenfassend lässt sich feststellen, dass die Dozenten vor allem die Möglichkeit vermissen, sich weiterzubilden. Ebenso vermissen sie ein Anreizsystem, das gute Leistungen honoriert. Zudem fühlen sich die Dozenten nur mäßig in ihre Aufgaben eingeführt und wünschen sich mehr Austausch mit den Entscheidungsträgern der Hochschule. Darüber hinaus zeigt sich ein nur schwaches Teamgefühl bei den Dozenten. Zwar betonen alle von ihnen, dass sie bereit wären, ihre Kolle-

[268] Hinweis: Bei dieser Frage haben 35 von 104 Dozenten die Option „weiß nicht" gewählt.

gen zu unterstützen, gleichzeitig bezweifeln sie aber, dass Kooperationen untereinander auch tatsächlich möglich sind.

Vor allem die Professoren sind weiterhin der Meinung, dass nicht alle Dozenten optimale Leistungen für ihre Studenten erbringen, während sie ihre eigenen Leistungen für die Studenten als hoch einschätzen. So verstehen sich beispielsweise alle Dozenten auch als verantwortungsvolle Mentoren.

Letztlich haben fast alle Dozenten an der HfMDK ein nur gering ausgebildetes Selbstwertgefühl, denn vor allem die Lehrbeauftragten, aber auch die Professoren sind nicht uneingeschränkt der Meinung, wichtige Mitarbeiter der Hochschule zu sein.

4.2.2.4 Horizontale Kommunikation zwischen Funktionsbereichen (Lücke 4)

Die Dozenten der HfMDK schätzen die horizontale Kommunikation zwischen den Funktionsbereichen der Hochschule als unterdurchschnittlich ein. Sie sind der Meinung, dass sie nicht ausreichend in Entscheidungsprozesse einbezogen werden (K3) und dass nicht überprüft wird, ob Beschlüsse überhaupt umgesetzt werden können (K1). Außerdem fühlen sie sich über Veränderungen an der Hochschule nicht ausreichend informiert, so dass sie teilweise das Gefühl haben, schlechter mit Informationen versorgt zu werden als die Studenten (K2).

Insbesondere die Lehrbeauftragten sind der Meinung, dass die Ausbildungsqualität an der Hochschule nicht überall gleich gut ist. Professoren sehen dies etwas positiver, dennoch aber als deutlich verbesserungswürdig an (K4). Mit Werten von 4 und 3,7 (Professoren vs. Lehrbeauftragte) scheinen die Dozenten der Hochschule weiterhin davon auszugehen, dass es an der Hochschule nur schwer möglich ist, die Meinung aller Dozenten weitgehend ‚unter einen Hut zu bringen' (K5):

		Professoren MW	Professoren StAbw	Lehrbeauftr. MW	Lehrbeauftr. StAbw	ANOVA F
K1	Vor einem Hochschulbeschluss wird geprüft, ob die Dozenten den Beschluss auch umsetzen können	2,52	1,45	2,19	1,63	0,786
K2	Dozenten werden rechtzeitig von der Hochschulleitung über Planungen und Beschlüsse informiert	2,39	1,64	2,81	1,71	1,223
K3	Vor Entscheidungen der Hochschulleitung gibt es Rücksprachen mit den Dozenten	2,16	1,21	2,27	1,54	0,110
K4	An der Hochschule gibt es überall einheitliche Richtlinien für die Ausbildung[269]	4,33	2,03	3,29	1,62	4,046 *
K5	Die Interessen der Dozenten sind sich grundsätzlich ähnlich genug, um eine breit akzeptierte Hochschulmeinung aufzustellen	4,00	1,71	3,70	1,58	0,570
** = Signifikanter Unterschied zwischen Professoren und Lehrbeauftragten von <0,01 (Signifikanzniveau: 5%) * = Signifikanter Unterschied zwischen Professoren und Lehrbeauftragten von <0,05 (Signifikanzniveau: 5%)						

Tabelle 4.2.21: Ergebnisse für Qualitätslücke 4 – Kategorie ‚Horizontale Kommunikation zwischen Funktionsbereichen'

Zusammenfassend betrachten die Dozenten die Leistungen der Hochschule im Bereich der Kommunikation als schwach, sie fühlen sich schlecht informiert und nicht in die Entscheidungsfindungen mit einbezogen. Hier zeigt sich ein deutlicher Wahrnehmungsunterschied zwischen Entscheidungsträgern und Dozenten, weil die Entscheidungsträger der Überzeugung sind, die Kommunikation zwischen Studenten, Dozenten und Hochschulleitung würde weitgehend reibungslos ablaufen (vgl. Tabelle 4.2.9).

4.2.2.5 Prüfung der Hochschulperspektive auf Fehlwahrnehmungen

Zunächst werden in diesem Unterkapitel die Erwartungsunterschiede zwischen den Studenten und den Dozenten bzw. Entscheidungsträgern hinsichtlich der Ausbildungsqualität an der HfMDK untersucht. Dabei wird von der Perspektive der Studenten ausgegangen, so dass die Dozenten und Entscheidungsträger für diese Untersuchung gebeten wurden, sich bei der Beantwortung der Fragen in die Lage ihrer Studenten zu versetzen. Weil davon auszugehen war, dass die Studenten im Hauptstudium ausgewogenere Vorstellungen über ihr Studium haben als die Studenten im Grundstudium, wurden nur die Daten der Hauptstudium-Studenten mit den Ergebnissen der Dozenten und der Entscheidungsträger verglichen.

---

269 Hinweis: Bei dieser Frage haben 50 von 104 Dozenten die Option „weiß nicht" gewählt.

In den folgenden Tabellen sind teilweise auch geringe Abweichungen von der Studentenerwartung hoch signifikant. Dies liegt darin begründet, dass die verschiedenen Studentengruppen bei der Beantwortung der Fragebögen nie die gesamte 7er-Skala ausgenutzt haben, sondern stets Werte für die Ausbildungserwartung angekreuzt haben, die (im Durchschnitt) über dem Wert 4,4 liegen. Die untere Hälfte der Erwartungs-Skala wurde somit von den Studenten so gut wie gar nicht verwendet.

4.2.2.5.1 Fehlwahrnehmungen der Dozenten

<u>Künstlerische Ausbildung</u>

Tabelle 4.2.22 zeigt die signifikanten Erwartungsdifferenzen zwischen den KA-Studenten und solchen Dozenten, die schwerpunktmäßig KA-Studenten unterrichten. Die Differenzen zwischen Studenten- und Dozentenwahrnehmung sind aufsteigend sortiert. Die Tabelle verdeutlicht, wie sehr die Dozenten mit dem Unterrichtsschwerpunkt KA vor allem die Bedeutung von Beratungsleistungen unterschätzen. Dazu zählt sowohl die Beratung vom Hauptfachlehrer selbst (H4, H6, H10) als auch die Beratungsqualifikation der Hochschule selbst (O8, O9, O3). Darüber hinaus verkennen die Dozenten weitgehend die Erwartungen ihrer Studenten hinsichtlich des Angebotes an Veranstaltungen (N13, N14) und der methodischen und pädagogischen Qualifikation der Dozenten (H4 und N8).

Weiterhin unterschätzen die Dozenten in großem Maße die Erwartungen der Studenten hinsichtlich der Inhalte und des Ablaufes von Prüfungen (P2, P4, P3, P5) sowie der Unterstützung bei der Selbstbewertung (P7, P6). Zudem verschätzen sich die Dozenten hinsichtlich des dringenden Wunsches der Studenten nach Lehrevaluation (N15).

Dimension	Nr.	Kurzform der Frage	Differenz (Dozent - Student)[270]	ANOVA F
EF	O8	Existenz allgemeiner Beratungsmöglichkeiten	-1,66	31,730 **
LK	H4	Methodische/didaktische Qualifikation der Hauptfach-Dozenten	-1,42	27,014 **
EF	H6	Semesterrückblicke durch den Hauptfach-Dozent	-1,04	19,346 **
Z	N15	Evaluation von Dozenten	-1,04	8,293 **
EF	O9	Existenz spezieller, persönlicher Beratungsmöglichkeiten	-1,00	12,514 **
Z	N13	Umfang des Kursangebotes in Randgebieten	-0,90	8,916 **
Z	P2	Berufsrelevanz der Prüfungen	-0,86	11,476 **
Z	P3	Optimale Anzahl an Prüfungen	-0,82	6,159 *
Z	N14	Verfügbare Zeit zur Wahl von Kursen nach eigenem Interesse	-0,80	8,179 **
Z	P7	Unterstützung bei der Selbstbewertung	-0,77	9,299 **
LK	O4	Qualifikation der Hochschulleitung	-0,77	7,025 **
EG	O3	Entgegenkommen der Hochschulleitung bei studentischen Fragen und Problemen	-0,74	5,125 *
LK	N8	Methodische/didaktische Qualifikation der NF-Dozenten (Vorlesung/Seminar)	-0,67	9,798 **
MU	M2	Ausstattung (Instrumente etc.)	-0,54	5,871 *
LK	H5	Vergleich zwischen Hauptfach-Klassen	-0,52	5,338 *
EF	H10	Kommunikation der Berufschancen durch den Hauptfach-Dozent	-0,50	4,942 *
Z	P6	Gelegenheit zur Selbstbewertung außerhalb von Prüfungen	-0,41	6,740 *
Z	P4	Verantwortungsbewusstsein der Prüfer	-0,30	7,247 **
Z	P5	Feedback nach Prüfungen	-0,28	4,059 *

** = Signifikanter Unterschied zwischen den Gruppen von <0,01 (Signifikanzniveau: 5%)
* = Signifikanter Unterschied zwischen den Gruppen von <0,05 (Signifikanzniveau: 5%)

Tabelle 4.2.22: Vergleich der Wahrnehmungen von Dozenten und Studenten (signifikante Unterschätzungen - KA)

Überschätzt werden – wie Tabelle 4.2.23 zeigt – von den Dozenten hingegen vor allem Aspekte aus dem Nebenfächer-Bereich, und hier ausschließlich aus der Dimension ‚Zuverlässigkeit'. Dabei tritt vor allem hervor, dass die Dozenten die inhaltlichen Qualitätserwartungen der KA-Studenten in den Vorlesungen für Musikwissenschaften, Methodik und Pädagogik überbewerten und einen höheren zeitlichen Umfang für Orchesterprojekte bedeutsamer bewerten als die Studenten.

270 Je negativer die Differenz in der vierten Spalte, desto mehr unterschätzen die Dozenten die Studentenerwartungen. Die Einzelwerte für die hier angegebenen Differenzen sind in den Anhängen 5 und 6 angegeben.

Dimension	Nr.	Kurzform der Frage	Differenz (Dozent - Student)	ANOVA F	
Z	N6	Qualität des Kursangebotes in den Musikwissenschaften	1,19	14,384	**
Z	N1	Umfang Nebenfach-Unterricht (Einzelunterricht)	0,95	15,758	**
Z	N10	Umfang an Orchesterprojekten	0,73	6,321	*
Z	N4	Qualität des Kursangebotes Pädagogik und Methodik	0,60	11,534	**
Z	N2	Pünktlichkeit/Regelmäßigkeit Nebenfach-Unterricht (Einzel)	0,46	7,143	**
Z	M8	Verlässlichkeit der Kommunikation	0,39	4,073	*

** = Signifikanter Unterschied zwischen den Gruppen von <0,01 (Signifikanzniveau: 5%)
* = Signifikanter Unterschied zwischen den Gruppen von <0,05 (Signifikanzniveau: 5%)

Tabelle 4.2.23: Vergleich der Wahrnehmungen von Dozenten und Studenten (signifikante Überschätzungen - KA)

Beim Vergleich der fünf SERVQUAL-Dimensionsgewichte unterscheiden sich die Einschätzungen der Dozenten relativ zu den Erwartungen der Studenten in den Dimensionen Leistungskompetenz, Einfühlungsvermögen und Materielles Umfeld signifikant. Hier fällt – wie auch schon in den oben beschriebenen Einzelvergleichen – eine deutliche Ähnlichkeit der Dozenten-Ergebnisse mit den Ergebnissen der KA-Studenten im Grundstudium auf (vgl. Unterkapitel 4.1.2.3.2.2). Dies lässt den Verdacht aufkommen, dass die Dozenten möglicherweise die Erwartungsveränderungen der Studenten im Laufe ihres Studiums nicht wahrnehmen, sondern statt dessen bis zum Examen der Studenten weiter vom Erwartungsprofil der Studenten zu Beginn des Studiums ausgehen.

SERVQUAL-Dimension	Differenz (Dozent - Student)	ANOVA F	
Materielles Umfeld	-7 %-Punkte	6,444	*
Zuverlässigkeit	-4 %-Punkte	1,816	
Entgegenkommen	+1 %-Punkt	0,156	
Leistungskompetenz	+10 %-Punkte	9,179	**
Einfühlungsvermögen	-8 %-Punkte	8,535	**

** = Signifikanter Unterschied zwischen den Gruppen von <0,01 (Signifikanzniveau: 5%)
* = Signifikanter Unterschied zwischen den Gruppen von <0,05 (Signifikanzniveau: 5%)

Tabelle 4.2.24: Vergleich der Wahrnehmungen von Dozenten und Studenten (SERVQUAL-Gewichte – KA)

Instrumental- und Gesangspädagogik (IGP)

Bei den IGP-Studenten ist die Liste der Unterschiede zwischen Dozenten und Studenten weniger umfangreich als bei den KA-Studenten und auch die Prioritäten liegen anders: insbesondere die Erwartungen der Studenten an die Ausstattung der Hochschule (M2) und die Anzahl der Überäume (M3) werden von den Dozenten deutlich unterschätzt, ebenso wie das Entgegenkommen und Einfühlungsvermögen der Hochschule (O3, O10, O9).

Im Hauptfachunterricht wünschen sich die IGP-Studenten weiterhin eine klarere Erläuterung der Unterrichtsziele (H7), als die Dozenten erwarten. Ebenso würden die Studenten mehr Unterstützung bei ihrer freien Entfaltung begrüßen, als von den Dozenten unterstellt wird (H3). Außerdem unterscheiden sich im Nebenfachunterricht die Meinungen zwischen Studenten und Dozenten vor allem hinsichtlich des studentenseitigen Wunsches nach mehr Nebenfachunterricht (N1) und anspruchsvollerem Unterricht im Bereich Musikwissenschaften (N6).

Auch die Erwartungen hinsichtlich der Kommunikation an der Hochschule werden von den Dozenten unterschätzt, in allen kommunikationsrelevanten Bereichen liegen deren Erwartungen hinter denen der Studenten zurück (M6, M7, O2, M8). Beim Themenbereich Prüfungen liegen die Erwartungen zwischen Studenten und Dozenten fast gleich, allerdings unterschätzen die Dozenten den Wunsch ihrer Studenten nach mehr Berufsrelevanz in den Prüfungen (P2). Dies ist ein deutlicher Unterschied zu den Ergebnissen im Bereich KA, wo die Dozenten ein vollkommen falsches Bild von den studentischen Prüfungserwartungen hatten.

Wie die KA-Dozenten unterschätzen auch die IGP-Dozenten letztlich die Erwartungen der Studenten hinsichtlich der Evaluation ihrer Leistungen (N15).

Dimension	Nr.	Kurzform der Frage	Differenz (Dozent - Student)	ANOVA F	
MU	M2	Ausstattung (Instrumente etc.)	*-1,44*	42,894	**
EG	O3	Entgegenkommen der Hochschulleitung bei studentischen Fragen und Problemen	*-1,16*	27,289	**
EF	O10	Existenz gedruckter Informationsunterlagen	*-1,11*	27,454	**
Z	N15	Evaluation von Dozenten	*-1,02*	7,597	**
MU	M6	Internes Kommunikationsmaterial	*-0,92*	6,004	*
Z	N1	Umfang Nebenfach-Unterricht (Einzelunterricht)	*-0,77*	13,817	**
MU	M7	Externes Kommunikationsmaterial	*-0,76*	5,250	*
EF	H7	Klare Erläuterung der Unterrichtsziele durch den Hauptfach-Dozent	*-0,73*	10,923	**
MU	M3	Anzahl Überäume	*-0,70*	9,790	**
Z	P2	Berufsrelevanz der Prüfungen	*-0,64*	5,678	*
Z	H3	Unterstützung der freien Entfaltung im Hauptfach-Unterricht	*-0,62*	8,508	**
EF	O9	Existenz spezieller, persönlicher Beratungsmöglichkeiten	*-0,57*	5,169	*
Z	N6	Qualität des Kursangebotes der Musikwissenschaften	*-0,54*	8,488	**
Z	O2	Kommunikation der Beschlüsse	*-0,47*	4,792	*
Z	M8	Verlässlichkeit der Kommunikation	*-0,47*	4,658	*

** = Signifikanter Unterschied zwischen den Gruppen von <0,01 (Signifikanzniveau: 5%)
* = Signifikanter Unterschied zwischen den Gruppen von <0,05 (Signifikanzniveau: 5%)

Tabelle 4.2.25: Vergleich der Wahrnehmungen von Dozenten und Studenten (signifikante Unterschätzungen - IGP)

In keinem Fall werden die Studentenerwartungen von den IGP-Dozenten überschätzt. Ebenso fallen beim Vergleich der SERVQUAL-Dimensionsgewichte keine nennenswerten Unterschiede zwischen den Dozenten- und den Studentenerwartungen auf.

<u>Schulmusik</u>

Die Ergebnisse des Vergleiches zwischen Dozenten und Studenten unterscheiden sich bei den Schulmusikern deutlich von den Ergebnissen der KA- und IGP-Studenten, denn während die Dozenten der Studiengänge KA und IGP nahezu alle Erwartungen der Studenten unterschätzen, neigen die Schulmusik-Dozenten dazu, die Erwartungen ihrer Studenten zu überschätzen. So gehen die Dozenten beim Hauptfach-Instrumentalunterricht von höheren Erwartungen der Studenten aus, als diese wirklich haben (H5, H8, H1, H9, N9, H10). Gleiches gilt für die Beratungsleistungen der Hochschule (O8).

Dimension	Nr.	Kurzform der Frage	Differenz (Dozent - Student)	ANOVA F	
EG	H8	Förderung von Auftrittsgelegenheiten durch den Hauptfach-Dozent	1,00	10,379	**
EF	O8	Existenz allgemeiner Beratungsmöglichkeiten	0,94	6,488	*
LK	H5	Vergleich zwischen Hauptfach-Klassen	0,90	7,335	**
MU	M5	Öffnungszeiten	0,86	10,328	**
EG	H9	Allgemeines Interesse des Hauptfach-Dozenten am Student	0,83	5,722	*
EF	H10	Kommunikation der Berufschancen durch den Hauptfach-Dozent	0,83	6,552	*
Z	N9	Qualität des Hochschulorchesters	0,66	5,956	*
Z	P6	Gelegenheit zur Selbstbewertung außerhalb von Prüfungen	0,64	4,175	*
Z	H1	Umfang an Hauptfach-Unterricht	0,33	4,716	*

** = Signifikanter Unterschied zwischen den Gruppen von <0,01 (Signifikanzniveau: 5%)
* = Signifikanter Unterschied zwischen den Gruppen von <0,05 (Signifikanzniveau: 5%)

Tabelle 4.2.26: Vergleich der Wahrnehmungen von Dozenten und Studenten (signifikante Überschätzungen - Schulmusik)

Unterschätzt werden von den Dozenten vor allem die Erwartungen zur Evaluation von Lehrleistungen (N15), die Erwartungen beim Verantwortungsbewusstsein der Dozenten in Prüfungen (P4) sowie die Erwartungen hinsichtlich der verfügbaren Zeit für Wahlveranstaltungen (N14). Auch bezüglich der Qualifikation der Hochschulangehörigen haben die Studenten höhere Erwartungen als die Dozenten: sie wünschen sich eine bessere methodische/didaktische Qualifikation der Hauptfachlehrer (H4) und ein besseres Kursangebot für Pädagogik und Methodik (N4).

Dimension	Nr.	Kurzform der Frage	Differenz (Dozent - Student)	ANOVA F	
Z	N15	Evaluation von Dozenten	*-1,41*	16,361	**
Z	N14	Verfügbare Zeit zur Wahl von Kursen nach eigenem Interesse	*-0,71*	5,396	*
LK	H4	Methodische/didaktische Qualifikation der Hauptfach-Dozenten	*-0,48*	4,100	*
Z	P4	Verantwortungsbewusstsein der Prüfer	*-0,46*	7,541	**
Z	N4	Qualität des Kursangebotes Pädagogik und Methodik	*-0,40*	5,846	*
LK	O4	Qualifikation der Hochschulleitung	*-0,37*	5,903	*
LK	N3	Methodische/didaktische Qualifikation der Nebenfach-Dozenten (Einzelunterricht)	*-0,34*	4,059	*

** = Signifikanter Unterschied zwischen den Gruppen von <0,01 (Signifikanzniveau: 5%)
* = Signifikanter Unterschied zwischen den Gruppen von <0,05 (Signifikanzniveau: 5%)

Tabelle 4.2.27: Vergleich der Wahrnehmungen von Dozenten und Studenten (signifikante Unterschätzungen - Schulmusik)

Wie schon bei den IGP-Dozenten fallen auch bei den Schulmusik-Dozenten hinsichtlich der SERVQUAL-Dimensionsgewichte keine nennenswerten Unterschiede zu den Studenten auf.

4.2.2.5.2 Fehlwahrnehmungen der Entscheidungsträger

Bei der Einschätzung der Bedürfnisse für KA- und IGP-Studenten durch die Entscheidungsträger fallen in nahezu allen Bereichen signifikante Fehleinschätzungen auf. Tabelle 4.2.28 zeigt die Wahrnehmungsdifferenzen zwischen Studenten und Entscheidungsträger für das KA-Studium auf, Tabelle 4.2.29 gibt die Ergebnisse für das IGP-Studium wieder.

Dimension	Nr.	Kurzform der Frage	KA – Hauptstudium [271]		
			Differenz (ET - Student)	ANOVA F	
Z	N13	Umfang des Kursangebotes in Randgebieten	-2,31	41,831	**
EF	H6	Semesterrückblicke durch den Hauptfach-Dozent	-2,28	46,614	**
EF	O8	Existenz allgemeiner Beratungsmöglichkeiten	-2,20	38,607	**
LK	H5	Vergleich zwischen Hauptfach-Klassen	-2,14	58,657	**
Z	N15	Evaluation von Dozenten	-2,13	26,838	**
EF	H7	Klare Erläuterung der Unterrichtsziele durch den Hauptfach-Dozent	-1,90	37,537	**
Z	N4	Qualität des Kursangebotes Pädagogik und Methodik	-1,80	43,625	**
Z	M8	Verlässlichkeit der Kommunikation	-1,70	27,248	**
LK	H4	Methodische/didaktische Qualifikation der Hauptfach-Dozenten	-1,53	26,845	**
MU	M7	Externes Kommunikationsmaterial	-1,45	20,588	**
Z	N7	Pünktlichkeit/Regelmäßigkeit Nebenfach-Unterricht (Vorlesungen/Seminare)	-1,42	17,693	**
EF	H10	Kommunikation der Berufschancen durch den Hauptfach-Dozent	-1,38	25,147	**
EG	H9	Allgemeines Interesse des Hauptfach-Dozenten am Student	-1,38	17,097	**
Z	N1	Umfang Nebenfach-Unterricht (Einzel)	-1,35	14,514	**
Z	O2	Kommunikation der Beschlüsse	-1,34	16,593	**
Z	N5	Qualität des Kursangebotes Musiktheorie (Tonsatz etc.)	-1,34	16,454	**
MU	M6	Internes Kommunikationsmaterial	-1,33	15,450	**
LK	N3	Methodische/didaktische Qualifikation der Nebenfach-Dozenten (Einzelunterricht)	-1,26	21,052	**
LK	N8	Methodische/didaktische Qualifikation der Nebenfach-Dozenten (Vorlesung/Seminar)	-1,17	27,229	**
Z	N2	Pünktlichkeit/Regelmäßigkeit Nebenfach-Unterricht (Einzelunterricht)	-1,14	23,858	**
MU	M2	Ausstattung (Instrumente etc.)	-1,10	18,223	**
MU	M1	Gebäudezustand	-1,09	15,762	**
EF	O9	Existenz spezieller, persönlicher Beratungsmöglichkeiten	-1,08	15,039	**
EF	O10	Existenz gedruckter Informationsunterlagen	-1,01	10,579	**
LK	O4	Qualifikation der Hochschulleitung	-1,01	9,917	**
MU	M3	Anzahl Überäume	-0,93	7,861	**
Z	N14	Verfügbare Zeit zur Wahl von Kursen nach eigenem Interesse	-0,93	8,718	**
Z	H3	Unterstützung der freien Entfaltung im Hauptfach-Unterricht	-0,73	9,315	**
MU	M5	Öffnungszeiten	-0,73	4,995	*
Z	H1	Umfang an Hauptfach-Unterricht	-0,72	9,421	**
EG	H8	Förderung von Auftrittsgelegenheiten durch den Hauptfach-Dozent	-0,57	4,988	*
Z	N10	Umfang an Orchesterprojekten	1,08	6,299	*

** = Signifikanter Unterschied zwischen den Gruppen von <0,01 (Signifikanzniveau: 5%)
* = Signifikanter Unterschied zwischen den Gruppen von <0,05 (Signifikanzniveau: 5%)

Tabelle 4.2.28: Vergleich der Wahrnehmungen von Entscheidungsträgern und Studenten (signifikante Unterschiede - KA)

[271] Je negativer eine Differenz, desto mehr unterschätzen die Entscheidungsträger die Studentenerwartungen und umgekehrt. Die Einzelwerte für die hier angegebenen Differenzen sind in den Anhängen 5 und 7 angegeben.

Dimension	Nr.	Kurzform der Frage	IGP - Hauptstudium		
			Differenz (ET - Student)	ANOVA F	
Z	N15	Evaluation von Dozenten	-2,56	33,588	**
Z	N13	Umfang des Kursangebotes in Randgebieten	-2,18	20,731	**
MU	M4	Bibliothek	-2,10	85,571	**
EF	H6	Semesterrückblicke durch den Hauptfach-Dozent	-1,96	38,624	**
EF	O10	Existenz gedruckter Informationsunterlagen	-1,87	56,214	**
Z	N1	Umfang Nebenfach-Unterricht (Einzel)	-1,81	40,057	**
EF	H7	Klare Erläuterung der Unterrichtsziele durch den Hauptfach-Dozent	-1,81	41,757	**
MU	M1	Gebäudezustand	-1,74	22,218	**
Z	N6	Qualität des Kursangebotes Musikwissenschaften	-1,73	53,135	**
LK	N3	Methodische/didaktische Qualifikation der Nebenfach-Dozenten (Einzelunterricht)	-1,61	24,558	**
Z	O2	Kommunikation der Beschlüsse	-1,55	39,169	**
LK	O4	Qualifikation der Hochschulleitung	-1,55	45,352	**
MU	M2	Ausstattung (Instrumente etc.)	-1,53	31,719	**
EF	O8	Existenz allgemeiner Beratungsmöglichkeiten	-1,48	13,241	**
Z	M8	Verlässlichkeit der Kommunikation	-1,47	24,218	**
LK	H5	Vergleich zwischen Hauptfach-Klassen	-1,42	19,958	**
Z	N4	Qualität des Kursangebotes Pädagogik und Methodik	-1,36	49,784	**
EG	O5	Entgegenkommen der Verwaltung bei studentischen Fragen und Problemen	-1,33	15,718	**
LK	H4	Methodische/didaktische Qualifikation der Hauptfach-Dozenten	-1,31	25,238	**
MU	M6	Internes Kommunikationsmaterial	-1,31	9,466	**
LK	O6	Qualifikation der Verwaltung	-1,27	20,085	**
Z	N2	Pünktlichkeit/Regelmäßigkeit Nebenfach-Unterricht (Einzelunterricht)	-1,25	24,514	**
EF	O9	Existenz spezieller, persönlicher Beratungsmöglichkeiten	-1,17	18,884	**
MU	M3	Anzahl Überäume	-1,16	15,234	**
Z	N5	Qualität des Kursangebotes Musiktheorie (Tonsatz etc.)	-1,13	40,312	**
MU	M7	Externes Kommunikationsmaterial	-1,12	8,495	**
Z	N7	Pünktlichkeit/Regelmäßigkeit Nebenfach-Unterricht (Vorlesungen/Seminare)	-1,07	17,187	**
EG	O3	Entgegenkommen der Hochschulleitung bei studentischen Fragen und Problemen	-0,95	12,088	**
Z	H3	Unterstützung der freien Entfaltung im Hauptfach-Unterricht	-0,80	13,657	**
EF	H10	Kommunikation der Berufschancen durch den Hauptfach-Dozent	-0,80	5,381	*
EG	H9	Allgemeines Interesse des Hauptfach-Dozenten am Student	-0,78	4,412	*
Z	H1	Umfang an Hauptfach-Unterricht	-0,73	5,610	*
LK	N8	Methodische/didaktische Qualifikation der Nebenfach-Dozenten (Vorlesung/ Seminar)	-0,67	6,669	*

** = Signifikanter Unterschied zwischen den Gruppen von <0,01 (Signifikanzniveau: 5%)
* = Signifikanter Unterschied zwischen den Gruppen von <0,05 (Signifikanzniveau: 5%)

Tabelle 4.2.29: Vergleich der Wahrnehmungen von Entscheidungsträgern und Studenten (signifikante Unterschiede - IGP)

Bei der Betrachtung dieser Ergebnisse wird keine Systematik erkennbar, warum bestimmte Kriterien stärker unterschätzt werden als andere, zweifelsohne ist aber erkennbar, dass die Entscheidungsträger die Erwartungen aller Studenten massiv unterschätzen. Mögliche Gründe für dieses Ergebnis werden nun diskutiert.

4.2.3 Zusammenfassung und Diskussion der Ergebnisse

Die Analyse der Qualitätslücken 1 bis 4 hat verdeutlicht, dass es bei den Entscheidungsträgern und Dozenten der HfMDK zu deutlichen Unzufriedenheiten mit dem Arbeitsumfeld und den Arbeitsbedingungen kommt. Darüber hinaus haben sowohl die Dozenten als insbesondere auch die Entscheidungsträger teilweise völlig falsche Vorstellungen von den Studentenerwartungen.

Allgemeine Unzufriedenheit der Hochschulvertreter mit den Arbeitsbedingungen

Als das Hauptproblem, das einer optimalen Ausführung ihrer Arbeit im Wege steht, sehen die Hochschulangehörigen vor allem die organisatorischen Umstände an der Hochschule. Die *Entscheidungsträger* kritisieren den Mangel an konkreten organisatorischen Verantwortlichkeiten, die nicht ausreichenden finanziellen und personellen Mittel sowie die Nichtexistenz effizienter Programme zur Verbesserung der Studienqualität an der Hochschule. Weiterhin fühlen sie sich nur eingeschränkt befähigt, alle ihre Aufgaben optimal durchzuführen und stellen bei ihrer Arbeit fest, dass es an der Hochschule häufig schwierig ist, eine einheitliche Position zu entwickeln.

Die *Dozenten* geben zur Begründung ihrer Unzufriedenheit zunächst die mangelnden Möglichkeiten zur Weiterbildung an; denn viele von ihnen stellen fest, dass ihre Qualifikation als Lehrer zu Beginn ihrer Tätigkeit hätte besser sein können. Darüber hinaus kritisieren die Dozenten den Mangel an Anreizen für gute Arbeit bzw. Sanktionen für schlechte Leistungen. Weiterhin beklagen sie, dass sie von der Hochschule nicht ausreichend über Aufgaben und erwartete Lehrinhalte informiert würden, so dass sie allein auf Feedback der Studenten angewiesen sind. Auch die Lektüre der Studien- und Prüfungsordnung ermöglicht keine ausreichende Einschätzung der Hochschulerwartungen.

Darüber hinaus beobachten die Dozenten, dass sie nicht als ein Team handeln, das gemeinsam eine gute Ausbildung an der Hochschule anstrebt. So sind sich die Dozenten noch nicht einmal sicher, ob alle ihre Kollegen daran interessiert sind, „das Beste für ihre Studenten zu leisten" (vgl. T2).

Letztlich stellen die Dozenten neben den Lücken in der Ausbildungsqualität fest, dass die Kommunikation an der Hochschule nur schlecht funktioniert. So beobachten sie beispielsweise, dass Hochschulentscheidungen häufig ohne die Prüfung der Umsetzbarkeit seitens der Dozenten gefällt werden oder dass die Dozenten von aktuellen Änderungen an der Hochschule meist nur wenig mitbekommen.

Bei der Entscheidungsträger-Befragung lassen sich die kritischen Ergebnisse relativ leicht erklären, weil es sich bei der Kritik überwiegend um die fachliche Qualifikation der Entscheidungsträger handelt. Die Kritik resultiert somit wahrscheinlich daraus, dass es sich bei den meisten Entscheidungsträgern der HfMDK um gewählte Vertreter der Dozenten handelt und nicht um Management- und Verwaltungsspezialisten. Dadurch sind die meisten Vertreter der Entscheidungsträger-Gruppe nicht besonders geübt in der Findung von gemeinsamen Positionen und Kompromissen innerhalb von Hochschulgremien, was es ihnen sehr schwer macht, gemeinsam etwas an der Hochschule zu bewegen. Die Entscheidungsträger der Hochschule benötigen somit gegebenenfalls aktivere Unterstützung von Verwaltungsspezialisten, die ihnen bei der Entwicklung und Umsetzung ihrer Pläne zur Seite stehen.

Mehr als die kritische Wahrnehmung der Entscheidungsträger überrascht hingegen die Wahrnehmung der Dozenten an der HfMDK: die Ergebnisse lassen den Eindruck entstehen, als würden die Dozenten ihren Unterricht an der HfMDK nur relativ unkoordiniert anbieten (können). Dabei geben die Dozenten der Hochschulleitung die Hauptschuld an diesem Problem, indem sie deutlich machen, dass ihnen keinerlei brauchbare Orientierungshilfen für ihre Arbeit zur Verfügung stehen und dass sie nur eingeschränkt in die Hochschulkommunikation eingebunden werden. Beide dieser Hauptkritikpunkte sollten von der Hochschulleitung mittelfristig jedoch relativ leicht behebbar sein, insbesondere auch deshalb, weil die Studenten ähnliche Forderungen an die Hochschulleitung stellen. Für die Steigerung der Dozentenzufriedenheit können somit Synergieeffekte genutzt werden, die durch die Verbesserung der Ausbildungsqualität für die Studenten entstehen.

Wahrnehmungsunterschiede zwischen den verschiedenen Personengruppen

Folgende Wahrnehmungsunterschiede zwischen Dozenten und Studenten fallen besonders auf: zunächst einmal unterschätzen alle Dozenten deutlich die Erwartungen der Studenten hinsichtlich des Wunsches nach Einführung von Dozentenevaluationsverfahren an der Hochschule.

Die *KA-Dozenten* unterschätzen darüber hinaus vor allem die Erwartungen der Studenten hinsichtlich allgemeiner Studienberatung wie auch Beratung seitens des Hauptfachlehrers. Die Überprüfung der Daten lässt weiterhin erkennen, dass die KA-Dozenten eher die Erwartungen der Grundstudium- als die der Hauptstudium-Studenten wahrnehmen, wenn sie die Studentenschaft als Ganzes beschreiben; offenbar setzen sie sich also nicht ausreichend mit der Entwicklung der Studentenerwartungen im Laufe des Studiums auseinander. Desweiteren haben die KA-Dozenten eine besonders schlechte Vorstellung von den studentischen Prüfungserwartungen. Hier werden fast alle für die Studenten wichtigen Aspekte signifikant unterschätzt.

Die *IGP-Dozenten* unterschätzen ebenfalls die Erwartungen der Studenten hinsichtlich der Beratung. Weiterhin unterschätzen sie aber auch das Bedürfnis der Studenten, wie die KA-Studenten ernst zu nehmende Musiker sein zu wollen, denn sowohl der Bedarf der IGP-Studenten an Überäumen und der Ausstattung der Hochschule mit Instrumenten als auch die Bedeutung des Einzelunterrichts und der Kammermusik werden von den Dozenten nur kaum erkannt.

Die *Schulmusik-Dozenten* unterschätzen vor allem die Erwartungen der Studenten an die methodischen und didaktischen Fähigkeiten der Dozenten. Allerdings *über*schätzen die Dozenten die Erwartungen der Studenten hinsichtlich der Bedeutung des Hauptfach-Instrumentalunterrichts sowie der mit diesem Unterricht verbundenen Aktivitäten (u.a. Hochschulorchester und Gelegenheit für öffentliche Auftritte). Wie schon bei den KA-Studenten ist eine auffallende Ähnlichkeit der Dozentenerwartungen mit denen der Schulmusik-Studenten im Grundstudium zu beobachten, die zu diesem Zeitpunkt noch mehr an den künstlerischen Studienkomponenten interessiert sind als später im Hauptstudium.

Beim Vergleich der *Entscheidungsträger* mit den Studenten fallen die Unterschiede noch deutlicher aus, denn hinsichtlich nahezu aller Aspekte der Ausbildung *unter*schätzen sie signifikant die Erwartungen der Studenten, obwohl sie sich nach eigenen Angaben regelmäßig und umfassend über die Erwartungen und Wünsche der Studenten informieren.

Diese Fehlwahrnehmungen der Dozenten und Entscheidungsträger sind zweifelsohne sehr überraschende Ergebnisse, bei genauerem Hinsehen sind sie jedoch vielleicht erklärbar: an Musikhochschulen haben die Dozenten und die Entscheidungsträger, die ja meist Dozenten sind, viel individuellen Kontakt mit den Studenten in Form von Einzel- und Kleingruppenunterricht. In diesem Unterricht wird intensiv und kritisch an musikalischen Werken gearbeitet und dabei meist auch die Meinung der Studenten diskutiert. Außerdem richten die Dozenten ihren Unterricht individuell auf die Leistung einzelner Studenten aus. Aus diesem Grunde sind die Dozenten und Entscheidungsträger möglicherweise der Überzeugung, sich intensiv und individuell mit den Problemen der Studenten zu befassen und übersehen dabei, dass diese Probleme der Studenten über technische und musikalische Herausforderungen hinausgehen. Dies zeigt sich auch darin, dass die Dozenten und Entscheidungsträger den persönlichen Beratungsbedarf der Studenten – insbesondere im Bereich Studien- und Karriereplanung – unterschätzen.

Die Dozenten scheinen den Studenten somit die Verantwortung übertragen zu haben, von sich aus mit ihren Problemen an sie heranzutreten, wenn sie Gesprächsbedarf haben. Da die Studenten aber möglicherweise ihre Unterrichtszeit nicht mit dem Besprechen persönlicher Belange blockieren möchten und die Dozenten normalerweise keine Sprechstunden anbieten, bleiben zahlreiche Probleme der Studenten unbesprochen, was letztendlich zu Unzufriedenheit führt.

Solche Kommunikationsprobleme und Fehlwahrnehmungen sind durch professionelle Studienberatungskonzepte behebbar, die in Unterkapitel 5.1 näher beschrieben werden.

4.3 Arbeitgeberperspektive

Bei der folgenden Untersuchung steht die Position der Arbeitgeber im Mittelpunkt, weil diese unabhängig von den Erwartungen der Studenten und Hochschulen definieren, welche Anforderungen sie an ihre Bewerber stellen. Die Einschätzungen der Studenten und Entscheidungsträger der Hochschule werden daher im weiteren Verlauf dieses Unterkapitels – im Gegensatz zu den vorausgegangenen Unterkapiteln – mit der ‚Referenzmeinung' der Arbeitgeber nur deshalb verglichen, um zu erkennen, ob die Studenten die richtigen Vorstellungen vom Arbeitsmarkt haben. (Qualitätslücke 6)

Diese Untersuchung beschränkt sich jedoch nicht auf die Analyse der *Einstellungs*kriterien für Orchester, Musikschulen und Gymnasialstellen, sondern berücksichtigt auch auf die zur Berufs*ausübung* notwendigen Aspekte. Diese Unterscheidung ist bei Musikberufen von Bedeutung, da sich die Kriterien für Vorstellungsgespräch/ Probespiel und Berufsausübung durchaus deutlich unterscheiden können. (Beispiel: Virtuosität ist zwar möglicherweise von zentraler Bedeutung im Orchesterprobespiel für eine ‚2. Violine (Tutti)', wird jedoch nicht im selben Ausmaß für den Orchesteralltag erwartet.)

Um die Erwartungen der Arbeitgeber richtig einschätzen zu können, wird in Unterkapitel 4.3.1 zunächst ein Kriterienkatalog entwickelt, der die Berufsaspekte aller untersuchten Studiengänge berücksichtigt. Auf diese Weise ist es später möglich, die Erwartungen der unterschiedlichen Arbeitgeber direkt zu vergleichen. In Unterkapitel 4.3.2 erfolgt dann die Güteprüfung der Daten, bevor die Unterkapitel 4.3.3 und 4.3.4 die Ergebnisse für die beiden Studiengänge KA und IGP wiedergeben. In Unterkapitel 4.3.5 werden letztlich alle Arbeitgeber-Ergebnisse zusammengefasst.

4.3.1 Forschungsdesign

Entwicklung der Fragen

Zur Erlangung eines Arbeitsplatzes gilt branchenunabhängig, dass eine Kombination aus formalen Anforderungen, Fachkompetenz und Persönlichkeit notwendig ist, um den Arbeitgeber zu überzeugen. Ausgehend davon wurden zur Analyse der Einstellungskriterien in Orchestern, Musikschulen und Gymnasien diese Kriterien auf die typischen Berufsanforderungen in den untersuchten Studiengängen angepasst.

Als Grundlage für die Entwicklung des Fragebogens diente die Recherche von Bewerbungshandbüchern[272], Unterlagen des Arbeitsamtes[273], Informationen verschiedener Musikerverbände[274] sowie themennahe Artikel und sonstige Veröffentlichungen.[275] Darüber hinaus erfolgten Gespräche mit mehreren Studenten und Dozenten der HfMDK sowie Arbeitgebern und Vertretern mehrerer Musikverbände.

Diese Recherche führte zur Entwicklung eines Kriterienkataloges, der sich aus vier Kategorien zusammensetzt: Bewerbungsunterlagen, Instrumentalkompetenz, Theoriekompetenz und Personenkompetenz. Diesen vier Kategorien wurden dann zahl-

---

272 Vgl. beispielsweise Hesse/Schrader, *Bewerbungsstrategien* (1997), S. 36ff und S. 112ff; Reichel, *Bewerbungsstrategien* (2002), S. 16f; Fuchs/Westerwelle, *Bewerbung* (2000), S.33f; Kratz, *Bewerbung* (2002), S.13ff; Richter, *Einstellungsinterview* (2003), S. 10ff.

273 Vgl. Künstlerdienst des Arbeitsamtes, *Ihre Berufliche Zukunft* (2000), S. 28f.

274 Vgl. Verband deutscher Musikschulen, *Mehr als nur Unterricht* (1999); Hessisches Kulturministerium, *Prognose (*2002); Kultusministerkonferenz, *Rahmenvereinbarung Musik* (2003); Jank, *Schulmusik im Umbruch* (1996), aktuelle Broschüre für das Probespieltraining der Jeunesses Musicales Deutschland e.V.

275 Vgl. beispielsweise Hölscher, *Steinharte Auslese* (2002), S. 2f; Stepanauskas, *Probespiel der Streicher* (2001), S. 10ff; Eckhardt/Schuler, *Berufseignungsdiagnostik* (1995), S. 543 sowie allgemeine Stellenausschreibungen in Fachzeitschriften (z.B. ‚Das Orchester').

reiche Einzelkriterien zugeordnet, die sowohl bei der Bewerbung als auch bei der Berufsausübung von Bedeutung sind. Tabelle 4.3.1 zeigt die Kategorien und die dazugehörigen Einzelkriterien auf:

Kategorie	Einzelkriterium
Bewerbungs-unterlagen	▪ Gesamteindruck ▪ Examensnote ▪ Studiendauer ▪ Studienstationen (Lehrer) ▪ Studienerfolge (z.B. Wettbewerbe) ▪ Bisherige Berufserfahrungen ▪ Spezialisierungen im Studium/Fächerkombination
Instrumental-kompetenz	▪ Technik/Perfektion (Hauptfach) ▪ Musikalität/Ausdruck (Hauptfach) ▪ Spezialwissen (z.B. Alte Musik) ▪ wenn nicht Hauptfach: Relevanz der Klavier-Fähigkeiten ▪ Relevanz der sonstigen Nebenfachinstrumente (insgesamt) ▪ Blattspiel
Theorie-kompetenz	▪ Musikwissenschaften (Tonsatz, Musikgeschichte, Musikästhetik) ▪ Methodik/Pädagogik ▪ „Moderne" Qualifikationen (z.B. Jazz, populäre Musik)
Personen-kompetenz	▪ Person selbst (z.B. Sympathie, Teamfähigkeit, ggf. Umgang mit Kindern) ▪ Selbstvertrauen ▪ Gesellschaftliches Engagement (z.B. Vereine, AStA) ▪ Analytisches Denken ▪ Allgemeinbildung ▪ Beziehungen (privat oder über die Hochschule)

Tabelle 4.3.1: Notwendige Fähigkeiten für die Berufsausübung

Die *Bewerbungsunterlagen* ermöglichen es dem Arbeitgeber, sich einen ersten Eindruck vom Bewerber zu verschaffen. Dabei begutachtet dieser normalerweise zunächst den optischen Gesamteindruck der eingeschickten Unterlagen und analysiert anschließend, ob der Kandidat hinsichtlich der formalen Anforderungen (Alter, Arbeitserlaubnis etc.) und seiner persönlichen Entwicklung (Ausbildungsstationen, Berufserfahrungen, besondere Qualifikationen) grundsätzlich geeignet scheint, die ausgeschriebene Stelle auszuüben.

Eine positive Bewertung der Bewerbungsunterlagen führt dann zur Einladung des Kandidaten zur persönlichen Vorstellung, wo dieser seine zuvor schriftlich beschriebenen Fähigkeiten glaubhaft machen muss. Weiterhin überprüft der Arbeitgeber bei diesem Treffen die Personenkompetenz des Kandidaten, um zu prüfen, ob er auch hinsichtlich seiner Persönlichkeit für die Stelle geeignet scheint.

Bei der *Instrumentalkompetenz* wird im Hauptfachunterricht zwischen den Bereichen Technik/Perfektion, Musikalität/Ausdruck und Spezialwissen (wie z.B. Erfahrung im Bereich ‚Alte Musik') unterschieden. Weiterhin wird untersucht, inwieweit die Fähigkeiten zum Klavierspiel (soweit es nicht ohnehin das Hauptfach im Studium war) und weitere Nebenfachinstrumente für die Arbeitgeber von Interesse sind. Darüber hinaus wird die Bedeutung von Blattspiel-Fähigkeiten für Bewerbung und Beruf überprüft.

Bei der *theoretischen Kompetenz* wird zwischen den klassischen Musikwissenschaften (Tonsatz, Musikgeschichte, Musikästhetik etc.), den modernen Musikstilen (z.B. Jazz, populäre Musik) sowie den Qualifikationen in Methodik/Pädagogik unterschieden. Die *Personenkompetenz* umfasst letztlich die Untersuchung der Kategorien „Person selbst" (z.B. Sympathie, Teamfähigkeit, ggf. Umgang mit Kindern), Selbstvertrauen, gesellschaftliches Engagement (Vereine, AStA etc.), analytisches Denken, Allgemeinbildung und Beziehungen (privat oder über die Hochschule).

<u>Design und Distribution des Fragebogens</u>

Die Fragen wurden den Studenten und den Entscheidungsträgern auf den gleichen Fragebögen gestellt, die sie bereits für die Untersuchungen in den Unterkapiteln 4.1 und 4.2 ausgefüllt hatten. Auf eine Befragung der Dozenten wurde hier verzichtet, da diese nur ihren jeweils eigenen Teil der Gesamtausbildung beurteilen können und somit wahrscheinlich die relative Bedeutung einzelner Kriterien dieser Untersuchung extrem über- bzw. unterbewertet hätten.

Die einzelnen Fragen zu Bewerbung und Beruf aus Tabelle 4.3.1 wurden hierfür um zwei Spalten mit 7er-Skalen erweitert und sollten mit aufsteigender Wichtigkeit bewertet werden. In der Kategorie ‚Bewerbungsunterlagen' wurde jedoch auf die

Fragen nach der Berufsrelevanz verzichtet, da Bewerbungsunterlagen nach der Bewerbung grundsätzlich keine Rolle mehr spielen. Ebenfalls konnte die Berufsrelevanz nicht für die Frage geprüft werden, ob ‚Beziehungen' eine Bedeutung für das Bestehen von Probespielen haben.

Kategorie	Einzelkriterium	Bewerbung 1= unwichtig 7= wichtig	Beruf 1= unwichtig 7= wichtig
Bewerbungsunterlagen	Gesamteindruck	1 2 3 4 5 6 7	N/A
Instrumentalkompetenz	Technik/Perfektion	1 2 3 4 5 6 7	1 2 3 4 5 6 7
...	...	1 2 3 4 5 6 7	1 2 3 4 5 6 7

Tabelle 4.3.2: Exemplarische Darstellung von Bewerbungsfragen

Die Arbeitgeber wurden, entgegen dem Vorgehen bei den Studenten und Entscheidungsträgern, telefonisch befragt, so dass die Antworten sowie die ausdrücklich erwünschten Kommentare zu den Antworten vom Interview-Leiter selbstständig protokolliert wurden. Dieses Vorgehen hatte den Hintergrund, dass bei einer schriftlichen Befragung von einem nur geringen Fragebogenrücklauf auszugehen war.

4.3.2 Güteprüfung der Arbeitgeberdaten

Auswahl der Arbeitgeber

Für die Untersuchung der Orchester-Arbeitgeber wurden Gespräche mit Vertretern von 20 deutschen Berufsorchestern der Besoldungsgruppen TVK B oder höher geführt. Dabei wurde darauf geachtet, dass nur mit Vertretern solcher Orchester Kontakt aufgenommen wurde, die in den letzten 12 Monaten eine Stellenanzeige in der Zeitschrift ‚Das Orchester' ausgeschrieben hatten und kein ausdrückliches Spezialorchester (z.B. Alte-Musik-Ensemble) darstellten. Die Gesprächteilnehmer bei den Interviews waren durchgehend Vertreter des Orchestervorstandes oder Konzertmeister der jeweiligen Orchester.

Für die Untersuchung der Musikschulen wurden per Zufallsstichprobe 20 hessische Musikschulen ausgewählt, die Mitglied im ‚Verband Deutscher Musikschulen e.V.' sind. Hier wurde ausschließlich mit den Leitern der Musikschulen gesprochen.

Zur Untersuchung der Situation an Gymnasien wurden 15 Gespräche mit Lehrern geführt, die für die Planung im Fach ‚Musik' zuständig sind (Fachsprecher o.ä.). Hier stellte sich jedoch heraus, dass es im Bereich Schulmusik nahezu unmöglich ist, die Anforderungen an eine Gymnasialstelle mit einem Fragebogen zu beschreiben. Zwar bestand unter allen Befragten Einigkeit, dass einzelne Kriterien wichtiger seien als andere und dass der hier entwickelte Fragebogen keine relevanten Fragen auslässt; welche Kriterien jedoch ausschlaggebend für eine Stelle sind, hängt von der jeweiligen Situation und den Wünschen der Schule ab.[276] Aufgrund der extrem großen Bedürfnis-Heterogenität der Schulen an ihre Lehrer wurde auf eine Darstellung der Ergebnisse verzichtet, da sie – im Gegensatz zu den Ergebnissen bei Orchestern und Musikschulen – nicht als zuverlässig genug gewertet werden konnten, um sie mit den Ergebnissen der Studenten an der Hochschule zu vergleichen.

Fehlende Werte

Bei der der Studentenuntersuchung stellten fehlende Werte nur für die Gruppe der Schulmusik-Studenten im Grundstudium ein Problem dar, hier wurden zahlreiche Fragen zur Berufsausübung nicht vollständig beantwortet. Im Hauptstudium gab es in keinem der Fragebögen fehlende Werte.

---

[276] Das Anforderungsprofil der Schulen hängt zum Beispiel davon ab, ob die Schule einen Lehrer sucht, der konkrete musikalische Aufgaben (Schulorchester, Chor etc.) übernehmen soll oder ob die Einstellungspriorität auf einem anderen Unterrichtsfach liegt (Mathematik, Deutsch etc.). Darüber hinaus geben viele der interviewten Gesprächspartner an, dass sie ihre Lehrer nach dem Referendariat vor allem auf der Grundlage gegenseitiger Sympathie einstellen. Auch qualifiziertere Bewerber haben dann keine Chance mehr gegen den Wunschkandidaten, indem das Anforderungsprofil der Schulen exakt auf einen konkreten Kandidaten zugeschnitten wird. Qualifiziert sein reicht also bei der Bewerbung nicht aus, man muss „einfach passen".

Die folgende Tabelle zeigt alle Fragen, bei denen über 5% fehlender Werte relativ zur Grundgesamtheit vorlagen:

Frage Nr.	Kurzform der Frage	Fehlende Werte (>5%)		
		KA (83)	IGP (81)	Schulm. (101)
IK4	Bewerbung: Relevanz Klavierfähigkeiten	-	10	-
IK5	Bewerbung: Relevanz sonstiger Instrumental-nebenfächer	-	5	-
IK6	Bewerbung: Blattspiel	-	5	-
IK1	Beruf: Technik/Perfektion	-	-	8
IK2	Beruf: Musikalität/Ausdruck	-	-	8
IK3	Beruf: Spezialwissen	-	-	8
IK4	Beruf: Relevanz Klavierfähigkeiten	-	-	10
IK5	Beruf: Relevanz sonst. Instrumental-Nebenfächer	-	-	8
IK6	Beruf: Blattspiel	-	-	8
PK1	Beruf: Person selbst	-	-	8
PK2	Beruf: Selbstvertrauen	-	-	9
PK3	Beruf: Gesellschaftliches Engagement	-	-	8
PK4	Beruf: Analytisches Denken	-	-	9
PK5	Beruf: Allgemeinbildung	-	-	7
PK6	Beruf: Beziehungen	-	-	9
TK1	Beruf: Musikwissenschaften	-	-	10
TK2	Beruf: Methodik/Pädagogik/Didaktik	-	-	8
TK3	Beruf: Sonstige Qualifikationen	-	-	8

Tabelle 4.3.3: Fehlende Werte in der Arbeitsmarkt-Analyse

Bei den Antworten der Arbeitgeber und Entscheidungsträger der Hochschule konnten keine erhöhten Aufkommen fehlender Werte beobachtet werden.

Reliabilität

Aufgrund der außerordentlich hohen Homogenität der Arbeitgeber-Antworten, vor allem bei den Orchester-Arbeitgebern, war es nicht möglich, das Cronbach'sche Alpha zu errechnen.[277] Aus diesem Grunde wurde hier auf das Split-Half-Verfahren zurückgegriffen (vgl. Unterkapitel 4.1.2.2), welches die Ergebnisse der einzelnen Fragen hälftig teilt und die Unterschiedlichkeit der beiden Antwortgruppen mit einem gepaarten T-Test prüft. Bei keiner der Fragen traten bei einem Signifikanzniveau

277 Reliabilitäts-Koeffizienten sind letztendlich Korrelationen zwischen den Werten, bei zahlreichen Items lag jedoch eine Standardabweichung von null oder nahe null vor, was die Berechnung von Korrelationen stark verzerrt (vgl. beispielsweise Tabelle 4.3.5).

von 5% signifikante Unterschiede zwischen den Gruppen auf. Aus diesem Grund können die Ergebnisse der Arbeitgeber als reliabel betrachtet werden.

Bei den Studenten und Entscheidungsträgern war die Errechnung des Cronbach'schen Alpha hingegen möglich. Dabei ergab sich, dass die Ergebnisse der KA- und IGP-Studenten sowie der Entscheidungsträger sehr reliabel, die der Schulmusik-Studenten jedoch nicht reliabel waren (vgl. Tabelle 4.3.4). Diese mangelnde Schulmusik-Reliabilität wie auch die hohe Anzahl an fehlenden Werten lässt sich wahrscheinlich mit den gleichen Argumenten begründen wie die mangelhaften Ergebnisse bei der Schulmusik-Arbeitgeberbefragung. Aus diesem Grunde wird in diesem Unterkapitel das Fach Schulmusik nicht mehr weiter berücksichtigt.

		Cronbach'sche Alphas		
		KA	IGP	Schulmusik
Arbeitgeber	Bewerbung	Split-Half: ok	Split-Half: ok	N/A
	Beruf			
Studenten	Bewerbung	0,8329	0,8232	0,8646
	Beruf	0,8810	0,8428	**0,4314**
Entscheidungsträger	Bewerbung	0,8701	0,8734	N/A
	Beruf	0,8810	0,8480	N/A

Tabelle 4.3.4: Reliabilität der Arbeitgeber-Erhebung

Validität

Die Übertragbarkeit der Stichprobenergebnisse auf die Gesamtheit der Arbeitgeber (externe Validität) ist aufgrund der extrem ähnlichen Antworten in allen Arbeitgeber-Gesprächen gesichert. Da mit den jeweils 20 befragten Orchester- und Musikschul-Arbeitgebern fast alle Arbeitgeber befragt wurden, die in den letzten Monaten Arbeitsplätze ausgeschrieben hatten, ist davon auszugehen, dass auch die anderen Arbeitgeber keine wesentlich abweichenden Erwartungen an ihre Bewerber haben.

Die interne Validität wurde durch die Kombination aus Fragebogen und Gesprächen mit den Arbeitgebern sichergestellt. Dadurch, dass die Fragen vom Interviewer vorgelesen und erläutert sowie von den Arbeitgebern kommentiert wurde, ist sichergestellt, dass das gemessen wurde, was gemessen werden sollte (Inhaltsvalidität). Aufgrund der bisherigen Einzigartigkeit dieser Untersuchung gibt es keine Möglichkeiten, die Validität quantitativ zu bewerten.

4.3.3 Aufbereitung der Ergebnisse für Orchestermusiker

Bei der Aufbereitung der Ergebnisse wird zunächst die Perspektive der Arbeitgeber beschrieben. Hierbei werden zum einen das Durchschnittsergebnis und die Standardabweichung der quantitativen Bewertung angegeben, zum anderen aber auch auf die Kommentare der Arbeitgeber eingegangen, die bei der Beantwortung der Fragen abgegeben wurden. Zitate der Gesprächspartner werden dabei in Anführungszeichen gesetzt.

Nach der eigenständigen Darstellung der Arbeitgeberperspektive erfolgt dann der Vergleich dieser Perspektive mit der Wahrnehmung der Studenten und Entscheidungsträger. Eine Zusammenfassung der Ergebnisse je Studiengang erfolgt hier nicht, statt dessen erfolgt die Zusammenfassung der gesamten Qualitätslücke 6 erst nach der Darstellung der IGP-Ergebnisse (Unterkapitel 4.3.5).

4.3.3.1 Perspektive der Arbeitgeber

<u>Bewerbungsunterlagen</u>

Den Untersuchungsergebnissen folgend interessieren sich Orchester-Arbeitgeber bei der Durchsicht von Bewerbungsunterlagen in erster Linie für die Studienstationen (Mittelwert: 6,5)[278], die Studienerfolge (6,1) sowie die Examensnote und die Berufserfahrung (5,7 bzw. 5,3) der Bewerber. Die Bedeutung des Gesamteindrucks der Bewerbungsunterlagen liegt mit 5,0 geringer, was einzelne Arbeitgeber-Vertreter damit begründeten, dass sie selbst Musiker seien und sich somit auf inhaltliche Fakten beschränken könnten statt Wert auf Formalitäten zu legen. Nach Aussage einiger Befragten muss eine Bewerbungsmappe schon eine „Beleidigung" sein, damit einem Bewerber bei sonstiger Qualifikation die Einladung zum Probespiel versagt wird.

278 Wie zuvor beschrieben wurden die Fragen an die Arbeitgeber auf einer Skala von 1 (unwichtig) bis 7 (sehr wichtig) abgefragt.

Die Studiendauer spielt eine nur unwesentliche Rolle bei der Bewertung der Bewerber (3,6) und als am Unwichtigsten wird der Nachweis einer möglichen Studienspezialisierung bewertet (1,95). Dies begründen die befragten Orchestervertreter in erster Linie damit, dass sie Generalisten suchen und Spezialwissen zwar begrüßen, jedoch nicht voraussetzen.

Instrumentalkompetenz

Technik und Perfektion sind bei der Bewertung der Instrumentalkompetenz im Probespiel der zentrale Faktor, alle Befragten wählten hier den höchsten Skalenwert „7". Gleichzeitig gaben die Befragten jedoch an, dass eben diese Technik und Perfektion im Berufsalltag eines Orchestermusikers einen geringeren Stellenwert hat (6,5), „insbesondere für Tutti-Musiker". Für die Bewerbung sehen die Orchester neben der Technik die Musikalität als das wichtigste Kriterium an (6,05), für den Beruf schätzen sie Musikalität sogar wichtiger ein (6,65) als technische Kompetenz.

Spezialwissen wird in den Probespielen grundsätzlich nicht geprüft, gelegentlich fällt es aber positiv auf, „z.B. bei einer besonders authentischen Mozart-Interpretation"; aus diesem Grund wird es hier mit 1,95 bewertet. Für den Beruf ist Spezialwissen hingegen durchaus wünschenswert, hier hat es einen Skalenwert von 4,55. Klavier- oder sonstige Nebeninstrumental-Fähigkeiten ebenso wie das Blattspiel[279] werden von den Befragten im Probespiel als vollkommen irrelevant (1,0), im Beruf wird Blattspiel jedoch als zentral bewertet (5,2). Klavierspiel „kann im Beruf durchaus gelegentlich von Vorteil sein" (1,8), sonstige Nebenfach-Instrumente sind für den Orchesterberuf jedoch völlig unbedeutend (jeweils 1,0).[280]

279 Keines der befragten Orchester prüft heute mehr Blattspielfähigkeiten der Bewerber, vor einigen Jahren war dies jedoch noch bei mehreren der befragten Orchestern üblich.

280 Dies schließt natürlich nicht solche Nebeninstrumente mit ein, die direkt für eine Stellenausschreibung gefordert werden, wie z.B. „Oboe mit Verpflichtung zum Englisch-Horn".

Theoriekompetenz

Im theoretischen Bereich haben sowohl die Fähigkeiten in Musikwissenschaften und Methodik/Pädagogik als auch solche für „moderne Qualifikationen" wie Jazz- und Popularmusik fast überhaupt keine Bedeutung beim Probespiel. (1,0 bis 1,92) Für einen „mündigen Berufsmusiker" gelten die Fähigkeiten in den Musikwissenschaften jedoch als bedeutsam (5,0). Methodische und pädagogische Kenntnisse werden im Orchesterberuf hingegen nicht benötigt (1,0), ebenso wie „moderne Qualifikationen" (1,75).

Personenkompetenz

Die persönlichen Eigenschaften spielen sowohl bei Bewerbung als auch bei der Berufsausübung eine zentrale Rolle, vor allem Sympathie ist ein zentraler Baustein zum Bestehen des Probespiels (5,6) und zur erfolgreichen Zusammenarbeit im Beruf (6,4). Weiterhin wird Selbstvertrauen beim Probespiel als zentral angesehen (6,25), allerdings wird allzu ausgeprägtes Selbstvertrauen, insbesondere bei Musikern auf Tutti-Stellen, später im Beruf nicht mehr besonders gern gesehen, so dass dessen Bedeutung hier auf 4,55 abfällt.

Außeruniversitäres Engagement wird weder beim Probespiel noch im Beruf belohnt (jeweils 1,0), zumindest im Beruf erweisen sich aber analytisches Denken (3,0) und Allgemeinbildung (3,95) als hilfreich. Beide Kriterien haben allerdings keinen Einfluss auf das Probespiel (1,0).

Beziehungen spielen bei der Bewerbung eine eher untergeordnete Rolle. Dennoch ergibt sich hier immerhin ein Durchschnittswert von 2,95.

		Bewerbung		Beruf		Gepaarter T-Test	
		MW	StAbw	MW	StAbw	T	Sig.
BU1	Gesamteindruck	5,00	0,92	N/A	N/A	N/A	
BU2	Examensnote	5,70	0,66	N/A	N/A	N/A	
BU3	Studiendauer	3,60	0,88	N/A	N/A	N/A	
BU4	Studienstationen	6,50	0,51	N/A	N/A	N/A	
BU5	Studienerfolge	6,10	0,72	N/A	N/A	N/A	
BU6	Berufserfahrung	5,30	0,80	N/A	N/A	N/A	
BU7	Zusatzqualifikationen	1,95	0,89	N/A	N/A	N/A	
IK1	Technik (Hauptfach)	7,00	0,00	6,50	0,61	3,684	**
IK2	Musikalität (Hauptfach)	5,75	0,85	6,65	0,49	-3,454	**
IK3	Spezialwissen	1,95	0,83	4,55	1,10	-8,850	**
IK4	Klavierfähigkeiten (Nebenfach)	1,00	0,00	1,80	0,62	-5,812	**
IK5	Sonstige Nebeninstrumente	1,00	0,00	1,00	0,00	N/A	
IK6	Blattspiel	1,00	0,00	5,20	0,77	-24,464	**
TK1	Musikwissenschaften	1,92	0,78	5,00	1,08	-16,624	**
TK2	Methodik/Pädagogik/Didaktik	1,00	0,00	1,00	0,00	N/A	
TK3	Sonstige Qualifikationen	1,00	0,00	1,75	0,64	-5,252	**
PK1	Person selbst (Sympathie etc.)	5,60	0,88	6,40	0,60	-4,660	**
PK2	Selbstvertrauen	6,25	0,79	4,55	0,89	5,667	**
PK3	Gesellschaftliches Engagement	3,10	0,85	2,80	0,62	1,453	
PK4	Analytisches Denken	2,03	0,93	3,00	1,08	-8,312	**
PK5	Allgemeinbildung	2,21	0,89	3,95	0,69	-19,222	**
PK6	Beziehungen	2,95	1,00	N/A	N/A	N/A	

** = Signifikanter Unterschied zwischen Grund- und Hauptstudium von <0,01 (Signifikanzniveau: 5%)
* = Signifikanter Unterschied zwischen den jeweiligen Studiengängen von <0,05 (Signifikanzniveau: 5%)

Tabelle 4.3.5: Arbeitgeber-Ergebnisse – Orchester

4.3.3.2 Perspektive der Studenten und Entscheidungsträger

Der Vergleich der Arbeitgeberergebnisse mit denen der KA-Studenten und Entscheidungsträger der Hochschule zeigt, dass die Studenten bei der Bewerbung sowohl im Grund- als auch im Hauptstudium eine sehr gute Vorstellung von den Erwartungen der Arbeitgeber haben, denn nur im Bereich des gesellschaftlichen Engagements der Bewerber werden die Arbeitgeber-Erwartungen von den Studenten des Hauptstudiums geringfügig unterschätzt. In vielen Bereichen werden die Erwartungen der Arbeitgeber bei der Einschätzung durch die Studenten sogar übertroffen.

Eine auffällig viel schlechtere Wahrnehmung haben die KA-Studenten bezüglich der Erwartungen der Arbeitgeber im Beruf. So unterschätzen die Studenten in Grund- und Hauptstudium die Erwartungen der Arbeitgeber hinsichtlich Musikalität, Spezialwissen, musikwissenschaftlichen Kenntnisse sowie Persönlichkeit als zukünftiger Orchestermusiker. Die Studenten des Hauptstudiums unterschätzen darüber hinaus die technischen Erwartungen der Orchester bei der Berufsausübung.

Die Entscheidungsträger der Hochschule haben – wie schon bei der Einschätzung der Studienerwartungen – ein schlechteres Bild vom Arbeitsmarkt als die Studenten. Sie unterschätzen die Bedeutung von Examensnote und Studienstationen sowie technischer Kompetenz und Charaktereigenschaften bei der Bewerbung um eine Orchesterstelle. Bei der Berufsausübung unterschätzen die Entscheidungsträger der Hochschule weiterhin – wie auch schon die Studenten – die Bedeutung von musikwissenschaftlichen Kenntnissen, Persönlichkeit und gesellschaftlichem Engagement.

Tabelle 4.3.6 zeigt noch einmal die Ergebnisse des Vergleichs der Arbeitgeber mit den Studenten und den Entscheidungsträgern. Signifikante Unterbewertungen der Arbeitgebererwartungen durch die Studenten und Hochschulvertreter sind zur leichteren Erkennbarkeit fett dargestellt.

	Studiengang KA	Studenten (GS) - Arbeitgeber		Studenten (HS) - Arbeitgeber		Entscheidungsträger - Arbeitgeber	
		Bewerb.	Beruf	Bewerb.	Beruf	Bewerb.	Beruf
BU1	Gesamteindruck	0,46 [281]	N/A	0,19	N/A	0,00	N/A
BU2	Examensnote	0,47	N/A	0,42	N/A	***-1,50*** **	N/A
BU3	Studiendauer	0,06	N/A	-0,17	N/A	0,40	N/A
BU4	Studienstationen	-0,27	N/A	-0,19	N/A	***-0,60*** *	N/A
BU5	Studienerfolge	0,27	N/A	0,19	N/A	0,00	N/A
BU6	Berufserfahrung	1,04 **	N/A	1,15 **	N/A	0,60	N/A
BU7	Zusatzqualifikationen	1,08 *	N/A	2,07 **	N/A	2,35 **	N/A
IK1	Technik (Hauptfach)	-0,40	-0,21	-0,20	***-0,81*** **	***-0,50*** *	-0,20
IK2	Musikalität (Hauptfach)	1,02 **	***-0,50*** *	1,17 **	***-0,40*** *	0,35	-0,45
IK3	Spezialwissen	0,74 *	***-1,17*** **	0,86	***-0,63*** *	2,05 **	-0,35
IK4	Klavierfähigkeiten	0,74 *	0,60	0,96 **	0,66	1,40 **	0,00
IK5	Sonstige Nebeninstr.	0,69 **	0,97 **	0,73 *	0,71 *	1,40 **	0,80 **
IK6	Blattspiel	3,66 **	-0,11	1,84 **	-0,42	3,10 **	-0,60
TK1	Musikwissenschaften	0,28	***-1,57*** **	0,28	***-0,90*** **	0,78 *	***-2,30*** **
TK2	Methodik/Pädagogik/ Didaktik	1,09 **	0,86 *	1,18 *	1,51 **	2,00 **	1,70 **
TK3	Sonstige Qualifikationen	0,83 *	0,56	1,02 **	0,66 *	2,30 **	1,25 **
PK1	Person selbst	0,11	***-0,49*** *	0,79 **	***-0,46*** *	***-1,30*** **	***-2,50*** **
PK2	Selbstvertrauen	0,41 *	0,22	0,27	0,74 **	-0,35	0,95 **
PK3	Gesellsch. Engagement	-0,59	-0,69	***-0,86*** *	***-0,88*** *	-0,80	***-0,60*** *
PK4	Analytisches Denken	0,23	0,29	0,03	0,39	1,97 **	1,10
PK5	Allgemeinbildung	0,36	0,11	0,14	-0,01	1,79 **	0,05
PK6	Beziehungen	2,55 **	N/A	1,02 *	N/A	1,75 **	N/A
** = Signifikanter Unterschied zwischen Grund- und Hauptstudium von <0,01 (Signifikanzniveau: 5%) * = Signifikanter Unterschied zwischen den jeweiligen Studiengängen von <0,05 (Signifikanzniveau: 5%)							

Tabelle 4.3.6: Vergleich der Einschätzungen – Arbeitgeber/Entscheidungsträger/Studenten (KA)

281 Der Wert 0,46 ergibt sich aus der Differenz „Studenteneinschätzung im Grundstudium minus Arbeitgebereinschätzung". Ein positiver Wert bedeutet somit, dass die Studenten die Erwartungen der Arbeitgeber überschätzen und vice versa. Alle weiteren Spalten lesen sich synonym. (**) steht für eine Signifikanz der Differenz von mindestens 0.01, (*) steht für eine Signifikanz von 0.05. (Signifikanzniveau: 0.05) Die F-Werte sind in Anhang 8 und Anhang 9 einsehbar.

4.3.4 Aufbereitung der Ergebnisse für Musikschullehrer

4.3.4.1 Perspektive der Arbeitgeber

Bewerbungsunterlagen

Bei der Beurteilung der Bewerbungsunterlagen achten die Arbeitgeber in Musikschulen vor allem auf die bisherigen Berufserfahrungen der Bewerber (Mittelwert: 6,7) sowie die Examensnote (6,45) sowie auf den allgemeinen Gesamteindruck der Bewerbungsmappe (6,15). Die Examensnote ist allerdings nur insoweit relevant, als dass die meisten Arbeitgeber den Hochschulen „Noteninflation“ unterstellen und daher nur überprüfen, ob jemand „*keine* ‚eins' vor dem Komma hat“.

Alle anderen Aspekte der Bewerbung (Studienstationen, Studiendauer, Studienerfolge und Zusatzqualifikationen) sind ebenfalls von Interesse für die Arbeitgeber, aber bei weitem nicht so wichtig wie die ersten drei beschriebenen Kriterien (Werte zwischen 3,4 und 4,75).

Instrumentalkompetenz

Im Gegensatz zu den Orchestern ist den Musikschulen die Musikalität der Bewerber und Mitarbeiter am wichtigsten (6,1 bei der Bewerbung und 6,4 im Beruf), technische Instrumentalkompetenz ist bei Bewerbern und Mitarbeitern hingegen von geringerer Bedeutung, ebenso wie die Klavierfähigkeiten (jeweils zwischen 5,25 und 5,5). Weiterhin sind Spezialwissen und die Fähigkeit, sonstige Nebenfachinstrumente zu spielen, unbedeutende Kriterien bei Bewerbung und Berufsausübung. Blattspiel wird vereinzelt bei der Bewerbung geprüft, ist jedoch vor allem im Berufsleben relativ unwichtig.

Theoriekompetenz

Hinsichtlich der theoretischen Kompetenzen sowohl für Bewerber als auch Berufstätige fällt die Qualifikation in Methodik, Pädagogik und Didaktik ganz besonders wichtig aus (6,7 bzw. 6,9). Musikwissenschaftliche Kompetenz ist hingegen weder bei der Bewerbung noch bei der Berufsausübung besonders gefragt (3.05 bzw. 4.25). Allerdings interessieren sich die Arbeitgeber bei der Bewerbung und im Beruf ganz besonders für sonstige Qualifikationen der Bewerber, die es der Musikschule ermöglichen, etwas „Besonderes“ anzubieten. Dabei nennen zahlreiche Musikschulleiter die Stichworte „Keyboard-Unterricht“, „Jazz“ und „Volksmusik“ (jeweils 6,1).

Personenkompetenz

Im Bereich der Personenkompetenz ist die Sympathie des Bewerbers von zentraler Bedeutung. Sowohl beim Bewerbungsgespräch (6,45) als auch bei der alltäglichen Arbeit (6,75) wird eine angenehme Persönlichkeit der Bewerber erwartet, da es sich bei Musikschullehrern um ein auf Vertrauen und Sympathie beruhendes Berufsbild handelt. Um sich gegen die „häufig nicht einfachen Kinder und Jugendlichen“ durchzusetzen und überzeugend zu unterrichten, bedarf es aber auch eines ausgeprägten Selbstvertrauens (5,6 bzw. 5,8).

Gesellschaftliches Engagement und Allgemeinbildung sind weiterhin überdurchschnittlich relevant für Bewerbung und Beruf an der Musikschule (alle über 4,0), analytisches Denken und Beziehungen werden jedoch von den Arbeitgebern als eher unbedeutend betrachtet (alle unter 3,5).

Insgesamt fällt auf, dass die Erwartungen der Musikschul-Arbeitgeber an ihre Bewerber weitgehend mit ihren Erwartungen an einen praktizierenden Musikpädagogen übereinstimmen. Hier unterscheiden sich die Ergebnisse deutlich von denen der Orchestermusiker, die im Probespiel andere Fähigkeiten prüfen als die im späteren Beruf notwendigen.

		Bewerbung		Beruf		Gepaarter T-Test	
		MW	StAbw	MW	StAbw	T	Sig
BU1	Gesamteindruck	6,15	0,67	N/A	N/A	N/A	
BU2	Examensnote	6,45	0,60	N/A	N/A	N/A	
BU3	Studiendauer	3,65	0,67	N/A	N/A	N/A	
BU4	Studienstationen	4,75	0,64	N/A	N/A	N/A	
BU5	Studienerfolge	3,70	0,66	N/A	N/A	N/A	
BU6	Berufserfahrung	6,70	0,47	N/A	N/A	N/A	
BU7	Zusatzqualifikationen	3,40	0,94	N/A	N/A	N/A	
IK1	Technik (Hauptfach)	5,30	0,80	5,25	0,64	0,213	
IK2	Musikalität (Hauptfach)	6,10	0,72	6,40	0,50	-2,349	*
IK3	Spezialwissen	3,30	0,80	3,75	0,79	-2,651	*
IK4	Klavierfähigkeiten (Nebenfach)	5,35	0,88	5,50	0,61	-0,825	
IK5	Sonstige Nebeninstrumente	2,75	0,72	2,50	0,69	1,751	
IK6	Blattspiel	3,40	0,82	2,10	0,72	4,951	**
TK1	Musikwissenschaften	3,05	0,69	4,25	0,79	-6,990	**
TK2	Methodik/Pädagogik/Didaktik	6,70	0,47	6,90	0,31	-2,179	*
TK3	Sonstige Qualifikationen	6,10	0,72	6,10	0,72	0,000	
PK1	Person selbst (Sympathie etc.)	6,45	0,69	6,75	0,55	-2,854	*
PK2	Selbstvertrauen	5,60	0,75	5,80	0,70	-0,809	
PK3	Gesellschaftliches Engagement	4,00	1,08	4,10	0,85	-0,525	
PK4	Analytisches Denken	1,80	0,89	3,15	0,93	-5,311	**
PK5	Allgemeinbildung	4,35	0,88	4,65	0,93	-0,922	
PK6	Beziehungen	2,55	0,89	N/A	N/A	N/A	

** = Signifikanter Unterschied zwischen Grund- und Hauptstudium von <0,01 (Signifikanzniveau: 5%)
* = Signifikanter Unterschied zwischen den jeweiligen Studiengängen von <0,05 (Signifikanzniveau: 5%)

Tabelle 4.3.7: Arbeitgeber-Ergebnisse – Musikschulen

4.3.4.2 Perspektive der Studenten und Entscheidungsträger

Es fällt auf, dass sowohl die Studenten als auch die Entscheidungsträger im Studiengang IGP eine relativ gute Einschätzung von den Berufserwartungen und Arbeitsbedingungen der Musikschulen haben, insbesondere im Vergleich zu den Ergebnissen in der KA-Untersuchung. Nur vereinzelt sind dabei Auffälligkeiten zu erkennen: zunächst unterschätzen sowohl die Studenten als auch die Entscheidungsträger signifikant die Bedeutung von Berufserfahrung in der Bewerbungsphase. Gleiches gilt für die Bedeutung der Klavierspiel-Fähigkeiten bei Bewerbung und Berufsausübung. Die Studenten beider Studienabschnitte unterschätzen weiterhin die Bedeutung von „sonstigen Qualifikationen (Jazz, Popularmusik etc.)", sowohl bei der Bewerbung als auch bei der Berufsausübung. Letztendlich unterschätzen die Entscheidungsträger die Bedeutung von Persönlichkeit bei der Berufsausübung.

		Studenten (GS) - Arbeitgeber		Studenten (HS) - Arbeitgeber		Entscheidungsträger - Arbeitgeber	
		Bewerb.	Beruf	Bewerb.	Beruf	Bewerb.	Beruf
BU1	Gesamteindruck	0,16	N/A	0,03	N/A	-0,25	N/A
BU2	Examensnote	-0,23	N/A	-0,45	N/A	***-1,35*** **	N/A
BU3	Studiendauer	1,38 **	N/A	0,80 *	N/A	0,55	N/A
BU4	Studienstationen	0,44	N/A	0,41	N/A	-0,15	N/A
BU5	Studienerfolge	1,43 **	N/A	1,36 **	N/A	1,52 **	N/A
BU6	Berufserfahrung	***-0,58*** *	N/A	***-0,64*** *	N/A	***-1,10*** **	N/A
BU7	Zusatzqualifikationen	2,02 **	N/A	2,42 **	N/A	2,80 **	N/A
IK1	Technik (Hauptfach)	-0,21	-0,12	0,37	-0,13	0,20	-0,45
IK2	Musikalität (Hauptfach)	-0,32	-0,21	-0,33	***-0,61*** *	-0,40	***-0,80*** *
IK3	Spezialwissen	1,22 **	0,55	1,33 **	0,84 *	0,80	0,25
IK4	Klavierfähigkeiten (Nebenfach)	***-1,42*** **	***-1,50*** **	***-1,47*** **	***-1,06*** *	-0,75	***-1,10*** **
IK5	Sonstige Nebeninstrumente	0,54	0,83 *	0,58	0,78	0,95 *	1,60 **
IK6	Blattspiel	0,35	2,07 **	0,35	1,94 **	0,60	2,00 **
TK1	Musikwissenschaften	1,95 **	0,59	1,68 **	0,60 *	1,15 **	0,55
TK2	Methodik/Pädagogik/ Didaktik	-0,39	***-0,64*** *	-0,33	-0,38	-0,10	***-0,70*** *
TK3	Sonstige Qualifikationen	***-1,19*** **	***-1,60*** **	***-1,08*** **	***-0,91*** **	0,10	-0,20
PK1	Person selbst	-0,11	-0,27	0,04	-0,05	-0,15	***-0,85*** **
PK2	Selbstvertrauen	-0,10	0,46 *	0,50	0,24	0,10	-0,40
PK3	Gesellschaftliches Engagement	-0,63	0,13	-0,18	-0,35	-0,20	0,30
PK4	Analytisches Denken	2,29 **	0,79	2,44 **	1,45 **	2,80 **	1,95 **
PK5	Allgemeinbildung	0,65	0,48	0,85 *	0,73 *	0,75	0,75
PK6	Beziehungen	2,79 **	N/A	2,69 **	N/A	2,35 **	N/A

** = Signifikanter Unterschied zwischen Grund- und Hauptstudium von <0,01 (Signifikanzniveau: 5%)
* = Signifikanter Unterschied zwischen den jeweiligen Studiengängen von <0,05 (Signifikanzniveau: 5%)

Tabelle 4.3.8: Vergleich der Einschätzungen – Arbeitgeber/Entscheidungsträger/Studenten (IGP)

4.3.5 Zusammenfassung und Diskussion der Ergebnisse

Der Vergleich der Arbeitsmarktergebnisse lässt deutliche Unterschiede zwischen den Studiengängen KA und IGP hinsichtlich der jeweiligen Erwartungen der Arbeitgeber, Studenten und Entscheidungsträger bei Bewerbung und Beruf erkennen.

Während es bei der Bewerbung von KA-Studenten um eine Orchesterstelle deutlich mehr auf die hohe Instrumentalkompetenz ankommt, sind es eher die persönlichen und pädagogischen Eignungen, aufgrund derer IGP-Studenten eine Stelle erhalten. Es ist weiterhin auffällig, dass beim Berufsbild des Musikschullehrers die Erwartungen an die Bewerber im Beruf weitgehend mit denen bei der Bewerbung übereinstimmen, während sie sich bei den Orchestermusikern deutlich unterscheiden. Denn selbst wenn ein KA-Student die erste Hürde des Probespiels überwunden hat, bedarf es weiterer, insbesondere persönlicher und musiktheoretischer Kompetenzen. So betrachtet ist das Probespiel im Orchesterbetrieb also nur teilweise geeignet, um zuverlässig einen qualifizierten Musiker aus der Masse an Bewerbern herauszusuchen.

Aus der Sicht der Studenten fällt im Studiengang KA auf, dass sich die Studenten sowohl im Grund- wie auch im Hauptstudium nicht ausreichend bewusst sind, dass die Kriterien zum Bestehen des Probe*spiels* andere sind als die zum Bestehen der Probe*zeit*. Im Studiengang IGP kann diese äußerst unterschiedliche Wahrnehmung zwischen Bewerbung und Beruf zwar nicht festgestellt werden, allerdings werden auch hier einige wichtige Kriterien zur erfolgreichen Bewerbung und Berufsausübung nicht erkannt. Hierzu gehören Berufserfahrung, Kompetenz im Klavierspiel (auch als Nebenfach) sowie sonstige Qualifikationen wie beispielsweise Jazz oder Keyboard-Spiel.

Wie schon bei der Einschätzung der studentischen Erwartungen an das Studium, schneiden die Entscheidungsträger der Hochschule bei der Einschätzung der Arbeitgebererwartungen nicht überzeugend ab. Sie haben in mehreren Fällen sogar deutlich schlechtere Vorstellungen von der Arbeitsmarktrealität als die Studenten.

4.4 Zusammenfassende Darstellung aller vorausgegangenen empirischen Ergebnisse

Die Gesamtbetrachtung der vorausgegangenen Untersuchungsergebnisse bei den Studenten, Dozenten und Entscheidungsträgern der HfMDK sowie die Untersuchung der Position der Arbeitgeber lässt vier zentrale Erkenntnisse zu:

(1) Zunächst wird deutlich, dass alle Studenten ihre Erwartungen an das Musikhochschulstudium an der HfMDK deutlich untererfüllt sehen. Diese nicht erfüllten Erwartungen finden sich vor allem bei der Studienberatung, Kommunikation und

Bewertung (Prüfungen, Selbstreflexion) sowie Evaluation von Lehrkräften. Weiterhin ist erkennbar, dass vor allem in den Studiengängen KA und IGP die Zufriedenheit mit der HfMDK im Laufe des Studiums rapide abnimmt, während der Grad an (Un-)Zufriedenheit bei den Schulmusik-Studenten relativ konstant bleibt. Diese Steigerung der Unzufriedenheit könnte darauf beruhen, dass die Studenten im Laufe des Studiums ihre Ansprüche steigern, zum anderen aber auch damit, dass sich die Studenten im Laufe ihres Studiums immer stärker bewusst werden, wie schwierig es ist, eine feste Stelle in einem guten Orchester oder einer Musikschule zu finden.

(2) Darüber hinaus ist unübersehbar, dass die Dozenten der Hochschule unzufrieden mit ihren Arbeitsbedingungen sind. Dies hängt vor allem damit zusammen, dass die Dozenten der HfMDK keine klaren Vorstellungen davon haben, was konkret von ihnen erwartet wird. Die Dozenten sind aber auch damit unzufrieden, dass sie zu wenig in die Entscheidungsfindung der Hochschule einbezogen werden und häufig feststellen müssen, dass Dinge von ihnen verlangt werden, die sie überhaupt nicht umsetzen können. Weiterhin vermissen die Dozenten Angebote zur Weiterbildung, da sie sich selbst eingestehen, dass sie vor allem zu Beginn ihrer Tätigkeit Bedarf an pädagogischen und methodischen Schulungen gehabt hätten. Die Dozenten gehen auch davon aus, dass viele ihrer Kollegen nicht das Beste für ihre Studenten leisten.

(3) Ähnlich unzufrieden mit ihren Arbeitsbedingungen sind die Entscheidungsträger, die sich zum größten Teil nicht ausreichend befähigt sehen, ihre organisatorischen Aufgaben zum Wohl der Hochschule und der Studenten auszuführen. Ebenso haben sie große Schwierigkeiten in der Konsensfindung sowie bei der Einrichtung effizienter Programme zur Verbesserung der Studienqualität. Diese Probleme sind wahrscheinlich darauf zurückzuführen, dass die meisten der Entscheidungsträger an der HfMDK keine Ausbildung genossen haben, die sie zur Führung und Verwaltung einer Hochschule qualifiziert – die meisten von ihnen sind statt dessen Künstler.

(4) Letztlich zeigt sich, dass die verschiedenen Gruppen an der Hochschule (Studenten, Dozenten und Entscheidungsträger) teilweise grundlegend unterschiedliche Vorstellungen von sowohl den Studienbedingungen als auch den Arbeitsmarktanforderungen haben. Dabei ist vor allem erstaunlich, dass die Studenten höhere Erwartungen an ihr Studium haben, als die Dozenten und Entscheidungsträger ihnen unterstellen. Ebenso ist überraschend, dass die Entscheidungsträger der Hochschule eine relativ schlechtere Vorstellung darüber haben, was die Arbeitgeber von den Absolventen erwarten. Aber auch die Studenten haben hier teilweise sehr unklare Vorstellungen, insbesondere im Studiengang KA, wo offensichtlich das Bewusstsein fehlt, dass sich die Kriterien für ein erfolgreiches Orchesterprobespiel deutlich von denen unterscheiden, die danach für die Ausübung einer Orchesterstelle notwendig sind.

Da sowohl die Dozenten als auch die Entscheidungsträger davon überzeugt sind, ausreichend mit den Studenten zu kommunizieren, kann als Grund für diese Wahrnehmungsdifferenzen nur in Frage kommen, dass die Dozenten und Entscheidungsträger entweder falsch oder zu unstrukturiert mit den Studenten kommunizieren. Möglicherweise entsteht die unterschiedliche Wahrnehmung über den Austausch zwischen Hochschulangehörigen und Studenten dadurch, dass die meisten Hochschulangehörigen ihre Studenten in Einzel- und Kleingruppenveranstaltungen unterrichten, was jedoch nicht bedeuten muss, dass sie sich auch mit solchen Problemen der Studenten auseinandersetzen, die über die rein spieltechnischen Aspekte hinausgehen.

Kapitel 5 wird sich nun mit Ansätzen beschäftigen, die es ermöglichen, die Zufriedenheit aller Personengruppen sowie die Ausbildungsqualität an der HfMDK zu verbessern.

5 Ableitung von Handlungsempfehlungen

Um zukünftigen Arbeitsgremien der HfMDK die Möglichkeit zu geben, sich in die zuvor beschriebenen Problemfelder der Hochschulausbildung einzuarbeiten, werden im Folgenden konkrete Handlungsempfehlungen aus den zuvor entwickelten Ergebnissen abgeleitet. Diese Empfehlungen beruhen in erster Linie auf der Zusammenstellung von aktuellen, internationalen Forschungsergebnissen in den jeweiligen Themenbereichen.

Es werden zunächst Vorschläge zur Verbesserung der Erwartungs-Wahrnehmungs-Differenzen der Studenten gemacht. Dabei wird auf die Themen Studentenberatung und Evaluation eingegangen, wobei sich Evaluation hierfür aus formaler Evaluation, informeller Evaluation und Dozentenbewertung zusammensetzt. Im Anschluss an die studentenorientierten Empfehlungen werden dann Handlungsempfehlungen für die Untersuchungsergebnisse bei den Dozenten und Entscheidungsträgern abgegeben.

Die hier vorgestellten Handlungsempfehlungen wurden auf der Grundlage von konkreten Ergebnissen der vorausgegangenen empirischen Untersuchung an der HfMDK entwickelt. Aufgrund der Tatsache, dass die hier identifizierten Probleme überwiegend auf einen systematischen Mangel an Hochschulangeboten und klaren Abläufen zurückzuführen sind (Studienberatung, Prüfungswesen etc.), kann jedoch davon ausgegangen werden, dass diese Handlungsempfehlungen auch für andere Musikhochschulen Gültigkeit haben. Nahezu alle deutschen Musikhochschulen haben nämlich ein ähnliches Studien- und Beratungsangebot wie die HfMDK und auch das Prüfungswesen ist an kaum einer deutschen Musikhochschule wesentlich anders geregelt als in Frankfurt am Main.

5.1 Studentenberatung

Es gibt viele Gründe, warum die HfMDK eine intensive und differenzierte Studienberatung anbieten sollte. Zunächst erhöht eine aufwendige Studienberatung nachweislich die Zufriedenheit der Studenten mit ihrer Hochschule[282], darüber hinaus gibt es einen klaren Zusammenhang zwischen dem Umfang an Studienberatung und der Abbruchwahrscheinlichkeit des Studiums.[283] Weiterhin erlaubt eine qualifizierte Studienberatung einen verbesserten Kontakt der Hochschulleitung mit den Studenten. Dies kann bei der Hochschulwahl einen deutlichen Wettbewerbsvorteil darstellen, wenn die Hochschule die interessierten Studenten besser informiert als andere Hochschulen.[284]

Bei der systematischen Gestaltung von Studienberatung werden in der Literatur drei Dimensionen unterschieden: (1) die Form der Beratung, (2) der Studienabschnitt, in dem sich die zu beratende Person befindet und (3) die Person, von der die Beratungsleistung angeboten wird.[285] Diese drei Dimensionen werden im Folgenden näher erläutert:

5.1.1 Formen der Studentenberatung

Bei der Beratungsart wird zwischen der informierenden Beratung, der persönlichkeitsorientierten Beratung und der Förderung spezifischer Kompetenzen unterschieden.[286]

---

282 Vgl. Tinto, *Withdrawal from College* (1985), S. 37.

283 Vgl. Noel, *Increasing Student Retention* (1985), S. 9ff und S. 16f; Crockett, *Academic Advising* (1985).

284 Nach Rigbers, *Qualitätssicherung in Studium und Lehre* (2002), S. 1ff werden die unterstützenden Strukturen der Hochschule – wie beispielsweise die Studienberatung und die Studentenverwaltung – bei den Bemühungen zur Qualitätsverbesserung in Studium und Lehre häufig nur am Rande berücksichtigt. Dies bestätigt sich auch an der HfMDK.

285 Vgl. Wildenhain, *Studienberatung im Umbruch* (1999).

286 Vgl. Teichmann, *Beratung als Ressource* (1999), S. 100.

Die *informierende Beratung* hat die Aufgabe, den Studenten das Zurechtfinden im Studium zu erleichtern. Dabei sollen die Studenten zunächst in die Lage versetzt werden, sich durch gedruckte Informationsunterlagen selbstständig einen ersten Eindruck von der Hochschule zu verschaffen.[287] Weiterhin sollte es Ansprechpartner geben, die in der Lage sind, allgemeine Fragen souverän zu beantworten. Zu den typischen Aufgaben der informierenden Beratung gehören somit: [288]

Allgemeine Beratung	Studentenfokussierte Beratung
Printmedien: - Jahresberichte - Presseberichte - Festschriften - etc. **Aktivitäten:** - Öffentliche Konzerte - Öffentlich ausgeschriebene Wettbewerbe - Meisterkurse der hochschuleigenen Dozenten - etc.	**Printmedien:** - Studienbuch - kommentiertes Vorlesungsverzeichnis - Website - Schwarze Bretter - etc. **Aktivitäten:** - Gespräche - „Tage der offenen Tür" - Einführungsveranstaltungen - etc.

Tabelle 5.1.1: Übersicht über Bereiche der informierenden Beratung an Musikhochschulen

Ebenfalls eine Aufgabe der informierenden Beratung ist es im Idealfall, den Studenten relevante externe Informationsmaterialien zur Verfügung zu stellen, so zum Beispiel Literatur über den Arbeitsmarkt (wie den ‚Musikalmanach des Deutschen Musikrates'), Erfahrungsberichte ehemaliger, jetzt berufstätiger Studenten sowie Trainings- und Unterrichtsmaterialien zu verschiedenen Themenbereichen (z.B. Übetipps oder Ratgeber bei Lampenfieber).

---

287 Diese informierende Beratung kann bereits vor dem Studium beginnen. So können Interessierte in den USA üblicherweise bereits lange vor ihrem Studienbeginn Informationsbroschüren von den Universitäten anfordern, mit dem sie sich detailliert über die Qualitäten der einzelnen Institutionen informieren können (vgl. Kleine-Brockhoff, *Schönheitswettbewerb* (2004)).

288 Zusammenstellung von Positionen aus: Bernath, *Stellenwert der Mentorentätigkeit* (1991), S. 16f; Teichmann, *Beratung als Ressource* (1999), S. 101; Genenger-Stricker, *Erfolgsfaktor Studienbegleitung* (2000), S. 142; Kilian, *Assessment, Evaluation and Support* (1998) S. 255ff.

Die *persönlichkeitsorientierte Studienberatung* verfolgt das Ziel, insbesondere den unsicheren Studenten zu helfen, wenn das allgemeine Informationsangebot der Hochschule nicht ausreicht und individuelle Lösungen für ein Problem gefunden werden müssen.[289] Typische Beispiele hierfür sind Einzel- und Gruppenveranstaltungen zur persönlichen Standortbestimmung bei Studienbeginn („Wer bin ich?", „Was kann ich?"), zur Überprüfung und ggf. Korrektur der Studienentscheidung (z.B. Wechsel vom KA- in das IGP-Studium), zur Überprüfung der Leistungsfähigkeit im Studium und zur Orientierungssuche für den weiteren Berufs- und Lebensweg.[290] Die persönlichkeitsorientierten Studienberater bedürfen dabei einer anderen Ausbildung als die allgemeinen Berater, denn es liegt nahe, dass diese Themen von pädagogisch und psychologisch geschulten Personen angeboten werden sollten.[291]

Die *Förderung spezifischer Kompetenzen* ist ein weiteres mögliches Angebot einer professionellen Studienberatungsstelle, welche die Aufgabe hat, konkrete Probleme der Studenten zu erfassen und selbstständig Unterstützungsmaßnahmen für die Studenten zu entwickeln. Typische Beispiele[292] hierfür sind unter anderem Angebote im *akademischen Bereich* (wissenschaftliches Arbeiten, Verwendung von Online-Medien, Methoden zum Üben und Musizieren, Selbstbewertung) und im *allgemeinen Bereich* (Zeit- und Projektmanagement, Bewerber- und Probespieltraining, Vorstellen von Berufsfeldern, Rhetorik, Aufführungspraxis, Auftritts- und Vorspielängste).[293]

---

289 Vgl. Kilian, *Assessment, Evaluation and Support* (1998), S. 255f.

290 Vgl. Teichmann, *Beratung als Ressource* (1999) S. 102; O'Banion, *Academic Advision Model* (1972) nach Kilian, *Assessment, Evaluation and Support* (1998).

291 Vgl. Diergarten, *Psychologische Unterstützung* (2002), S. 46.

292 Vgl. Kilian, *Assessment, Evaluation and Support* (1998), S. 222; Diergarten, *Psychologische Unterstützung* (2002), S. 46f; Genenger-Stricker, *Erfolgsfaktor Studienbegleitung* (2000), S. 257f; Dunphy, *Retention Strategies* (1987) nach Kilian, *Assessment, Evaluation and Support* (1998); Gordon/Grites, *Freshman Seminar Course* (1984) nach Kilian, *Assessment, Evaluation and Support* (1998).

293 Einige dieser Angebote werden im Rahmen des allgemeinen und des musikwissenschaftlichen Veranstaltungskataloges an der HfMDK bereits angeboten. Und auch andere Hochschulen haben bereits verschiedene Angebote eingerichtet. Als erste deutsche Musikhochschule hat beispielsweise die Universität der Künste Berlin 2003 ein eigenes Karrierezentrum für Künstler geschaffen, bei dem Beratung und Vermittlung angeboten wird. (Vgl. Universität der Künste, *Karrierezentrum* (2003)).

Solch ein aufwendiges Studienberatungsangebot erlaubt es dann auch, den Studenten negative Erfahrungen zu ersparen, da die Beratung den potenziellen Problemen der Studenten zuvorkommt.[294]

Wie aus den Beispielen ersichtlich wird, entstehen viele der behandelten Themen aus einer Häufung von Einzelanfragen an verschiedene Personengruppen der Hochschule. Zur Entwicklung dieser Themenbereiche bedarf es an der HfMDK daher der engen Zusammenarbeit der Studienberatung mit den Dozenten, Bibliothekaren, Verwaltungsangestellten und anderen Hochschulangehörigen.

5.1.2 Kritische Beratungszeitpunkte

Auch die Unterscheidung nach dem Studienabschnitt ist bei der Beratung von Bedeutung, da Studenten – wie in der empirischen Untersuchung gezeigt – abhängig von ihrem Studienzeitpunkt unterschiedliche Informationsbedürfnisse haben. Dabei wird häufig zwischen folgenden Beratungszeitpunkten unterschieden:[295] studienvorbereitende Beratung, Studieneingangsberatung, Studienverlaufsberatung und Studienausgangsberatung.

Studienvorbereitende Beratung

Die studienvorbereitende Beratung wird typischerweise weitgehend von der allgemeinen Kommunikation der Hochschule und ihrer Dozenten abgedeckt[296], denn nur wenige potenzielle Studenten der HfMDK zeigen vor ihrer Immatrikulation bereits Interesse an der persönlichen Beratung durch einen Studienberater.[297]

---

[294] Vgl. Schleicher, *Interesse und Erfolg* (2003), S. 20ff.

[295] Vgl. Augenstein, *Studienberatung* (1996) S. 164; Genenger-Stricker, *Erfolgsfaktor Studienbegleitung* (2000), S. 140f.

[296] Vgl. Ergebnisse der qualitativen Untersuchung.

[297] Quelle: Gespräch mit dem Studienberater der HfMDK. Die Studenten führen meist nur Gespräche mit ihren zukünftigen Hauptfachlehrern. Allerdings geben zahlreiche Studenten bei der Bewerbung um einen Studienplatz keinen Lehrerwunsch an, so dass bei diesen Studenten wahrscheinlich überhaupt kein Gespräch vor Beginn des Studiums erfolgt.

Insbesondere in diesem vor dem eigentlichen Studium liegenden Zeitabschnitt spielt daher die Qualität der externen Kommunikationsmaterialien eine zentrale Rolle zur Vermittlung des Angebotes, der Werte und des Leistungsanspruchs der Hochschule.

Studieneingangsberatung

Die vorausgegangene empirische Untersuchung hat verdeutlicht, dass die Studenten im Grundstudium sehr hohe Erwartungen an ihre Ausbildung haben, die dann im Laufe des Studiums häufig enttäuscht werden.[298] Diese Verschlechterung der Erwartungs-Wahrnehmungs-Differenzen hängt offensichtlich damit zusammen, dass die Erwartungshaltung der Studenten zu Beginn des Studiums zu hoch ist. Es sollte daher eine zentrale Aufgabe der HfMDK sein, unangemessene Erwartungen der Studenten möglichst früh zu erkennen und die Erwartungen auf ein realistischeres Niveau anzupassen.

In den USA existieren solche Eingangsberatungen an führenden Music Colleges schon seit vielen Jahren und erfolgen meist in Form eines Aufnahmegespräches nach dem Bestehen der Aufnahmeprüfung. Während in der Aufnahmeprüfung die fachliche Kompetenz des Bewerbers geprüft wird, die sich meist aus einem allgemeinem Teil[299], einer Hauptfachprüfung und verschiedenen Nebenfachprüfungen zusammensetzt, dient das Aufnahmegespräch dazu, die Ambitionen und Vorstellungen des Studenten besser zu verstehen. In diesem persönlichkeitsorientierten Aufnahmegespräch werden dann falsche Erwartungen der Studenten an Studium oder Beruf rechtzeitig erkannt und ggf. korrigiert. Dabei fließen die Ergebnisse der Aufnahmeprüfungsjury in die Empfehlungen des Studienberaters mit ein.[300]

---

298 Dieses Phänomen ist jedoch nicht nur für die HfMDK typisch, sondern auch von anderen Musikhochschulen bekannt. Vgl. Spiegel Online, *Der Kick ist weg* (2003).

299 Theoretischer, musik-unabhängiger Test, der national standardisiert ist, z.B. der Scholastic Aptitude Test (SAT) oder der American College Test (ACT).

300 Vgl. Anderson, *Influencing Student Persistence* (1985), S. 57. Ähnlich umfassende Forderungen an Aufnahmeprüfungen stellt in der deutschsprachigen Literatur bisher nur Jünger, *Eignungsprüfungen* (2003), S. 27ff.

Nach dem persönlichkeitsorientierten Aufnahmegespräch sollte der Student weiterhin umfassende, allgemeine Unterstützung erhalten, um sich zügig in seinem neuen Umfeld zurechtzufinden.[301] Hier bieten sich zum einen umfassende Informationsmaterialien und Informationsveranstaltungen an, zum anderen aber auch wieder individuelle Studienberatung, in der das erste Studiensemester ausführlich erläutert und geplant wird, gegebenenfalls zusammen mit dem Aufnahmegespräch.

Als Beispiel für eine umfassende Informationspolitik zeigt die folgende Tabelle eine Zusammenfassung verschiedener „Student Handbooks" ausgewählter Musikhochschulen in den USA.[302] Viele der in dieser Übersicht dargestellten Aspekte können auch anstelle oder zusätzlich zu Printmedien in einer Gruppenveranstaltung durchgeführt werden (Campus-Rundgang, Einführung in das Selbstverständnis der Hochschule etc.).

[301] Vgl. Titley, *Orientation Programs* (1985).
[302] Vgl. Kilian, *Assessment, Evaluation and Support* (1998), S. 228f.

(1) Einführung

Willkommensschreiben des Präsidenten oder Dekans - Beschreibung der Hochschule und ihrer Fachbereiche - Geschichte und herausragende Alumni der Hochschule

(2) Inhaltsverzeichnis (zu Anfang) oder **Index** (zu Ende)

(3) Personal: Administration, Dozenten und Verwaltung

Alphabetische Listen nach Name oder Funktion – Angabe verschiedener Informationen zum Personal (z. B. Vertragsverhältnis, Raum, Telefondurchwahl, Unterrichtsschwerpunkte)

(4) Selbstverständnis und Richtlinien der Hochschule und der Fachbereiche

Mission Statement, Vision Statement, Grundsätze, Richtlinien der Notengebung, Aufnahmeprüfungen (Probespiele, Prüfungen, Studienplatzverteilung), Anwesenheits- und Teilnahmerichtlinien für Veranstaltungen und Ensembles, Beratung und Betreuung, Sonstige Aktivitäten

(5) Richtlinien der Verwaltung

Immatrikulation/Rückmeldung, verspätete Rückmeldung, Exmatrikulation, Kurswiederholung, Sonstige Anforderungen

(6) Campus-Informationen

Übersichtskarten: Campus, musikalische Einrichtungen, Off-Campus-Einrichtungen, nützliche Telefonnummern

(7) Hochschuleinrichtungen und Ausstattung

Lokation der Einrichtungen (Büros, Musiklabor, Bibliothek, Überäume, Tonstudio etc.), Öffnungszeiten, Telefonnummern, Personalbeschreibung, Nutzungsrichtlinien, Ausleihprozeduren, Gebühren, Instrumente, Notenständer, Hausmeister

(8) Stipendien und andere finanzielle Hilfen

Übersicht über Programme zur finanziellen Unterstützung und Stipendien, Wettbewerbe und sonstige Preise (Beschreibung und Termine)

(9) Angebotene Programme

Studiengänge, Austauschprogramme, Zertifikate, Nebenfachstudium, Veranstaltungsübersicht für jeden Studiengang (Kursnummer, Kurstitel, Umfang, Kursbeschreibung, Übersichten zur Planung, Empfehlungen zur Kursbelegung, Übersicht über Pflichtkurse, Vorbereitungskurse, sonstige Kurse)

(10) Musizieren

Liste existierender Ensembles (Beschreibung, Eingangsvoraussetzungen, Kleiderordnung), Anforderungen und Abläufe in Musizierfächern (Standards und Repertoire je Instrument), bewertete und unbewertete Vorspiele (Anforderungen, Programme, Saalreservierung), Korrepetition, sonstige Vorspielgelegenheiten in und außerhalb der Hochschule, Empfehlungen, Repräsentation der Hochschule

(11) Studentenorganisationen

(12) Jobs (intern/extern)

Tabelle 5.1.2: Darstellung des grundsätzlichen Aufbaus verschiedener US-Student Handbooks

Studienverlaufsberatung

Sowohl die Studienerwartungen wie auch das Selbstverständnis von Studenten verändert sich im Laufe ihrer Ausbildung, was vor allem an den sich ständig verändernden Studienumständen liegt.[303] Während die Studenten zu Beginn des Studiums vor allem noch mit sich selbst und mit dem Zurechtfinden in ihrem neuen Umfeld beschäftigt sind, haben sie beim Übergang in das Hauptstudium meist relativ konkrete Vorstellungen, welchen Berufsweg sie einschlagen möchten bzw. ob sie ihre ursprünglich gesetzten Ziele erreichen werden.[304] Die Studienverlaufsberatung kann an dieser Stelle die Aufgabe übernehmen, die Selbstwahrnehmung der Studenten zu überprüfen und die Studenten dann ggf. professionell zu unterstützen, um ihre Entwicklung neu auszurichten.

Ähnlich wie zu Beginn des Studiums sollte bei der Studienverlaufsberatung ein persönlichkeitsorientiertes Gespräch erfolgen. Dabei wird zunächst ein Studienrückblick (Vordiplomprüfung, Wettbewerbe, bisherige berufliche Tätigkeiten etc.) und dann ein Studienausblick durchgeführt.[305] So kann eine Studienverlaufsberatung beispielsweise die folgenden Inhalte haben: [306]

1. **Selbsterkenntnis:** Wer bin ich? Wo liegen jetzt meine Interessen? Über welche Fähigkeiten verfüge ich jetzt?
2. **Überprüfung der Arbeitswelt:** Welche Möglichkeiten gibt es mit meinen Fähigkeiten am Arbeitsmarkt? Wie kann ich mich darüber informieren? Wo gibt es gedruckte Informationen und Gesprächsmöglichkeiten? Welche Möglichkeiten für freiwillige Arbeit, Praktika und Teilzeit-Jobs gibt es?
3. **Entscheidungsfindung:** Wie füge ich die Informationen zusammen? Welche Informationen verwende ich? Wie setze ich meine Entscheidung um?

Tabelle 5.1.3: Inhalte einer Studienverlaufsberatung

303 Vgl. Schleicher, *Interesse und Erfolg* (2003), S. 22.
304 Vgl. Schleicher, *Interesse und Erfolg* (2003), S. 22ff.
305 Vgl. Schleicher, *Interesse und Erfolg* (2003), S. 36ff.
306 Vgl. Sprandel, *Career Planning* (1985), S. 305.

Studienausgangsberatung

Die Studienausgangsberatung dient dem Zweck, am Ende des Studiums zu überprüfen, inwieweit die von den Studenten im Laufe des Hauptstudiums gesetzten Ziele erreicht werden konnten. Abhängig davon kann die Hochschule die Studenten dann unterstützen, sei es bei der konkreten Arbeitsplatzsuche (z.B. Bewerbertrainings) oder gegebenenfalls auch durch Unterstützung bei der beruflichen Umorientierung.

Die Beratung der Studenten zu verschiedenen Zeitpunkten im Studium dient nicht nur dem Fortkommen oder dem Wohl der Studenten, sie bringt auch der Hochschule konkrete Vorteile. So hat sie einerseits die Möglichkeit, sich aktiv mit der Entwicklung der Studenten auseinanderzusetzen, was von Bedeutung bei der Planung der Ausrichtung und des Veranstaltungskataloges der Hochschule ist. Vor allem sichert sich eine Musikhochschule durch umfassende Studienberatung aber gegen spätere Kritik und Schuldzuweisungen seitens beruflich erfolgloser Studenten ab.

5.1.3 Mögliche Beratungsanbieter

Bei der Auswahl der Personen, die Studienberatung durchführen können, gibt es zahlreiche Möglichkeiten. Grundsätzlich kann jede Person, die sich mit der Materie des Studiums an der HfMDK oder mit dem Arbeitsmarkt der Studenten auskennt, in ihrem jeweiligen Themenbereich Ratschläge erteilen.

Die unterschiedlichen Beratungsanbieter werden im Folgenden danach unterschieden, in welchem Verhältnis sie zu den Studenten stehen. Dabei wird zwischen dem Autoritätsverhältnis, sowie dem konstanten und nicht konstanten neutralen Verhältnis unterschieden.

Autoritätsverhältnis

Dozenten und vor allem Hauptfachdozenten stellen nachweislich die besten Berater für Musikstudenten dar, denn aufgrund ihrer natürlichen Autoritätsfunktion und ihres Vertrauensverhältnises nehmen die Studenten Ratschläge ihrer Dozenten normalerweise sehr ernst und handeln nach ihnen.[307] Darüber hinaus wurde bereits mehrmals belegt, dass ein enges Studenten-Dozenten-Verhältnis zu einer geringeren Studienabbrecherquote führen kann.[308]

Allerdings gibt es seitens der Dozenten ein Anreizproblem, da die Beratungsleistungen, die den Studenten zur Verfügung gestellt werden, üblicherweise trotz ihres hohen Zeitaufwandes in keiner Form vergütet werden.[309] Weiterhin stellt sich als Problem dar, dass Studenten bei verschiedenen grundsätzlichen Problemen nicht von ihren eigenen Dozenten beraten werden wollen; dies ist vor allem bei Fragen der Fall, die mit dem Dozenten selbst zusammenhängen, z.B. einem Studienabbruch oder Lehrerwechsel. Letztlich gibt es auch Probleme, bei denen Dozenten einer Beratungsleistung nicht gewachsen sind. Dies ist vor allem bei psychologischer Beratung der Fall.[310]

Konstantes, neutrales Verhältnis

Für Studienberatungsleistungen, die von den eigenen Dozenten nicht geführt werden können oder die ein Student nicht von seinem Dozenten erhalten möchte, bedarf es Personen, die sich regelmäßig im Umfeld des Studenten aufhalten und denen er vertraut. Dies sind beispielsweise andere Dozenten, professionelle Studienberater der Hochschule oder Kommilitonen.

---

307 Vgl. Toy, *Faculty Envolvement* (1985), S. 386.
308 Vgl. Noel, *Increasing Student Retention* (1985), S. 16; Crockett, *Academic Advising* (1985), S. 245; Pascarella, *Informal Contact* (1980), S. 551.
309 Vgl. Stodt, *Student Development* (1987). Dieses Problem ist vor allem bei den Lehrbeauftragten sehr ausgeprägt, da diese im Gegensatz zu den beamteten Professoren auf Stundenbasis bezahlt werden und die HfMDK den Lehrbeauftragten keine Vorbereitungs-, Beratungs- und Prüfungsleistungen vergütet.
310 Vgl. Kilian, *Assessment, Evaluation and Support* (1998), S. 186f.

Dozenten, die im gleichen oder ähnlichen Fach wie der eigene Dozent unterrichten, können als hilfreiche Berater dienen, da sie die Probleme der Studenten aufgrund ihrer Qualifikation ähnlich gut beurteilen können wie der eigene Dozent. Gleichzeitig stehen sie zu den Studenten nicht in einem Autoritätsverhältnis, so dass diese sich wahrscheinlich von den Ratschlägen nicht unter Druck gesetzt fühlen. Allerdings ergibt sich bei Dozenten das Problem, dass sie aus Studentensicht Kollegen des eigenen Lehrers sind, so dass eine vertrauensvolle Aussprache häufig kaum möglich ist.

An dieser Stelle können dann *professionelle Studienberater* die Beratungsaufgaben übernehmen. Sie stehen normalerweise nicht im engen Verhältnis zu den Dozenten und sind meist darüber hinaus methodisch für Beratungsleitungen geschult.[311] Allerdings ist es möglich, dass die Position eines Studienberaters bei Ratschlägen zur Studien- und Berufsgestaltung weniger ernst genommen wird, weil er meist nicht aus eigener Erfahrung sprechen kann und somit nicht so glaubwürdig erscheint wie ein Dozent.[312] Für Spezialberatungen wie zum Beispiel psychologisch-psychotherapeutische Beratung, Hochschulwechsel, Auslandssemester oder BAföG sind die Studienberater hingegen deutlich besser qualifiziert als alle anderen potenziellen Berater.[313]

Kommilitonen stellen, vor allem wenn sie im Studium bereits fortgeschrittener sind, eine weitere gute Option für die Beratung dar, weil sie aufgrund ihrer Erfahrung für jüngere Studenten meist vertrauenserweckend sind.[314] Weiterhin sind sie für die Hochschule kostengünstig und haben häufig auch ein Interesse an der Beratung jüngerer Studenten, da sie auf diese Weise Selbstvertrauen gewinnen.[315] Andererseits ist eine kontinuierlich hochwertige Beratung durch fortgeschrittene Studenten nur schwer zu organisieren. Hier könnte beispielsweise der AStA in die Pflicht genommen werden, um diese Beratungsleistungen zu organisieren.[316]

---

311 Vgl. Kilian, *Assessment, Evaluation and Support* (1998), S. 186f.
312 Vgl. Lührmann, *Studienwahl* (2002), S. 49ff.
313 Vgl. HRK, *Zusammenarbeit von Beratungseinrichtungen* (1997), S. 42ff.
314 Vgl. Roueche/Roueche, *Teaching and Learning* (1985), S. 283ff; Crockett, *Academic Advising* (1985), S. 244f.
315 Vgl. Roueche/Roueche, *Teaching and Learning* (1985), S. 283ff.
316 Vgl. HRK, *Zusammenarbeit von Beratungseinrichtungen* (1997), S. 47ff.

Nicht konstantes, neutrales Verhältnis

Es sollte für die Studenten weiterhin noch die Möglichkeit geben, ergänzende Beratung und Informationen von Personen zu erhalten, die zwar nicht zum direkten Umfeld der Studenten gehören, deren Meinung aber eine hohe ergänzende Bedeutung hat. Dies sind insbesondere die Vertreter anderer Institutionen, die mit dem Studium oder Berufsbild der Studenten zu tun haben[317], so zum Beispiel Vertreter des Deutschen Musikrates, der Deutschen Orchestervereinigung, dem Verein Deutscher Musikschulen und ggf. auch ehemalige Studenten der Hochschule.

Von diesen Personen können sich die Studenten ergänzende Informationen über ihr Studium einholen, die sie sich bei Personen, mit denen sie regelmäßig zu tun haben, nicht einzuholen trauen. Weiterhin sind diese Personen wichtig bei der Vorbereitung auf das Berufsleben, denn wie die vorausgegangene Arbeitgeberuntersuchung gezeigt hat, sind sich viele Studenten und Hochschulangehörige nicht der Anforderungen bewusst, die bei der Berufsausübung an sie gestellt werden.

Alle oben beschriebenen Personengruppen könnten von der HfMDK weiterhin als Mentoren eingesetzt werden, die den Studenten bereits zu Beginn ihres Studiums zugeordnet werden.[318] Das Mentorenprinzip ist in den USA inzwischen ein anerkannter und populärer Weg, um Studenten vor allem zu Beginn des Studiums Unterstützung zu bieten.[319] Dort werden Mentoren systematisch eingesetzt, „[to give] advice regarding survival skills and the ‚ropes' of the academic system".[320] Hierzu gehört auch die Unterstützung beim Auffinden von Studienmaterialien, Planungstipps und die Einweisung in technische Ausstattungen und ‚politische' Strukturen der Hochschule.[321]

---

317 Vgl. Sprandel, *Career Planning and Counseling* (1985), S. 307ff.

318 Vgl. Rauen, *Coaching* (1999), S. 69ff; Holtbernd/Kochanek, *Coaching* (1999), S. 22f; Kilian, *Assessment, Evaluation and Support* (1998), S. 201.

319 Vgl. Genenger-Stricker, *Erfolgsfaktor Studienbegleitung* (2000), S. 212ff.

320 Kubesh, *Mentoring Relationship* (1996), nach Kilian, *Assessment, Evaluation and Support* (1998), S. 203.

321 Vgl. Smith, *Mentoring* (1994), nach Kilian, *Assessment, Evaluation and Support* (1998), S. 203.

Es ist allerdings notwenig, dass alle potenziellen Berater eine systematische Einführung in ihre Tätigkeit erhalten. Dies kann beispielsweise durch bereits erfahrene Studienberater oder durch professionelle Trainer erreicht werden. Diese Notwendigkeit wird durch Studien bestätigt, die zeigen, dass ein nur zehnstündiges Training der Berater zu einer deutlichen Erhöhung der Beratungsqualität führt.[322] Weiterhin ist inzwischen umfassende Literatur verfügbar, welche die Berater beim Selbststudium unterstützt.[323]

5.2 Evaluation

Die vorausgegangenen empirischen Untersuchungen haben bestätigt, dass die HfMDK Evaluationsverfahren verschiedener Art vorantreiben sollte, um die Zufriedenheit ihrer Studenten mit der Ausbildungsqualität zu steigern. Dabei kommt eine ganz besonders wichtige Rolle dem formalen Prüfungswesen zu.

Darüber hinaus muss die HfMDK aber auch Ansätze anbieten, wie sich Studenten unabhängig von formalen Prüfungen bewerten können. Diese Ansätze sollten dabei an die Kriterien des formalen Prüfungswesens angelehnt sein, damit die Studenten im Rahmen der selbstständigen Leistungsbewertung auch gleichzeitig auf die Ziele der formalen Prüfungen hinarbeiten können.

Letztendlich besteht auch noch der Wunsch der Studenten nach Dozentenevaluation, da sie in der Lage sein möchten, den Dozenten Rückmeldungen über deren Leistungen zu geben. Neben dieser Rückmeldungsfunktion kann Dozentenevaluation aber auch den positiven Effekt haben, dass durch sie ein besserer Austausch zwischen Dozenten und Studenten entsteht.

---

322 Vgl. Johnston, *Peer Tutoring* (1996), Sheets, *Training and Experience* (1994).

323 Vgl. beispielsweise die Handbücher von Hood/Arceneaux, *Student Services* (1990); Delworth/Hanson, *Student Services* (1989); Upcraft/Gardner, *Freshman Year Experience* (1989); Upcraft/Schuh, *Assessment* (1996).

5.2.1 Formale Evaluation (Prüfungen)

In der vorausgegangene Untersuchung überraschte zwar, dass sich viele Dozenten desinteressiert an der Durchführung von Prüfungen zeigen, weniger überraschend war jedoch die Kritik hinsichtlich der Unstrukturiertheit und oft unverständlichen Notengebung in den Prüfungen: die meisten Prüfer haben nie eine qualifizierte Ausbildung erhalten, wie man objektiv und gerecht prüft – so wie auch die derzeitigen Studenten diese Qualifikation meist nicht systematisch erlernen.[324]

Im Folgenden werden daher einige Kriterien aufgezeigt, die ein solides Prüfungswesen kennzeichnen. Diese Kriterien werden danach mit der Prüfungsrealität an der HfMDK verglichen, bevor konkrete Handlungsempfehlungen abgegeben werden.

5.2.1.1 Funktionsbereiche von Prüfungen

Bei der Beschreibung von Prüfungsanforderungen werden in der Regel Begriffe verwendet, die mit denen aus der Güteprüfung in der empirischen Forschung übereinstimmen: Objektivität, Reliabilität und Validität.[325] Einige Autoren gehen hier jedoch noch weiter und beschäftigen sich mit den verschiedenen Funktionen von Prüfungen.

So lassen sich nach Füller[326] vier grundlegende Funktionen von Prüfungen unterscheiden, wobei zwischen diesen Funktionen „Überschneidungen und inhaltliche Affinitäten" nicht ausgeschlossen werden können:[327] (1) pädagogische Funktionen,

---

324 Vgl. Studienordnungen der HfMDK. Didaktik- und Pädagogikkurse, insbesondere für die Studenten des Fachbereich 1, beschränken sich auf die Methoden zur Vermittlung von Unterrichtsinhalten und beschäftigen sich nur kaum mit deren Bewertung.

325 Vgl. beispielsweise Hanisch, *Leistungsbeurteilung* (2003), S. 208; Freytag, *Prüfungen* (2003), S. 40ff sowie die Beschreibung von Objektivität, Reliabilität und Validität in der empirischen Forschung (Unterkapitel 4.1.1.3).

326 Vgl. Füller, *Funktionen von Prüfungen* (1975), S. 17ff.

327 Vgl. Füller, *Funktionen von Prüfungen* (1975), S. 17.

(2) soziale Funktionen, (3) psychologische Funktionen und (4) Repräsentationsfunktionen.[328]

Hinsichtlich der *pädagogischen Funktionen* von Prüfungen wird zwischen diagnostischen und prognostischen Eigenschaften von Prüfungen unterschieden. So dienen die diagnostischen Prüfungseigenschaften als Rückmeldung für den Lernerfolg und zum Vergleich der Leistung mit einem anderen Studienzeitpunkt und/oder zum Vergleich verschiedener Studenten. Die prognostischen Eigenschaften von Prüfungen haben die Aufgabe, auf Grundlage einer erbrachten Leistung auf die Leistungen in der Zukunft zu schließen.[329]

Die *soziale Funktion* von Prüfungen ist die, dass Prüfungen als Stabilisatoren sozialer Beziehungen dienen; das bedeutet, dass die Abschaffung von formalen Prüfungsmechanismen fast zwangsläufig zum Entstehen anderer, informeller Prüfungsmechanismen führen würde.[330] Darüber hinaus haben Prüfungen auch die Aufgabe der Auslese und des Berechtigungsnachweises.

Die *psychologische Funktion* von Prüfungen stellt sich so dar, dass sie für den Lernenden als motivierend (d.h. als Arbeits- und Leistungsanreiz), aber auch als frustrierend (z.B. Prüfungsangst) bewertet werden kann. Aus diesem Grunde gilt es, die Prüfungskriterien erreichbar und nachvollziehbar zu gestalten.

Die *Repräsentationsfunktion* von Prüfungen dient dem Zweck, einer Prüfung die Gleichwertigkeit zu einer bestimmten Gesamtleistung zuzuweisen. So repräsentiert beispielsweise das Abitur die Hochschulreife. Ähnlich verhält es sich mit Examens-

---

328 Dieser Ansatz ähnelt den Ansätzen von Rieder, *Notengebung* (1990); Zielinski, *Schülerleistungen* (1991); Freytag, *Prüfungen* (2003) und anderen Autoren, die ihre Ansätze jedoch nicht im Zusammenhang mit dem Musikunterricht formuliert haben. Rieder differenziert zwischen der Pädagogischen Funktion, der Berichtsfunktion und der Berichtigungsfunktion, Zielinski und Freytag zwischen den gesellschaftlich bedingten und den didaktisch/pädagogisch bedingten Funktionen. Weitere, ähnliche Ansätze finden sich auch an anderen Stellen.

329 So dient beispielsweise eine Vordiplomsprüfung einerseits der Bewertung der bisherigen Leistungen des Studenten (‚diagnostisch'), andererseits dient sie aber auch dem Zweck zu prüfen, ob der Student für das Hauptstudium geeignet ist (‚prognostisch').

330 Ein Beispiel für einen informellen Prüfungsmechanismus könnte das Bestehen des Probespiels in einem Studentenorchester wie der ‚Jungen Deutschen Philharmonie' sein, das für seine anspruchsvollen Aufnahmekriterien bekannt ist.

prüfungen, welche die Kandidaten als in ihrem Fach umfassend qualifiziert auszeichnen sollen. Da es im Rahmen einer Prüfung nur stichprobenartig möglich ist, die Umfassendheit des Wissen eines Geprüften zu testen, bedarf es bei der Prüfungsgestaltung konkreter Methoden, um eine gerechte und möglichst umfassende Auswahl der ‚Wissens-Stichprobe' zu gewährleisten.

Die verschiedenen Funktionen von Prüfungen nach Füller werden an der HfMDK nur teilweise erfüllt. Hinsichtlich der pädagogischen Funktion von Prüfungen kritisieren die Studenten das mangelnde Feedback nach Prüfungen und die mangelnde Unterstützung bei der Selbstbewertung. Der diagnostische Aspekt und somit der Lernnutzen von Prüfungen ist für die Studenten an der HfMDK somit offensichtlich sehr gering. Aus Gesprächen mit Studenten und Hochschulangehörigen geht weiterhin hervor, dass fast alle Studenten die Zwischenprüfung bestehen. Weil darüber hinaus auch eine offizielle Benotung der Aufnahmeprüfungs- und Vordiplomsleistungen in einigen Studiengängen an der HfMDK nicht vorgesehen ist, entfällt bei diesen Prüfungen auch die prognostische Prüfungsfunktion.

Die soziale Funktion von Prüfungen in Form des Auswahlprozesses wird an der HfMDK zum Zeitpunkt der Aufnahmeprüfung umfassend praktiziert, der Anteil der abgelehnten Studenten beträgt hier über 70%.[331] Wie gerade beschrieben, erfüllt aber bereits die Zwischenprüfung ihre Auslesefunktion nicht mehr und auch die Examensprüfungen scheinen häufig nicht mehr zwischen guten und schlechten Leistungen zu differenzieren („Noteninflation").

Auch die psychologische Funktion von Prüfungen wird an der HfMDK nicht erfüllt, weil die Hochschule Prüfungsangst begünstigt, indem viele Studenten die Prüfungsordnung als unverständlich empfinden und über mangelndes Verantwortungsbewusstsein der Prüfer klagen.[332]

---

[331] Ergebnisse eines Gespräch mit dem Leiter des Studentensekretariates. Der Wert schwankt zwischen den Studiengängen, hier ist nur der Mittelwert angegeben.
[332] Vgl. Baron, *Stell Dir vor, Du hast Diplomprüfung und keiner geht hin* (2003), S. 1f.

Die Repräsentationsfunktion der Prüfungen an der HfMDK ist formal gewährleistet, weil die Hochschule zur Verleihung des Diploms (bzw. zur Abnahme von Staatsexamina) berechtigt ist und über Studien- und Prüfungsordnungen verfügt, die grundsätzlich sicherstellen, dass die Absolventen eines Hochschul-Diploms eine umfassende musikalische Ausbildung erhalten haben.

Trotz der grundsätzlich breiten Anerkennung dieser Prüfungsfunktionen in der wissenschaftlichen Literatur fordern verschiedene Stimmen an den deutschen Musikhochschulen bereits seit längerem die gänzliche Abschaffung von formalen Prüfungen, da sie den objektiven Wert von Prüfungsnoten bezweifeln und mit offensichtlichen Nachteilen von Prüfungen wie Prüfungsangst sowie noch schlechteren Chancen am Arbeitsmarkt im Fall einer nicht ‚sehr guten' Examensnote argumentieren.[333] Diese Position kann bei Betrachtung der hier vorliegenden empirischen Untersuchungsergebnisse entkräftet werden, weil die Studenten die Möglichkeiten von Bewertung und Vergleich ja gerade vermissen; die Kritik liegt aus der Studentensicht vielmehr im existierenden Prüfungssystems selbst begründet.[334]

Dennoch bleibt unbestritten, dass gerade die psychologische Funktion von Prüfungen eine starke Belastung für einige Studenten darstellen kann, insbesondere dann, wenn sie sich auf ein bisher sehr großzügiges Prüfungswesen an der HfMDK eingestellt haben. Die Hochschule sollte sich daher entweder (1) für einen Mittelweg entscheiden, bei dem die Notengebung im Laufe des Studiums nur informatorisch verwendet wird und somit zwar ihre pädagogische Funktion behält, gleichzeitig aber keine Auswirkungen auf die Examensnote hat, oder (2) die leistungsorientierte

Notengebung nur für zukünftige Studenten einführen, die zuvor im Rahmen einer studienvorbereitenden und einer Studieneingangsberatung ausreichend auf die neue Form der Leistungsbewertung vorbereitet wurden.

---

333 Vgl. Mantel, *Zeitgemäße Hochschulausbildung* (2003), S. 32f. Vergleiche für die allgemeine Schulpädagogik auch eine Übersicht von Freytag, *Prüfungen* (2003), S. 86ff.

334 Dieses Problem ist jedoch nicht spezifisch für die HfMDK, sondern kann an fast allen deutschen Hochschulen beobachtet werden. Das Land Nordrhein-Westfalen hat beispielsweise eine eigene Expertengruppe mit dem Ziel der Entwicklung ‚einer neuen Prüfungskultur' eingesetzt. (vgl. Land Nordrhein-Westfalen, *Prüfungen auf dem Prüfstand* (2000)).

5.2.1.2 Ansätze zur objektiven Leistungsbewertung

Um der Kritik an der Prüfungsrealität der HfMDK zu begegnen ist es zunächst notwendig, die Prüfungsordnungen auf Verständlichkeit zu überprüfen. Des Weiteren sollte die Hochschule bei der Planung von Prüfungen grundsätzlich nicht nur die reine Prüfungszeit kalkulieren sondern auch Zeit für Feedback-Gespräche. Solch ein Gespräch ist jedoch nur von Nutzen, wenn die Dozenten genügend Verantwortungsbewusstsein besitzen, um es konstruktiv durchzuführen. Dies könnte durch die Erstellung eines detaillierten Prüfungsprotokolls oder der Anwesenheit einer unabhängigen Person (Student, Verwaltungsangestellter, Angehöriger der Hochschulleitung etc.) gewährleistet werden.

Verantwortungsbewusstsein allein reicht jedoch nicht aus, um Studenten diagnostisch zu unterstützen, es bedarf weiterhin einer Ausrichtung des Feedbacks an Prüfungsanforderungen. Diese Anforderungen müssen schon vor der Prüfung genau bekannt sein und das Prüfungsergebnis darf nur auf diesen Kriterien beruhen.

Im Folgenden werden verschiedene Ansätze zur Entwicklung von Prüfungskriterien kurz aufgezeigt. Dabei wird zunächst auf die Bewertung von Instrumentalleistungen und dann auf die Bewertung von akademischen Leistungen eingegangen.

5.2.1.2.1 Instrumentalbewertung

Bei der Bewertung von Instrumentalleistungen wird typischerweise zwischen dem globalen Ansatz und dem Kriterienansatz unterschieden.[335] Wie die Namen der Ansätze schon andeuten, beschränkt sich der globale Ansatz auf eine reine Gesamtbewertung des Geprüften. Der Kriterienansatz bewertet hingegen zahlreiche Aspekte der Instrumentalleitung zunächst einzeln und fasst dann die Einzelleistungen zu einer Gesamtnote zusammen.

Globaler Bewertungsansatz

Der globale Ansatz ist zwangsläufig sehr subjektiv geprägt, da sich ein Prüfer zur Notenfindung nicht an bestimmten Kriterien orientiert, sondern seine Entscheidung eher ‚aus dem Bauch heraus' trifft. Andererseits kann dieser Ansatz durchaus als gerecht betrachtet werden, wenn der Geprüfte bereits vor der Prüfung die Vorstellungen der einzelnen Prüfer genau kennt und sich bei der Prüfungsvorbereitung auf sie einstellen kann.[336] Ein weiterer Vorteil des globalen Ansatzes ist die Möglichkeit, den Gesamteindruck einer musikalischen Leistung besser bewerten zu können, statt sich von zahlreichen Einzelkomponenten einer Leistung verwirren zu lassen.[337]

Die Vorteile des globalen Bewertungsansatzes können aber nicht darüber hinwegtäuschen, dass er massive Reliabilitätsschwächen ausweist, da hier in den Prüfungen keine „Orientierungsanker" zur Verfügung stehen.[338] Dennoch ist dieser Ansatz an deutschen Musikhochschulen üblich.

Insgesamt eignet sich der globale Ansatz somit eher für eine Bewertung des Studenten durch den eigenen Hauptfachdozenten (beispielsweise als unverbindliche, nur didaktischen Zwecken dienende Semesternote[339]) als für eine formale Prüfung.

---

[335] Vgl. Freytag, *Prüfung* (2003), S. 75ff; Boyle/Radocy, *Musical Experiences* (1987).
[336] Vgl. Kilian, *Assessment, Evaluation and Support* (1998), S.171.
[337] Vgl. Boyle/Radocy, *Musical Experiences* (1987).
[338] Vgl. Fiske, *Reliability* (1977).
[339] Vgl. Winter, *Leistungsbewertung* (2004), S. 72f.

Kriterienorientierter Bewertungsansatz

Ein deutlich zuverlässigerer Ansatz der Leistungsbewertung ist der Kriterienansatz, bei dem außer der Globalbewertung noch weitere konkrete Leistungskriterien bewertet werden.

So stellt beispielsweise Fiske[340] in seinem kriterienorientierten Bewertungsansatz für Trompetenstudenten eine Unterscheidung zwischen den Kriterien Intonation, Rhythmus, Technik, Phrasierung und Gesamteindruck vor; jedes Kriterium wird dabei auf einer Skala von eins bis fünf bewertet. In seiner empirischen Studie vergleicht er dann die Notengebung einzelner, für die Untersuchung ausgewählter Dozenten bezüglich fünf aufgenommener musikalischer Leistungen und stellt eine hohe Reliabilität fest.

Ähnlich zuverlässige Ergebnisse präsentieren Bergee und Abeles, die eine Skala mit 27 bzw. mit 30 Kriterien zur Leistungsbewertung verwenden. Bergee[341] gruppiert seine Faktoren dabei in die vier Hauptkategorien „Interpretation/Musical Effect, Quality/Intonation, Technique, Rhythm/Tempo" und Abeles[342] differenziert nach den sechs Kategorien „Interpretation, Tone, Rhythm/Continuity, Intonation, Tempo, and Articulation".[343] Weiterhin werden von beiden Autoren bipolare Skalen verwendet, bei denen die Endpunkte mit unterschiedlichen, entgegengesetzten Begriffen benannt sind („gut – schlecht", „rhythmisch – unrhythmisch" etc.).

Eine ähnliche Darstellung von Kategorien findet sich bei Kohut/Fadle.[344] Diese Autoren nennen folgende Kategorien: rhythmische Genauigkeit, korrekte Töne, Tonqualität und Intonation, Artikulation, Präzision, Interpretation, Dynamik und

340 Vgl. Fiske, *Reliability* (1977).
341 Bergee, *Comparison* (1993), S. 19ff.
342 Abeles, *Clarinet Performance Adjudication Scale* (1973), S.246.
343 In der Kategorie „Interpretation" fasst Abeles beispielsweise die fünf Aspekte „effective musical communication, the interpretation was musical, the piece was played in character, played with musical understanding, and played with traditional interpretation" zusammen.
344 Vgl. Kohut/Fadle, *Musizieren* (1999), S. 103.

Balance/Ausgewogenheit. Ebenso zeigt Mantel[345] Methoden auf, wie man das Instrumentalspiel in verschiedene Aspekte unterteilen kann. Er geht dabei auf Intonation, Dynamik, Rhythmus und Agogik, Artikulation, Impulse und Akzente, Klangfarben, Vibrato, Proportionierung und Tempoverhältnisse ein. Wie Kohut/Fadle testet auch Mantel jedoch nicht die Eignung der Kriterien für Prüfungen, sondern stellt sie nur allgemein dar.

Als Ergänzung des Kriterienansatzes ist es auch möglich, dass alle Mitglieder einer Prüfungskommission nicht nur die einzelnen Kriterien auf einer Skala bewerten, sondern darüber hinaus für jedes Kriterium noch einige Zeilen Platz auf ihrem Bewertungsbogen vorfinden, so dass die Einzelbewertungen kommentiert werden können.[346] Dies hätte vor allem beim späteren persönlichen Feedback an den Geprüften klare Vorteile.

Kriterienbasierte Ansätze zur Bewertung von Prüfungsleistungen können vor allem dann, wenn viele Kriterien zur Bewertung verwendet werden, für verschiedene Instrumentengruppen unterschiedlich sein. Die Hochschule sollte daher beim Einsatz kriterienbasierender Prüfungen zunächst Gremien einsetzen, die diese Kriterien ermitteln, so dass den Studenten einheitliche Prüfungserwartungen kommuniziert werden können. Bei der Entwicklung der Kriterien sollte weiterhin darauf geachtet werden, dass die Studenten in der Lage sind, sich schon vor den Prüfungen selbstständig zu bewerten.

Zusammenfassend kann festgehalten werden, dass an die HfMDK angepasste kriterienbasierte Prüfungen eine gerechte Bewertung von Leistungen erleichtern und darüber hinaus auch die Funktionen von Prüfungen nach Füller besser abdecken würden als das bisherige System. Sie sind pädagogisch ausgerichtet, da sie eine nachvollziehbare Leistungsbewertung anbieten, erfüllen aufgrund ihrer hohen Reliabilität besser die soziale Funktion und sichern aufgrund ihrer klaren Vorhersehbarkeit die Erfüllung der psychologischen Funktion.

---

345 Vgl. Mantel, *Cello üben* (1999), S. 31ff.
346 Diese Fragenform ist in der Literatur auch als „halb-offen“ bekannt.

Aufgrund des hohen pädagogischen Wertes des kriterienbasierten Ansatzes und um den Studenten mehr Bewertungsmöglichkeiten anbieten zu können, wäre weiterhin denkbar, die Prüfungsanzahl an der HfMDK zu erhöhen. Aufgrund der Verteilung des Prüfungsrisikos auf mehrere Prüfungen könnte so auch die psychologische Belastung der Studenten reduziert werden.

5.2.1.2.2 Bewertung akademischer Leistungen

Bei der Bewertung von akademischen Leistungen könnte grundsätzlich zwischen dem globalen und dem kriterienbasierten Bewertungsansatz unterschieden werden. Üblicherweise wird jedoch ohnehin fast ausschließlich der kriterienbasierte Ansatz verwendet, da es für akademische Leistungen deutlich einfacher ist, Einzelkriterien zur Leitungsbewertung zu entwickeln und anzuwenden als für künstlerische Leistungen. Weiterhin setzen sich Vorlesungsleistungen häufig aus mehreren Elementen zusammen (Referat, mündliche Beteiligung, Klausur etc.). Zur Überprüfung von nicht-instrumentellen Lernleistungen auf Basis von Kriterien wird daher üblicherweise zwischen zwei Ansätzen unterschieden: der standardisierten und der individuellen Bewertung.

Standardisierte Tests sind üblicherweise käuflich erwerbbare Unterlagen, bei denen zahlreiche Prüfungsfragen zuvor von einer Vielzahl von Probanden empirisch geprüft und somit abgesichert wurden[347], so dass sie dann unverändert in Prüfungen verwendet werden können.[348] Auf diese Weise ist es möglich, einen einheitlichen Prüfungsstandard sicherzustellen, der Vergleichbarkeit zwischen den Studenten und über mehrere Semester hinweg gewährleistet.[349] Allerdings sind diese standardisierten Tests nicht in allen akademischen Veranstaltungen an Musikhochschulen anwendbar, sie sind nur zur qualifizierten Bewertung von Leistungen im Bereich

[347] Vgl. Lohmann, *Leistungen im Musikunterricht* (1982), S. 106.

[348] Dabei haben sich in den USA zwei Testformen durchgesetzt: der Music Achievement Test nach Colwell, *Musical Achievement (*1968) und die Iowa Tests of Music Literacy nach Gordon, *Manual* (1970). Vgl. Kilian, *Assessment, Evaluation and Support* (1998), S. 149.

[349] Vgl. Lehman, *Tests and Measurement in Music* (1968); Lohmann, *Leistungen im Musikunterricht* (1982) S. 93ff; Kilian, *Assessment, Evaluation and Support* (1998), S. 148.

Gehörbildung und audiovisioneller Analyse (d.h. beispielsweise der Erkennung von Unterschieden zwischen einer Partitur und einer gleichzeitig gehörten Aufnahme) geeignet.[350] In Deutschland haben sich standardisierte Tests bisher nicht durchsetzen können, was nach Lohmann[351] darin begründet liegt, dass diese Testform nur das Ziel verfolgt, zwischen den Leistungen der Studenten zu differenzieren, dem Ansatz eine psychologische Fundierung fehlt und die Tests unflexibel gegenüber dem Lernstoff sind, so dass häufig keine Übereinstimmung zwischen Lehr- und Lernzielen des Dozenten und des Tests vorliegt.

Die Verwendung von individuellen Bewertungsansätzen ist hingegen in allen akademischen Bereichen des Musikstudiums verwendbar und in Deutschland üblich. Hier sind die Dozenten gefordert, die Kriterien Objektivität, Reliabilität und Validität innerhalb ihrer Prüfungen aus eigener Überzeugung zu gewährleisten, damit die Studenten Vertrauen in das Prüfungsverhalten des Dozenten haben. Folgende zentrale Aspekte sind hier zu beachten:[352]

---

350 Vgl. Lohmann, *Leistungen im Musikunterricht* (1982); Kilian, *Assessment, Evaluation and Support* (1998), S. 149-153.

351 Vgl. Lohmann, *Leistungen im Musikunterricht* (1982), S. 109.

352 Nach Kilian, *Assessment, Evaluation and Support* (1998), S. 156f, ergänzt durch Füller, *Kompendium Didaktik Musik* (1977); Köck, *Schulpädagogik* (2000); Olechowski, *Alternative Leistungsbeurteilung* (2003); Freytag, *Prüfung* (2003).

1. Festlegung der Zielgruppe der Prüfung (Grundstudium, Hauptstudium, Examen) und Anpassung des inhaltlichen Anspruches.
2. Konkrete Festlegung der zu prüfenden Themenbereiche.
3. Möglichst klare Trennung der Einzelthemen innerhalb der Prüfung.
4. Identifikation der zentralen Lernziele der Veranstaltung, d.h. keine Prüfung von Randproblemen.
5. Darstellung der Probleme nicht abstrakt, sondern im Kontext.
6. Verwendung geeigneter Tonquellen (bei Hörprüfungen).
7. Angemessene Fragenformate verwenden (z.B. Ankreuztests vs. Fließtext).
8. Rechtzeitige Erläuterung der Erwartungen und Bewertungskriterien.
9. Genaue Erläuterung der Gewichtung einzelner Fragen bei der Benotung.
10. Genaue Erläuterung der Konsequenzen der Notengebung (z.B. Mindestpunktzahl).
11. Genaue Erläuterung der Bewertungsnorm (d.h. vergleichs- oder lernzielorientierte Bewertung).[353]

Tabelle 5.2.1: Aspekte bei der individuellen Bewertung von akademischen Leistungen

Hensgen und Blum[354] fasst diese Kriterien in drei Kategorien zusammen: Transparenz (d.h. Durchschaubarkeit und Nachvollziehbarkeit der Prüfung), Fairness (d.h. Gleichbehandlung aller an der Prüfung teilnehmenden Gruppen) und Akzeptanz (d.h. allgemeine Zustimmung hinsichtlich der Form der Bewertung).

Da es bei der Prüfungskritik an der HfMDK vorwiegend um die Bewertung von Instrumentalleistungen geht, wird auf die Bewertung von akademischen Leistungen nicht weiter eingegangen. Der interessierte Leser sei hier – aufgrund der leichten inhaltlichen Übertragbarkeit – vor allem auf die umfassende Literatur im Bereich der allgemeinen pädagogischen Diagnostik verwiesen.[355]

---

353 Bei der vergleichsorientierten Bewertung werden Noten relativ zu den anderen Prüfungsteilnehmern vergeben, während bei der lernzielorientierten Bewertung die Notengebung unabhängig von der jeweiligen Prüfungsgruppe an den Lerninhalten orientiert wird. (Freytag, *Prüfung* (2003), S. 79ff).

354 Vgl. Hensgen/Blum, *Prüfen beruflicher Handlungskomptetenz* (1998), S. 50f.

355 Vgl. Winter, *Leistungsbewertung* (2004); Freytag, *Prüfungen* (2003).

5.2.2 Informelle Evaluation

Den empirischen Ergebnissen folgend wünschen sich die Studenten, ihr Leistungsfeedback stärker aus anderen Quellen beziehen zu können als nur aus formalen Prüfungen, so z.B. aus Selbstbewertung und informeller Fremdbewertung. Dies fällt Musikstudenten jedoch schwer: in vorausgegangenen Untersuchungen konnte gezeigt werden, dass Instrumentalschüler kaum im Stande sind, eine qualifizierte Selbsteinschätzung vorzunehmen, die mit der Einschätzung von Prüfern übereinstimmt.[356] Mehreren Autoren folgend ist eine Verbesserung dieser Selbsteinschätzungs-Fähigkeiten durch Training ist allerdings möglich[357]; und selbst, wenn Selbstbewertung nicht zur zuverlässigen Einschätzung von Prüfungsleistungen führen sollte, so dient sie zumindest nachweislich der Motivation, der Verbesserung der Übesystematik und der kontinuierlichen Fortschrittskontrolle.[358]

In den folgenden beiden Unterkapiteln wird zunächst auf Selbstbewertung und dann auf informelle Fremdbewertung eingegangen.

5.2.2.1 Selbstbewertung

Wie bereits ausgeführt wurde, fällt es Studenten schwer, sich selbst abstrakt zu bewerten. Allerdings ist es möglich, durch den Versuch von Selbstbewertung systematischer zu werden, was aufgrund des Anstrebens von Zielen dann meist zu einer Verbesserung des Übeergebnisses führt. Es gibt drei zentrale Ansätze des systematischen Übens: Organisation, technische Unterstützung und mentales Üben. Diese Ansätze werden nun näher erläutert.

---

356 Vgl. Bergee, *Comparison* (1993), Kostka, *Self-Assessment* (1997), Byo/Brooks, *Performance Evaluations* (1994). Die Untersuchungen legen ihren Untersuchungsschwerpunkt jedoch vor allem auf Schüler statt auf Studenten.

357 Vgl. Davis, *Instrumental Achievement* (1981) und Sparks, *Self-Evaluation* (1990), Rosenthal, *Music Teacher Preparation* (1982).

358 Vgl. Sparks, *Self-Evaluation* (1990); Eck, *Peer Tutoring Program* (1991); Rosenthal, *Music Teacher Preparation* (1982).

Organisation

Studenten verbringen den größten Teil ihrer Lernzeit allein in Überäumen. Um diese Zeit effizient zu nutzen, bedarf es eines strukturierten Herangehens an die eigene Arbeitsweise.[359] Dabei müssen nach Fisher/Mandl[360] drei Abschnitte innerhalb der Übezeit angesetzt werden: die Aktivitäten vor, während und nach dem Üben.

Aktivitäten vor dem Üben	Aktivitäten während des Übens	Aktivitäten nach dem Üben
– *Motivationale Vorbereitung* (Ziele setzen, Freude am Üben generieren) – *Setzen von Kriterien zur Aufgabenbewältigung* (Voraussetzungen und Arbeitsumfeld) – *Analyse der Aufgabe* (Was weiß/kann ich? Was will ich? Wie lange brauche ich dafür?)	– *Selbstbeobachtung* – *Selbstkritik* – *Selbstkorrektur*	– *Beurteilung der Resultate* – *Einprägung der Ergebnisse* – *Entwicklung von Fragen und Zielen für das nächste Üben bzw. den nächsten Unterricht*

Tabelle 5.2.2: Aktivitäten im Übeprozess

Dieser auf den ersten Blick selbstverständlich erscheinende Prozess des Übens und Lernens wird überraschenderweise jedoch kaum von Schülern und Studenten angewendet[361], so dass es sinnvoll erscheint, diesen Ansatz mit interessierten Studenten zu üben. Hierfür steht im musikalischen Bereich inzwischen umfassende Literatur zur Verfügung, die den Studenten zugänglich gemacht werden sollte. [362]

---

[359] Vgl. Hewitt, *Effects of Self-Evaluation* (2000), S. 10; Fischer/Mandl, *Selbstwahrnehmung und Selbstbewertung* (1980), S. V.

[360] Vgl. Fisher/Mandl, *Selbstwahrnehmung und Selbstbewertung* (1980), S. 12, mit eigenen Ergänzungen.

[361] Vgl. Winter, *Selbstbewertung* (1990), S. 130ff.

[362] Vgl. Giesecke, *Clever üben* (1999), S. 43ff; Baumert/Köller, *Lernstrategien* (1996); Kuhl/Heckhausen, *Motivation* (1996); Mantel, *Einfach üben* (2001), S. 15ff; Fisher/Mandl, *Selbstwahrnehmung und Selbstbewertung* (1980), S. 12; Winter, *Selbstbewertung* (1990), S. 147ff.

Üben mit technischer Unterstützung

Zahlreiche empirische Studien haben inzwischen gezeigt, dass der Einsatz technischer Hilfsmittel (insbesondere Audio- und Videoaufnahmen) eine positive Wirkung auf den Lernerfolg hat, weil Schüler und Studenten so bessere Möglichkeiten der Selbstkontrolle haben.[363] Dieser Erfolg kann dadurch noch verstärkt werden, dass man den Studenten eine umfassende Einweisung in die Möglichkeiten gibt, die sie durch diese technischen Hilfsmittel bekommen und diese Hilfsmittel auch leicht zugänglich macht, damit sie in die Überoutine der Studenten aufgenommen werden können. Weiterhin muss bei der Verwendung von technischen Hilfsmitteln bereits vor dem Üben weiterhin klar festgelegt werden, wozu die Technik dienen soll, so dass eine optimale Nutzung des Hilfsmittel möglich ist.

Mentales Üben

Das mentale Üben verfolgt die Idee, einen Lernerfolg nur durch den Einsatz geistiger Anstrengungen zu erzielen, d.h. ohne dabei das Instrument zu verwenden.[364] Diese Methode setzt sich aus den Theorien der Entspannungstechnik, des mentalen Trainings, der Visualisierung und des Selbstmanagements zusammen[365] und hat in den letzten Jahren vor allem im Leistungssport Aufmerksamkeit und Anerkennung erfahren.[366] Mentales Üben ist durch professionelle Unterstützung relativ schnell und leicht erlernbar.[367] Entsprechende Kurse sollten daher von der Hochschule angeboten werden.

---

363 Vgl. Kohut/Fadle, *Musizieren* (1999), S. 169f; Yarbrough/Wapnick/Kelly, *Videotape Feedback Techniques* (1979), S. 103ff.

364 Vgl. Langeheine, *Üben* (1996), S. 6f, Kopiez, *Kognitive Strukturen* (1990), S. 38ff; Kopiez, *Performanceforschung* (1996), S. 525ff; Mantel, *Cello üben* (1999), S. 28ff.

365 Vgl. Langeheine, *Üben* (1996), S. 76f.

366 Vgl. Kopiez, *Kognitive Strukturen* (1990), S. 34.

367 Vgl. Langeheine, *Üben* (1996).

Die beschriebenen Ansätze zur selbstständigen Professionalisierung des Übens sind natürlich nur Hilfsmittel zur Selbstbewertung, die konkreten Bewertungsmaßstäbe, an denen Erfolg und Misserfolg definiert werden, setzt letztlich jeder Student selbst fest.

Um eine Verbesserung der Selbsteinschätzung von potenziellen Prüfungsleistungen der Studenten zu verbessern, sollte die HfMDK weiterhin die formalen Prüfungskriterien konkreter erläutern (z.B. durch Verwendung des zuvor beschriebenen kriterienbasierten Prüfansatzes), an denen die Studenten dann ihre Übegestaltung ausrichten können. Außerdem sollte die Hochschule ihre Angebote zur informellen Fremdbewertung ausweiten.

5.2.2.2 Informelle Fremdbewertung

Informelle Fremdbewertung soll es einem Student ermöglichen, sich konkretes und systematisches Feedback von anderen Personen einzuholen, ohne dass dieses Feedback Auswirkungen auf Prüfungsnoten hat. Derzeit sind in den Ausbildungsprogrammen an der HfMDK kaum informelle Fremdbewertungen vorgesehen, selbst die Hauptfachlehrer sind nicht angehalten, die Leistungen ihrer Studenten in regelmäßigen Abständen systematisch zu bewerten. Weiterhin ist es bei Klassenvorspielen und Vortragsabenden nicht üblich, systematisch beurteilt zu werden.[368]

Somit mangelt es den Studenten der HfMDK an Orientierungshilfen, um das eigene Spiel besser bewerten zu können. Dies wirkt sich zwangsläufig auf die Motivation aus, denn diese entsteht nicht nur durch den eigenen Antrieb der Studenten, sondern auch durch das soziale und professionelle Umfeld.[369] Im Folgenden werden daher verschiedene Ansätze der informellen Fremdbewertung vorgestellt.

---

368 Statt dessen beschränkt sich das Feedback nach einer Vorspielgelegenheit meist auf ein paar Sätze vom Hauptfachlehrer ‚zwischen Tür und Angel' oder auf das ‚Schulterklopfen' von Kommilitonen und sonstigen Zuhörern.

369 Vgl. Comelli/Rosenstiel, *Führung durch Motivation* (2003), S. XI.

Kontinuierliche Bewertung durch den Hauptfachlehrer

Da sich die Dozenten der HfMDK als gute Berater und sogar Mentoren ihrer Studenten einschätzen, ist es denkbar, sie durch gezielte Hinweise auf die vorliegenden Defizite im Bereich Feedback, Semesterrückblicke und Semesterplanungen ‚aufzuwecken'.[370] Dies könnte durch umfassende Informationen und Schulungsangebote von der Hochschule unterstützt werden.

Weiterhin könnte eine rein didaktisch motivierte Notengebung im Hauptfach eingeführt werden, die fast zwangsläufig zu Semesterrückblicken führen würde, sobald der Dozent eine nicht ‚sehr gute' Note vergibt.[371] Damit die Dozenten aber auch in der Lage sind, mit ihren Semesternoten Signale zu geben, ohne den Studenten ihre Examensnote zu verschlechtern, empfiehlt es sich, diesen Noten nur einen reinen Informationscharakter zuzuweisen.

Auch wäre es möglich, dass Dozenten nach entsprechender Schulung Teile der Studienberatung übernehmen. Dabei bieten sich vor allem die persönlichkeitsorientierten Studienverlaufsberatungen an, die vor allem der weiteren Ausrichtung der Ausbildung des Studenten dienen sollen (vgl. Unterkapitel 5.1.1). Durch diese Form der ‚In-die-Pflichtnahme' der Dozenten würden die Studenten zwangsläufig ein eindeutiges und relevantes Feedback erhalten.

Nach Ansicht von Kohut/Fadle bedarf es weiterhin folgender Aufgaben eines Dozenten, um den Student in seinem Fortkommen zu unterstützen: (1) Regelmäßige Ausübung der Vorbildfunktion durch die Demonstration von Wissen und Können zur Inspiration des Studenten, (2) Auswahl der Werke und Etüden nach den Interessen und Fähigkeiten des Studenten, damit ein Erfolgserlebnis, gleichzeitig aber eine Herausforderung gewährleistet ist, sowie (3) Verpflichtung des Studenten zur

---

370 Diese Kommunikation auf der persönlichen Ebene betrachten Kohut/Fadle, *Musizieren* (1999), S. 95f als zentrales Element des Erfolges im Instrumentalunterricht.

371 Vgl. Winter, *Leistungsbewertung* (2004), S. 43ff und 72f.

Kammermusik zwecks intensivem Austausch mit Kommilitonen über Musik und das eigene Können. [372]

Feedback nach Vorspielen

Studenten reagieren häufig positiver auf das Feedback ihrer Kommilitonen als auf das ihrer Lehrer, da es von studentischer Seite weniger als Kritik wahrgenommen wird.[373] Da es Studenten gleichzeitig schwer fällt, sich selbst objektiv zu bewerten, bietet es sich für die HfMDK an, das gegenseitige Vorspielen und Bewerten der Studenten untereinander zu fördern. Hierfür könnte den Studenten Bewertungsbögen angeboten werden, die an die Kriterien formaler Prüfungen angelehnt sind. Auf diese Weise erlernen die Studenten zugleich, sich bei der Bewertung an den prüfungsrelevanten Kriterien zu orientieren (vgl. den zuvor beschrieben kriterienbasierten Prüfungsansatz).

Weiterhin sollten die ohnehin stattfindenden Klassenvorspiele und Konzerte an der Hochschule genutzt werden, um systematisches Feedback zu ermöglichen. Ein Beispiel zur Umsetzung dieses Ansatzes gibt Mantel, der eine Veranstaltung mit dem Namen „Hitparade" beschreibt.[374] Diese Veranstaltung unterscheidet sich von einem ‚normalen' Klassenvorspiel insofern, als dass die anwesenden Dozenten nicht nur zuhören, sondern nach dem Vorspiel die Leistungen des vorspielenden Studenten auch diskutieren. Dabei muss jeder Dozent bei seinem Kommentar drei Aspekte der Leistung beschreiben:

1. Mindestens ein Lob muss ausgesprochen werden, im Idealfall Bezug nehmend auf andere vorspielende Studenten
2. Mindestens eine kritische Bemerkung muss formuliert werden
3. Mindestens ein methodischer Vorschlag im Zusammenhang mit der Kritik muss geäußert werden

Tabelle 5.2.3: Vorgehen beim Bewertungsansatz „Hitparade"

372 Vgl. Kohut/Fadle, *Musizieren* (1999), S. 110ff. Darstellung einer Auswahl der Forderungen.
373 Vgl. Kilian, *Assessment, Evaluation and Support* (1998), S.255.
374 Vgl. Mantel, *Unterrichtsformen* (2000).

Dieser Ansatz scheint grundsätzlich erweiterbar, so dass bei Vorspielen nicht nur die Dozenten ihre Meinung äußern, sondern auch die Studenten. Weiterhin ist denkbar, dass das Feedback nicht in verbaler Form gegeben wird, sondern dass jeder Zuhörer dem Spieler seine Meinung auf einem Feedbackbogen mitteilt.

Dieser zunächst befremdlich anmutende Ansatz könnte bei einer erfolgreichen Umsetzung mittelfristig den konstruktiven Austausch zwischen Studenten untereinander, aber auch zwischen Studenten und Dozenten deutlich verbessern. Seitens der Hochschule wäre es notwendig, durch eine klare Kommunikation der Idee und Vorteile des Ansatzes für dessen Akzeptanz zu werben.

Sonstige systematische Bewertungs- und Vergleichsmöglichkeiten

Die Möglichkeiten zur Einführung systematischer Bewertungs- und Vergleichsmöglichkeiten sind vielfältig. Sie reichen von umfassenden Fragebögen bis hin zu der Veranstaltung von Meisterkursen und Wettbewerben.

Der bislang einzige umfassende Fragebogen zur systematischen Selbstbewertung der Ausbildung an Musikhochschulen wurde 1999 von der Hochschul-Informations-System GmbH entwickelt.[375] Anhand dieses Fragebogens wird den Studenten ermöglicht, detailliert die verschiedenen Aspekte des Studiums zu untersuchen und auf diese Weise zu prüfen, ob das Studium, der Hauptfachlehrer oder die jeweilige Hochschule für den Studenten optimal erscheint. Allerdings können anhand eines Fragebogens nicht die tatsächlichen Studienleistungen des Studenten überprüft werden, er bleibt somit auf einer rein subjektiven Ebene.

Objektivere Ansätze zur Bewertung der eigenen Leistung sind hingegen das Angebot interner und externer Wettbewerbe sowie von Meisterkursen externer Dozenten.[376] Meisterkurse erlauben den Studenten, mit der konstruktiven Kritik anderer Lehrer konfrontiert zu werden, was meist einen Erkenntnisgewinn ermöglicht. Als

[375] Vgl. HIS, *Frageleitfaden* (1999). Ein allgemeinerer Fragebogen dieser Art, der für Studenten aller Fachbereiche entwickelt wurde, findet sich bei Habel, *Hochschulen zum Rapport* (1995), S. 14.

[376] Vgl. Kilian, *Assessment, Evaluation and Support* (1998), S. 256f, Kohut/Fadle, *Musizieren* (1999), S. 113f; Winter, *Leistungsbewertung* (2004), S. 236ff.

öffentliche Veranstaltungen erlauben es Meisterkurse den Studenten weiterhin, den Unterricht fremder Dozenten wie auch das Lernverhalten externer Studenten mit den eigenen Erfahrungen zu vergleichen. Wettbewerbe gehen sogar noch einen Schritt weiter, weil hier eine Jury gezwungen ist, die Leistungen zahlreicher Studenten untereinander zu relativieren.

Als abgeschwächte Form von internen Wettbewerben könnten auch die zum Curriculum gehörenden Aktivitäten der Studenten mit Leistungsanforderungen verknüpft werden. So sind beispielsweise Probespiele für Hochschulorchesterprojekte denkbar, bei denen über Teilnahme und Pultverteilung entschieden wird.[377]

Letztendlich ist auch denkbar, dass sich die Studenten Lern- und Übepartner aussuchen, mit denen sie gegenseitig ihren Fortschritt überprüfen.[378] Trotz ihrer nachweislichen Erfolge[379] sind Partnerschaften an Musikhochschulen noch unüblich, vielleicht auch deshalb, weil Musikstudenten häufig durch ihre Isoliertheit in Überäumen zu ‚Einzelkämpfern' werden.[380] Aus diesem Grund sollte die Hochschule versuchen, ihren Studenten diesen Ansatz nahe zu bringen. Dies könnte möglicherweise auch im Zusammenhang mit dem zuvor beschriebenen Mentoren-System erfolgen.

Alle beschriebenen Ansätze zur informellen Selbst- und Fremdbewertung erlauben es den Studenten, ihre Leistungen vor sich selbst und auch im Vergleich zu den Kommilitonen einfacher und kontinuierlicher zu analysieren. Da sie gleichzeitig keine direkten Auswirkungen auf die Examensnoten haben, stellen sie für die Studenten keine Risiken wie beispielsweise Prüfungsangst dar. Vielmehr ist davon auszugehen, dass diese Ansätze zur informellen Bewertung positive Auswirkungen

---

377 Vgl. Chandler/Chiarella/Auria, *Variables in Band Challenges* (1987), S. 249f, die die Positionierung der Studenten innerhalb eines Ensembles als ein zentrales Selbstzufriedenheitskriterium identifiziert haben.
378 Vgl. Winter, *Selbstbewertung* (1990), S. 156ff.
379 Vgl. Winter, *Leistungsbewertung* (2004), S. 237f; Crockett, *Academic Advising* (1985), S. 244f.
380 Vgl. Hewitt, *Effects of Self-Evaluation* (2000), S. 10.

auf die Motivation der Studenten haben, da sie in ihrem Studium regelmäßig und risikofrei auf konkrete Ziele hinarbeiten können.[381]

Das Angebot von konkreten Zielen im Studium bietet für die Studenten letztlich auch den Anreiz, das Semester klarer zu strukturieren und zielgerichteter zu üben.[382] Hierzu schreibt Kilian: *„Providing student incentives such as recognition, rewards, and celebrations serve to encourage students, promote achievement, allow display of accomplishments, and foster commitment to the department. College and department activities and organizations can help establish interpersonal relationships, integrate students into campus life, counter loneliness, and encourage persistence."*[383]

5.2.3 Dozentenevaluation

Dozentenevaluation gehört zu den besonders intensiv und kontrovers diskutierten Themen in der Hochschulforschung. Dabei wird vor allem darüber gestritten, inwieweit die Studenten überhaupt Qualifikation besitzen, einen Dozenten objektiv und angemessen zu bewerten.[384] Aber auch der Nutzen einer formalen Evaluation wird häufig in Frage gestellt. So wird kritisiert, dass insbesondere bei Professoren Evaluationsergebnisse aufgrund der starren Vergütung im Staatswesen weder zu Sanktionen noch zu Belohnung führen können.[385] Weiterhin ist es die Position der deutschen Musikhochschulen, dass formale Evaluation aufgrund des engen Lehrer-Schüler-Verhältnisses im Einzelunterricht ohnehin nicht notwendig sei.[386] Letztlich kommt es häufig vor, dass Dozenten ihre eigene Lehrqualität und die ihrer Kollegen auf der Grundlage ihrer Reputation als Künstler bzw. Forscher einschätzen und sie diesen Eindruck nicht durch Evaluationsverfahren in Frage stellen wollen.[387]

---

381 Vgl. Sparks, *Self-Evaluation* (1990); Kilian, *Assessment, Evaluation and Support* (1998), S. 90; Köller, *Zielorientierungen* (1998), S. 23f.

382 Vgl. Kilian, *Assessment, Evaluation and Support* (1998), S. 95; Aitchison, *Self-Evaluation Techniques* (1995), S. 210; Köller, *Zielorientierungen* (1998), S. 55ff.

383 Kilian, *Assessment, Evaluation and Support* (1998), S. 256f.

384 Vgl. Astleitner/Krumm, *Studentische Einschätzungen* (1991), S. 241f; Kromrey, *Gute Lehre* (1994), S. 153f; Rindermann, *Studentische Beurteilung* (1997), S. 12.

385 Vgl. Bäßler, *Mehr Geld für mehr Leistung* (2003), S. 42f.

386 Vgl. RKM, *Schwelle* (2000), S. 16.

387 Vgl. Hornbostel/Daniel, *Spiegel-Ranking* (1994), S. 29ff.

Alle diese Argumente können jedoch nicht darüber hinwegtäuschen, dass formale Evaluation sowohl Studenten als auch Dozenten dazu zwingt, sich aktiv mit sich selbst und ihrem Gegenüber auseinanderzusetzen.[388] Der vorliegenden empirischen Untersuchung folgend fehlt den Studenten jedoch genau dieser Austausch, sogar im Hauptfachunterricht. Aus diesem Grund geraten viele Studenten in eine defensive Haltung gegenüber ihren Dozenten, was häufig zu gelangweiltem Absitzen der Veranstaltungen bzw. einem blindem Abnicken der Meinung des Instrumentallehrers führt.[389] Durch ein formelles Dozenten-Evaluationsverfahren könnte der Austausch zwischen Lehrer und Schüler deutlich erleichtert werden.

Auch die Kritik, Studenten seien nicht in der Lage, die Qualität von Veranstaltungen angemessen zu beurteilen, ist nach dem heutigen Forschungsstand nicht mehr haltbar: in zahlreichen Studien wird belegt, dass Studenten sehr wohl in der Lage sind, die Qualität einer Veranstaltung und eines Dozenten zu beurteilen.[390] Zwar tun sie sich nachweislich schwer, die Qualität verschiedener Veranstaltungen direkt miteinander zu vergleichen und zu relativieren, dennoch sind sie aber zweifelsohne in der Lage, eine gute Veranstaltung von einer schlechten zu unterscheiden und auch konkrete Gründe dafür anzugeben.[391]

Die Einführung von Evaluation erscheint unter Berücksichtigung der beschriebenen Vorteile und der Relativierung der Nachteile somit zumindest im informellen Bereich als sinnvoll. Im Folgenden wird daher zunächst auf den Stand der Wissenschaft hinsichtlich der Merkmale ‚guter Lehre' eingegangen und dann Ansätze gezeigt, wie diese Merkmale auch an Musikhochschulen geprüft werden könnten.

---

388 Vgl. Welte, *Studentische Evaluation* (2002), S. 12; Lösch/Merz/Kivi, *Evaluation und Feedback* (2002), S. 23; Rindermann, *Lehrevaluation* (2001), S. 24.

389 Vgl. Mantel, *Zeitgemäße Hochschulausbildung* (2003).

390 Vgl. Marsh/Roche, *Making student's evaluations effective* (1997), S. 1187f; Rindermann, *Studentische Beurteilung* (1997), S. 12f.

391 Vgl. Friedrich, *Teaching Evaluations* (1998), 1226f; Süllwold, *Realität* (1992), S. 34f; Rindermann, *Studentische Beurteilung* (1997), S. 12ff.

5.2.3.1 Merkmale ‚guter' Lehre

Zur Entwicklung von Merkmalen guter Lehre gibt es zahlreiche Ansätze. Hierzu gibt Rindermann eine umfassende Übersicht.[392]

1. Definition von Lehrzielen
2. Orientierung an Gesetzestexten, Bildungsidealen, Curricula
3. Orientierung an der „Tradition der Rhetorik"
4. Heranziehung von hochschuldidaktischen und instruktionspsychologischen Theorien
5. Übertragung der Unterrichtsforschung auf die Hochschule
6. Auswertung von Lehrevaluationsbögen
7. Relevanzrating vorgegebener Items
8. Beobachtung und Beschreibung der Veranstaltungen von als „guten" oder „schlechten" Dozenten bekannten Personen
9. Analyse der Merkmale von Dozenten, die Lehrpreise erhalten
10. Prädiktoren allgemeiner Dozentenbeurteilung
11. Prädiktoren des objektiven Lehr- und Lernerfolges
12. Offene Befragung von Lehrenden und Studierenden

Tabelle 5.2.4: Ansätze zur Definition von Merkmalen ‚guter' Lehre

Nach umfangreichen Recherchen kommt Rindermann zu dem Ergebnis, dass Lehrqualität multifaktorell bewertet werden muss, da verschiedene Kriterien Einfluss auf die Wahrnehmung der Lehrleitung bei Studenten und Dozenten haben. Hierzu stellt er ein Inventar aus den vier Komponenten „Dozent", „Student", „Rahmenbedingungen" und „Lehrerfolg" auf, das sich aus verschiedenen Unterkomponenten zusammensetzt:[393]

---

[392] Rindermann, *Lehrevaluation* (2001), S. 36. Aufgrund der aufwendigen Literaturrecherche und der methodischen Vollständigkeit bei der Erstellung von Rindermanns Modell wird hier exemplarisch nur sein Ansatz dargestellt.

[393] Rindermann, *Lehrevaluation* (2001), S. 64.

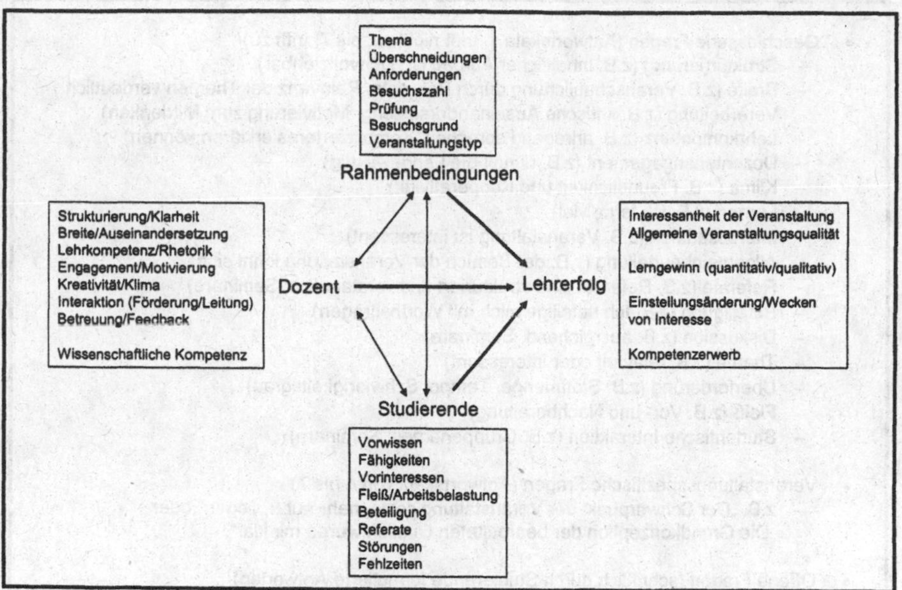

Abbildung 5.2.1: Das multifaktorelle Modell der Lehrveranstaltungsqualität nach Rindermann

Die Darstellung verdeutlicht, dass der Lernerfolg einer Veranstaltung nicht nur von der Qualifikation der Dozenten abhängt, sondern auch vom studentischen Umfeld und den Rahmenbedingungen, die der Dozent für seine Veranstaltung vorfindet. Rindermann empfiehlt, das multifaktorelle Modell im Rahmen seines so genannten HILVE-Fragebogens zu überprüfen.[394] Dieser Fragebogen hat – vereinfacht dargestellt – die folgende Form:[395]

[394] Vgl. Rindermann/Amelang, *HILVE* (1994).

[395] Beispiel für den HILVE-Fragebogen nach Rindermann, *Lehrevaluation* (2001), S. 274. ‚HILVE' steht für „Heidelberger Inventar zur Lehrveranstaltungs-Evaluation".

- Geschlossene Fragen (Antwortskala 1, trifft nicht zu, bis 7, trifft zu)
  - Struktur(ierung) (z.B. inhaltlicher Aufbau ist nachvollziehbar)
  - Breite (z.B. Veranschaulichung durch Beispiele, Relevanz der Themen verdeutlicht)
  - Verarbeitung (z.B. kritische Auseinandersetzung, Motivierung zum Mitdenken)
  - Lehrkompetenz (z.B. anregend sprechen, Komplizierteres erklären können)
  - Dozentenengagement (z.B. nimmt die Lehre wichtig)
  - Klima (z.B. Freundlichkeit und Kooperativität)
  - Lernen (z.B. ich lerne viel)
  - Interessantheit (z.B. Veranstaltung ist interessant)
  - Allgemeinbeurteilung (z.B. der Besuch der Veranstaltung lohnt sich)
  - Referate (z.B. Referate sind strukturiert und verständlich; Seminare)
  - Beteiligung (z.B. Ich beteilige mich mit Wortbeiträgen)
  - Diskussion (z.B. ausreichend, Seminare)
  - Thema (z.B. relevant oder interessant)
  - Überforderung (z.B. Stoffmenge, Tempo, Schwierigkeitsgrad)
  - Fleiß (z.B. Vor- und Nachbereitung)
  - Studentische Interaktion (z.B. Gruppenarbeit; Seminare)

- Veranstaltungsspezifische Fragen (Antwortskala von 1 bis 7)
  - z.B. „Der Schwerpunkt der Veranstaltung sollte mehr auf ... liegen" oder „Die Grundkonzeption der bearbeiteten Quellen wurde mir klar".

- Offene Fragen (schriftlich durch Studierende formulierte Antworten)
  - Was ist besonders positiv an der Veranstaltung?
  - Was ist an der Veranstaltung zu kritisieren?
  - Veränderungsvorschläge?

Tabelle 5.2.5: Darstellungsvorschlag für einen Lehrevaluations-Fragebogen nach Rindermann

Ein so allgemein gehaltener Fragebogen ist natürlich nicht ausreichend für die Bewertung von Leistungen an Musikhochschulen, statt dessen ist eine Anpassung des Fragebogens auf die Bedürfnisse einzelner Fachbereiche und Fächer notwendig.[396] Zur Erstellung von individuellen Lehrevaluations-Ansätzen bedarf es der Kooperation aller von der Evaluation betroffenen Personen. Je nach dem, welchen Zweck die Evaluation erfüllen soll (Information, Belohnung/Sanktion, Signal an die Öffentlichkeit etc.), sollten daher die Dozenten und Studenten sowie ggf. die Vertreter der Hochschulleitung, Vertreter der Landespolitik und Arbeitgeber an der Entstehung des Fragebogens mitwirken.

[396] Vgl. Rindermann, *Lehrevaluation* (2001), S. 145.

5.2.3.2 Ansätze zur Evaluation von Musikhochschul-Leistungen

Im Bereich der Musikhochschulen wurden bisher nur wenige Anstrengungen unternommen, Lehrleistungen von Dozenten zu bewerten, allerdings wurden bisher vereinzelt und auf freiwilliger Basis systematische Lehrevaluationsverfahren eingeführt.[397] Weiterhin verwenden einzelne Dozenten an Musikhochschulen für ihre eigenen Veranstaltungen selbst erstellte Fragebögen, mit denen sie ihre Lehrqualität selbstständig überprüfen. Darüber hinaus veröffentlichte die Zeitschrift ‚Diskussion Musikpädagogik' im Jahr 2002 Ergebnisse des ‚Arbeitskreises WIEN – BERLIN', der sich im Dezember 2001 auf seiner Tagung mit den Aspekten und Fragen der Evaluation von Lehre und Lernen auseinandersetzte.[398] Dieser Arbeitskreis stellte auch Vorschläge für Evaluationsfragebögen vor, die den Ansätzen Rindermanns allerdings stark ähneln.

Für die Bewertung von Seminaren und Vorlesungen an Musikhochschulen scheint die Anwendung von bisher am Markt verfügbaren Evaluationsansätzen somit relativ einfach umsetzbar: es bedarf nur einer Umformulierung der Fragen, um die Nähe zu musikalischen Fächern zu gewährleisten.[399]

Für den Einzelunterricht ist die systematische Evaluation von Dozentenleistungen jedoch deutlich schwieriger als bei Gruppenveranstaltungen, weiterhin wurde hier noch keine konkrete Forschung betrieben, was wahrscheinlich an den weit weniger greifbaren Kriterien für guten Instrumentalunterricht liegt:

---

397 Die UdK bietet seit einigen Semestern einen standardisierten Fragebogen an, der jedoch relativ allgemein gehalten und für alle – auch nicht musikalische – Fachbereiche verwendbar ist. (Welte, *Studentische Evaluation* (2002), S. 15.

398 Vgl. *Diskussion Musikpädagogik*, 4. Quartal 2002.

399 So könnte beispielsweise bei der Frage nach der Qualität von Unterrichtsmaterialien zwischen den eigentlichen Kursunterlagen und den ausgesuchten Noten- und Musikbeispielen unterschieden werden.

- Aufgrund der individuellen Anpassung des Unterrichts an einzelne Studenten macht es wenig Sinn, am Ende des Semesters alle Studenten einen Fragebogen hinsichtlich der Lehrleistungen des Instrumentallehrers ausfüllen zu lassen, denn die Aussagekraft eines Mittelwertes ist hier sehr gering.

- Es ist menschlich, dass Studenten bei einem anonymen Fragebogen eher bereit sind, ehrlich und deutlich ihre Meinung zu sagen als bei einem direkten Gespräch. Das bedeutet, dass die Ergebnisse eines Lehrevaluationsgespräches zwischen Dozent und Student möglicherweise unehrlich gefärbt und somit ineffektiv wären.

- Erschwerend kommt hinzu, dass die Studenten bei einer schlechten Bewertung ihres Dozenten ggf. die Konsequenzen von dessen Enttäuschung erleiden müssen, während Lehrevaluation in Gruppenveranstaltungen meist erst dann durchgeführt wird, wenn der Kontakt zum Dozent beendet ist.

Statt eines anonymen Fragebogens könnte von der Hochschule daher beispielsweise ein strukturierter Gesprächsleitfaden angeboten werden, den die Studenten am Ende des Semesters mit ihren Instrumentaldozenten durchsprechen müssen.[400] Auf diese Weise kann vermieden werden, dass die Dozenten die Bitte um ein Gespräch mit den Studenten schon per se als Kritik an ihrer Person empfinden. Dieser Gesprächsleitfaden könnte an die Struktur von bisherigen Lehrevaluationsfragebögen (siehe oben) angelehnt werden:

400 Dieser Ansatz ähnelt dem Konzept des Mitarbeitergesprächs in der Literatur für Management und Firmenorganisation. (vgl. beispielsweise Neuberger, *360-Grad Feedback* (2000); Domsch/Ladwig, *Mitarbeiterbefragung* (2000)).

Vorlesungen/Seminare[401]	Instrumentalunterricht
▪ Struktur(ierung) ▪ Breite ▪ Lehrkompetenz ▪ Dozentenengagement ▪ Klima ▪ Lernen ▪ Interessantheit ▪ Allgemeinbeurteilung ▪ Referate ▪ Beteiligung ▪ Diskussion ▪ Thema ▪ Überforderung ▪ Fleiß ▪ Studentische Interaktion	▪ Rückblick über die Leistungen im vergangenen Semester ▪ Planung des kommenden Semesters o Werke (Etüden, Konzerte etc.) o Erläuterungen zur Werkswahl o Aktivitäten und Kurswahl neben dem Instrumentalunterricht ▪ Diskussion der Zufriedenheit mit den methodischen und didaktischen Ansätzen des Dozenten ▪ Besprechung der Situation des Studenten (Standortbestimmung, Zukunftserwartungen) ▪ Prüfung der Strukturiertheit des Unterrichts ▪ Diskussion der Bereitschaft des Dozenten, Positionen zur technischen Umsetzung und/oder Interpretation eines Werkes mit dem Student zu diskutieren ▪ Prüfung der Erwartungshaltung des Dozenten (Übezeiten, Interesse für andere Themen) ▪ Prüfung der Interaktion mit anderen Studenten und der Berufsrealität (Kammermusik, Vorspielgelegenheiten) ▪ Sonstige Wünsche und Anregungen

Tabelle 5.2.6: Gegenüberstellung Evaluations-Fragebogen und Gesprächs-Leitfaden (eigene Erstellung)

Dieser Gesprächsleitfaden sollte zunächst vom Studenten allein bearbeitet werden, damit er besser auf das Gespräch vorbereitet ist; dabei stellt er im Extremfall bereits vor dem Gespräch fest, dass der eigene Dozent nicht optimal zu ihm passt. Dies wäre mit Sicherheit der Fall, wenn der Student bei zahlreichen der oben beschriebenen Aspekte schon im voraus Bedenken hätte, mit dem Dozenten in Konflikt zu geraten.

Solch ein Gesprächsleitfaden kann allerdings nur zur informellen Bewertung des Dozenten verwendet werden, da das Abhängigkeitsverhältnis des Studenten gegenüber dem Dozenten sonst bewirken würde, dass die Gespräche nicht konstruktiv ablaufen. Spätestens, wenn die Ergebnisse eines Gesprächs Auswirkungen auf beispielsweise die leistungsorientierte Entlohnung des Dozenten hätten, wäre

[401] Dimensionen entsprechen dem zuvor dargestellten HILVE-Ansatzes (vgl. Tabelle 5.2.5).

der Student quasi in der Pflicht, gute Noten zu vergeben, um sein Verhältnis zum Dozenten nicht zu beeinträchtigen.

An Stelle eines strukturierten Semester-Abschlussgespräches wäre es aber auch möglich, dass der Student und der Dozent zu Beginn des Semesters gemeinsam Ziele und Methoden zur Erreichung dieser Ziele festlegen und dann am Ende des Semesters die Zielerreichung zu überprüfen. Der Gesprächsleitfaden müsste dann um eine schriftliche Komponente (Niederschrift der ‚Ziele' und ‚Wege zum Ziel') erweitert werden.[402]

5.2.3.3 Chancen und Risiken der Lehrevaluation

Es ist in der Literatur bereits empirisch belegt worden, dass die Einführung von Lehrevaluation ein Qualitätsbewusstsein erzeugen kann, das auch den Lehrerfolg deutlich verbessert.[403] Dabei sind die Erfolge immer dann besonders groß, wenn die Evaluation als Feedbackinstrument und nicht als Kontrollorgan etabliert wird.[404] Weiterhin existiert ein positiver Zusammenhang zwischen dem Angebot von auf Feedback aufbauenden Weiterbildungsmaßnahmen und der Zufriedenheit der Dozenten.[405]

Gleichzeitig besteht aber auch nachweislich das Risiko, die Dozenten mit Lehrevaluationen zu verärgern und eine Verweigerung der Dozenten gegenüber Feedback zu erzeugen.[406] Es empfiehlt sich daher, das Evaluationsverfahren behutsam auf dem Konsenswege einzuführen, damit der gewünschte positive Effekt nicht

[402] Diese Festlegung von gemeinsamen Zielen ist in der wissenschaftlichen Literatur auch unter dem Begriff „Lernvertrag" geläufig. (vgl. Graeßner, *Lehr-/Lernvertrag* (2002); Winter, *Leistungsbewertung* (2004), S. 223f).

[403] Vgl. Erickson/Erickson, *Improving college teaching* (1979) nach Rindermann, *Lehrevaluation* (2001).

[404] Vgl. Marsh et al., *Validity* (1975).

[405] Vgl. Gediga, *KIEL* (2000); Marsh/Roche, *Use of Evaluations* (1993); Cohen, *Feedback* (1980) nach Rindermann, *Lehrevaluation* (2001).

[406] Vgl. Webler, *Qualitätssicherung in Lehre und Studium* (1996).

zerstört wird.[407] Aus dem selben Grund sollten die Evaluationsansätze zunächst auch nicht mit der Diskussion um die leistungsorientierte Dozentenbesoldung gekoppelt werden.

Sobald ein Evaluationsverfahren entwickelt ist und verwendet wird, bedarf es klarer Richtlinien hinsichtlich des Umganges mit den erhobenen Ergebnissen, da das Verfahren nicht dauerhaft überleben kann, wenn die Studenten keine Konsequenzen aus ihren Rückmeldungen über die Dozenten erkennen können. In den USA werden die Lehrevalutions-Fragebögen häufig von einem hochschuldidaktischen Berater ausgewertet, der dann auch eine Beratung der Dozenten durchführt. Dies soll am Beispiel der hochschuldidaktischen Beratung an der Universität von Berkeley verdeutlicht werden:[408]

1.	Durchführung von studentischen Lehrevaluationen zur Verwendung als Informationsgrundlage.
2.	Übermittlung des Feedbacks durch hochschuldidaktische Berater
3.	Diskussion des Feedbacks zwischen Dozent und Berater; Erörterung verhaltensnaher, spezifischer, konkreter und umsetzbarer Vorschläge für die Lehrveranstaltung.
4.	Heranziehung von Lehrtechniken sehr gut evaluierter Dozenten als eine Informationsquelle für Beratungsgespräche („Lernen am Modell")
5.	Aufrechterhaltung des Kontakts und „Verpflichtung" durch brieflichen und telefonischen Nachkontakt („friendly phone calls")
6.	Erneute Lehrevaluation zur Bestimmung von Veränderungen

Tabelle 5.2.7: Prozess der hoschuldidaktischen Beratung an der University of Berkeley, USA

Dies ist jedoch kein zwingender Ablauf, es ist beispielsweise auch möglich, es den Dozenten selbst zu überlassen, wie sie mit den Ergebnissen der Lehrevaluation umgehen.[409] Allerdings sollte die Hochschule ein Angebot an Schulungs- und Weiterbildungsmaßnahmen zur Verfügung stellen, damit das Interesse eines

---

[407] Vgl. Rindermann, *Lehrevaluation* (2001), S. 55.

[408] Wilson, *Improving Teaching* (1986) nach Rindermann, *Lehrevaluation* (2001), S. 277.

[409] In den USA bieten bereits 77% aller Hochschulen Fortbildungsveranstaltungen für Dozenten an, die an diesen Hochschulen von ca. 50% der Lehrenden in Anspruch genommen werden. (Vgl. Rindermann, *Verbesserung von Lehrveranstaltungen* (2002), S. 372).

Dozenten, die eigenen Qualifikationen zu verbessern, nicht gleich im Keim erstickt wird.[410] Konkrete Angebote zur Weiterbildung werden beispielsweise bereits an der Musikhochschule in Münster[411] angeboten. Die ‚Neue Musikzeitung' veröffentlicht zudem in jeder Ausgabe eine Übersicht an aktuellen Schulungen und Weiterbildungen, die für alle Interessierten zugänglich sind. Diese Veranstaltungen werden meistens von Berufsverbänden (DTKV, IG Medien), dem ‚Verband deutscher Musikschulen' oder von Bundes- und Landesakademien angeboten.[412] Letztlich setzt sich die pädagogische Forschung derzeit vermehrt mit der Selbstbewertung von Lehrenden und die Bewertung von Lehrenden durch ihre Kollegen (‚peer evaluation') auseinander.[413] Diese bisher weitgehend akademischen Forschungsergebnisse sollten von der HfMDK genutzt werden.

5.3 Hochschulstrukturreformen

Die vorausgegangene empirische Untersuchung hat verdeutlicht, dass zahlreiche Kritikpunkte der Studenten und Arbeitgeber durch Schwächen bei den Abläufen und Verantwortlichkeiten der Hochschule erklärt werden können. So informieren sich die Entscheidungsträger der Hochschule offensichtlich nicht ausreichend über die Erwartungen der Studenten und der Arbeitgeber. Darüber hinaus fühlen sich viele Entscheidungsträger mit ihren Aufgaben überfordert und beobachten, dass es an der Hochschule nur wenige klare Normen und Vorschriften gibt, an denen sie sich orientieren könnten. Aber auch viele Dozenten sind unzufrieden: sie fühlen sich von den Entscheidungsträgern der Hochschule alleingelassen und beobachten ebenfalls, dass an der Hochschule nur wenige verbindliche Normen existieren.

---

410 Vgl. Stock, *Hochschulpädagogische Qualifizierung* (1994), S. 78ff; Winteler, *Professionalisierung* (2002).

411 Vgl. Vornhausen, *Aller Anfang ist schwer* (2003), S. 61.

412 Vgl. Fritsch, *Weiterbildung* (2000), S. 8ff.

413 Vgl. beispielsweise Ribke, *Wie war ich?* (2003), S. 11f, die eine Übersicht über Fragen darstellt, die sich Dozenten bei der Selbstbewertung ihrer Unterrichtsleistungen stellen sollten sowie Hilsheimer, *Supervision* (1999) und Bülow-Schramm/Carstensen, *Frischer Wind* (1995), die Ansätze zum Austausch zwischen Dozenten und Kollegenevaluation erläutern.

Weiterhin fühlen sich die Dozenten über Entscheidungsfindungsprozesse der Hochschule schlecht informiert und beklagen sich über häufig nicht umsetzbare Forderungen seitens der Hochschule und der Politik.

Dieses Gefühl des Überfordertseins hat sich in den letzten Jahren durch die weitreichende Einführung des so genannten New Public Management-Ansatzes, der inzwischen in fast alle deutschen Hochschulen Einzug erhalten hat, noch verstärkt. New Public Management verfolgt das Ziel, dass die Hochschulen von der Politik nur noch Ziele vorgegeben bekommen und zur Erreichung dieser Ziele Budgets erhalten. Die Erreichung dieser Ziele unter der gegebenen Budgetrestriktion ist dann die alleinige Aufgabe der Hochschulen, die mit ihrer schlagartig gestiegenen Verantwortung oft nicht schnell genug zurecht kommen.[414]

Langfristig betrachtet bedarf es zur ganzheitlichen Verbesserung dieses Zustandes an der HfMDK der Einführung eines umfassenden Wertesystems, das als Grundlage für die Selbstdarstellung sowie das Handeln dienen muss. Dieses System ist in der betriebswirtschaftlichen Literatur als ‚Corporate Identity' geläufig und wurde in den letzten Jahren bereits von verschiedenen Musikhochschulen in Ansätzen aufgegriffen. Kurzfristig betrachtet wäre es jedoch bereits ein großer Schritt, wenn die hier entwickelten Erkenntnisse diskutiert und (zumindest teilweise oder in zunächst abgeschwächter Form) umgesetzt würden.

5.3.1 Kurzfristiger Ansatz: Integration des neu gewonnenen Wissens

Um die Erwartungen der Studenten zukünftig besser erfüllen zu können, sollten die *Entscheidungsträger der Hochschule* für mehr Rückmeldungen seitens der Studentenschaft sorgen, damit Reformen auch im Sinne der Studenten umgesetzt

[414] Vgl. Brinckmann, *Freiheit der Universitäten* (1998), S. 98ff; Beyer, *Führung von Fakultäten* (2001), S. 59ff.

werden können. Diese Kommunikation kann durch weitere empirische Studien und durch regelmäßige Gesprächsrunden mit den Studenten erfolgen, wobei es sinnvoll sein könnte, die Studenten nach einem bestimmten Muster (Examenskandidaten, Studienabbrecher, Langzeitstudenten etc.) auszuwählen, um ein noch klareres Bild der Studentenbedürfnisse zu erhalten. Weiterhin ist es möglicherweise sinnvoll, die Position der studentischen Vertreter an den Hochschulen (z.B. AStA) zu stärken, um so eine dauerhafte, zuverlässige Vertretung der Studenten in den Gremien der Hochschule besser zu gewährleisten.[415]

Darüber hinaus sollte die Hochschule mehr Kontakt zu den anderen Personengruppen pflegen, die Einfluss auf den Erfolg der Hochschule in der Öffentlichkeit und bei der Vermittlung der Studenten in den Arbeitsmarkt haben. Hierzu gehören zunächst die potenziellen Arbeitgeber der Studenten, aber auch die Öffentlichkeit, die Presse und die Alumni der Hochschule. Die HfMDK hat hier mit der Einrichtung eines ‚Hochschulrates' bereits einen ersten Schritt unternommen.

Außerdem sollte die Hochschulleitung ihre Planungen und Entscheidungen noch deutlicher kommunizieren, so dass sowohl die Studenten als auch die Dozenten besser in der Lage sind, die Entwicklungen an der Hochschule mitzuverfolgen. Hierbei empfiehlt sich, zukünftig verschiedene Kommunikationskonzepte zu verwenden wie z.B. Info-Briefe, Sonderausgaben der Hochschulzeitung, Homepage, Email-Diskussionsforen, Schwarze Bretter, Informationstage für alle Hochschulangehörigen und Informationsveranstaltungen für einzelne Hochschul-Interessengruppen.[416] Weiterhin wäre es durchaus denkbar, die Entscheidungsträger der Hochschule zu Management-Schulungen zu verpflichten, wenn sie zum Zeitpunkt ihrer Berufung noch nicht über betriebswirtschaftliches Wissen verfügen.

---

415 An der Universität Bremen werden seit dem Wintersemester 2001/2002 sogar Weiterbildungsveranstaltungen für studentische Mitglieder von Studienkommissionen angeboten, die die Studenten ermutigen sollen, sich in die universitären Entwicklungen aktiver einzumischen. (Vgl. Müller/Voegelin, *Studierende als Mitgestalter* (2003), S. 2f).

416 Vgl. Müller-Böling/Krasny, *Strategische Planung* (1998),S. 42.

Die *Dozenten* sollten aus den Ergebnissen des Wahrnehmungsvergleiches mit den Studenten die Konsequenz ziehen, dass sie teilweise ihr Lehrkonzept überarbeiten müssen. Dabei sollte die Hochschulleitung ihnen durch das Angebot von Schulungen und Fortbildungen Unterstützung anbieten.[417] Weiterhin sollten die Dozenten als Konsequenz aus den Untersuchungsergebnissen ihre Verpflichtung als Mentor für die Studenten inhaltlich ernster nehmen, um so deren Beratungsbedürfnisse besser zu erfüllen. Diese aktivere Auseinandersetzung der Dozenten mit den Bedürfnissen und Problemen der Studenten würde die studentische Zufriedenheit deutlich erhöhen.

Um die als teilweise kritisch betrachteten Arbeitsbedingungen der Dozenten (mangelndes Teamwork, zu viel Zeitaufwand in Gremien etc.) zu verbessern, sollten sich die Dozenten und die Hochschulleitung der HfMDK gemeinsam mit der Lösungsfindung beschäftigen. Die Folkwang Hochschule in Essen hat vor einiger Zeit beispielsweise ein Rechte- und Pflichtenheft für Hochschullehrer erarbeitet, das es gegebenenfalls in ähnlicher Form auch den Dozenten der HfMDK ermöglicht, ihre Rolle innerhalb der Hochschule klarer zu definieren und zu leben.[418]

Letztlich muss diskutiert werden, wie an der Hochschule zukünftig das Prüfungswesen und die Studienberatung gestaltet werden sollten, nachdem die vorausgegangenen Unterkapitel gezeigt haben, dass beide Herausforderung technisch grundsätzlich lösbar sind. Hier müssen die entsprechenden Gestaltungsgremien eingerichtet werden. Es empfiehlt sich jedoch, diesen hoch komplexen Gestaltungsprozess auch im Rahmen der Einführung einer ganzheitlichen ‚Corporate Identity' zu diskutieren, auf die nun näher eingegangen wird.

---

[417] Vgl. hierzu den Unterkapitel 5.2.3 (Dozentenevaluation)
[418] Vgl. Fellsches, *Grundbedingungen für Qualität der Lehre* (2001).

5.3.2 Langfristiger Ansatz: Etablierung einer ‚Corporate Identity'

Unter einer Corporate Identity versteht man nach Birkigt, Stadler und Funck „die strategisch geplante und operativ eingesetzte Selbstdarstellung und Verhaltensweise eines Unternehmens nach innen und außen auf der Basis einer festgelegten Unternehmensphilosophie, einer langfristigen Unternehmenszielsetzung und eines definierten (Soll-)Images – mit dem Willen, alle Handlungsinstrumente des Unternehmens in einheitlichem Rahmen nach innen und außen zur Darstellung zu bringen".[419] Andere Autoren erklären, dass sich eine Corporate Identity aus drei Einzelkomponenten zusammensetzt: den Leistungen, dem Verhalten und dem Erscheinungsbild einer Institution.[420] Auf Musikhochschulen übertragen bedeutet dies, dass

- den Studenten ein bestimmtes Ausbildungsniveau zugesichert wird (Leistung),
- die Prozesse und Formalitäten zur Erlangung des Abschlusses unmissverständlich definiert sind (Verhalten),
- und die Position und die Erwartungen der Hochschule einheitlich nach innen und außen dargestellt wird (Erscheinungsbild).

Dabei sollte es nicht das Ziel sein, die Erwartungen aller Studenten zu erfüllen sondern vor allem die Erwartungen jener Studenten, an denen die Hochschule besonders interessiert ist.[421] Die drei Kriterien werden nun ausführlicher beschrieben.

<u>Leistung</u>
Die Definition der Leistung der HfMDK kann am Grad der Umsetzung von Vorstellungen und Normen der Entscheidungsträger (d.h. Qualitätslücke 2 des Gap-Modells) gemessen werden. Die Leistungskriterien müssen gleich zu Beginn des Studiums deutlich werden, beispielsweise müssen schon die Bewerbungsformulare und Informationsunterlagen der HfMDK den Bewerbern vermitteln, auf welches

---

419 Birkigt/Stadler/Funck, *Corporate Identity* (2002), S. 18.
420 Vgl. Lehmeier, *Corporate Identity* (2002), S. 26.
421 Vgl. Lehmeier, *Corporate Identity* (2002), S. 26ff.

Leistungsniveau sie sich einstellen müssen. Dabei sollten nicht nur die Leistungserwartungen der Hauptfachlehrer kommuniziert werden, sondern auch die Leistungserwartungen der Hochschule an die Studenten (z.B. Mindestkenntnisse in Nebenfächern und der deutschen Sprache).

Um die formalen Verfahren an der Hochschule und die Inhalte der Studien- und Prüfungsordnungen sowie Curricula eindeutig zu strukturieren, bedarf es einer besseren Qualifizierung der zu administrativen Aufgaben berufenen Künstler, denn diese räumen ein, sich für ihre Aufgaben nicht ausreichend qualifiziert zu fühlen.[422]

Zur Lösung dieses Problems wäre es beispielsweise möglich, verschiedene Entscheidungspositionen an der Hochschule in der Zukunft statt durch Künstler mit Verwaltungsspezialisten zu besetzen und stattdessen einen künstlerischen Beirat einzurichten, der als Ideengeber für die Verwaltung fungiert. Alternativ könnte diese Idee auch umgekehrt werden, indem den Künstlern in Entscheidungspositionen ein qualifizierter Beraterstab zur Seite gestellt wird.

Weiterhin sollte die Hochschule zur Entwicklung der Leistungskriterien einem systematischen Planungsprozess folgen, der nach Müller-Böling und Krasny folgenden Ablauf haben sollte:[423]

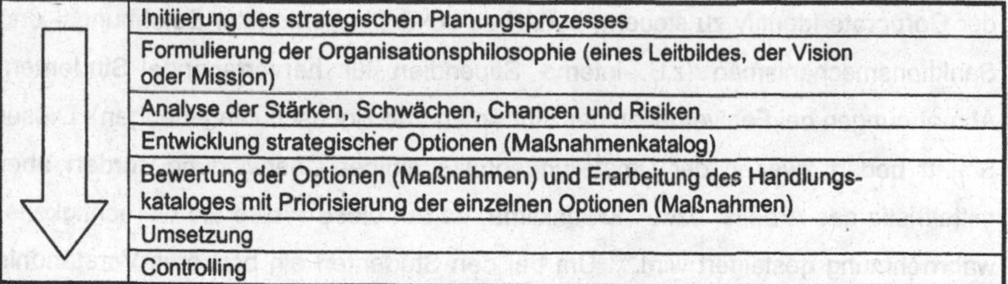

↓	Initiierung des strategischen Planungsprozesses
	Formulierung der Organisationsphilosophie (eines Leitbildes, der Vision oder Mission)
	Analyse der Stärken, Schwächen, Chancen und Risiken
	Entwicklung strategischer Optionen (Maßnahmenkatalog)
	Bewertung der Optionen (Maßnahmen) und Erarbeitung des Handlungskataloges mit Priorisierung der einzelnen Optionen (Maßnahmen)
	Umsetzung
	Controlling

Tabelle 5.3.1: Phasen des Planungsprozesses

422 Vgl. Unterkapitel 4.2.2.2.
423 Müller-Böling/Krasny, *Strategische Planung* (1998),S. 23ff.

Bei allen Planungsschritten sollte eine intensive Diskussion der Hochschulvertreter mit den Studenten und anderen der Hochschule verbundenen Interessengruppen (Politik, Arbeitgeber, Öffentlichkeit) praktiziert werden, um die spätere Umsetzbarkeit und allgemeine Akzeptanz der entwickelten Ideen sicherzustellen. Allerdings ist hier darauf zu achten, dass nicht alles Besprochene, sondern nur relevante Informationen breit kommuniziert werden, da die Beteiligten sonst das Interesse an der Verfolgung des Projektstandes verlieren.[424]

Verhalten

Sobald die Festlegung der Hochschul-Leistungsstandards erfolgt ist, muss die Hochschule auch genau auf deren Einhaltung achten, denn nur „schlüssiges Handeln konstituiert [...] die Identität" der Hochschule.[425] Dabei sind vor allem die Dozenten gefordert, die diese Standards im Unterricht (z.B. Regelmäßigkeit, Pünktlichkeit), in Prüfungen und bei der allgemeinen Meinungsbildung umsetzen müssen, um die Glaubwürdigkeit der Corporate Identity zu wahren.[426] Weiterhin muss die Hochschulverwaltung im Interesse ihrer Glaubwürdigkeit auch bei formalen Aktivitäten wie Rückmeldung oder Anerkennung von Prüfungsleistungen konsequent nach ihrem festgelegten Selbstverständnis handeln.

Um das Verhalten der Angehörigen der Hochschule und ihrer Studenten im Sinne der Corporate Identity zu steuern, bedarf es zukünftig geeigneter Belohnungs- und Sanktionsmechanismen (z.B. interne Stipendien für hervorragende Studenten, Abmahnungen bei Fehlverhalten der Studenten und Hochschulangehörigen). Dieser Schritt bedarf zwar in der Umstellungsphase einiger Überwindung, fördert aber mittelfristig das Arbeits- bzw. Studienklima, da auf diese Weise die Gerechtigkeitswahrnehmung gesteigert wird.[427] Um bei den Studenten ein besseres Verständnis für die Vorstellungen der Hochschule hinsichtlich der Studienerwartungen und der

---

424 Vgl. Posner/Posner-Lansch, *Unternehmenskommunikation* (2001), S. 297f.
425 Birkigt/Stadler/Funck, *Corporate Identity* (2002), S. 20.
426 Vgl. Brose, *CI und Lehrer* (2002), S. 82f.
427 Vgl. Kilian, *Assessment, Evaluation and Support* (1998), S. 59f.

Studienkultur zu schaffen, bietet sich bereits zu Anfang des Studiums eine umfassende Einführung in dieses Thema an. Diese kann beispielsweise im Rahmen der Studieneingangsberatung erfolgen (vgl. Unterkapitel 5.1.2).

Das zentrale Kriterium für den Erfolg einer gelebten Corporate Identity stellt jedoch das Verhalten der Hochschulleitung dar. Bevor versucht wird, die neuen Verhaltensregeln der Hochschule auch von den Angestellten und Studenten zu fordern, muss daher sichergestellt sein, dass sich die Entscheidungsträger der Hochschule ihrer Vorbildverantwortung bewusst sind und selbst in der Lage sind, diese Verantwortung zu übernehmen. Solange die Führungskräfte der Hochschule keine konkrete Vorstellung von der Umsetzung ihrer Corporate Identity haben, ist auch nicht zu erwarten, dass andere Angehörige der Hochschule ihr Verhalten ändern werden.

<u>Erscheinungsbild</u>

Die Corporate Identity wird normalerweise über ein allen Hochschulangehörigen bekanntes Mission Statement kommuniziert.[428] Solch ein Mission Statement fasst die Leitlinien der Hochschule als Ausbilder und Arbeitgeber zusammen und muss klar genug formuliert sein, um es Studenten wie Arbeitnehmern zu ermöglichen, ihr Verhalten grundsätzlich daraus abzuleiten.[429] Zur Erfüllung dieses Kriteriums bedarf es zahlreicher, umfassender Gespräche aller der Hochschule zugehörigen Interessengruppen.

Nach der Erstellung des Mission Statements ist die Entwicklung eines ‚Corporate Designs' und einer ‚Corporate Communication' sinnvoll, um der Hochschule ein einheitliches Erscheinungsbild zu verleihen. Dies schließt die Kommunikationsmedien, die Form der Informationsdarstellung und die Art der Ansprache des

---

428 Die HfMDK verfügt bereits über Ausbildungsleitlinien und ein Mission Statement. (Vgl. www.hfmdk-frankfurt.de). Allerdings ist es den Vertretern der Hochschule wie auch den Studenten bisher kaum bekannt.

429 Vgl. beispielsweise Klein, *Kultur-Marketing* (2001), der auch zahlreiche Beispiele anführt, wie ein Mission Statement gestaltet sein sollte. Dabei unterschiedet er auch zwischen der Bedeutung von Innen- und Außenwirkung des Mission Statements. (S. 99ff).

Informationsempfängers mit ein.[430] Beispiele hierfür sind ein einheitliches Logo oder Erkennungszeichen der Hochschule, eine einheitliche Außendarstellung (d.h. stets gleiche Formate, Farben, Schrifttypen, Veröffentlichungsrhythmen etc.) sowie ein eingängiger Name für die Hochschule.

Die folgende Darstellung von Regenthal zeigt eine detailierte Übersicht über die notwendigen Schritte zur Einführung einer gelebten Corporate Identity am Beispiel einer Schule und verdeutlicht dabei, wie aufwendig und komplex solch eine Einführung für (Hoch-)Schulen sein kann: [431]

Schritte, Phasen	Methoden, Maßnahmen
Leitbildentwurf des Corporate Identity-Teams	- Akzeptanz, Notwendigkeiten, Nutzen - Auftrag, Vision, Zielsetzung, Struktur - Gemeinsame Diskussion, Entwicklung - Beteiligung, Identitätsbildung, Schulberatung
Abstimmung mit der Leitung	- Umsetzung, Konsequenzen aufzeigen - Diskussion und Feinabstimmung - Präsentation, Kommunikation klären
Befragung des Kollegiums	- Befragung aller Beteiligten - Ziel: Akzeptanz- und Identitätsbildung - Auswertung, Aufbereitung der Ergebnisse - Reflexion, evtl. Überarbeitung
Offizielle Inkraftsetzung	- Beschlussfassung der Schulleitung - Information der Beteiligten, Visualisierung - Danksagung an Prozessbeteiligte - Anlass, Feier, Präsentation nach innen
Kommunikation nach innen	- Strategieentwicklung zur internen Umsetzung - Gespräche, Besprechungen, Sitzungen - „Kleinarbeiten/Reduzierung der Leitsätze" - Berichterstattung, Umsetzungsprojekte - Einbindung der Führungskräfte

Tabelle 5.3.2: Schritte und Phasen bei der Einführung einer ‚Corporate Identity'
(Fortsetzung auf der nächsten Seite)

430 Vgl. Posner/Posner-Lansch, *Unternehmenskommunikation* (2001), S. 299f; Birkigt/Stadler/Funck, *Corporate Identity* (2002), S. 21.

431 Regenthal, *Schulen in Veränderung* (2002), S. 21.

Schritte, Phasen	Methoden, Maßnahmen
Kommunikation nach außen	- Strategieentwicklung zur externen Umsetzung - Broschüren, Flyer, sonst. Kommunikationsmedien - Einsatz, Präsentation bei externen Auftritten - Abstimmung mit der Öffentlichkeitsarbeit
Konzept- und Strategieentwicklung	- Abstimmung Programm mit anderen Konzepten - Organisationsziele, Bereichs-/Teilkonzepte - Pilotprojekte (Projektmanagement), Budgetierung - Mitarbeiterführung, Marketing, Design - Strategieentwicklung mit jährlichen Zielen
Richtlinien und Schulungen	- Führungsrichtlinien, Verhaltensgrundsätze - Zielvereinbarungs-/Mitarbeitergespräche - Qualitäts- und Konfliktmanagement - Bereichs- und Teamschulungen, Weiterbildung - Führungskräfte-Schulungen, Coaching
Umsetzung am Arbeitsplatz	- Personalentwicklung, Einarbeitungen - Vorbildliches Umsetzen der Richtlinien - Konsequenzen, Grenzen aufzeigen - Teamentwicklung, Kooperation - Glaubwürdiges Leben der Richtlinien
Controlling und lernende Organisation	- Ergebnisse, Erfahrungen, Erkenntnisse - Außenberatung, CI-Beratung, Prozessberatung - Reflexion, Bewusstmachung, Lernen - „Prozess in Gang halten“, Innovationen

noch Tabelle 5.3.2: Schritte und Phasen bei der Einführung einer Corporate Identity (Fortsetzung)

Die HfMDK hat bereits einige Anstrengungen unternommen, um ihre ‚Corporate Identity' voranzutreiben. Hierzu gehören der Vorstoß, der Hochschule einen eingängigeren Namen zu geben, die Entwicklung von Ausbildungs-Leitlinien und eines Mission Statements sowie die Einrichtung von Stellen im Bereich Public Relations und eines ständig besetzten Auslandsamtes.

Die Reform der Hochschulstrukturen und die erfolgreiche Einführung einer gelebten Corporate Identity sind die vielleicht komplexesten und zeitaufwendigsten Herausforderungen, welche die HfMDK in den nächsten Jahren zu meistern hat. Dies liegt vor allem darin begründet, dass sich an den deutschen Musikhochschulen insgesamt noch keine ‚Best Practice' etabliert hat, an der sich die HfMDK orientieren könnte. Vielmehr verfolgt jede Hochschule noch ihren eigenen Ansatz zur Positionierung und Selbstdarstellung.[432]

---

[432] Vgl. Müller-Böling/Krasny, *Strategische Planung* (1998), S. 14.

6 Schlussbetrachtung und Ausblick

Ziel dieser Arbeit war es, zunächst die bisherigen Entwicklungen und Ansätze zur Qualitätsverbesserung an Musikhochschulen zu analysieren, um dann einen neuen Evaluationsansatz zu entwickeln, der eine solide Wissens- und Entscheidungsbasis für Musikhochschulen schaffen kann. Auf der Grundlage einer auf diesem Evaluationsansatz basierenden empirischen Untersuchung sollten dann weiterhin konkrete Handlungsempfehlungen abgeleitet und näher erläutert werden. Diese Handlungsempfehlungen sollten die Entscheidungsträger von Musikhochschulen direkt in die Lage versetzen, konkrete Schritte einzuleiten um die Qualität ihrer Einrichtungen zu verbessern.

Alle diese Ziele konnten erreicht werden, da es möglich war, eine solide Untersuchungsmethode zu entwickeln, die alle zentralen Personengruppen der Musikhochschulausbildung mit einbezieht und zueinander in Beziehung setzt. Ebenso war es möglich, mit dem entwickelten Evaluationsansatz zentrale und konkrete Handlungsempfehlungen für die Hochschule für Musik und Darstellende Kunst Frankfurt am Main abzuleiten, die sich für die empirischen Untersuchungen in dieser Arbeit zur Verfügung gestellt hat. Aufgrund der vorliegenden Arbeit ist die HfMDK somit nun in der Lage, Entscheidungen herbeizuführen, um ihre Qualität systematisch zu verbessern. Aber auch anderen Musikhochschulen sollte es möglich sein, die hier identifizierten Handlungsempfehlungen zumindest teilweise zu übernehmen, weil sich ein Großteil der Probleme der HfMDK aufgrund der starken strukturellen Ähnlichkeiten zwischen den deutschen Musikhochschulen in gleicher Form auch an anderen Einrichtungen wiederfindet.

Wie die vorausgegangenen Untersuchungen zeigen, liegt der zentrale Reformbedarf an der HfMDK *aus der Sicht der Studenten* in den Bereichen Studienberatung und Evaluation, wobei Evaluation die Bereiche Prüfungswesen, Selbstbewertung und Dozentenbewertung einschließt. Es konnte aber gleichzeitig gezeigt werden, dass es zahlreiche Ansätze gibt, mit denen die HfMDK diese Reformen angehen kann, und dass diese Reformansätze teilweise nur geringen Aufwand verursachen.

Weiterhin zeigen die Untersuchungen, dass *die Dozenten* sich an der Hochschule damit schwer tun, ihre Tätigkeit optimal durchzuführen, weil sie sich häufig nicht bewusst sind, was genau die Hochschule von ihnen erwartet. Ebenso fühlen sie sich nicht ausreichend ernst genommen, da Entscheidungen häufig über sie hinweg getroffen werden. Es ist allerdings davon auszugehen, dass diese Probleme der Dozenten sich deutlich verringern, sobald die Erwartungen der Studenten besser erfüllt werden, denn auch diese beklagen sich über die mangelnde Kommunikation der Hochschulleitung und die unklaren Studienstrukturen. Eine Verbesserung der Studienbedingungen für die Studenten würde somit gleichzeitig eine Verbesserung der Arbeitsbedingungen für die Dozenten bedeuten.

Darüber hinaus zeigen die empirischen Daten, dass sich *die Entscheidungsträger* häufig mit ihren Aufgaben überfordert fühlen, wobei davon auszugehen ist, dass man diese Beobachtung auf die nur in Ausnahmefällen vorhandene Management-Erfahrung der Hochschul-Amtsträger zurückführen kann. Hier sollte die Hochschule versuchen, den Entscheidungsträgern mehr professionelle, administrative Unterstützung zur Seite zu stellen, so dass die Entscheidungsgrundlagen in der Zukunft besser aufbereitet werden, bevor die Entscheidungen letztlich getroffen werden. Weiterhin empfiehlt es sich, stärker die Nähe zu den Studenten und den Arbeitgebern zu suchen, um die Entscheidungen auch im Sinne der wichtigsten „Kunden" der Hochschule zu treffen.

Ebenso wurden die Erwartungen der *Arbeitgeber* an die Hochschulabsolventen herausgearbeitet. Hier wurde deutlich, dass es teilweise deutliche Anforderungsunterschiede zwischen der Bewerbung und der Berufsausübung gibt, vor allem in Berufsorchestern. Auf diese Unterschiede werden die KA-Studenten der HfMDK jedoch teilweise nicht ausreichend vorbereitet, statt dessen liegt der Fokus der Ausbildung klar auf solchen Qualifikationen, die für ein Probespiel von Bedeutung sind.

Auch zeigen die hier erhobenen Daten, dass es grundlegende *Wahrnehmungsunterschiede* zwischen den Studenten, den Dozenten, den Entscheidungsträgern und den Arbeitgebern gibt, die den verschiedenen Gruppen jedoch teilweise nicht bewusst sind. Diese Tatsache ist eines der größten aktuellen Probleme der HfMDK, da angestoßene Reformen nur zum Erfolg führen können, wenn die Hochschule die Erwartungen ihrer Studenten und die Erwartungen der Arbeitgeber an die Absolventen genau kennt und nach ihnen handelt. Die HfMDK sollte daher Programme aufsetzen die sicherstellen, dass die Erwartungen und Wahrnehmungen der Studenten und Arbeitgeber stets bekannt sind und in die Entscheidungsfindung mit einfließen. Diese Programme könnten relativ leicht zusammen mit einem überarbeiteten Studienberatungskonzept eingeführt werden, denn wenn die Hochschule die Studenten intensiver und professioneller berät, dann ist sie auch in der Lage, diese Beratungsgespräche zur Informationsgewinnung zu nutzen.

Die Ergebnisse dieser Arbeit lassen auch noch weitere, eher allgemeine Erkenntnisgewinne zu. Zunächst zeigt die große Ähnlichkeit der Ergebnisse in den qualitativen Interviews und den quantitativen Befragungen, dass bereits die Gruppeninterviews ein sehr informativer, empirisch solider und gleichzeitig relativ unaufwendiger Weg für die HfMDK sind, um sich ein Bild über die aktuellen studentischen Erwartungen und Wahrnehmungen zu machen. Daraus resultiert die Empfehlung, diese Gruppengespräche zu einer dauerhaften Einrichtung an der Hochschule zu machen. Die Gespräche könnten dabei ggf. sogar von den Entscheidungsträgern der Hochschule selbst geführt werden (z.B. Präsident, Dekane oder Ausbildungsdirektoren), um das Verständnis für die Studenten auf der Führungsebene der Hochschule zu stärken.

Weiterhin zeigen die vorliegenden Ergebnisse aufgrund der hier angewandten Unterscheidung zwischen Studenten im Grund- und Hauptstudium, warum die bisherigen Untersuchungen an deutschen Musikhochschulen stets relativ gute Zufriedenheitsergebnisse aufgezeigt haben: die Erwartungen und Wahrnehmungen zwischen den Studenten in den beiden Studienabschnitten unterscheiden sich so extrem, dass die Bildung von Mittelwerten über die gesamte Studentenschaft die Ergebnisse vorausgegangener Untersuchungen sehr wahrscheinlich verfälscht hat. Eine zentrale Erkenntnis aus dieser Untersuchung ist daher, dass zukünftige Untersuchungen der Studentenschaft dieses Unterscheidungsmerkmal unbedingt berücksichtigen sollten, um zuverlässige Ergebnisse sicherzustellen.

Darüber hinaus kann hinsichtlich der verwendeten Untersuchungsmethode festgehalten werden, dass sich das Gap-Modell und der SERVQUAL-Befragungsansatz von Parasuraman, Zeithaml und Berry für Musikhochschulen bewährt haben. Die in Kapitel 3 unterstellte Übertragbarkeit von Konzepten der Dienstleistungsqualität auf die Ausbildungsqualität kann somit bestätigt werden.

Letztlich kann am Beispiel der HfMDK die zu Beginn der Arbeit vorgestellte These der ‚Rektorenkonferenz der Musikhochschulen in der Bundesrepublik Deutschland' widerlegt werden, dass die deutschen Musikhochschulen mit den deutschen Universitäten nicht vergleichbar seien. Vielmehr ähneln sich die zentralen Ausbildungsprobleme (Schwächen in Studienberatung, Prüfungswesen und Lehrqualität) zwischen den beiden Hochschulformen deutlich, sodass die Musikhochschulen genau wie die Universitäten sehr darauf achten müssen, ihre Studenten nicht aus den Augen zu verlieren.

Zusammenfassend ist die HfMDK (so wie viele andere deutsche Musikhochschulen wohl auch) somit grundsätzlich in der Lage, ihre Ausbildungsqualität deutlich zu erhöhen, sobald sie die hier dargelegten Herausforderungen aktiv angeht. Die Hochschulleitung muss dann Gremien einsetzen, die sich mit der Umsetzung der hier bereits beschrieben Handlungsempfehlungen beschäftigen und weiterhin Prozesse definieren, um auch zukünftig die Erwartungen der Studenten, Dozenten, Entscheidungsträger und Arbeitgeber besser verstehen und tatsächlich erfüllen zu können. Darüber hinaus sollte die Hochschulleitung auf der Grundlage dieser neuen Erkenntnisse und in Kombination mit einer mittel- bis langfristigen Planung dann den Grundstein für eine neue Hochschulidentität (‚Corporate Identity') an der HfMDK legen.

Alle zukünftigen Reformbemühungen sollten dabei regelmäßig durch weitere empirische Untersuchungen auf ihren Erfolg hin geprüft werden. Auf diese Weise können die finanziellen und personellen Ressourcen der HfMDK dann optimal zur dauerhaften Erhöhung der Studenten- und Mitarbeiterzufriedenheit sowie der Ausbildungsqualität genutzt werden.

Literaturverzeichnis

Aaker, D.A./Kumar, V./Day, G.S., *Marketing Research*, 7. Auflage, Hoboken, USA, 2001.

Abeles, H.F., *Development and validation of a clarinet performance adjudication scale,* Journal of Research in Music Education, Vol. 21(3), 1973, S. 246-255.

Abel-Struth, S., *Grundriss der Musikpädagogik*, Mainz, 1998.

Abgeordnetenhaus von Berlin, *Vorlage – zur Kenntnisnahme – über Hochschulstandort Berlin im Jahre 2000*, 13. Wahlperiode, Drucksache 13/2133, 1997.

Aitchison, R.A., *The effects of Self-Evaluation techniques on the musical performance, self-evaluation accuracy, motivation, and self-esteem of midde school instrumental music students*, Doctoral Dissertation, University of Iowa, Iowa City, USA, 1995.

Anderson, E., *Forces Influencing Student Persistence and Achievement*, in Noel, L./Levitz, R./Saluri, D. (Hrsg.): "Increasing Student Retention: Effective Programs and Practices for Reducing the Dropout Rate", San Francisco, USA, 1985, S. 44-61.

Arnold, H.L./Sinemus, V. (Hrsg.), *Grundzüge der Literatur- und Sprachwissenschaft*, 2. Bd.: Sprachwissenschaft, München, 1974.

Astleitner, H./Krumm, V., *Studentische Einschätzungen als hochschuldidaktische Evaluationsmethode: Validitätsprobleme?*, Zeitschrift für Hochschuldidaktik, Vol. 15(3), 1991, S. 241-255.

Augenstein, H., *Studienberatung zwischen (Aus-) Bildung und Arbeitsmarkt*, in Wildenhain, G. (1999): "Studienberatung im Umbruch? Funktion und Organisation von Studienberatung in der Körperschaft Hochschule", Universitätsdruckerei Rostock 1609/99, Rostock, 1996, S. 153-174.

Autorenkollektiv, *Kleines Politisches Wörterbuch*, Berlin (Ost), 1989.

Baron, N.S., Stell Dir vor, Du hast Diplomprüfung und keiner geht hin..., O-Töne (Hochschulzeitung der HfMDK), 2. Jg., Nr. 3, 4. Juni 2003.

Bäßler, H., *Mehr Geld für mehr Leistung*, in: Üben & Musizieren, 2/2003, S. 42f.

Bastian, H. G., *Schulmusiklehrer und Laienmusik: Musiklehrerausbildung vor neuen Aufgaben?*, Gegenwartsfragen der Musikpädagogik, Bd. 2, Essen, 1988.

Baumert/Köller, *Lernstrategien und schulische Leistung*, in Möller, J./Köller, O. (Hrsg.): „Emotionen, Kognitionen und Schulleistung". Weinheim, 1996, S. 137-154.

Behne, K.-E., *Quo vadis – Musikhochschule? - Wie die Ausbildungsqualität steigen kann*, Neue Musikzeitung (nmz), 52. Jg., Feb 2003, S. 49f.

Berekoven, L./Eckert, W./Ellenrieder, P., *Marktforschung - Methodische Grundlagen und praktische Anwendung*, 10. Auflage, Wiesbaden, 2004.

Bergee, M.J., *A comparison of faculty, peer, and self-evaluation of applied brass jury performances,* Journal of Research in Music Education, Vol. 41(1), 1993, S. 19-27.

Bernath, U., *Zur Stellung und zum Stellenwert der Mentorentätigkeit im Fernstudiensystem der FernUniversität Hagen", in: „15 Jahre Beratung und Betreuung für Studieninteressenten und Studierende der FernUniversität – Gesamthochschule – Hagen durch das Fernstudienzentrum der Carl von Ossietzky Universität Oldenburg 1987 – 1993*, Bibliotheks- und Informationssystem der Universität Oldenburg, 1993, S. 75-87.

Beyer, I., *Strategische und operative Führung von Fakultäten*, Diss., Mannheim, 2001.

Birkigt, K./Stadler, M.M./Funck H.J., *Corporate Identity: Grundlagen, Funktionen, Fallbeispiele*, 11. Auflage, München, 2002.

Birnkraut, G., *Mittler zwischen den Welten muß man sein - An Deutschlands Hochschulen boomen die Studiengänge für Kulturmanagement*, Neue Musikzeitung (nmz), 10/2002, S. 3.

Böhler, H., *Marktforschung*, 2. Auflage, Stuttgart, 1992.

Bolsenkötter, H., *Leistungserfassung in Hochschulen*, Betriebswirtschaftliche Forschung und Praxis, Vol. 30, 1/1978, S. 1-24.

Boyle, J.D./Radocy, R.E., *Measurement and evaluation of musical experiences*, New York, USA, 1987.

Brinckmann, H., *Die neue Freiheit der Universität – Operative Autonomie für Lehre und Forschung an Hochschulen*, Modernisierung des öffentlichen Sektors: Sonderband; 10), Berlin, 1998.

Brose, D., *Corporate Identity (CI) und Lehrer. Unterrichtsentwicklung durch Schülerbeteiligung als Bestandteil der Schulentwicklung: Ergebnisse einer eigenen Untersuchung in Berufsschulklassen*, in Regenthal, G. (Hrsg.): „Schulen in Veränderung. Neue Strukturen und Praxisberichte", Neuwied und Kriftel, 2002, S. 71-83.

Bruhn, M., *Qualitätsmanagement für Dienstleistungen. Grundlagen, Konzepte, Methoden*, 5. Auflage, Heidelberg, 2004.

Bruhn, M., *Qualitätssicherung im Dienstleistungsmarketing. Eine Einführung in die theoretischen und praktischen Probleme*, in Bruhn, M./Strauss, B. (Hrsg.): Dienstleistungsqualität. Grundlagen, Konzepte, Methoden, 3. Auflage, Wiesbaden, 2000, S.21-48.

Bruhn, M./Henning, K., *Selektion und Strukturierung von Qualitätsmerkmalen. Auf dem Weg zu einem umfassenden Qualitätsmanagement für Kreditinstitute*, Teil 1 und 2, in: Jahrbuch der Absatz- und Verbrauchsforschung, 39. Jg., Nr. 3 und 4, 1993, S. 214-238 und S. 334-337.

Bülow-Schramm, M./Carstensen, D., *Frischer Wind für Evaluation? Chancen und Risiken von Peer Review an Deutschen Universitäten*, Hochschuldidaktisches Arbeitspapier Nr. 28, Interdisziplinäres Zentrum für Hochschuldidaktik der Universität Hamburg, Hamburg, 1995.

Bundesaußenministerium, *Weltweitwir – Informationsbroschüre über Berufsmöglichkeiten im Auswärtigen Amt*, Berlin, 2003.

Byo, J.L./Brooks, R., *A comparison of junior high musicians and music educators' performance evaluations of instrumental music,* Contributions to Music Education, Vol. 21, 1994, S. 26-38.

Cahn, P., *Das Hoch'sche Konservatorium 1878-1978*, Frankfurt am Main, 1979.

Chandler, T./Chiarella, D./Auria, C., *Performance Expectancy, Success, Satisfaction, and Attributions as Variables in Band Challenges*, Journal of Research in Music Education, Vol. 35(4), 1987, S. 249-258.

Chisnall, P.T., *Market Research*, 3. Auflage, London, 1986.

Cohen, P.A. *Effectiveness of student-rating feedback for improving college instruction: A meta-analysis of findings*, Research in: Higher Education, 13(4), 1980, S. 321-341.

Colwell, R., *An investigation of musical achievement among vocal students, vocal-instrumental students, and instrumental students*, Journal of Research in Music Education, Vol. 11(2), 1963, S. 123-130.

Comelli, G./Rosenstiel, L.v., *Führung durch Motivation. Mitarbeiter für Organisationsziele gewinnen*, 3. Auflage, München, 2003.

Crockett, D.S., *Academic advising*, in Noel, L./Levitz, R./Saluri, D. (Hrsg.), "Increasing Student Retention: Effective Programs and Practices for Reducing the Dropout Rate", San Francisco, USA, 1985, S. 244-263.

Davis, L.P., *The effects of structured singing activities and evaluation practice on elementary band students' instrumental achievement*, Doctoral Dissertation, Ohio State University, Columbus, USA, 1981.

Delworth, U./Hanson, G.R., *Student Services: A Handbook for the Profession*, San Francisco, USA, 1989.

Der Spiegel, *Spiegel-Rangliste – Wo studieren die Besten. Elite-Studenten an deutschen Unis*, Titel-Thema in Heft Nr. 48, 22.11.2004.

Deutscher Musikrat, *Bundesfachausschuss Musikpädagogik: Empfehlungen zur Reform der Ausbildung für musikpädagogische Berufe*, Üben und Musizieren, 1/1999, S. 41.

Deutscher Musikrat, *Revision dringend nötig. Memorandum des Präsidiums zur Ausbildung für musikpädagogische Berufe*, Üben und Musizieren, 2/2001, S. 50-53.

Diergarten, A., *Psychologische Unterstützung an der Musikhochschule – Sinnvolle Wegbegleitung für ein erfolgreiches Studium*, in: Üben und Musizieren, 04/2002.

Domsch, M.E./Ladwig, D.H., *Handbuch Mitarbeiterbefragung*, Berlin, 2000.

Drosdowski, G./Grebe, P./Köster, R./Müller, W./Scholze-Stubenrecht, W., *Duden, Etymologie, Herkunftswörterbuch der deutschen Sprache*, Band 7, 7. Auflage, Mannheim, 1986.

Dunphy, L./Miller, T.E./Woodrull, T./Nelson, J.E., *Exemplary Retention Strategies for the Freshman Year*, in Stodt, M.M./Klepper, W.M. (Hrsg.) "Academic and student affairs administrators in partnership", New Directions for Higher Education series, Vol. 60 (winter), San Francisco, USA, 1987, S. 39-60.

Eck, B.E., *Evaluation of a reciprocal peer tutoring program for teaching self-controlling skills in the classroom*, Doctoral Dissertation, Biola University, La Mirada, USA, 1991.

Eckhardt, H.H./Schuler, H., *Berufseignungsdiagnostik*, in Jäger, R. (Hrsg.): „Psychologische Diagnostik. Ein Lehrbuch", 3. Auflage, Weinheim, 1995.

Ehrenforth, K.H., *Noch einmal: Musikwissenschaft an der Musikhochschule. Zu Richters Beitrag und der Replik von Kreutz und Bastian*, Diskussion Musikpädagogik, 14/2002, S. 47-49.

Erickson, G.R./Erickson, B.L., *Improving college teaching. An evaluation of a teaching consultation procedure,* Journal of Higher Education, Vol. 50(5), 1975, S. 670-683.

Fahrmeir, L./Künstler, R./Pigeot, I./ Tutz, G., *Statistik. Der Weg zur Datenanalyse*, Heidelberg, 4. Auflage, 2003.

Federkeil, G., *Beschäftigungsfähigkeit und Career Services – zwischen hochschulpolitischer Diskussion und Realität*, Präsentation des CHE, www.hochschulkurs.de/sf7_2002_federkeil_folien.ppt, 2002.

Fellsches, J., *Grundbedingungen für Qualität der Lehre*, 3. Fassung für die Sitzung der AG III der Folkwang-Hochschule am 16. März 2001.

Fischer, P.M./Mandl, H., *Selbstwahrnehmung und Selbstbewertung beim Lernen. Metakognitive Komponenten der Selbststeuerung beim Lernen mit Texten*, Bd. 10 der Forschungsberichte, Deutsches Institut für Fernstudien an der Universität Tübingen, Tübingen, 1980.

Fischer, R., *Zur Situation musikpädagogischer Studiengänge. Thesen zur Instrumentalpädagogik*, in Heß, F. (Hrsg.): „Berufsbezogen ausbilden!? Dimensionen der Praxisorientierung musikpädagogischer Studiengänge", Musik im Diskurs, Bd. 18, Kassel, 2003, S. 9-10.

Fiske, H.E. Jr., *Relationship of related factors in trumpet performance adjudication reliability*, Journal of Research in Music Education, Vol. 25(4), 1977, S. 256-263.

Focus, *Die besten Universitäten – Erfolgreich studieren*, Titel der Focus-Ausgabe vom 20. September 2004.

Freytag, H.-P., *Prüfungen – ein Lotteriespiel*, Hamburg, 2003.

Friedmann, J., *Freude fremder Götterfunken*, in: Die Zeit vom 19.02.2004.

Friedrich, J., *Teaching evaluations: Concerns for Psychologists?*, American Psychologist, Vol. 53(11), 1998, S. 1226-1227.

Fritsch, R., *Weiterbildung für MusikschullehrerInnen*, in: Üben und Musizieren, 03/2000, S. 8-13.

Frommel, G., *Neue Klassik in der Musik*, Darmstadt, 1937.

Fuchs, A./Westerwelle, A., *Bewerbung für Hochschulabgänger*, Niedernhausen, 2000.

Füller, K., *Funktionen von Prüfungen*, Neuburgweiler, 1975.

Füller, K., *Kompendium Didaktik Musik*, München, 1977.

Gediga, G./Kannen, K./Schnieder, F./Köhne, S./Luck, H./Schneider, B., *KIEL: Ein Kommunikationsinstrument für die Evaluation von Lehrveranstaltungen. Bericht über die Entwicklung und Anwendungsmöglichkeiten einer formativen Evaluationsprozedur im universitären Alltag*, Bissendorf, 2000.

Genenger-Stricker, M., *Erfolgsfaktor Studienbegleitung: zur Funktion institutioneller Betreuung und Beratung Studierender am Beispiel eines Part-time-Studiengangs für Familienfrauen*, Diss., Frankfurt am Main, 2000.

Giesecke, M.A., *Clever üben, sinnvoll proben, erfolgreich vorspielen*, Frankfurt am Main,1999.

Gillmann, B., *Hochschulen melden Rekordzugänge,* im Handelsblatt vom 21.11.2003.

Gordon, E.E., *Iowa Tests of Music Literacy. Manual,* University of Iowa, Iowa City, USA, 1970.

Gordon, V.N./Grites, T.J., *The Freshman Seminar Course: Helping Students Succeed*, in: Journal of College Student Personnel, Vol. 25(4), 1984, S. 315-320.

Graeßner, G., *Lehr-/Lernvertrag: wieso, weshalb, warum,* http://evanet.his.de/evanet/forum/positionen.html#Dr.Graessner, 2002.

Gruhn, W., *Geschichte der Musikerziehung: eine Kultur- und Sozialgeschichte vom Gesangunterricht der Aufklärungspädagogik zu ästhetisch-kultureller Bildung*, Hofheim, 1993.

Günther, U., *Die Schulmusikerziehung von der Kestenberg-Reform bis zum Ende des Dritten Reiches*, 2. Auflage, Augsburg, 1992.

Gutjahr, G., *Gruppendiskussion oder Exploration*, in: Planung und Analyse, 15. Jg., 1988, S. 218-219.

Haak, C./Schmid, G., *Arbeitsmärkte für Künstler und Publizisten - Modelle einer zukünftigen Arbeitswelt,* Paper der Querschnittsgruppe Arbeit und Ökologie des Wissenschaftszentrums Berlin für Sozialforschung, www.wz-berlin.de, 1995.

Haase, K./Senf, M., *Struktur, Studienangebote und Flächen von Musikhochschulen – Planungsmaterialien,* Bd. 134 der Hochschulplanung, herausgegeben von der HIS Hochschul-Informations-System GmbH, Hannover, 1998.

Habel, E., *Hochschulen zum Rapport??? Erfahrungen mit internen Lehrberichten und Lehrberichten nach Universitätsgesetz an der Universität Dortmund*, Verbeek/Balogh (Hrsg.): „Evaluation der Lehre: Ziele – Akzeptanz – Methoden", Handbuch Hochschullehre, Bd. 1, Stuttgart et al., 1995, S. 1-28.

Hair, J.F./Anderson, R.E./Tatham, R.L./Black, W.C., *Multivariate Data Analysis*, 5. Auflage, New Jersey, USA, 1998.

Haist, F./Fromm, H., *Qualität im Unternehmen. Prinzipien, Methoden, Techniken*, München, 2002.

Haller, S., *Beurteilung von Dienstleistungsqualität. Dynamische Betrachtung der Qualitätsurteils im Weiterbildungsbereich*, 2. Auflage, Wiesbaden, 1998

Hammann P./Erichson, B., *Marktforschung*, 4. Auflage, Stuttgart, 2000.

Hanisch, G., *Leistungsbeurteilung*, in Bábosik, I./Olechowski, R. (Hrsg.): „Lehren-Lernen-Prüfen", Frankfurt am Main, 2003, S. 205-215.

Harder, J., *Musikhochschule auf dem Prüfstand – Evaluationsbericht ProMusE*, Hochschule für Musik Detmold, Detmold, 2002.

Hennevogl, F., *Marginalien zum Selbstverständnis der Musikhochschulen,* in Meierott, Lutz und Stahmer, Klaus Heinrich (Hrsg.): „Musik und Hochschule - 200 Jahre akademische Musikausbildung in Würzburg", Festschrift 1997, Hochschule für Musik, Würzburg, 1997, S. 87-93.

Hensgen, A./Blum, F., *Prüfen beruflicher Handlungskompetenz: das KoPrA-Konzept*, in Schmidt, J.U. (Hrsg.): „Zeitgemäß ausbilden – zeitgemäß prüfen. Theorie und Praxis handlungsorientierter Ausbildung und Prüfung im kaufmännischen Bereich", Bielefeld, 1998, S. 41-57.

Hesse, J./Schrader, H.C., *Bewerbungsstrategien für Angestellte: erfolgreich schriftlich bewerben und im Vorstellungsgespräch überzeugen*, Frankfurt am Main, 1997.

Hessischer Landtag, *Antwort des Kultusministers auf die Anfrage der Abg. Kartmann, Breitwieser, Dr. Herr, Kölsch, Kühne-Hörmann, Korn, Velte und Wolff (CDU) betreffend Musiklehrerausbildung in Hessen, Drucksache 14/465*, Hessischer Landtag, Drucksache 14/811, 23.11.1995.

Hessisches Kultusministerium, *Prognose zum Lehrerinnen- und Lehrerbedarf in Hessen ab 2002. Prognosen, Informationen, Beratung,* Hessisches Kultusministerium, Wiesbaden, 2002.

Hewitt, M.P., *The Effects of Self-Evaluation, Self-Listening, and Modeling on Junior High Instrumentalists' Music Performance and Practice Attitude*, Doctoral Dissertation, University of Arizona, Tucson, USA, 2000.

HfMDK, *Hochschule für Musik und Darstellende Kunst Frankfurt am Main: Auswertung der Studierendenbefragung*, interne Drucklegung, August 2003.

Hildebrandt, L., *Kausalanalytische Validierung der Marketingforschung*, in Marketing-Zeitschrift für Forschung und Praxis (Marketing-ZFP), Heft 1, Februar 1984, S. 41-51.

Hilsheimer, G., *Supervision für Musikschullehrkräfte. Praxisbegleitende ‚Fortbildung'. Ort des Nachdenkens über die berufliche Identität*, Üben und Musizieren, 04/1999.

HIS, *HIS-Frageleitfaden für die Selbstevaluation von Lehre und Studium – Version HdK*, Dezember 1999.

Hoeth, U./Schwarz, W., *Qualitätstechniken für die Dienstleistung*, München, 2002.

Hofer, K., *Akademische Grade, Abschlüsse und Titel an künstlerischen Hochschulen*, Diss., Frankfurt am Main,1994.

Hoffmann, J., *Hochschulreform in der DDR - Einführung und Überblick*, Berlin, 1974.

Hoffmann-Riem, Ch., *Die Sozialforschung einer interpretativen Soziologie – Der Datengewinn*, in Kölner Zeitschrift für Soziologie und Sozialpsychologie (KZSS), 32. Jg., 1980, S. 339-372.

Hölscher, B., *Steinharte Auslese. Orchestermusiker zwischen Studium und Beruf*, Das Orchester, 2/2002.

Holtbernd, T./Kochanek, B., *Coaching: Die zehn Schritte der erfolgreichen Managementbegleitung*, Köln, 1999.

Homburg, C./Rudolph, B., *Theoretische Perspektiven zur Kundenzufriedenheit*, in Simon, H./Homburg,C. (Hrsg.): „Kundenzufriedenheit, Konzepte – Methoden – Erfahrungen", 3. Auflage, Wiesbaden, 1998, S. 33-55.

Hood, A.B./Arceneaux, C., *Key Resources on Student Services: A Guide to the Field and Its Literature*, San Francisco, USA, 1990.

Hörmann, S./Muth, B., *Zum Magisterstudium der Musikpädagogik und seinen beruflichen Perspektiven*, in: Musikpädagogische Impulse, Bd. 3, Fernwald, 2000.

Hornbostel, S/Daniel, H.-D., *Das Spiegel-Ranking. Mediensensation oder ein Beitrag zur hochschulvergleichenden Lehrevaluation?*, in Gralki, H.O./Grühn, D./Hecht, H. (Hrsg.): „Evaluation schafft Autonomie. Perspektiven der Lehrbewertung an Hochschulen", Dokumentationsreihe der FU Berlin Heft 20, Berlin, 1994, S.43-72.

HRK, *Wegweiser 2003. Qualitätssicherung an Hochschulen*, Beiträge zur Hochschulpolitik der Hochschulrektorenkonferenz, 7/2003, Bonn.

HRK, *Zusammenarbeit von Beratungsleistungen für Studierende*, Beiträge zur Hochschulpolitik der Hochschulrektorenkonferenz, Bonn, 2/1997.

Hufen, F., *Die Freiheit der Kunst in staatlichen Institutionen*, Baden-Baden, 1982.

Hüttner, M., *Grundzüge der Marktforschung*, 5. Auflage, München, 1997.

Jakoby, R., *Ein Land der Musik*, in: Jakoby, R. (Hrsg.): „Musikleben in Deutschland - Struktur - Entwicklung – Zahlen", Bonn, 1996.

Jakoby, R., *Ein Land der Musik*, in Jakoby, R. (Hrsg.): Musikszene Deutschland - Konzertwesen - Kulturpolitik - Wirtschaft – Berufe", Kassel, 1997.

Jank, W., *Schulmusik – ein Studium im Umbruch*, Mannheimer Hochschulschriften, Bd. 2, Mannheim, 1996.

John, H. (Hrsg.), *Musikstudium, Musikpraxis - Beiträge zu Theorie und Praxis der Erziehung und Ausbildung von Musikern und Musikpädagogen in der DDR*, Berlin, 1988.

Johnston, S.D., *Basic writers and peer tutoring: An ethnographically-oriented case study*, Doctoral Dissertation, University of Nevada, Reno, USA, 1996.

Jünger, H., *Zurück zum Beginn, Eignungsprüfungen für Musikpädagogen*, in Heß, F. (Hrsg.): „Berufsbezogen ausbilden!? Dimensionen der Praxisorientierung musikpädagogischer Studiengänge", Musik im Diskurs, Bd. 18, Kassel, 2003, S. 27-32.

Kalwa, M., *Einige Thesen zum Praxisbezug in der Lehrerausbildung auf der Grundlage der ‚Ausbildung zum Musiklehrer an Waldorfschulen am Institut für Waldorfpädagogik' in Witten/Annen*, in Heß, F. (Hrsg.): „Berufsbezogen ausbilden!? Dimensionen der Praxisorientierung musikpädagogischer Studiengänge" Musik im Diskurs, Bd. 18, Kassel, 2003, S. 20-16.

Kasper, G./Huber, H./Kaebsch, K./Senger, T. (Hrsg.), *Die deutsche Hochschulverwaltung. Sammlung der das Hochschulwesen betreffenden Gesetze, Verordnungen und Erlasse*, Berlin, 1942 und 1943 (2 Bände).

Kepper, G., *Qualitative Marktforschung: Methoden, Einsatzmöglichkeiten und Beurteilungskriterien*, Diss, 2. Auflage, Wiesbaden, 1996.

Kestenberg, L., *Bewegte Zeiten*, Wolfenbüttel/Zürich, 1961.

Kestenberg, L., *Musikerziehung und Musikpflege*, Leipzig, 1921.

Kilian, P.H., *The Effects of Assessment, Evaluation and Support Practices on Music Major Retention in the Music Departments of the California Community Colleges*, Doctoral Dissertation, University of La Verne, La Verne, USA, 1998.

Kilian, W., *Die staatlichen Hochschulen für bildende Künste in der Bundesrepublik Deutschland*, Bad Homburg, 1967.

KIZ (Kulturinformationszentrum), *Pressemeldung: Aktuelle Meldungen der DOV*, http://nmz.de/kiz/modules.php?op=modload&name=News&file=article&sid=7458, 2004.

Klein, A., *Kultur-Marketing: Das Marketing-Konzept für Kulturbetriebe*, München, 2001.

Kleine-Brockhoff, Th., *Im Schönheitswettbewerb. Wie US-Hochschulen im Studenten buhlen. Ein Tag an der American University*, Die Zeit, Ausgabe vom 13. Mai 2004, S. 41.

Koch, M., *Berufsbezogen ausbilden. Überlegungen eines Berufsanfängers*, in Heß, F. (Hrsg.): „Berufsbezogen ausbilden!? Dimensionen der Praxisorientierung musikpädagogischer Studiengänge", Musik im Diskurs, Bd. 18, Kassel, 2003, S. 11-18.

Köck, P., *Handbuch der Schulpädagogik für Studium – Praxis – Prüfung*, Donauwörth, 2000.

Köhler, R., *Marktforschung*, in Wittmann, W./Kern, W./Köhler, R. et. al. (Hrsg.): „Handwörterbuch der Betriebswirtschaft", 2. Teilband, 5. Auflage, Stuttgart, 1993, Sp. 2782-2803.

Kohut, D.L./Fadle, H., *Musizieren. Theorie des Lehrens und Lernens*, Detmolder Hochschulschriften, Bd. 1, Essen, 1999.

Kolb, A., *Wie man sich fit macht für die Gegenwart - Neue Ausbildungsstrukturen an deutschen Musikhochschulen,* Neue Musikzeitung (nmz), 52. Jg., Februar 2003, S. 1.

Kolland, D., *Die Jugendmusikbewegung: Gemeinschaftsmusik, Theorie und Praxis*, Stuttgart, 1979.

Köller, O., *Zielorientierungen und schulisches Lernen*, Diss, Münster, 1998.

Kommission zur Erforschung der Frankfurter Juden, *Dokumente zur Geschichte der Frankfurter Juden 1933-1945,* herausgegeben von der Kommission zur Erforschung der Frankfurter Juden, Frankfurt am Main, 1963.

Kommission zur Neuordnung der Musikausbildung in Hessen, *Bericht der Kommission zur Neuordnung der Musikausbildung in Hessen*, erstellt im Auftrag des Hessischen Ministeriums für Wissenschaft und Kunst, Wiesbaden, Februar 1996.

Kopiez, R., *Der Einfluß kognitiver Strukturen auf das Erlernen eines Musikstücks am Instrument*, Diss., Frankfurt am Main, 1990.

Kopiez, R., *Aspekte der Performanceforschung,* in De la Motte-Haber, H. (Hrsg.): „Handbuch der Musikpsychologie", Laaber, 1996, S. 505-587.

Kostka, M.J., *Effects of Self-Assessment and successive approximations on 'knowing' and 'valuating' selected keyboard skills*, Journal of Research in: Music Education, Vol. 45(4), 1997, S. 273-281.

Krämer, T., *Wagnis Musik. Hochschulen und das Musikleben im Wandel,* Neue Musikzeitung (nmz), 52. Jg, 12/2003.

Kratz, H.-J., *Musterbriefe zur Bewerbung. Anzeigen richtig interpretieren. Bewerbungen zielorientiert formulieren*, 11. Auflage, Regensburg, 2002.

Kretzschmar, H., *Musikalische Zeitfragen*, Leipzig, o.J., einem handschriftlichen Eintrag im Buch folgend erschienen 1906.

Kreutz, G./Bastian, H.G., *Musikwissenschaft an der Musikhochschule. Eine Replik auf Christoph Richter*, Diskussion Musikpädagogik, 12/2002, S. 43-47.

Kromrey, H., *Evaluation von Lehre und Studium – Anforderungen an Methodik und Design*, in Spiel, C. (Hrsg.): „Evaluation universitärer Lehre - zwischen Qualitätsmanagement und Selbstzweck", Münster, 2001, S. 21-60.

Kromrey, H., *Wie erkennt man „gute Lehre?*, Empirische Pädagogik, Vol. 8(2), 1994, S. 153-168.

Krüger, H., *Grundtypen der Hochschulen,* in Flämig, Ch. (Hrsg.): „Handbuch des Wissenschaftsrechts", Bd. 1, Berlin, 1982.

Kubesh, D.T., *The mentoring relationship: Female university faculty mentors and male doctoral student proteges,* Doctoral Dissertation, University of Iowa, Iowa City, USA, 1996.

Küchler, M., *'Qualitative' Sozialforschung – ein neuer Königsweg?*, in Garz, D./Kraimer, I. (Hrsg.): „Brauchen wir andere Forschungsmethoden? Beiträge zur Diskussion interpretativer Verfahren", Frankfurt am Main, 1983, S. 9-30.

Kuhl, J./Heckhausen, H., *Motivation, Volition und Handlung,* in Kuhl/Heckhausen (Hrsg.): „Enzyklopädie der Psychologie", C/IV/4, Göttingen, 1996.

Kulturministerkonferenz, *Rahmenvereinbarung zur Ausbildung im Unterrichtsfach Musik für alle Lehrämter,* Beschluss der Kultusministerkonferenz vom 6. März 2003, Berlin.

Kultusministerkonferenz, *Sammlung der Beschlüsse der Ständigen Konferenz der Kultusminister der Länder in der Bundesrepublik Deutschland*, Berlin-Spandau (Luchterhand).

Künstlerdienst des Arbeitsamtes, *IBZ – Ihre berufliche Zukunft. Kunst und Beruf*, Bundesanstalt für Arbeit, Nürnberg, 1. Ausgabe, 2000.

Land Nordrhein-Westfalen, *Prüfungen auf dem Prüfstand. Für eine neue Prüfungskultur,* Gemeinsame Kommission für die Studienreform im Land Nordrhein-Westfalen, Bochum, 2000.

Landesrektorenkonferenz Schleswig-Holstein, *Zur Entwicklung der Hochschulen in Schleswig-Holstein*, Empfehlungen der von der Landesrektorenkonferenz und der Ministerin für Bildung, Wissenschaft, Forschung und Kultur eingesetzten Expertenkommission, Lübeck, März 2003.

Lange, G., *50 Jahre ‚Blaues Gutachten' - Magna Charta der Reform,* in: DUZ – Das unabhängige Hochschulmagazin, 23/1998, S. 10-23.

Langeheine, L., *Üben mit Köpfchen: mentales Training für Musiker*, Frankfurt am Main, 1996.

Lehman, P.R., *Tests and measurements in music*, Englewood Cliffs, USA, 1968.

Lehmann, D.R./Gupta, S./Steckel, J.H., *Marketing Research*, 2. Auflage, Reading, USA, 1998.

Lehmeier, M., *Corporate Identity. So gewinnt Ihr Unternehmen an Profil*, Würzburg, 2002.

Litfin, T./Teichmann, M.-H./Clement, M., *Beurteilung der Güte von explorativen Faktorenanalysen im Marketing*, Wirtschaftswissenschaftliches Studium, 29. Jg., 2000, S. 285f.

Lohmann, W., *Ansätze zu einer objektiven Bewertung von Leistungen im Musikunterricht*, Schriften zur Musikpädagogik, Bd. 10, Wolfenbüttel und Zürich, 1982.

Lösch, C./Merz, U./Kivi, A., *Evaluation und Feedback für Lehrende und Lernende*, Diskussion Musikpädagogik, 12/2002.

Lührmann, W., *Zwischen Studienwahl und Berufsperspektive. Sozialwissenschaftlich-pädagogische Orientierungen für die Beratung in der Hochschule*, Diss., Frankfurt am Main, 2002.

Madu, Ch./Kuei, C.-H., *Strategic Total Quality Management*, Westport, USA, 1995.

Mantel, G., *Cello üben. Eine Methodik des Übens nicht nur für Streicher*, 2. Auflage, Mainz, 1999.

Mantel, G., *Einfach üben. 185 unübliche Überezepte für Instrumentalisten*, Studienreihe Musik, Mainz, 2001.

Mantel, G., *Experimentelle Unterrichtsformen*, in Deutscher Musikrat: Ergebnisse des Bundesfachausschusses Musikpädagogik. http://www.deutscher-musikrat.de /bufa_mp/, 2000.

Mantel, G., *Zeitgemäße Hochschulausbildung?*, Üben und Musizieren, 02/2003, S. 30-36.

Marsh, H.W./Fleiner, H./Thomas, C.S., *Validity and Usefulness of Student evaluations of instructional quality,* Journal of Educational Psychology, Vol. 67(6), 1975, S. 833-839.

Marsh, H.W./Roche, L.A., *The use of student's evaluations and an individually structured intervention to enhance university teaching effectiveness,* American Educational Research Journal, Vol. 30(1), 1993, S. 217-251.

Marsh, H.W./Roche, L.A., *Making student's evaluations of teaching effectiveness effective*, American Psychologist, Vol. 52(11), 1997, S. 1187-1197.

Meffert, H., *Marketing. Grundlagen marktorientierter Unternehmensführung. Konzepte – Instrumente – Praxisbeispiele*, 9. Auflage, Wiesbaden, 2000.

Mertens, G., *Orchester, Musiktheater, Festivals; in: Musik-Almanach 2003/04 - Daten und Fakten zum Musikleben in Deutschland*, Kassel, 2002.

Merz, E./Biehler, B., *Betriebliches Vorschlagswesen*, Landsberg/Lech, 2000.

Meuser, M./Nagel, U., *ExpertInneninterviews – vielfach erprobt, wenig bedacht. Ein Beitrag zur qualitativen Methodendiskussion*, in Bogner, A./Littig, B./Menz, W. (Hrsg.): „Das Experteninterview – Theorie, Methode, Anwendung“, Opladen, 2002, S. 441-471.

Michaelis, E., *Zielvereinbarungen in Hochschulen: Eine Materialsammlung*, Positionspapier im EvaNet der HIS GmbH, http://evanet.his.de/evanet/forum/pdf-position/MichaelisPosition.pdf, Hannover, 2002.

Ministerium für Schule, Wissenschaft und Forschung Nordrhein-Westfalen, *Experten empfehlen stärkere Profilbildung, mehr Kooperationen und die Ausrichtung des Studiums auf konkretere Berufsbilder*, www.uni-protokolle.de/nachrichten/id/4151, 2002.

Mönig, M., *Wir sind den Prinzipien Transparenz und Offenheit immer treu geblieben*, Diskussion Musikpädagogik, 17/2003, S. 43-47.

Müller, W./Voegelin, L., *Studierende als Mitgestalter/innen der Hochschulentwicklung*, http://evanet.his.de/evanet/forum/muellervoegelinPosition.pdf, 2003.

Müller-Blattau, J., *Geschichte und Sinn der Musikhochschulen,* Neue Zeitschrift für Musik, 1958, S. 552.

Müller-Böhling, D./Krasny, E., *Strategische Planung an deutschen Hochschulen – theoretisches Konstrukt und erste Ansätze einer Methodologie*, in Müller-Böling, D./Zechlin, L./Neuvians, K./Nickel, S./Wismann, P. (Hrsg.): „Strategieentwicklung an Hochschulen. Konzepte, Prozesse, Akteure“, Gütersloh, 1998, S. 13-47.

Müller-Böling, D., *Die entfesselte Hochschule*, Gütersloh, 2000.

Musikkommission des Landes Nordrhein-Westfalen, *Impulse und Modelle für das zukünftige Musikstudium in NRW. Erweiterung der Ziele - Erneuerung der Inhalte - Verbesserung der Strukturen*, Vorabdruck, Düsseldorf, Juli 2002.

Mutscheller, A.M., *Vorgehensmodell zur Entwicklung von Kennzahlen und Indikatoren für das Qualitätsmanagement*, Diss., St. Gallen, 1996.

Nastasi, M., *Motivationsspritzen für den musikalischen Nachwuchs. Die Rektorenkonferenz deutscher Musikhochschulen diskutierte in Rostock Zukunftsfragen*, Neue Musikzeitung (nmz), 50. Jg., 7/2001.

Neuberger, O., *Das 360-Grad Feedback*, München, 2000.

Ney, E., *Bekenntnis zu Ludwig van Beethoven,* in Morgenroth, A.: "Festschrift – Raabe", 1942, S. 63.

Noel, L., *Increasing student retention: New challenges and potential*, in Noel, L./Levitz, R./Saluri, D. (Hrsg.): "Increasing Student Retention: Effective Programs and Practices for Reducing the Dropout Rate", San Francisco, USA, 1985, S. 1-27.

O'Banion, T., *An Academic Advision Model*, Junior College Journal, Vol. 42(6), 1972, S. 62–69.

o.V., *Organisation, Qualitätsmanagement und Controlling: Bestandsaufnahme zeigt Optimierungspotenziale auf*, UniReport der Johann Wolfgang Goethe-Universität, Frankfurt am Main, 15. Mai 2002.

o.V., *Durchleuchtung der Kunsthochschulen*, Frankfurter Allgemeine Zeitung, 9.11.2002, S. 67.

o.V., *Einstufung der deutschen Kulturorchester nach Tarifgruppen und Planstellen*, Das Orchester, 2/2002, S. 31ff.

o.V., *'Gewinner' Musikhochschule – Klaus Neuvians und Ruth Wagner zur neuen Finanzierung*, Frankfurter Allgemeine Zeitung, 19.9.2002.

o.V., *Musikerziehung in Kriegsjahren*, Völkische Musikerziehung, 1939, S. 471ff.

Olechowski, R., *Alternative Leistungsbeurteilung – Humanisierung der Schule*, in Bábosik, I./Olechowski, R. (Hrsg.): „Lehren-Lernen-Prüfen", Frankfurt am Main, 2003, S. 215-233.

Parasuraman, A./Zeithaml, V.A./Berry, L.L., *SERVQUAL: A Multi-Item Scale for Measuring Consumer Preceptions of Service Quality*, Journal of Retailing, Vol. 64(1), 1988, S. 12-40.

Pascarella, E.T., *Student–faculty informal contact and college outcomes*, American Educational Research Journal, Vol. 50(4), 1980, S. 545–595.

Peter, J.P., *Reliability: A Review of Psychometric Basics and Recent Marketing Practices*, Journal of Marketing Research, 16. Jg, 1979, S. 6-17.

Pfeifer, T. *Qualitätsmanagement. Strategien, Methoden, Technik*, 3. Auflage, München, 2001.

Posner, E./Posner-Lansch, M., *Unternehmenskommunikation*, in Held, B./Russ-Mohl, S. (Hrsg): „Qualität durch Kommunikation sichern", Frankfurt, 2001, S. 291-301.

Rauen, C., *Coaching: innovative Konzepte im Vergleich*, Göttingen, 1999.

Regenthal, G., *Schulen in Veränderung. Neue Strukturen und Praxisberichte*, Neuwied und Kriftel, 2002.

Reichel, W., *Bewerbungsstrategien. Erfolgreiche Konzepte für Beruf und Karriere*, München, 2002.

Reinhart, G./Lindemann, U./Heinzl, J., *Qualitätsmanagement*, 1. Auflage, Heidelberg, 1996.

Ribke, J., *Wie war ich? Gedanken und Fragestellungen zur Selbst- und Fremdevaluation von Lehrkräften*, Üben und Musizieren, 02/2003.

Richter, Ch., *Modularisierung des Studiums als Versuch einer Therapie. Überlegungen zur Reform der Ausbildung an Musikhochschulen*, Neue Musikzeitung (nmz), 50. Jg, Heft 5, 2001, S. 26.

Richter, Ch., *Die Musikhochschule im Wandel des Musiklebens,* Neue Musikzeitung (nmz), 47. Jg, 03/1998.

Richter, Ch., *Musikhochschulen in Deutschland,* Rektorenkonferenz der Musikhochschulen in der Bundesrepublik Deutschland (Hrsg.): „Musikhochschulführer", Mainz, 1993.

Richter, Ch., *Musikunterricht – Musik in der Schule – Musiklehrerausbildung,* Diskussion Musikpädagogik, 14/2002, S. 3-12.

Richter, Ch., *Musikwissenschaft an der Musikhochschule. Eine Disziplin zwischen Forschung und Dienstleistung,* Diskussion Musikpädagogik, 12/2001, S. 70-76.

Richter, G., *Was misst das strukturierte Einstellungsinterview? Studien zur Konstruktvalidität des Multimodalen Interviews,* Diss., Marburg, 2003.

Rieder, K., *Problematik der Notengebung*, in Olechowski, R./Rieder, K. (Hrsg.): „Motivieren ohne Noten", 1990, S. 56-91.

Rigbers, A., *Über den Zusammenhang von Qualitätssicherung in Studium und Lehre mit der Personal- und Organisationsentwicklung in der Verwaltung studentischer Angelegenheiten*, Positionspapier im EvaNet der HIS GmbH, Hannover, 2002.

Rindermann, H., *Die studentische Beurteilung von Lehrveranstaltungen: Forschungsstand und Implikationen für den Einsatz von Lehrevaluationen*, in Jäger, R.S./Lehmann, R.H./Trost, G.: „Tests und Trends" Weinheim, 1997, S. 12-53.

Rindermann, H., *Lehrevaluation. Einführung und Überblick zu Forschung und Praxis der Lehrveranstaltungsevaluation an Hochschulen*, Landau, 2001.

Rindermann, H., *Verbesserung der Lehre. Beurteilung von Lehrveranstaltungen durch Studierende,* Forschung und Lehre, 7/2002. S. 370-372.

Rindermann, H./Amelang, M., *Das Heidelberger Inventar zur Lehrveranstaltungs-Evaluation (HILVE). Handanweisung,* Heidelberg, 1994.

Rinderspacher, A., *Instrumentalmusiker - Aktuelle und zukünftige Arbeitsmarktsituation*, Das Orchester, 2/1998.

Rinderspacher, A., *Marketing statt Musentempel?*, HTM-Focus, http://www.hfm.saarland.de/ab1-98/rindersp.htm, 1998.

Rinderspacher, A., *Zum Thema Nachwuchs*, Das Orchester, 4/2000.

RKM, *Musikhochschulführer - Studienmöglichkeiten an Musikhochschulen der Bundesrepublik Deutschland einschließlich der Hochschule der Künste Berlin*, Rektorenkonferenz der Musikhochschulen der Bundesrepublik Deutschland einschließlich der Hochschule der Künste Berlin, Mainz, 1990.

RKM, *Musikhochschulen an der Schwelle des 21. Jahrhundert*, Thesenpapier der Rektorenkonferenz der Musikhochschulen in der Bundesrepublik Deutschland - Mitgliedergruppe Musikhochschulen in der HRK. März 2000 in: „Beiträge zur Hochschulpolitik", Berlin, 2000.

Rosenberger, F., *Institutionalisierte Musikausbildung - Musikhochschulen zwischen Anspruch und Wirklichkeit,* Interne Untersuchung an der HfMDK, Frankfurt am Main, 2002.

Rosenthal, R.K., *A Data-based Approach to elementary general music teacher preparation*, Doctoral Dissertation, Salt Lake City, USA, 1982.

Roueche, J.E./Roueche, S.D., *Teaching and learning*, in Noel, L./Levitz, R./Saluri, D. (Hrsg.): "Increasing student retention: Effective programs and practices for reducing the dropout rate", San Francisco, USA, 1985, S. 283-301.

Salcher, E.F., *Psychologische Marktforschung*, 2. Auflage, Berlin, 1995.

Scharitzer, D., *Dienstleistungsqualität - Kundenzufriedenheit*, Wien, 1994.

Schleicher, K./Goy, M./Weber, P.J., *Mit Interesse und Erfolg studieren*, Hamburg, 2003.

Schramm, J., *Universitätsreform zwischen Liberalisierung und staatlichem Dirigismus - Ein Beitrag zur Theorie der Hochschulpolitik*, Frankfurt am Main, 2002.

Schubert-Riese, B., *Viele Pulte bleiben frei. Unbesetzte Stellen trotz steigender Absolventenzahlen,* Das Orchester, 6/2003.

Sheets, R.A., *The effects of training and experience on adult peer tutors in community colleges,* Doctoral Dissertation, Arizona State University, Tempe, USA, 1994.

Smith, M.V., *The mentoring and professional development of new music educators: A descriptive study of a pilot program,* Doctoral Dissertation. University of Minnesota, Twin Cities, USA, 1994.

Söndermann, M., *Kulturberufe – Statistisches Kurzportrait zu den erwerbstätigen Künstlern, Publizisten, Designern, Architekten und verwandten Berufen im Kulturberufemarkt in Deutschland 1995-2003*, Untersuchung im Auftrag der Beauftragten der Bundesregierung für Kultur und Medien, 2004.

Sparks, G. E., *The effect of self-evaluation on music achievement, attendiveness, and attitudes of elementary school instrumental students,* Doctoral Dissertation, Louisiana State University, Baton Rouge, USA, 1990.

Spiegel Online, *Der Kick ist weg*, 16.7.2003.

Spiel, Ch. (Hrsg.), *Evaluation universitärer Lehre – zwischen Qualitätsmanagement und Selbstzweck*, Münster, 2001.

Spiel, Ch./Gössler, M., *Zwischen Qualitätsmanagement und Selbstzweck – Quo vadis, evaluatione?*, in Spiel, C. (Hrsg.): „Evaluation universitärer Lehre - zwischen Qualitätsmanagement und Selbstzweck", Münster, 2001, S. 9-20.

Spiewak, M., *Reifeprüfung nach dem Abi - Damit Universitäten besser werden, müssen sie sich ihre Studenten selbst auswählen - Plädoyer für ein Umdenken*, in: Die Zeit vom 29.01.2004.

Sprandel, H.Z., *Career planning and counseling*, in Noel, L./Levitz, R./Saluri, D. (Hrsg.): "Increasing Student Retention: Effective Programs and Practices for Reducing the Dropout Rate", San Francisco, USA, 1985, S. 302-318.

Statistisches Bundesamt, *Erwerbstätige in Deutschland (nicht saisonbereinigte Monatsdurchschnitte*, http://www.destatis.de/indicators/d/arb310ad.htm, 2004.

Stephanauskas, D., *Das Probespiel der Streicher im Orchester. Persönlichkeitsunterschiede von Orchestermusikern für die Ausbildungs- und Probespielpraxis,* Diss., Rostock, 2001.

Stern Spezial – Campus & Karriere, *Der Studienführer 2003*, Heft 1, 14. April 2003, Hamburg, 2003.

Stock, H., *Erhöhung der Qualität der Lehre durch hochschulpädagogische Qualifizierung des Lehrkörpers? Erfahrung aus der Sicht der neuen Bundesländer*, Hochschule Ost, 1/1994, S. 78-81.

Stodt, M.M., *Intentional student development and retention*, in Stodt, M.M./Klepper, W.M. (Hrsg.): "Increasing retention: Academic and student affairs administrators in partnership", New Directions for Higher Education series, Vol. 60 (winter), San Francisco, USA, 1987, S. 15-26.

Strauss, B., *„Augenblicke der Wahrheit" in der Dienstleistungserstellung. Ihre Relevanz und ihre Erstellung mit Hilfe der Kontaktpunkt-Analyse*, in Bruhn, M./Strauss, B. (Hrsg.): Handbuch Dienstleistungsmanagement. Konzepte, Methoden, Erfahrungen, 3. Auflage, Wiesbaden, 2000, S. 321-340.

Sudman, S., *Applied Sampling*, in Aaker, D.A./Kumar, V./Day, G.S. (Hrsg.): "Marketing Research", 7. Auflage, New York, USA, 1976.

Süllwold, F., *Welche Realität wird bei der Beurteilung von Hochschullehrern durch Studierende erfasst?*, Mitteilungen des Hochschulverbandes, Vol. 40(1), 1992, S. 34f.

Teichmann, S., *Beratung als Ressource der Hochschule? Zur weiteren Entwicklung der Studienberatung an der Universität Rostock*, in Wildenhain, G. (1999): "Studienberatung im Umbruch? Funktion und Organisation von Studienberatung in der Körperschaft Hochschule", Universitätsdruckerei Rostock 1609/99, Rostock, 1999.

Thomas, E., *Finanzielle Sorgen um Theater und Orchester*, Deutscher Musikrat, Referate und Informationen, 7/1967.

Tinto, V., *Dropping out and other forms of withdrawal from college*, in Noel, L./Levitz, R./Saluri, D. (Hrsg.): "Increasing Student Retention: Effective Programs and Practices for Reducing the Dropout Rate", San Francisco, USA, 1985, S. 28-43.

Titley, B.S., *Orientation programs*, in Noel, L./Levitz, R./Saluri, D. (Hrsg.): "Increasing Student Retention: Effective Programs and Practices for Reducing the Dropout Rate", San Francisco, USA, 1985, S. 221-243.

Toy, T.J., *Increasing faculty involvement in retention efforts*, in Noel, L./Levitz, R./Saluri, D. (Hrsg.): "Increasing Student Retention: Effective Programs and Practices for Reducing the Dropout Rate", San Francisco, 1985, USA, S. 383-401.

Trommsdorff, V., *Konsumentenverhalten*, 4. Auflage, Stuttgart, 2002.

Tull, D.S./Hawkins, D.I., *Market Research. Measurement & Method*, 5. Auflage, New York, USA, 1990.

Universität der Künste, *Ein Karrierezentrum für alle Künstler. Die Berliner Kunsthochschulen vertiefen ihre Zusammenarbeit*, www.careercenter.udk-berlin.de, Pressemitteilung der Universität der Künste, Berlin, 2003.

Upcraft, M.L./Gardner, J.N., *The Freshman Year Experience: Helping Students Survive and Succeed in College*, San Francisco, USA, 1989.

Upcraft, M.L./Schuh, J.H., *Assessment in Student Affairs: A Guide for Practitioners*, San Francisco, USA, 1996.

Verband deutscher Musikschulen, *Mehr als nur Unterricht – Das aktuelle Berufsbild des Musikschullehrers*, Arbeitgruppe des Musikschulkongresses Juli 1999 in München (Titel: „Musik braucht Qualität"), http://www.musikschulen.de/seiten/projekte/mk/mk99/MKplan08.htm, Bonn, 1999.

Voegelin, L., *Qualitätsverbesserung der Lehre*, in Hochschulrektorenkonferenz (Hrsg.): „Auf dem Weg zum Qualitätsmanagement – Erfahrungen und Perspektiven", Beiträge zur Hochschulpolitik, 14/2001.

Vornhausen, R., *Aller Anfang ist schwer! – Ist aller Anfang schwer?*, Üben und Musizieren, Mainz, 04/2003.

Wallace, K.M., *The Use and Value of Qualitative Research*, in Industrial Marketing Management (IMM), Vol. 13, 1984, S. 181-185.

Webler, W.-D., *Qualitätssicherung in Lehre und Studium an deutschen Hochschulen*, Zeitschrift für Sozialisationsforschung und Erziehungssoziologie, Vol. 16(2), 1996, S. 119-148.

Weiers, R. M., *Market Research*, 2. Auflage, Eaglewood Cliffs, New York, USA, 1988.

Welte, A., *Studentische Evaluation von Lehrveranstaltungen als Feedback für Lehrende*, Diskussion Musikpädagogik, 12/2002.

Werner-Jensen, A., *Auf der Suche nach dem Schulmusiker der Zukunft. Zur Situation der Musiklehrerausbildung in Deutschland*, Neue Musikzeitung (nmz), 52. Jg, 10/2003.

Wildenhain, G., *Studienberatung im Umbruch? Funktion und Organisation von Studienberatung in der Körperschaft Hochschule*, Universitätsdruckerei Rostock 1609/99, Rostock, 1999.

Wilson, R., *Improving Faculty Teaching. Effective use of student evaluations and consultants*, Journal of Higher Education, Vol. 57(2), 1986, S. 196-211.

Winteler, A., *Professionalisierung in der Hochschullehre – ein Desiderat in der Qualitätsentwicklung*, Positionspapier im EvaNet der HIS GmbH, http://evanet.his.de/evanet/forum/pdf-position/WintelerPosition.pdf, Hannover, 2002.

Winter, F., *Leistungsbewertung. Eine neue Lernkultur braucht einen anderen Umgang mit den Schülerleistungen*, Grundlagen der Schulpädagogik, Bd. 49, Baltmannsweiler, 2004.

Winter, F., *Schüler lernen Selbstbewertung*, Diss., Frankfurt am Main, 1990.

Wüstemann, G., Präsentation auf der Fachtagung ‚Freiheit und Verantwortung': *Akademische Planwirtschaft? Leistungsbezogene Mittelzuweisung im Hochschul-Programmhaushalt*, Frankfurt am Main, 27. November 2002.

Yarbrough, C./Wapnick, J./Kelly, R., *Effect of videotape feedback techniques on performance, verbalization, and attitude of beginning conductors*, Journal of Research in Music Education, Vol. 27(2), 1979, S. 103-112.

Zeithaml V.A./Berry, L./Parasuraman A., Communication and Control Processes in the Delivery of Service Quality, Journal of Marketing, Vol. 52, 1988, S. 33-46.

Zeithaml, V.A./Parasuraman, A./Berry, L., *Qualitätsservice*, Frankfurt am Main, 1992.

Zielinski, W., *Die Beurteilung von Schülerleistungen: Ursachen, Diagnostik, Intervention*, Stuttgart, 1991.

Zollondz, H.-D., *Lexikon Qualitätsmanagement, Handbuch des modernen Managements auf der Basis des Qualitätsmanagements*, Edition Versicherungsmanagement, München, 2001.

Anhang 1: Die Organisationsstruktur der HfMDK

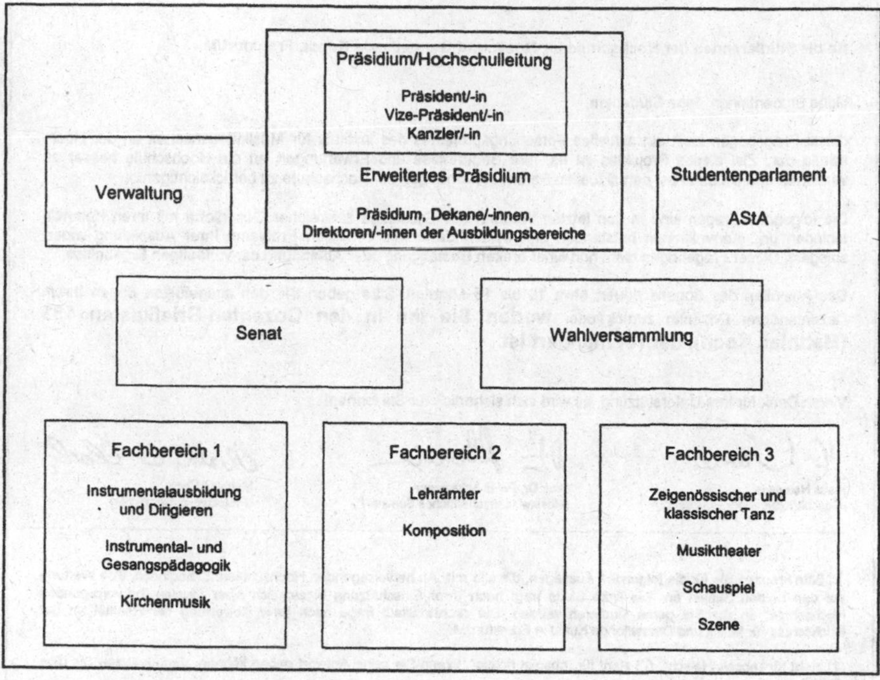

Stand: 18. Oktober 2004

Nähere Informationen über die aktuelle Besetzung der einzelnen Positionen sowie die Details über die Zusammensetzung der einzelnen Gremien finden sich unter http://www.hfmdk-frankfurt.de/deutsch/hfmdk_hochschule.htm.

Anhang 2: Studenten-Fragebogen

An die Studierenden der Hochschule für Musik und Darstellende Kunst, Frankfurt/M.

Liebe Studentinnen, liebe Studenten,

dieser Fragebogen stellt ein aktuelles Forschungsprojektes des Instituts für Musikwissenschaft an der Hochschule dar. Ziel dieses Projektes ist es, Ihre Bedürfnisse und Erwartungen an die Hochschule besser zu verstehen und sie dann bei den aktuellen Reformbemühungen der Hochschule zu berücksichtigen.

Die folgenden Fragen sind in den letzten Wochen auf Grundlage zahlreicher Gespräche mit Ihren Kommilitoninnen und Kommilitonen entstanden und sollten daher die zentralen Probleme Ihrer Ausbildung widerspiegeln. Dieser Fragebogen dient nun einer breiten Bestätigung oder Ablehnung der vorläufigen Ergebnisse.

Das Ausfüllen des Bogens dauert etwa 10 bis 15 Minuten. Bitte geben Sie den ausgefüllten Bogen Ihrem Dozenten/Ihrer Dozentin zurück oder **werfen Sie ihn in den Dozenten-Briefkasten 133 (Matthias Koch), der rot markiert ist**.

Vielen Dank für Ihre Unterstützung, es wird sich sicherlich für Sie lohnen!

Klaus Neuvians
(Geschäftsführender Präsident)

Prof. Dr. Peter Ackermann
(Musikwissenschaftliches Seminar)

Matthias Koch
(Projektverantwortlicher)

1. Bitte kreuzen Sie für die folgenden Aussagen, die alle mit „An hervorragenden Hochschulen..." beginnen, Ihre Wertung auf den beiden Skalen an. Die linke Skala fragt nach Ihrer Einschätzung hinsichtlich einer idealen, hervorragenden Hochschule, an der Sie gerne studieren würden. Die rechte Skala frage nach Ihrer Bewertung der Realität an der Hochschule für Musik und Darstellende Kunst in Frankfurt/M.

(1) steht für „absolut falsch", (7) steht für „absolut richtig". Wenn Sie keine Antwort geben können, dann kreuzen Sie bitte das (?) an!

Hauptfachunterricht

	An hervorragenden Hochschulen...	Das ist an einer hervorragenden Hochschule ... 1 = absolut falsch 7 = absolut richtig	Die Hochschule in Frankfurt ist hier hervorragend: 1 = absolut falsch 7 = absolut richtig ? = weiß nicht
1	... wird genügend Hauptfachunterricht angeboten.	1 2 3 4 5 6 7	1 2 3 4 5 6 7 (?)
2	... unterrichten die Hauptfachlehrer insgesamt pünktlich und regelmäßig.	1 2 3 4 5 6 7	1 2 3 4 5 6 7 (?)
3	... unterstützen die Hauptfachlehrer die individuelle Entfaltung der einzelnen Studenten und erziehen somit „selbstständige Musiker" (Richtungsempfehlungen statt Vorschriften!)	1 2 3 4 5 6 7	1 2 3 4 5 6 7 (?)
4	... sind die Hauptfachlehrer methodisch/didaktisch vorbildlich ausgebildet.	1 2 3 4 5 6 7	1 2 3 4 5 6 7 (?)
5	... sind Hauptfachlehrer daran interessiert, sich mit anderen Hauptfachklassen zu vergleichen und/oder mit ihnen zu kooperieren.	1 2 3 4 5 6 7	1 2 3 4 5 6 7 (?)
6	... geben Hauptfachlehrer konstruktive und ausführliche, verbale Semesterrückblicke (z.B. Stärken-Schwächenanalyse).	1 2 3 4 5 6 7	1 2 3 4 5 6 7 (?)
7	... erläutern Hauptfachlehrer regelmäßig und ausreichend ihre mittelfristigen Unterrichtsziele (Technik und Musikalität, nicht nur Werkswahl!).	1 2 3 4 5 6 7	1 2 3 4 5 6 7 (?)
8	... fördern Hauptfachdozenten die Teilnahme an öffentl. Auftritten, Wettbewerben, etc.	1 2 3 4 5 6 7	1 2 3 4 5 6 7 (?)
9	... interessieren sich die Hauptfachlehrer auch für die Studienentwicklung ihrer Studenten in Nebenfächern und außeruniversitäre Tätigkeiten (z.B. Arbeitsplatzsuche)	1 2 3 4 5 6 7	1 2 3 4 5 6 7 (?)
10	... werden den Studenten ihre realistischen Chancen am Arbeitsmarkt offen kommuniziert (z.B. durch Hauptfachlehrer, Dekane, etc).	1 2 3 4 5 6 7	1 2 3 4 5 6 7 (?)

Nebenfachunterricht

	An hervorragenden Hochschulen…	Das ist an einer hervorragenden Hochschule … 1 = absolut falsch 7 = absolut richtig	Die Hochschule in Frankfurt ist hier hervorragend: 1 = absolut falsch 7 = absolut richtig ? = weiß nicht
1	… wird genügend Nebenfach-Einzelunterricht angeboten.	1 2 3 4 5 6 7	1 2 3 4 5 6 7 (?)
2	… unterrichten die Nebenfach-Dozenten (Einzelunterricht) insgesamt pünktlich und regelmäßig.	1 2 3 4 5 6 7	1 2 3 4 5 6 7 (?)
3	… sind die Nebenfach-Dozenten (Einzelunterricht) methodisch/didaktisch vorbildlich ausgebildet.	1 2 3 4 5 6 7	1 2 3 4 5 6 7 (?)
4	… ist das Angebot für Pädagogik und Methodik insgesamt inhaltlich sinnvoll gestaltet.	1 2 3 4 5 6 7	1 2 3 4 5 6 7 (?)
5	… ist das Nebenfachangebot für Musiktheorie (Tonsatz, etc.) insgesamt inhaltlich sinnvoll gestaltet.	1 2 3 4 5 6 7	1 2 3 4 5 6 7 (?)
6	… ist das Nebenfachangebot für Musikwissenschaften (Musikgeschichte, Musikästhetik, etc.) insgesamt inhaltlich sinnvoll gestaltet.	1 2 3 4 5 6 7	1 2 3 4 5 6 7 (?)
7	… unterrichten die Nebenfachlehrer für Gruppenveranstaltungen insgesamt pünktlich und regelmäßig.	1 2 3 4 5 6 7	1 2 3 4 5 6 7 (?)
8	… sind die Nebenfach-Dozenten (Vorlesung/Seminar) insgesamt methodisch/didaktisch vorbildlich ausgebildet und präsentieren ihren Stoff im Rahmen der Möglichkeiten interessant	1 2 3 4 5 6 7	1 2 3 4 5 6 7 (?)
9	… sind die Hochschulorchesterprojekte inhaltlich sinnvoll gestaltet.	1 2 3 4 5 6 7	1 2 3 4 5 6 7 (?)
10	… nehmen Hochschulorchesterprojekte zeitlich eine zentrale Rolle im Studium ein.	1 2 3 4 5 6 7	1 2 3 4 5 6 7 (?)
11	… ist der Kammermusikunterricht inhaltlich sinnvoll gestaltet.	1 2 3 4 5 6 7	1 2 3 4 5 6 7 (?)
12	… nimmt der Kammermusikunterricht zeitlich eine zentrale Rolle im Studium ein.	1 2 3 4 5 6 7	1 2 3 4 5 6 7 (?)
13	… gibt es ein Kursangebot für Randgebiete des Studiums (Kulturmanagement, Philosophie, etc.)	1 2 3 4 5 6 7	1 2 3 4 5 6 7 (?)
14	… lässt die Studienordnung den Studenten genügend Zeit, um neben den Pflichtfächern auch noch Kurse nach eigenem Interesse zu belegen.	1 2 3 4 5 6 7	1 2 3 4 5 6 7 (?)
15	… wird die Lehrqualität mit Hilfe von Dozenten-Evaluation sichergestellt.	1 2 3 4 5 6 7	1 2 3 4 5 6 7 (?)

Organisation/Studienberatung

	An hervorragenden Hochschulen…	Das ist an einer hervorragenden Hochschule …	Die Hochschule in Frankfurt ist hier hervorragend:
1	… werden organisatorische Beschlüsse (Hochschulleitung/Dekane) immer schnell und effizient gefasst.	1 2 3 4 5 6 7	1 2 3 4 5 6 7 (?)
2	… kommunizieren die Hochschulleitung/Dekanate ihre Ziele und Erfolge regelmäßig an die Studenten.	1 2 3 4 5 6 7	1 2 3 4 5 6 7 (?)
3	… kommen Hochschulleitung und Dekane den Studenten bei Fragen und Wünschen entgegen.	1 2 3 4 5 6 7	1 2 3 4 5 6 7 (?)
4	… sind die Vertreter der Hochschulleitung und die Dekane für ihre Aufgaben qualifiziert.	1 2 3 4 5 6 7	1 2 3 4 5 6 7 (?)
5	… kommt die allgemeine Verwaltung den Studenten bei Fragen und Wünschen entgegen.	1 2 3 4 5 6 7	1 2 3 4 5 6 7 (?)
6	… ist die ausführende Verwaltung (z.B. Studentensekretariat) für ihre Aufgaben qualifiziert.	1 2 3 4 5 6 7	1 2 3 4 5 6 7 (?)
7	… ist der AStA ein zuverlässiges „Sprachrohr der Studenten" bei Hochschulleitung und Dekanen.	1 2 3 4 5 6 7	1 2 3 4 5 6 7 (?)
8	… wird genügend allgemeine Beratung zum gewählten Berufsbild angeboten (z.B. Aufgaben, Chancen, Einkommen).	1 2 3 4 5 6 7	1 2 3 4 5 6 7 (?)
9	… wird genügend persönliche Beratung angeboten (z.B. Studienentwicklung, Studienalternativen, Hochschulwechsel, Auslandsstudium).	1 2 3 4 5 6 7	1 2 3 4 5 6 7 (?)
10	… gibt es genügend gedruckte Informationsunterlagen.	1 2 3 4 5 6 7	1 2 3 4 5 6 7 (?)
11	… übernimmt der AStA einen wichtigen Teil der studentischen Beratung.	1 2 3 4 5 6 7	1 2 3 4 5 6 7 (?)

Prüfungswesen

	An hervorragenden Hochschulen…	Das ist an einer hervorragenden Hochschule … 1 = absolut falsch 7 = absolut richtig	Die Hochschule in Frankfurt ist hier hervorragend: 1 = absolut falsch 7 = absolut richtig ? = weiß nicht
1	… ist die Prüfungsordnung verständlich	1 2 3 4 5 6 7	1 2 3 4 5 6 7 (?)
2	… prüft die Prüfungsordnung berufsrelevante Aktivitäten. (z.B. Probespielcharakter)	1 2 3 4 5 6 7	1 2 3 4 5 6 7 (?)
3	… gibt es zahlreiche kleine statt einer zentralen Prüfung in den verschiedenen Fächern	1 2 3 4 5 6 7	1 2 3 4 5 6 7 (?)
4	… sind die Prüfer immer verantwortungsvoll. (insb. Termine, Ablauf, Notengebung)	1 2 3 4 5 6 7	1 2 3 4 5 6 7 (?)
5	… geben die Prüfer nach der Prüfung immer Feedback.	1 2 3 4 5 6 7	1 2 3 4 5 6 7 (?)
6	… gibt es außer offiziellen Prüfungen genügend Gelegenheit, um sich selbst zu bewerten und zu vergleichen (z.B. Probespieltraining, öffentliches Vorspiel).	1 2 3 4 5 6 7	1 2 3 4 5 6 7 (?)
7	… werden die Studenten unterstützt, wenn sie sich systematisch und strukturiert mit ihrer Entwicklung im Studium auseinandersetzen möchten.	1 2 3 4 5 6 7	1 2 3 4 5 6 7 (?)

Materielles Umfeld

	An hervorragenden Hochschulen…	Das ist an einer hervorragenden Hochschule …	Die Hochschule in Frankfurt ist hier hervorragend:
1	… ist das Gebäude immer sauber und ordentlich.	1 2 3 4 5 6 7	1 2 3 4 5 6 7 (?)
2	… gibt es eine exzellente Ausstattung (z.B. Klaviere, Notenständer, Computer).	1 2 3 4 5 6 7	1 2 3 4 5 6 7 (?)
3	… existieren genügend Räume.	1 2 3 4 5 6 7	1 2 3 4 5 6 7 (?)
4	… steht eine exzellente Bibliothek zur Verfügung.	1 2 3 4 5 6 7	1 2 3 4 5 6 7 (?)
5	… gibt es ausreichend lange Öffnungszeiten.	1 2 3 4 5 6 7	1 2 3 4 5 6 7 (?)
6	… gibt es eine optisch ansprechende interne Kommunikation (Design von Broschüren, Vorlesungsverzeichnis, etc.)	1 2 3 4 5 6 7	1 2 3 4 5 6 7 (?)
7	… gibt es eine optisch ansprechende externe Kommunikation (Design und Platzierung für Plakate, Prospekte, etc.)	1 2 3 4 5 6 7	1 2 3 4 5 6 7 (?)
8	… ist die Kommunikation (z.B. Vorlesungsverzeichnis, Termine) immer verlässlich.	1 2 3 4 5 6 7	1 2 3 4 5 6 7 (?)

2. Nach den Einzelfragen bitten wir Sie nun, den folgenden Kategorien eine relative Bedeutung zuzuordnen, das heißt, dass Sie einer wichtigen Kategorie mehr Punkte geben als einer unwichtigen. Die Gesamtzahl der Punkte muss sich zu 100 addieren.

Materielles Umfeld	Gebäude, Räume, Ausstattung, Kommunikations-Material	_____ %
Zuverlässigkeit	Berufsorientiertheit des Unterrichts, Zuverlässigkeit des Prüfungswesens und der Hochschulleitung	+ _____ %
Entgegenkommen	Interesse von Dozenten & Hochschulleitung an studentischen Belangen	+ _____ %
Leistungskompetenz	Technische und pädagogische Fähigkeiten der Dozenten, Handlungsfähigkeit der Hochschulleitung	+ _____ %
Einfühlungsvermögen	Studienberatung, Unterstützung bei der Studienplanung, Verständnis für Probleme, Versuch von Problemlösungen	+ _____ %
		= 100 % (Summe)

3. Es folgen noch einige Fragen zu Ihrer Einschätzung hinsichtlich Bewerbung und Beruf, um das Lehrangebot gegebenenfalls besser auf Ihren zukünftigen Beruf anpassen zu können. Für wie wichtig halten Sie für Ihre Bewerbung und Ihr späteres Berufsbild folgende Aspekte:

		Bewerbung (1) Unwichtig ⇔ (7) Sehr Wichtig	Beruf (1) Unwichtig ⇔ (7) Sehr Wichtig
Bewerbungs-unterlagen	Gesamteindruck (optisch)	1 2 3 4 5 6 7	—
	Examensnote	1 2 3 4 5 6 7	—
	Studiendauer	1 2 3 4 5 6 7	—
	Studienstationen (Lehrer)	1 2 3 4 5 6 7	—
	Studienerfolge (z.B. Wettbewerbe, Stipendien)	1 2 3 4 5 6 7	—
	Bisherige Berufserfahrung	1 2 3 4 5 6 7	—
	Zusatzqualifikationen / Fächerkombination (SchuMu)	1 2 3 4 5 6 7	—
Instrumental-Kompetenz	Technik/Perfektion (Hauptfach)	1 2 3 4 5 6 7	1 2 3 4 5 6 7
	Musikalität/Ausdruck (Hauptfach)	1 2 3 4 5 6 7	1 2 3 4 5 6 7
	Spezialwissen (z.B. Alte Musik)	1 2 3 4 5 6 7	1 2 3 4 5 6 7
	Relevanz der Klavierfähigkeiten (wenn nicht Hauptfach)	1 2 3 4 5 6 7	1 2 3 4 5 6 7
	Relevanz sonstiger Instrumental-Nebenfächer	1 2 3 4 5 6 7	1 2 3 4 5 6 7
	Blattspiel	1 2 3 4 5 6 7	1 2 3 4 5 6 7
Theoretische Kompetenz	Musikwissenschaften (Tonsatz, Musikgeschichte, Musikästhetik, etc.)	1 2 3 4 5 6 7	1 2 3 4 5 6 7
	Methodik/Pädagogik/Didaktik	1 2 3 4 5 6 7	1 2 3 4 5 6 7
	Sonstige Qualifikationen (z.B. Jazz, populäre Musik)	1 2 3 4 5 6 7	1 2 3 4 5 6 7
Personen-Kompetenz	Person selbst (Sympathie, Teamfähigkeit, Umgang mit Kindern, etc.)	1 2 3 4 5 6 7	1 2 3 4 5 6 7
	Selbstvertrauen	1 2 3 4 5 6 7	1 2 3 4 5 6 7
	Gesellschaftliches Engagement (z.B. Vereine, AStA)	1 2 3 4 5 6 7	1 2 3 4 5 6 7
	Analytisches Denken	1 2 3 4 5 6 7	1 2 3 4 5 6 7
	Allgemeinbildung	1 2 3 4 5 6 7	1 2 3 4 5 6 7
	Beziehungen („Vitamin B")	1 2 3 4 5 6 7	1 2 3 4 5 6 7

4. Persönliche Angaben

Studiengang (ggf. Mehrfachnennung)	☐ KA ☐ Schulmusik	☐ IGP ☐ Gesang/Darst. Kunst
Hauptfach (ggf. Mehrfachnennung)	☐ Bläser ☐ Klavier ☐ Sonstige	☐ Streicher ☐ Gesang
Studienabschnitt	☐ Grundstudium	☐ Hauptstudium

Gehen Sie davon aus, nach dem Studium eine feste Stelle in dem von Ihnen studierten Fach zu erhalten?	☐ Ja ☐ Eher ja	☐ Eher nein ☐ Nein
Möchten Sie nach dem Studium in dem von Ihnen studierten Fach arbeiten?	☐ Ja ☐ Eher ja	☐ Eher nein ☐ Nein
Würden Sie das Studium hier an der Hochschule weiterempfehlen?	☐ Ja ☐ Eher ja	☐ Eher nein ☐ Nein

Anhang 3: Dozenten-Fragebogen

An die DozentInnen und Dozenten der Hochschule für Musik und Darstellende Kunst, Frankfurt/M.

Sehr geehrte Damen und Herren,

wie Sie sicherlich wissen, befindet sich die Hochschule zur Zeit in einem Reformprozess, der nicht nur die finanzielle Ausstattung sondern vor allem auch die Ausbildung der Studierenden an unserer Hochschule betrifft. Aus diesem Grund tagt derzeit die Studienstruktur-Kommission, die aus der Hochschulleitung, den Dekanen, Ihren Kollegen und Studenten besteht.

Sinnvolle Entscheidungen werden erleichtert durch eine solide Datenbasis, deshalb möchten wir gerne Ihre Meinung erfahren. Der folgende Fragebogen, der an unserem Musikwissenschaftlichen Institut nach methodisch anerkannten Standards entwickelt wurde, enthält Fragen über Ihre Arbeit sowie darüber, was die Studenten der Hochschule Ihrer Meinung nach von einem Musikhochschulstudium erwarten dürfen.

Es wäre sehr hilfreich, wenn Sie diesen Fragebogen ausfüllen könnten, was ca. 15 bis 20 Minuten in Anspruch nehmen wird. **Bitte werfen Sie ihn dann in den Dozenten-Briefkasten 133 (Matthias Koch), der rot markiert ist.** Ihre Unterstützung kommt Ihnen und Ihren Studenten sicherlich in Form einer guten Studienreform zu Gute!

Mit freundlichen Grüßen

Klaus Neuvians
(Geschäftsführender Präsident)

Prof. Dr. Peter Ackermann
(Musikwissenschaftliches Seminar)

Matthias Koch
(Projektverantwortlicher)

1. Statistische Angaben

Tätigkeit	☐ Hauptfachdozent(in)	☐ Nebenfachdozent(in)
Veranstaltungstyp	☐ Einzelunterricht	☐ Gruppenunterricht
Vertragsverhältnis	☐ Professor(in)	☐ Lehrbeauftragte(r)
Studienschwerpunkt Ihrer Studenten (Bitte grob geschätzte Prozentzahlen angeben)	KA ____ % Schulmusik ____ %	IGP ____ % Sonstige ____ %

2. Bitte beantworten Sie die folgenden Fragen über Ihre Arbeitsbedingungen. (1) bedeutet „absolut falsch, (7) bedeutet „absolut richtig". Wenn Sie eine Frage nicht beantworten können, dann kreuzen Sie bitte (?) an.

		(1) absolut falsch ⇔ (7) absolut richtig (?) weiß nicht
1	Ich fühle mich an der Hochschule wohl, weil ich meine Aufgaben gut erfüllen kann.	1 2 3 4 5 6 7 (?)
2	Die Hochschule stellt nur Dozenten ein, die für ihre Aufgaben hervorragend qualifiziert sind.	1 2 3 4 5 6 7 (?)
3	Auf Wunsch hätte ich von der Hochschule noch weitere Beratung oder Schulungen erhalten können.	1 2 3 4 5 6 7 (?)
4	Zu Beginn meiner Tätigkeit als Dozent hätte ich mir persönlich kein besseres Wissen über Methodik und Didaktik gewünscht, um noch besser auf meine Studenten eingehen zu können.	1 2 3 4 5 6 7 (?)
5	Ich hänge bei der Unterrichtung und Beratung meiner Studenten nicht von anderen Dozenten/Mitarbeitern der Hochschule ab.	1 2 3 4 5 6 7 (?)
6	Die Studien- und Prüfungsordnung schränkt meinen Handlungsspielraum für eine optimale Ausbildung meiner Studenten nicht ein.	1 2 3 4 5 6 7 (?)

- 2 -

		(1) absolut falsch ⇔ (7) absolut richtig (?) weiß nicht
1	Besondere Anstrengungen, den Studenten gute Leistung zu bieten, werden von Hochschulseite in irgendeiner Form honoriert.	1 2 3 4 5 6 7 (?)
2	Ich erhalte von meinen Studenten ausreichendes Feedback über ihre Zufriedenheit mit meinem Unterricht.	1 2 3 4 5 6 7 (?)
3	Meine sonstigen Aufgaben (Prüfungen/Gremienarbeit) an der Hochschule schränken mich nicht darin ein, meine Studenten ausreichend gut zu unterrichten.	1 2 3 4 5 6 7 (?)
4	Was die Studenten und die Hochschule von mir erwarten ist meist identisch.	1 2 3 4 5 6 7 (?)
5	Die Hochschule und ich haben die gleiche Vorstellung über die Umsetzung meiner Aufgaben.	1 2 3 4 5 6 7 (?)
6	Die Entscheidungsträger der Hochschule (z.B. Dekane) informieren mich klar und ausführlich über meine Aufgaben und Lehrinhalte an der Hochschule.	1 2 3 4 5 6 7 (?)
7	Ich weiß genau, was meine Studenten von mir erwarten und wie ich mit ihnen umzugehen habe.	1 2 3 4 5 6 7 (?)
8	Ich weiß genau, welche Aspekte meiner Arbeit bei der Bewertung meiner Leistungen seitens der Hochschule am meisten bewertet werden.	1 2 3 4 5 6 7 (?)
9	Die Studien- und Prüfungsordnung ist klar definiert und ermöglicht es mir, meine Aufgaben unmissverständlich nachzulesen.	1 2 3 4 5 6 7 (?)
10	Ich bin auch für die Beratung meiner Studenten in Studienfragen verantwortlich.	1 2 3 4 5 6 7 (?)
11	Ich bin für meine Studenten auch ein Mentor für diverse Fragen und Probleme.	1 2 3 4 5 6 7 (?)

Teamarbeit

1	Ich spüre, dass ich an der Hochschule Teil eines Teams bin, das sich für die Ausbildung der Studenten verantwortlich fühlt.	1 2 3 4 5 6 7 (?)
2	Alle Dozenten der Hochschule sind motiviert, für ihre Studenten das Beste zu leisten.	1 2 3 4 5 6 7 (?)
3	Ich fühle mich verpflichtet, anderen Dozenten bei der Umsetzung von ihren Ideen/Veranstaltungen zu helfen.	1 2 3 4 5 6 7 (?)
4	Die anderen Dozenten und die Verwaltung kooperieren mehr mit mir als dass sie mir Konkurrenz machen.	1 2 3 4 5 6 7 (?)
5	Ich habe das Gefühl, ein wichtiger Mitarbeiter an der Hochschule zu sein.	1 2 3 4 5 6 7 (?)
6	Ich halte Gemeinschaftsprojekte mit anderen Haupt- und Nebenfachdozenten für einfach durchführbar.	1 2 3 4 5 6 7 (?)

Kommunikation

1	Wenn die Entscheidungsträger und/oder die PR-Abteilung der Hochschule etwas kommunizieren, was mich oder meine Studenten betrifft, dann werde ich zuvor gefragt, ob ich diesen Entschluss auch umsetzen kann.	1 2 3 4 5 6 7 (?)
2	Ich werde im Voraus über öffentliche Versprechungen und Planungen der Hochschulleitung informiert, sodass ich über Entwicklungen an der Hochschule immer mindestens so gut wie die Studenten und Studienbewerber Bescheid weiß.	1 2 3 4 5 6 7 (?)
3	Entscheidungen und Beschlüsse werden an der Hochschule immer erst nach Rücksprache mit Dozenten als „ausführende Organe" getroffen.	1 2 3 4 5 6 7 (?)
4	Die Richtlinien für die Ausbildungsqualität sind an der Hochschule überall gleich (z.B. Hauptfach, Nebenfach (Einzelunterricht), Nebenfach (Gruppenveranstaltungen)).	1 2 3 4 5 6 7 (?)
5	Die Interessen der verschiedenen Dozenten sind ähnlich genug, als dass es grundsätzlich möglich ist, eine breit akzeptierte Hochschulmeinung festzulegen.	1 2 3 4 5 6 7 (?)
6	Die Tatsache, dass andere Hochschulen inzwischen aktiv hervorragende Studenten rekrutieren, erhöht an unserer Hochschule nicht den Druck, dies auch zu tun.	1 2 3 4 5 6 7 (?)
7	Unsere Hochschule macht keine unhaltbaren Versprechen, um Studenten zu rekrutieren.	1 2 3 4 5 6 7 (?)
8	Andere Hochschulen machen keine unhaltbaren Versprechen, um Studenten zu rekrutieren.	1 2 3 4 5 6 7 (?)

- 3 -

3. In der freien Wirtschaft wird immer wieder festgestellt, dass der Erfolg eines Unternehmens (oder eben einer Hochschule) maßgeblich davon abhängt, inwieweit Prozesse und Abläufe bestimmten Normen unterliegen. Diese Normen können förmlich sein: Schriftlich fixiert und jedem Mitarbeiter mitgeteilt, oder nur informell: Mündlich mitgeteilt oder stillschweigend mehr oder weniger verstanden.

Kreuzen Sie bitte bei den folgenden Merkmalen die Zahl an, die Ihrer Meinung nach dem Ausmaß entspricht, in dem Normen hier an der Hochschule formalisiert sind. Wenn es Ihres Erachtens nach überhaupt keine Normen zu einem bestimmten Merkmal gibt, dann kreuzen Sie bitte das entsprechende Kästchen an.

		Es gibt an der Hochschule ... nur informelle Normen (1) ⇔ förmliche Normen (7)	keine Normen
Materielles Umfeld	z.B. vorgeschriebener Mindestzustand bei Gebäuden, Räumen, Ausstattung, Instrumenten, Kommunikations-Material	1 2 3 4 5 6 7	☐
Zuverlässigkeit	z.B. klare Zielgerichtetheit der Ausbildung auf den Arbeitsmarkt (Vermittlungsquote), eindeutige und marktgerechte Studien-/ Prüfungsordnung, Einhaltung maximaler Studiendauern	1 2 3 4 5 6 7	☐
Entgegenkommen	z.B. Einheitlicher Umgang der Dozenten & Hochschulleitung mit studentischen Belangen und Ideen	1 2 3 4 5 6 7	☐
Leistungskompetenz	z.B. Leistungsbilanz der Dozenten, Abbrecherquote, exakt festgelegte Kriterien bei Berufungsverfahren	1 2 3 4 5 6 7	☐
Einfühlungsvermögen	z.B. Studienberatung, Grad der individuellen Unterstützung der Studenten	1 2 3 4 5 6 7	☐

4. Für die Mitarbeiter (Dozenten und Verwaltung) der Hochschule ist es häufig schwierig, die ihnen vorgeschriebenen Normen einzuhalten. Bitte kreuzen Sie an, zu welchem Grad die Mitarbeiter der Hochschule Ihrer Meinung nach in der Lage sind, ihre Anforderungen gemäß der oben beschriebenen Normen zu erfüllen.

		Zur konsequenten Einhaltung der Normen unfähig (1) voll fähig (7)	Es gibt keine Normen
Materielles Umfeld	z.B. vorgeschriebener Mindestzustand bei Gebäuden, Räumen, Ausstattung, Instrumenten, Kommunikations-Material	1 2 3 4 5 6 7	☐
Zuverlässigkeit	z.B. klare Zielgerichtetheit der Ausbildung auf den Arbeitsmarkt (Vermittlungsquote), eindeutige und marktgerechte Studien-/ Prüfungsordnung, Einhaltung maximaler Studiendauern	1 2 3 4 5 6 7	☐
Entgegenkommen	z.B. Einheitlicher Umgang der Dozenten & Hochschulleitung mit studentischen Belangen und Ideen	1 2 3 4 5 6 7	☐
Leistungskompetenz	z.B. Leistungsbilanz der Dozenten, Abbrecherquote, exakt festgelegte Kriterien bei Berufungsverfahren	1 2 3 4 5 6 7	☐
Einfühlungsvermögen	z.B. Studienberatung, Grad der individuellen Unterstützung der Studenten	1 2 3 4 5 6 7	☐

- 4 -

5. Die verschiedenen Instanzen der Hochschule, (Dozenten, Hochschulleitung, Dekanate, PR-Abteilung) versprechen möglicherweise ein Angebot, das nur schwer zu erreichen ist. Bitte geben Sie an, für welche Bereiche die Mitarbeiter der Hochschule Ihrer Meinung nach ihre Versprechen einhalten können.

		Zur konsequenten Einhaltung der Versprechen unfähig (1) voll fähig (7)	Es wurden keine Versprechen gemacht
Materielles Umfeld	z.B. vorgeschriebener Mindestzustand bei Gebäuden, Räumen, Ausstattung, Instrumenten, Kommunikations-Material	1 2 3 4 5 6 7	☐
Zuverlässigkeit	z.B. klare Zielgerichtetheit der Ausbildung auf den Arbeitsmarkt (Vermittlungsquote), eindeutige und marktgerechte Studien-/ Prüfungsordnung, Einhaltung maximaler Studiendauern	1 2 3 4 5 6 7	☐
Entgegenkommen	z.B. Einheitlicher Umgang der Dozenten & Hochschulleitung mit studentischen Belangen und Ideen	1 2 3 4 5 6 7	☐
Leistungskompetenz	z.B. Leistungsbilanz der Dozenten, Abbrecherquote, exakt festgelegte Kriterien bei Berufungsverfahren	1 2 3 4 5 6 7	☐
Einfühlungsvermögen	z.B. Studienberatung, Grad der individuellen Unterstützung der Studenten	1 2 3 4 5 6 7	☐

6. Bitte geben Sie an, welche Erwartungen die Studenten Ihrer Meinung nach an ein hervorragendes Musikstudium stellen. Gehen Sie dabei bitte von den Studentengruppen aus, die Sie überwiegend unterrichten.

Alle folgenden Aussagen beginnen mit „An hervorragenden Hochschulen..." und wurden in den letzten Wochen auf Grundlage von Gesprächen mit Studenten entwickelt. Wenn Sie ein Merkmal für absolut falsch halten, dann kreuzen Sie bitte die (1) an, wenn Sie voll zustimmen, dann verwenden Sie die (7). **Die Note (4) entspricht ungefähr dem Urteil „grundsätzlich richtig, aber nicht so wichtig".** Wenn Sie meinen, eine Frage nicht zuverlässig beantworten zu können, dann kreuzen Sie bitte das (?) an.

Hauptfachunterricht

	An hervorragenden Hochschulen...	Nach Ansicht Ihrer Studenten ... 1 = absolut falsch 7 = absolut richtig
1	... wird genügend Hauptfachunterricht angeboten.	1 2 3 4 5 6 7 (?)
2	... unterrichten die Hauptfachlehrer insgesamt pünktlich und regelmäßig.	1 2 3 4 5 6 7 (?)
3	... unterstützen die Hauptfachlehrer die individuelle Entfaltung der einzelnen Studenten und erziehen somit „selbstständige Musiker" (Richtungsempfehlungen statt Vorschriften!)	1 2 3 4 5 6 7 (?)
4	... sind die Hauptfachlehrer methodisch/didaktisch vorbildlich ausgebildet.	1 2 3 4 5 6 7 (?)
5	... sind Hauptfachlehrer daran interessiert, sich mit anderen Hauptfachklassen zu vergleichen und/oder mit ihnen zu kooperieren.	1 2 3 4 5 6 7 (?)
6	... geben Hauptfachlehrer konstruktive und ausführliche, verbale Semesterrückblicke (z.B. Stärken-Schwächenanalyse).	1 2 3 4 5 6 7 (?)
7	... erläutern Hauptfachlehrer regelmäßig und ausreichend ihre mittelfristigen Unterrichtsziele (Technik und Musikalität, nicht nur Werkswahl!).	1 2 3 4 5 6 7 (?)
8	... fördern Hauptfachdozenten die Teilnahme an öffentlichen Auftritten, Wettbewerben, etc.	1 2 3 4 5 6 7 (?)
9	... interessieren sich die Hauptfachlehrer auch für die Studienentwicklung ihrer Studenten in Nebenfächern und außeruniversitäre Tätigkeiten (z.B. Arbeitsplatzsuche)	1 2 3 4 5 6 7 (?)
10	... werden den Studenten ihre realistischen Chancen am Arbeitsmarkt offen kommuniziert (z.B. durch Hauptfachlehrer, Dekane, etc).	1 2 3 4 5 6 7 (?)

- 5 -

Nebenfachunterricht

	An hervorragenden Hochschulen...	Nach Ansicht Ihrer Studenten ... 1 = absolut falsch 7 = absolut richtig
1	... wird genügend Nebenfach-Einzelunterricht angeboten.	1 2 3 4 5 6 7 (?)
2	... unterrichten die Nebenfach-Einzelunterricht insgesamt pünktlich und regelmäßig.	1 2 3 4 5 6 7 (?)
3	... sind die Nebenfach-Dozenten (Einzelunterricht) methodisch/ didaktisch vorbildlich ausgebildet.	1 2 3 4 5 6 7 (?)
4	... ist das Angebot für Pädagogik und Methodik insgesamt inhaltlich sinnvoll gestaltet.	1 2 3 4 5 6 7 (?)
5	... ist das Nebenfachangebot für Musiktheorie (Tonsatz, etc.) insgesamt inhaltlich sinnvoll gestaltet.	1 2 3 4 5 6 7 (?)
6	... ist das Nebenfachangebot für Musikwissenschaften (Musikgeschichte, Musikästhetik, etc.) insgesamt inhaltlich sinnvoll gestaltet.	1 2 3 4 5 6 7 (?)
7	... unterrichten die Nebenfachlehrer für Gruppenveranstaltungen insgesamt pünktlich und regelmäßig.	1 2 3 4 5 6 7 (?)
8	... sind die Nebenfach-Dozenten (Vorlesung/Seminar) insgesamt methodisch/didaktisch vorbildlich ausgebildet und präsentieren ihren Stoff im Rahmen der Möglichkeiten interessant	1 2 3 4 5 6 7 (?)
9	... sind die Hochschulorchesterprojekte inhaltlich sinnvoll gestaltet.	1 2 3 4 5 6 7 (?)
10	... nehmen Hochschulorchesterprojekte zeitlich eine zentrale Rolle im Studium ein.	1 2 3 4 5 6 7 (?)
11	... ist der Kammermusikunterricht inhaltlich sinnvoll gestaltet.	1 2 3 4 5 6 7 (?)
12	... nimmt der Kammermusikunterricht zeitlich eine zentrale Rolle im Studium ein.	1 2 3 4 5 6 7 (?)
13	... gibt es ein Kursangebot für Randgebiete des Studiums (Kulturmanagement, Philosophie, etc.)	1 2 3 4 5 6 7 (?)
14	... lässt die Studienordnung den Studenten genügend Zeit, um neben den Pflichtfächern auch noch Kurse nach eigenem Interesse zu belegen.	1 2 3 4 5 6 7 (?)
15	... wird die Lehrqualität mit Hilfe von Dozenten-Evaluation sichergestellt.	1 2 3 4 5 6 7 (?)

Organisation/Studienberatung

	An hervorragenden Hochschulen...	Nach Ansicht Ihrer Studenten ...
1	... werden organisatorische Beschlüsse (Hochschulleitung/Dekane) immer schnell und effizient gefasst.	1 2 3 4 5 6 7 (?)
2	... kommunizieren die Hochschulleitung/Dekanate ihre Ziele und Erfolge regelmäßig an die Studenten.	1 2 3 4 5 6 7 (?)
3	... kommen Hochschulleitung und Dekane den Studenten bei Fragen und Wünschen entgegen.	1 2 3 4 5 6 7 (?)
4	... sind die Vertreter der Hochschulleitung und die Dekane für ihre Aufgaben qualifiziert.	1 2 3 4 5 6 7 (?)
5	... kommt die allgemeine Verwaltung den Studenten bei Fragen und Wünschen entgegen.	1 2 3 4 5 6 7 (?)
6	... ist die ausführende Verwaltung (z.B. Studentensekretariat) für ihre Aufgaben qualifiziert.	1 2 3 4 5 6 7 (?)
7	... ist der AStA ein zuverlässiges „Sprachrohr der Studenten" bei Hochschulleitung und Dekanen.	1 2 3 4 5 6 7 (?)
8	... wird genügend allgemeine Beratung zum gewählten Berufsbild angeboten (z.B. Aufgaben, Chancen, Einkommen).	1 2 3 4 5 6 7 (?)
9	... wird genügend persönliche Beratung angeboten (z.B. Studienentwicklung, Studienalternativen, Hochschulwechsel, Auslandsstudium).	1 2 3 4 5 6 7 (?)
10	... gibt es genügend gedruckte Informationsunterlagen.	1 2 3 4 5 6 7 (?)
11	... übernimmt der AStA einen wichtigen Teil der studentischen Beratung.	1 2 3 4 5 6 7 (?)

- 6 -

Prüfungswesen

	An hervorragenden Hochschulen…	Nach Ansicht Ihrer Studenten … 1 = absolut falsch 7 = absolut richtig
1	… ist die Prüfungsordnung verständlich	1 2 3 4 5 6 7 (?)
2	… prüft die Prüfungsordnung berufsrelevante Aktivitäten. (z.B. Probespielcharakter)	1 2 3 4 5 6 7 (?)
3	… gibt es zahlreiche kleine statt einer zentralen Prüfung in den verschiedenen Fächern.	1 2 3 4 5 6 7 (?)
4	… sind die Prüfer immer verantwortungsvoll. (insb. Termine, Ablauf, Notengebung)	1 2 3 4 5 6 7 (?)
5	… geben die Prüfer nach der Prüfung immer Feedback.	1 2 3 4 5 6 7 (?)
6	… gibt es außer offiziellen Prüfungen genügend Gelegenheit, um sich selbst zu bewerten und zu vergleichen (z.B. Probespieltraining, öffentliches Vorspiel).	1 2 3 4 5 6 7 (?)
7	… werden die Studenten unterstützt, wenn sie sich systematisch und strukturiert mit ihrer Entwicklung im Studium auseinandersetzen möchten.	1 2 3 4 5 6 7 (?)

Materielles Umfeld

	An hervorragenden Hochschulen…	Nach Ansicht Ihrer Studenten …
1	… ist das Gebäude immer sauber und ordentlich.	1 2 3 4 5 6 7 (?)
2	… gibt es eine exzellente Ausstattung (z.B. Klaviere, Notenständer, Computer).	1 2 3 4 5 6 7 (?)
3	… existieren genügend Räume.	1 2 3 4 5 6 7 (?)
4	… steht eine exzellente Bibliothek zur Verfügung.	1 2 3 4 5 6 7 (?)
5	… gibt es ausreichend lange Öffnungszeiten.	1 2 3 4 5 6 7 (?)
6	… gibt es eine optisch ansprechende interne Kommunikation (Design von Broschüren, Vorlesungsverzeichnis, etc.)	1 2 3 4 5 6 7 (?)
7	… gibt es eine optisch ansprechende externe Kommunikation (Design und Platzierung für Plakate, Prospekte, etc.)	1 2 3 4 5 6 7 (?)
8	… ist die Kommunikation (z.B. Vorlesungsverzeichnis, Termine) immer verlässlich.	1 2 3 4 5 6 7 (?)

7. Nach den obigen Einzelfragen bitten wir Sie nun zum Schluss, für die folgenden fünf Kategorien die relative Bedeutung für ein hochwertiges Studium anzugeben, das bedeutet, dass Sie einer wichtigen Kategorie mehr Punkte geben als einer unwichtigen. Die Gesamtzahl der Punkte muss sich zu 100 addieren.

Materielles Umfeld	Gebäude, Räume, Ausstattung, Kommunikations-Material	____ %
Zuverlässigkeit	Berufsorientiertheit des Unterrichts, Zuverlässigkeit des Prüfungswesens und der Hochschulleitung	+ ____ %
Entgegenkommen	Interesse von Dozenten & Hochschulleitung an studentischen Belangen	+ ____ %
Leistungskompetenz	Technische und pädagogische Fähigkeiten der Dozenten, Handlungsfähigkeit der Hochschulleitung	+ ____ %
Einfühlungsvermögen	Studienberatung, Unterstützung bei der Studienplanung, Verständnis für Probleme, Versuch von Problemlösungen	+ ____ %
		= 100 % (Summe)

--- Vielen Dank für Ihre Unterstützung! ---

Anhang 4: Entscheidungsträger-Fragebogen

Geschäftsführender Präsident

An die

Mitglieder der AG Studienstrukturreform

17. Juni 2003

Fragebogen für die Mitglieder der AG Studienstrukturreform

Sehr geehrte Damen und Herren,

anbei finden Sie einen Fragebogen, der sich im Rahmen der Dissertation von Herrn Matthias Koch mit der Qualität der Ausbildung an unserer Hochschule beschäftigt. Herr Koch hat bis zum Vordiplom an unserer Hochschule KA studiert und danach hier in Frankfurt und in den USA einen Abschluss in Betriebswirtschaftslehre erworben.

Dieses Dissertationsprojekt eröffnet für uns die Chance, nach wissenschaftlichen Standards analysieren zu können, auf was es bei unserem Ausbildungsangebot aus der Sicht der Studenten und Lehrenden ankommt und welche – auch bisher noch nicht entdeckten – Problemfelder unsere Hochschule angehen muss.

Die vorliegende Untersuchung bezieht die Studenten, Dozenten und Entscheidungsträger der Hochschule mit ein und ermöglicht somit ein umfassendes Bild. Der bisherige Rücklauf der Fragebögen seitens der Studenten und Dozenten war hervorragend, ich hoffe daher, dass auch Sie als Mitglied der AG „Studienstrukturreform" sich die Zeit nehmen können, diesen speziell für Sie gestalteten Fragebogen auszufüllen. Der Fragebogen hat sechs Seiten und besteht ausschließlich aus Ankreuz-Fragen. Das Ausfüllen dauert circa 15 Minuten.

Bitte werfen Sie den ausgefüllten Bogen in das Fach von Herrn Koch (Dozenten-Briefkasten 133, Matthias Koch).

Herr Koch hat sich bereit erklärt, seine Ergebnisse in einer kommenden Sitzung der Kommission zu präsentieren, allerdings benötigt er vorher Ihren Fragebogen zurück, weil darin auch nach Ihrer persönlichen Einschätzung hinsichtlich verschiedener Studienprobleme gefragt wird und es wenig Sinn machen würde, Ihnen die Meinung der Studenten vorher zu präsentieren.

Sie tun der Hochschule und Herrn Koch – der dieses Projekt kostenlos für uns durchführt – einen großen Gefallen, wenn Sie diesen Fragebogen ausfüllen.

Für Ihre Mitarbeit danke ich Ihnen sehr.

K. Neuvians

Klaus Neuvians

1. Bitte beantworten Sie die folgenden Fragen aus Ihrer Perspektive als Entscheidungsträgers an der Hochschule für Musik und Darstellende Kunst:

	(1) absolut falsch ⇔ (7) absolut richtig
In unserer Hochschule gibt es nicht zu viele Verwaltungs- und Managementschichten zwischen Hochschulangehörigen mit Studentenkontakt (z.B. Dozenten, Verwaltung, AStA) und Hochschulleitung (Präsident/Dekane)	1 2 3 4 5 6 7
In der Hochschule ist es nicht schwer, Verantwortlichkeiten für bestimmte Entscheidungen und Aktivitäten klar bestimmten Personen/Gremien (z.B. Hochschulleitung, Dekanat, etc.) zuzuordnen	1 2 3 4 5 6 7
Die Hochschule stellt die nötigen finanziellen und personellen Mittel für eine hervorragende Ausbildungsqualität zur Verfügung	1 2 3 4 5 6 7
Es gibt an der Hochschule effiziente interne Programme zur Verbesserung der Studienqualität	1 2 3 4 5 6 7
Die stetige Verbesserung der Studienqualität ist der persönliche Ehrgeiz der Entscheidungsträger der Hochschule	1 2 3 4 5 6 7

Es gibt in den Gremien der Hochschule klare Vorstellungen, wie das Studium auszusehen hat.	1 2 3 4 5 6 7
In der Hochschule wird versucht, konkrete Ausbildungsziele konkret vorzuschreiben (z.B. Arbeitsplatzvermittlungs-Quote, Studiendauern, Wettbewerbserfolge)	1 2 3 4 5 6 7
Die Entscheidungsträger der Hochschule orientieren sich bei ihrer Arbeit mehr an der Verbesserung der Ausbildung als an einem reibungslosem Ablauf an der Hochschule	1 2 3 4 5 6 7
Die Hochschule macht in der Verwaltung (z.B. Rückmeldung, Examensanmeldung) wirksamen Gebrauch von Automation und Standardisierung, um alle Studenten gleich gut zu bedienen	1 2 3 4 5 6 7
Die Hochschule stellt konkrete Anforderungen an den Unterricht, um sicherzustellen, dass die Studenten in etwa die gleichen Ausbildungsstandards haben. (z.B. Studien- und Prüfungsordnung)	1 2 3 4 5 6 7
Die Hochschule hat grundsätzlich alle nötigen Fähigkeiten, um den Ausbildungsbedarf der Studenten zu befriedigen	1 2 3 4 5 6 7
Wenn wir die Ausbildung soviel besser leisten, wie es sich die Studenten wünschen, würde das die Hochschule finanziell nicht überfordern.	1 2 3 4 5 6 7
Die Studienvoraussetzungen an der Hochschule (Dozenten, Instrumente, Innenausstattung, Gebäude, etc.) der Hochschule sind auf dem Niveau, das die Studenten sich wünschen	1 2 3 4 5 6 7
Die Führungskräfte fühlen sich uneingeschränkt befähigt, ihre wirtschaftlichen und verwalutungstechnischen Aufgaben optimal und effizient durchzuführen.	1 2 3 4 5 6 7

Die Entscheidungsträger der Hochschule machen ausreichend häufig Gebrauch von Informationen, die durch Umfragen über unsere Studenten beschafft werden	1 2 3 4 5 6 7
Die Entscheidungsträger der Hochschule verschaffen sich regelmäßig Informationen über die Studienbedürfnisse unserer Studenten	1 2 3 4 5 6 7
Die Entscheidungsträger der Hochschule verschaffen sich regelmäßig Informationen über die Qualitätsansprüche unserer Studenten	1 2 3 4 5 6 7
Die Entscheidungsträger in der Hochschule haben häufig direkten Kontakt zu den Studenten und besprechen mit ihnen hochschulrelevante Themen	1 2 3 4 5 6 7
Hochschulangehörige mit Studentenkontakt (z.B. Dozenten, Verwaltung, AStA) tauschen sich regelmäßig mit den Entscheidungsträgern in der Hochschule aus	1 2 3 4 5 6 7
Die Entscheidungsträger der Hochschule bemühen sich häufig um Vorschläge der Hochschulangehörigen mit Studentenkontakt (z.B. Dozenten, Verwaltung, AStA), wie Inhalt und Ablauf des Studiums verbessert werden könnte	1 2 3 4 5 6 7
Die Entscheidungsträger der Hochschule wirken häufig von Angesicht zu Angesicht mit den Hochschulangehörigen mit Studentenkontakt (z.B. Dozenten, Verwaltung, AStA) zusammen	1 2 3 4 5 6 7
Schriftliche Mitteilungen sind in unserer Hochschule das am wenigsten wichtige Kommunikationsmittel zwischen Mitarbeitern und Entscheidungsträgern	1 2 3 4 5 6 7

2. In der freien Wirtschaft wird immer wieder festgestellt, dass der Erfolg eines Unternehmens (oder eben einer Hochschule) maßgeblich davon abhängt, inwieweit Prozesse und Abläufe bestimmten Normen unterliegen. Diese Normen können förmlich sein: Schriftlich fixiert und jedem Mitarbeiter mitgeteilt, oder nur informell: Mündlich mitgeteilt oder stillschweigend mehr oder weniger verstanden.

Kreuzen Sie bitte bei den folgenden Merkmalen die Zahl an, die Ihrer Meinung nach dem Ausmaß entspricht, in dem Normen hier an der Hochschule formalisiert sind. Wenn es Ihres Erachtens nach überhaupt keine Normen zu einem bestimmten Merkmal gibt, dann kreuzen Sie bitte das entsprechende Kästchen an.

		Es gibt an der Hochschule ...	
		nur informelle Normen (1) ⇔ förmliche Normen (7)	keine Normen
Materielles Umfeld	z.B. vorgeschriebener Mindestzustand bei Gebäuden, Räumen, Ausstattung, Instrumenten, Kommunikations-Material	1 2 3 4 5 6 7	☐
Zuverlässigkeit	z.B. klare Zielgerichtetheit der Ausbildung auf den Arbeitsmarkt (Vermittlungsquote), eindeutige und marktgerechte Studien-/ Prüfungsordnung, Einhaltung maximaler Studiendauern	1 2 3 4 5 6 7	☐
Entgegenkommen	z.B. Einheitlicher Umgang der Dozenten & Hochschulleitung mit studentischen Belangen und Ideen	1 2 3 4 5 6 7	☐
Leistungskompetenz	z.B. Leistungsbilanz der Dozenten, Abbrecherquote, exakt festgelegte Kriterien bei Berufungsverfahren	1 2 3 4 5 6 7	☐
Einfühlungsvermögen	z.B. Studienberatung, Grad der individuellen Unterstützung der Studenten	1 2 3 4 5 6 7	☐

3. Für die Mitarbeiter (Dozenten und Verwaltung) der Hochschule ist es häufig schwierig, die ihnen vorgeschriebenen Normen einzuhalten. Bitte kreuzen Sie an, zu welchem Grad die Mitarbeiter der Hochschule Ihrer Meinung nach in der Lage sind, ihre Anforderungen gemäß der oben beschriebenen Normen zu erfüllen.

		Zur konsequenten Einhaltung der Normen	Es gibt keine Normen
		unfähig (1) voll fähig (7)	
Materielles Umfeld	(Mindestzustand bei Gebäuden, Räumen, Ausstattung, Instrumenten, Kommunikationsmaterial)	1 2 3 4 5 6 7	☐
Zuverlässigkeit	(Zielgerichtetheit der Ausbildung, Studien-/ Prüfungsordnung, maximale Studiendauern)	1 2 3 4 5 6 7	☐
Entgegenkommen	(Einheitlicher Umgang mit studentischen Belangen)	1 2 3 4 5 6 7	☐
Leistungskompetenz	(Leistungsbilanz der Dozenten, Abbrecherquote, Kriterien bei Berufungsverfahren)	1 2 3 4 5 6 7	☐
Einfühlungsvermögen	(Studienberatung, individuelle Unterstützung)	1 2 3 4 5 6 7	☐

4. Die verschiedenen Instanzen der Hochschule, (Dozenten, Hochschulleitung, Dekanate, PR-Abteilung) versprechen möglicherweise ein Angebot, das nur schwer zu erreichen ist. Bitte geben Sie an, für welche Bereiche die Mitarbeiter der Hochschule Ihrer Meinung nach ihre Versprechen einhalten können.

		Zur konsequenten Einhaltung der Versprechen unfähig (1) voll fähig (7)	Es wurden keine Versprechen gemacht
Materielles Umfeld	(Mindestzustand bei Gebäuden, Räumen, Ausstattung, Instrumenten, Kommunikationsmaterial)	1 2 3 4 5 6 7	☐
Zuverlässigkeit	(Zielgerichtetheit der Ausbildung, Studien-/ Prüfungsordnung, maximale Studiendauern)	1 2 3 4 5 6 7	☐
Entgegenkommen	(Einheitlicher Umgang mit studentischen Belangen)	1 2 3 4 5 6 7	☐
Leistungskompetenz	(Leistungsbilanz der Dozenten, Abbrecherquote, Kriterien bei Berufungsverfahren)	1 2 3 4 5 6 7	☐
Einfühlungsvermögen	(Studienberatung, individuelle Unterstützung)	1 2 3 4 5 6 7	☐

5. Bitte geben Sie an, welche Erwartungen die Studenten Ihrer Meinung nach an ein hervorragendes Musikstudium stellen. Gehen Sie dabei bitte von den Studentengruppen aus, die Sie überwiegend unterrichten.

Alle folgenden Aussagen beginnen mit „An hervorragenden Hochschulen..." und wurden in den letzten Wochen auf Grundlage von Gesprächen mit Studenten entwickelt. Wenn Sie ein Merkmal für absolut falsch halten, dann kreuzen Sie bitte die (1) an, wenn Sie voll zustimmen, dann verwenden Sie die (7). **Die Note (4) entspricht ungefähr dem Urteil „grundsätzlich richtig, aber nicht so wichtig".** Wenn Sie meinen, eine Frage nicht zuverlässig beantworten zu können, dann kreuzen Sie bitte das (?) an.

Materielles Umfeld

	An hervorragenden Hochschulen...	Nach Ansicht der **KA-** Studenten... 1 = absolut falsch 7 = absolut richtig	Nach Ansicht der **IGP-** Studenten... 1 = absolut falsch 7 = absolut richtig
1	... ist das Gebäude immer sauber und ordentlich.	1 2 3 4 5 6 7	1 2 3 4 5 6 7
2	... gibt es eine exzellente Ausstattung (z.B. Klaviere, Notenständer, Computer).	1 2 3 4 5 6 7	1 2 3 4 5 6 7
3	... existieren genügend Räume.	1 2 3 4 5 6 7	1 2 3 4 5 6 7
4	... steht eine exzellente Bibliothek zur Verfügung.	1 2 3 4 5 6 7	1 2 3 4 5 6 7
5	... gibt es ausreichend lange Öffnungszeiten.	1 2 3 4 5 6 7	1 2 3 4 5 6 7
Q	... gibt es eine optisch ansprechende interne Kommunikation (Design von Broschüren, Vorlesungsverzeichnis, etc.)	1 2 3 4 5 6 7	1 2 3 4 5 6 7
7	... gibt es eine optisch ansprechende externe Kommunikation (Design und Platzierung für Plakate, Prospekte, etc.)	1 2 3 4 5 6 7	1 2 3 4 5 6 7
8	... ist die Kommunikation (z.B. Vorlesungsverzeichnis, Termine) immer verlässlich.	1 2 3 4 5 6 7	1 2 3 4 5 6 7

Studienberatung

	An hervorragenden Hochschulen...	Nach Ansicht der KA-Studenten... 1 = absolut falsch 7 = absolut richtig	Nach Ansicht der IGP-Studenten... 1 = absolut falsch 7 = absolut richtig
1	... wird genügend allgemeine Beratung zum gewählten Berufsbild angeboten (z.B. Aufgaben, Chancen, Einkommen).	1 2 3 4 5 6 7	1 2 3 4 5 6 7
2	... wird genügend persönliche Beratung angeboten (z.B. Studienentwicklung, Studienalternativen, Hochschulwechsel, Auslandsstudium).	1 2 3 4 5 6 7	1 2 3 4 5 6 7
3	... gibt es genügend gedruckte Informationsunterlagen.	1 2 3 4 5 6 7	1 2 3 4 5 6 7
4	... übernimmt der AStA einen wichtigen Teil der studentischen Beratung.	1 2 3 4 5 6 7	1 2 3 4 5 6 7

Organisation

	An hervorragenden Hochschulen...	Nach Ansicht der KA- Studenten ...	Nach Ansicht der IGP- Studenten ...
1	... werden organisatorische Beschlüsse (Hochschulleitung/Dekane) immer schnell und effizient gefasst.	1 2 3 4 5 6 7	1 2 3 4 5 6 7
2	... kommunizieren die Hochschulleitung/Dekanate ihre Ziele und Erfolge regelmäßig an die Studenten.	1 2 3 4 5 6 7	1 2 3 4 5 6 7
3	... kommen Hochschulleitung und Dekane den Studenten bei Fragen und Wünschen entgegen.	1 2 3 4 5 6 7	1 2 3 4 5 6 7
4	... sind die Vertreter der Hochschulleitung und die Dekane für ihre Aufgaben qualifiziert.	1 2 3 4 5 6 7	1 2 3 4 5 6 7
5	... kommt die allgemeine Verwaltung den Studenten bei Fragen und Wünschen entgegen.	1 2 3 4 5 6 7	1 2 3 4 5 6 7
6	... ist die ausführende Verwaltung (z.B. Studentensekretariat) für ihre Aufgaben qualifiziert.	1 2 3 4 5 6 7	1 2 3 4 5 6 7
7	... ist der AStA ein zuverlässiges „Sprachrohr der Studenten" bei Hochschulleitung und Dekanen.	1 2 3 4 5 6 7	1 2 3 4 5 6 7

Hauptfachunterricht

	An hervorragenden Hochschulen...	Nach Ansicht der KA- Studenten ...	Nach Ansicht der IGP- Studenten ...
1	... wird genügend Hauptfachunterricht angeboten.	1 2 3 4 5 6 7	1 2 3 4 5 6 7
2	... unterrichten die Hauptfachlehrer insgesamt pünktlich und regelmäßig.	1 2 3 4 5 6 7	1 2 3 4 5 6 7
3	... unterstützen die Hauptfachlehrer die individuelle Entfaltung der einzelnen Studenten und erziehen somit „selbstständige Musiker" (Richtungsempfehlungen statt Vorschriften!)	1 2 3 4 5 6 7	1 2 3 4 5 6 7
4	... sind die Hauptfachlehrer methodisch/didaktisch vorbildlich ausgebildet.	1 2 3 4 5 6 7	1 2 3 4 5 6 7
5	... sind Hauptfachlehrer daran interessiert, sich mit anderen Hauptfachklassen zu vergleichen und/oder mit ihnen zu kooperieren.	1 2 3 4 5 6 7	1 2 3 4 5 6 7
6	... geben Hauptfachlehrer konstruktive und ausführliche, verbale Semesterrückblicke (z.B. Stärken-Schwächenanalyse).	1 2 3 4 5 6 7	1 2 3 4 5 6 7
7	... erläutern Hauptfachlehrer regelmäßig und ausreichend ihre mittelfristigen Unterrichtsziele (Technik und Musikalität, nicht nur Werkswahl).	1 2 3 4 5 6 7	1 2 3 4 5 6 7
8	... fördern Hauptfachdozenten die Teilnahme an öffentlichen Auftritten, Wettbewerben, etc.	1 2 3 4 5 6 7	1 2 3 4 5 6 7
9	... interessieren sich die Hauptfachlehrer auch für die Studienentwicklung ihrer Studenten in Nebenfächern und außeruniversitäre Tätigkeiten (z.B. Arbeitsplatzsuche)	1 2 3 4 5 6 7	1 2 3 4 5 6 7
10	... werden den Studenten ihre realistischen Chancen am Arbeitsmarkt offen kommuniziert (z.B. durch Hauptfachlehrer, Dekane, etc).	1 2 3 4 5 6 7	1 2 3 4 5 6 7

Nebenfachunterricht

	An hervorragenden Hochschulen...	Nach Ansicht der **KA-** Studenten... 1 = absolut falsch 7 = absolut richtig	Nach Ansicht der **IGP-** Studenten... 1 = absolut falsch 7 = absolut richtig
1	... wird genügend Nebenfach-Einzelunterricht angeboten.	1 2 3 4 5 6 7	1 2 3 4 5 6 7
2	... unterrichten die Nebenfach-Einzelunterricht insgesamt pünktlich und regelmäßig.	1 2 3 4 5 6 7	1 2 3 4 5 6 7
3	... sind die Nebenfach-Dozenten (Einzelunterricht) methodisch/ didaktisch vorbildlich ausgebildet.	1 2 3 4 5 6 7	1 2 3 4 5 6 7
4	... ist das Angebot für Pädagogik und Methodik insgesamt inhaltlich sinnvoll gestaltet.	1 2 3 4 5 6 7	1 2 3 4 5 6 7
5	... ist das Nebenfachangebot für Musiktheorie (Tonsatz, etc.) insgesamt inhaltlich sinnvoll gestaltet.	1 2 3 4 5 6 7	1 2 3 4 5 6 7
6	... ist das Nebenfachangebot für Musikwissenschaften (Musikgeschichte, Musikästhetik, etc.) insgesamt inhaltlich sinnvoll gestaltet.	1 2 3 4 5 6 7	1 2 3 4 5 6 7
7	... unterrichten die Nebenfachlehrer für Gruppenveranstaltungen insgesamt pünktlich und regelmäßig.	1 2 3 4 5 6 7	1 2 3 4 5 6 7
8	... sind die Nebenfach-Dozenten (Vorlesung/Seminar) insgesamt methodisch/didaktisch vorbildlich ausgebildet und präsentieren ihren Stoff im Rahmen der Möglichkeiten interessant	1 2 3 4 5 6 7	1 2 3 4 5 6 7
9	... sind die Hochschulorchesterprojekte inhaltlich sinnvoll gestaltet.	1 2 3 4 5 6 7	1 2 3 4 5 6 7
10	... nehmen Hochschulorchesterprojekte zeitlich eine zentrale Rolle im Studium ein.	1 2 3 4 5 6 7	1 2 3 4 5 6 7
11	... ist der Kammermusikunterricht inhaltlich sinnvoll gestaltet.	1 2 3 4 5 6 7	1 2 3 4 5 6 7
12	... nimmt der Kammermusikunterricht zeitlich eine zentrale Rolle im Studium ein.	1 2 3 4 5 6 7	1 2 3 4 5 6 7
13	... gibt es ein Kursangebot für Randgebiete des Studiums (Kulturmanagement, Philosophie, etc.)	1 2 3 4 5 6 7	1 2 3 4 5 6 7
14	... lässt die Studienordnung den Studenten genügend Zeit, um neben den Pflichtfächern auch noch Kurse nach eigenem Interesse zu belegen.	1 2 3 4 5 6 7	1 2 3 4 5 6 7
15	... wird die Lehrqualität mit Hilfe von Dozenten-Evaluation sichergestellt.	1 2 3 4 5 6 7	1 2 3 4 5 6 7

6. Nach den obigen Einzelfragen bitten wir Sie nun, **aus der Sichtweise der Studenten** für die folgenden Kategorien die relativen Bedeutung anzugeben, das bedeutet, dass Sie einer wichtigen Kategorie mehr Punkte geben als einer unwichtigen. Die Gesamtzahl der Punkte muss sich zu 100 addieren.

Materielles Umfeld	Gebäude, Räume, Ausstattung, Kommunikations-Material	_____ %
Zuverlässigkeit	Berufsorientiertheit des Unterrichts, Zuverlässigkeit des Prüfungswesens und der Hochschulleitung	+ _____ %
Entgegenkommen	Interesse von Dozenten & Hochschulleitung an studentischen Belangen	+ _____ %
Leistungskompetenz	Technische und pädagogische Fähigkeiten der Dozenten, Handlungsfähigkeit der Hochschulleitung	+ _____ %
Einfühlungsvermögen	Studienberatung, Unterstützung bei der Studienplanung, Verständnis für Probleme, Versuch von Problemlösungen	+ _____ %
		= 100 % (Summe)

7. Wie schätzen Sie die Bedeutung der folgenden Kriterien bei der Bewerbung (diese Seite) und Beruf (nächste Seite) auf eine Orchesterstelle (KA) bzw. eine Musikschul-Dozentenstelle (IGP) ein?

BEWERBUNG	BEWERBUNG	Bewerbung KA Unwichtig ⇔ Sehr Wichtig	Bewerbung IGP Unwichtig ⇔ Sehr Wichtig
Bewerbungs-unterlagen	Gesamteindruck (optisch)	1 2 3 4 5 6 7	1 2 3 4 5 6 7
	Examensnote	1 2 3 4 5 6 7	1 2 3 4 5 6 7
	Studiendauer	1 2 3 4 5 6 7	1 2 3 4 5 6 7
	Studienstationen (Lehrer)	1 2 3 4 5 6 7	1 2 3 4 5 6 7
	Studienerfolge (z.B. Wettbewerbe, Stipendien)	1 2 3 4 5 6 7	1 2 3 4 5 6 7
	Bisherige Berufserfahrung	1 2 3 4 5 6 7	1 2 3 4 5 6 7
	Zusatzqualifikationen / Fächerkombination	1 2 3 4 5 6 7	1 2 3 4 5 6 7
Instrumental-Kompetenz	Technik/Perfektion (Hauptfach)	1 2 3 4 5 6 7	1 2 3 4 5 6 7
	Musikalität/Ausdruck (Hauptfach)	1 2 3 4 5 6 7	1 2 3 4 5 6 7
	Spezialwissen (z.B. Alte Musik)	1 2 3 4 5 6 7	1 2 3 4 5 6 7
	Relevanz der Klavierfähigkeiten (wenn nicht Hauptfach)	1 2 3 4 5 6 7	1 2 3 4 5 6 7
	Relevanz sonstiger Instrumental-Nebenfächer	1 2 3 4 5 6 7	1 2 3 4 5 6 7
	Blattspiel	1 2 3 4 5 6 7	1 2 3 4 5 6 7
Theoretische Kompetenz	Musikwissenschaften (Tonsatz, Musikgeschichte, etc.)	1 2 3 4 5 6 7	1 2 3 4 5 6 7
	Methodik/Pädagogik/Didaktik	1 2 3 4 5 6 7	1 2 3 4 5 6 7
	Sonstige Qualifikationen (z.B. Jazz, populäre Musik)	1 2 3 4 5 6 7	1 2 3 4 5 6 7
Personen-Kompetenz	Person selbst (Sympathie, Umgang mit Kindern, etc.)	1 2 3 4 5 6 7	1 2 3 4 5 6 7
	Selbstvertrauen	1 2 3 4 5 6 7	1 2 3 4 5 6 7
	Ausseruniversitäres Engagement (z.B. Vereine)	1 2 3 4 5 6 7	1 2 3 4 5 6 7
	Analytisches Denken	1 2 3 4 5 6 7	1 2 3 4 5 6 7
	Allgemeinbildung	1 2 3 4 5 6 7	1 2 3 4 5 6 7
	Beziehungen (auch über die Hochschule)	1 2 3 4 5 6 7	1 2 3 4 5 6 7

BERUF	BERUF	Beruf KA	Beruf IGP
Instrumental-Kompetenz	Technik/Perfektion (Hauptfach)	1 2 3 4 5 6 7	1 2 3 4 5 6 7
	Musikalität/Ausdruck (Hauptfach)	1 2 3 4 5 6 7	1 2 3 4 5 6 7
	Spezialwissen (z.B. Alte Musik)	1 2 3 4 5 6 7	1 2 3 4 5 6 7
	Relevanz der Klavierfähigkeiten (wenn nicht Hauptfach)	1 2 3 4 5 6 7	1 2 3 4 5 6 7
	Relevanz sonstiger Instrumental-Nebenfächer	1 2 3 4 5 6 7	1 2 3 4 5 6 7
	Blattspiel	1 2 3 4 5 6 7	1 2 3 4 5 6 7
Theoretische Kompetenz	Musikwissenschaften (Tonsatz, Musikgeschichte, etc.)	1 2 3 4 5 6 7	1 2 3 4 5 6 7
	Methodik/Pädagogik/Didaktik	1 2 3 4 5 6 7	1 2 3 4 5 6 7
	Sonstige Qualifikationen (z.B. Jazz, populäre Musik)	1 2 3 4 5 6 7	1 2 3 4 5 6 7
Personen-Kompetenz	Person selbst (Sympathie, Umgang mit Kindern, etc.)	1 2 3 4 5 6 7	1 2 3 4 5 6 7
	Selbstvertrauen	1 2 3 4 5 6 7	1 2 3 4 5 6 7
	Ausseruniversitäres Engagement (z.B. Vereine)	1 2 3 4 5 6 7	1 2 3 4 5 6 7
	Analytisches Denken	1 2 3 4 5 6 7	1 2 3 4 5 6 7
	Allgemeinbildung	1 2 3 4 5 6 7	1 2 3 4 5 6 7
	Beziehungen (auch über die Hochschule)	1 2 3 4 5 6 7	1 2 3 4 5 6 7

Anhang 5: Ergänzende Studenten-Erhebungsdaten

Im Folgenden sind die Einzelwerte für Erwartung und Wahrnehmung der Studenten für alle Studiengänge und Studienabschnitte dargestellt. Zwischen den beiden Werten wurde ein paarweiser T-Test durchgeführt[433], um die Signifikanz des Differenzunterschiedes zu verdeutlichen.

Einzelwerte für Erwartung und Wahrnehmung - KA

Frage		Grundstudium						Hauptstudium					
		Erwartung		Wahrnehmung		T-Test		Erwartung		Wahrnehmung		T-Test	
		MW	StAbw	MW	StAbw	T	Sig	MW	StAbw	MW	StAbw	T	Sig
EINF	H6	5,82	0,87	5,76	1,79	0,176		6,68	0,75	3,85	0,91	18,136	**
EINF	H7	5,94	0,87	5,61	1,65	1,160		6,60	0,77	3,30	1,23	14,632	**
EINF	H10	5,51	0,89	4,40	1,42	4,365	**	6,58	0,77	2,96	1,20	17,283	**
EINF	O8	4,97	1,05	3,45	1,12	4,490	**	6,58	0,81	2,13	1,04	20,719	**
EINF	O9	6,16	0,57	2,00	0,98	22,378	**	6,59	0,76	2,09	1,24	19,287	**
EINF	O10	6,18	0,58	2,38	1,05	19,076	**	5,73	0,81	2,36	1,46	13,803	**
ENTG	H8	5,46	1,01	5,07	1,39	1,263		6,57	0,78	3,13	1,44	15,230	**
ENTG	H9	5,65	0,77	4,53	1,42	3,913	**	6,38	1,00	3,21	1,60	10,893	**
ENTG	O3	5,53	0,98	3,44	1,24	6,705	**	5,91	0,90	3,44	1,34	9,656	**
ENTG	O5	5,44	0,95	5,66	1,38	-0,596		6,02	0,82	4,34	1,24	7,730	**
LK	H4	6,61	0,75	5,52	1,20	4,340	**	6,63	0,79	4,23	1,06	12,764	**
LK	H5	5,50	0,75	4,94	1,23	2,370	*	6,64	0,74	3,33	1,21	15,324	**
LK	N3	6,13	0,71	4,25	1,05	7,927	**	6,07	0,77	3,41	1,00	15,785	**
LK	N8	6,09	0,62	4,12	1,07	11,162	**	6,67	0,52	3,22	1,15	19,444	**
LK	O4	6,57	0,63	4,60	1,07	7,824	**	6,16	0,71	3,66	0,96	14,157	**
LK	O6	5,50	0,96	5,91	1,14	-1,748		6,02	0,75	4,20	1,17	10,180	**
MU	M1	6,31	0,47	5,63	1,00	3,585	**	5,49	0,80	5,49	1,14	0,000	
MU	M2	6,83	0,38	3,89	1,11	14,093	**	6,70	0,59	2,97	1,00	22,618	**
MU	M3	6,66	0,54	2,23	1,00	22,883	**	6,53	0,58	1,66	1,07	30,483	**
MU	M4	5,80	0,93	4,91	1,15	4,256	**	5,74	1,01	4,38	1,31	5,225	**
MU	M5	6,00	0,84	4,97	1,22	5,413	**	6,23	0,67	3,79	1,59	11,635	**
MU	M6	5,37	1,06	4,23	0,84	5,924	**	5,13	0,98	3,46	1,26	7,464	**
MU	M7	5,09	1,48	3,73	1,23	6,444	**	5,52	0,86	2,83	1,69	11,602	**

EINF = Einfühlungsvermögen; ENTG = Entgegenkommen; LK = Leistungskompetenz; MU = Materielles Umfeld; ZUV = Zuverlässigkeit

* = Signifikanz des Unterschiedes von 0,05 (Signifikanzniveau 5%)
** = Signifikanz des Unterschiedes von 0,01 (Signifikanzniveau 5%)

433 Ein hoher T-Wert lässt auf einen statistisch signifikanten Unterschied zwischen den beiden Mittelwerten schließen (vgl. Hair et al., *Multivariate Data Analysis* (1998), S. 331f).

Einzelwerte für Erwartung und Wahrnehmung – KA (Fortsetzung)

Frage		Grundstudium						Hauptstudium					
		Erwartung		Wahrnehmung		T-Test		Erwartung		Wahrnehmung		T-Test	
		MW	StAbw	MW	StAbw	T	Sig	MW	StAbw	MW	StAbw	T	Sig
ZUV	H1	6,91	0,28	5,43	1,01	8,455	**	6,92	0,28	4,25	1,34	13,451	**
	H2	6,53	0,51	6,47	0,83	0,320		6,17	0,83	5,69	0,95	2,577	*
	H3	6,68	0,47	5,94	1,65	2,455	*	6,63	0,64	3,52	1,40	15,332	**
	M8	6,47	0,56	3,18	1,19	15,148	**	6,00	0,79	2,50	1,33	17,860	**
	N1	4,70	1,36	6,55	0,79	-5,828	**	5,54	0,91	4,93	0,85	3,242	**
	N2	6,55	0,62	5,18	0,85	7,878	**	6,07	0,61	4,50	1,07	8,680	**
	N4	6,06	0,69	3,97	0,72	13,049	**	6,09	0,64	3,55	0,95	13,959	**
	N5	5,54	1,04	4,83	1,25	2,881	**	5,89	0,87	3,52	0,95	15,830	**
	N6	4,94	1,20	4,58	1,17	2,334	*	5,02	1,26	3,91	0,95	5,103	**
	N7	6,65	0,73	4,82	1,11	9,321	**	6,49	0,94	5,58	5,94	1,006	
	N9	6,67	0,47	3,29	1,27	15,330	**	5,95	0,75	2,12	1,66	15,021	**
	N10	5,36	1,00	2,40	1,01	12,176	**	4,43	1,09	3,00	1,04	5,862	**
	N13	3,87	1,43	1,43	1,10	9,476	**	5,78	0,89	2,09	0,86	17,555	**
	N14	6,51	0,61	4,51	1,29	8,020	**	6,01	0,73	3,04	1,30	15,366	**
	N15	4,58	1,13	1,40	0,81	12,868	**	5,80	0,95	1,59	0,81	18,317	**
	O1	5,42	0,90	4,24	1,37	3,282	**	5,52	0,80	3,48	1,02	8,105	**
	O2	5,69	1,04	1,74	1,44	16,821	**	5,64	0,88	2,40	1,32	14,414	**
	P1	6,96	0,19	3,87	0,98	18,190	**	6,80	0,50	4,71	1,04	12,691	**
	P2	5,68	1,01	4,65	1,10	4,278	**	6,54	0,69	3,20	1,02	16,383	**
	P3	5,63	1,19	3,40	1,42	6,844	**	6,21	1,10	3,28	1,08	11,330	**
	P4	6,45	0,67	3,76	1,12	11,821	**	6,91	0,29	3,43	1,23	19,059	**
	P5	6,09	0,77	3,94	0,90	10,281	**	6,78	0,42	3,00	1,28	19,061	**
	P6	5,74	0,86	2,87	1,53	14,216	**	6,74	0,53	2,65	1,52	16,588	**
	P7	6,10	0,61	2,63	1,40	13,984	**	6,60	0,59	2,00	1,48	19,656	**

EINF = Einfühlungsvermögen; ENTG = Entgegenkommen; LK = Leistungskompetenz; MU = Materielles Umfeld; ZUV = Zuverlässigkeit

* = Signifikanz des Unterschiedes von 0,05 (Signifikanzniveau 5%)
** = Signifikanz des Unterschiedes von 0,01 (Signifikanzniveau 5%)

Einzelwerte für Erwartung und Wahrnehmung - IGP

Frage		Grundstudium						Hauptstudium					
		Erwartung		Wahrnehmung		T-Test		Erwartung		Wahrnehmung		T-Test	
		MW	StAbw	MW	StAbw	T	Sig	MW	StAbw	MW	StAbw	T	Sig
EINF	H6	5,57	1,10	4,40	1,50	3,340	**	6,54	0,81	4,04	1,58	9,495	**
	H7	5,88	0,98	4,66	1,29	4,253	**	6,63	0,67	4,35	1,45	10,308	**
	H10	5,71	1,47	4,68	1,66	2,730	*	6,09	1,02	3,83	1,51	7,884	**
	O8	6,38	1,06	3,85	0,97	10,174	**	6,33	1,13	2,00	1,04	15,744	**
	O9	6,31	0,97	3,65	1,41	10,455	**	6,53	0,77	2,58	1,47	14,629	**
	O10	6,43	1,04	3,67	1,45	8,731	**	6,67	0,60	3,07	1,42	15,218	**
ENTG	H8	5,67	1,15	4,20	1,47	4,338	**	6,06	0,94	3,55	1,56	8,856	**
	H9	5,26	1,37	4,48	1,61	2,029		5,77	1,07	3,70	1,49	7,713	**
	O3	5,96	1,09	4,44	1,63	4,091	**	6,76	0,61	3,87	1,25	13,669	**
	O5	6,03	0,95	4,65	1,36	4,121	**	6,63	0,84	4,77	1,34	9,727	**

Einzelwerte für Erwartung und Wahrnehmung – IGP (Fortsetzung)

	Frage	Grundstudium						Hauptstudium					
		Erwartung		Wahrnehmung		T-Test		Erwartung		Wahrnehmung		T-Test	
		MW	StAbw	MW	StAbw	T	Sig	MW	StAbw	MW	StAbw	T	Sig
LK	H4	6,44	0,91	5,25	1,14	5,049	**	6,77	0,48	4,36	1,33	11,450	**
	H5	5,39	1,38	4,68	1,66	2,356	*	6,28	0,91	4,05	1,52	9,222	**
	N3	6,50	0,78	5,03	0,89	7,478	**	6,70	0,95	4,89	1,13	8,311	**
	N8	6,59	0,61	4,31	1,45	8,559	**	6,46	0,68	4,31	1,27	10,627	**
	O4	6,04	0,92	4,81	1,63	3,011	**	6,83	0,38	4,08	1,10	15,438	**
	O6	6,03	1,00	5,53	1,20	1,795		6,56	0,62	5,17	1,36	7,009	**
MU	M1	6,39	0,67	6,29	1,30	0,333		5,94	1,11	5,16	1,48	2,592	*
	M2	6,59	0,87	4,50	1,14	8,327	**	6,73	0,53	4,33	5,95	2,828	**
	M3	6,34	1,21	3,13	1,50	10,486	**	6,76	0,52	2,65	1,32	19,278	**
	M4	6,34	0,87	4,22	1,39	7,506	**	6,62	0,53	3,94	1,54	10,309	**
	M5	6,00	1,05	5,72	1,55	0,987		6,38	0,87	4,50	1,70	6,886	**
	M6	5,88	1,07	5,19	1,12	2,688	*	5,49	1,28	4,04	1,37	5,864	**
	M7	5,50	1,38	4,00	1,58	6,420	**	5,77	1,16	3,83	1,40	6,970	**
ZUV	H1	6,59	0,98	5,86	1,51	2,584	*	6,73	0,71	4,75	1,62	7,862	**
	H2	6,56	0,80	5,47	1,22	5,536	**	6,58	0,61	5,56	1,34	4,924	**
	H3	6,50	0,88	5,28	1,46	4,605	**	6,79	0,59	4,68	1,27	10,297	**
	M8	6,06	1,29	4,23	1,41	6,262	**	6,47	0,65	3,57	1,47	13,619	**
	N1	6,71	1,01	3,93	1,44	9,521	**	6,70	0,70	4,62	1,42	9,007	**
	N2	6,34	0,72	5,48	1,38	2,906	**	6,59	0,62	5,11	1,35	6,272	**
	N4	6,56	0,72	4,56	1,08	8,735	**	6,75	0,48	4,10	1,26	13,475	**
	N5	6,30	0,65	4,77	1,25	5,590	**	6,84	0,37	4,49	1,34	11,029	**
	N6	6,14	0,88	4,83	1,31	4,022	**	6,82	0,53	4,98	1,25	9,420	**
	N7	6,26	0,93	4,81	1,14	5,023	**	6,48	0,59	5,41	1,05	6,320	**
	N13	5,52	1,53	2,76	1,59	7,352	**	6,11	1,47	2,33	1,76	9,808	**
	N14	6,19	1,17	4,10	1,54	6,641	**	6,35	0,96	3,48	1,49	12,011	**
	N15	5,73	1,20	3,68	1,13	7,436	**	6,56	1,07	1,59	1,21	18,515	**
	O1	4,91	1,24	4,43	1,34	0,967		5,88	1,07	2,81	1,28	11,773	**
	O2	5,50	1,20	3,04	1,14	7,932	**	6,33	0,68	3,02	1,28	13,959	**
	P1	6,65	0,91	4,97	1,52	5,996	**	6,81	0,49	4,38	1,39	11,953	**
	P2	6,36	0,83	4,86	1,27	5,281	**	6,55	0,63	3,62	1,27	12,482	**
	P3	6,13	0,94	4,33	1,35	7,045	**	6,19	1,24	3,95	1,80	6,681	**
	P4	6,67	0,66	4,59	1,09	8,859	**	6,70	0,46	3,50	1,28	14,653	**
	P5	6,41	0,80	4,33	1,33	7,225	**	6,47	0,67	3,30	1,50	13,189	**
	P6	5,90	1,01	4,76	1,06	5,975	**	6,43	0,77	3,83	1,56	10,869	**
	P7	5,54	1,10	4,17	0,92	3,988	**	6,09	0,91	3,27	1,13	14,392	**

EINF = Einfühlungsvermögen; ENTG = Entgegenkommen; LK = Leistungskompetenz; MU = Materielles Umfeld; ZUV = Zuverlässigkeit

* = Signifikanz des Unterschiedes von 0,05 (Signifikanzniveau 5%)
** = Signifikanz des Unterschiedes von 0,01 (Signifikanzniveau 5%)

Einzelwerte für Erwartung und Wahrnehmung - Schulmusik

	Frage	Grundstudium						Hauptstudium					
		Erwartung		Wahrnehmung		T-Test		Erwartung		Wahrnehmung		T-Test	
		MW	StAbw	MW	StAbw	T	Sig	MW	StAbw	MW	StAbw	T	Sig
EINF	H6	6,08	0,97	3,85	1,67	8,18	**	5,86	1,01	4,40	1,28	8,127	**
	H7	6,26	1,02	5,03	1,56	5,63	**	5,82	0,92	4,66	1,31	7,443	**
	H10	5,88	1,31	4,65	1,54	5,36	**	5,17	1,29	4,24	1,32	4,136	**
	O8	5,82	1,33	3,84	1,31	6,54	**	5,07	1,76	2,74	1,29	8,581	**
	O9	6,13	0,97	3,87	1,74	8,00	**	6,07	0,82	3,24	1,14	15,070	**
	O10	6,35	0,84	3,72	1,89	8,37	**	6,10	0,98	3,19	1,38	13,682	**
ENTG	H8	5,92	1,29	4,51	1,69	5,14	**	5,21	1,14	3,71	1,29	5,718	**
	H9	5,33	1,44	3,94	1,74	4,98	**	4,95	1,35	4,91	1,12	0,194	
	O3	6,55	0,78	4,87	1,41	7,25	**	6,65	0,61	4,24	1,24	12,129	**
	O5	6,48	0,85	4,73	1,19	7,32	**	6,40	0,67	5,15	1,00	6,400	**
LK	H4	6,75	0,55	5,45	1,35	7,17	**	6,58	0,73	5,00	1,33	7,895	**
	H5	5,50	1,24	4,10	1,46	6,02	**	5,02	1,28	4,02	4,74	1,397	
	N3	6,68	0,63	5,51	1,43	6,63	**	6,70	0,51	4,82	1,30	10,067	**
	N8	6,71	0,62	4,07	1,26	13,02	**	6,73	0,54	3,89	1,42	13,181	**
	O4	6,64	0,59	4,92	1,73	5,70	**	6,80	0,46	5,34	1,04	8,915	**
	O6	6,79	0,46	5,32	1,45	6,57	**	6,44	0,70	5,86	1,06	3,348	**
MU	M1	6,36	0,99	5,91	1,02	2,37	*	5,66	1,08	5,30	1,11	1,507	
	M2	6,79	0,45	3,79	1,48	15,01	**	6,27	0,85	3,86	1,03	11,669	**
	M3	6,88	0,33	3,00	1,54	18,45	**	6,74	0,44	3,02	1,24	18,552	**
	M4	6,84	0,37	5,33	1,19	8,88	**	6,70	0,46	5,09	1,38	7,381	**
	M5	6,66	0,85	5,90	1,17	4,19	**	5,86	1,36	5,50	1,19	1,836	
	M6	5,81	1,30	4,85	1,34	4,24	**	5,07	1,66	4,30	1,13	2,595	*
	M7	6,07	1,10	4,85	1,68	5,00	**	5,42	1,37	4,79	1,26	2,322	*
ZUV	H1	6,82	0,54	5,68	1,44	6,01	**	6,43	0,70	5,81	1,08	3,225	**
	H2	6,71	0,65	5,76	1,14	5,78	**	6,75	0,49	6,39	0,78	2,879	**
	H3	6,51	0,80	5,70	1,25	4,34	**	6,68	0,60	5,52	1,13	6,999	**
	M8	6,71	0,59	3,28	1,61	14,84	**	6,23	0,96	3,36	1,30	13,824	**
	N1	6,71	0,70	5,64	1,54	5,06	**	6,75	0,69	6,09	1,36	3,093	**
	N2	6,78	0,61	6,00	1,26	4,64	**	6,77	0,60	5,70	1,07	6,792	**
	N4	6,64	0,85	3,59	1,77	11,21	**	6,79	0,47	2,84	0,92	27,289	**
	N5	6,70	0,60	5,08	1,61	7,11	**	6,47	0,74	4,35	1,23	12,666	**
	N6	6,70	0,57	3,85	1,41	13,66	**	6,64	0,57	4,23	1,36	11,258	**
	N7	6,53	0,69	5,42	1,20	5,95	**	6,64	0,69	5,16	1,26	8,097	**
	N13	5,85	1,56	2,30	1,38	11,16	**	5,90	1,25	1,95	1,40	13,768	**
	N14	6,48	0,76	2,49	1,48	17,44	**	6,32	0,93	1,82	0,90	23,230	**
	N15	6,46	0,82	2,46	1,48	13,80	**	6,12	1,17	1,85	1,22	15,520	**
	O1	6,23	1,06	3,49	1,62	7,76	**	5,12	1,47	3,15	1,15	7,962	**
	O2	6,26	1,11	3,38	1,57	10,52	**	6,07	1,12	2,91	1,23	13,728	**
	P1	6,88	0,38	4,79	1,58	9,38	**	6,67	0,64	4,67	1,34	8,959	**
	P2	6,43	0,70	4,09	1,38	9,04	**	6,38	0,91	3,65	1,38	11,378	**
	P3	5,65	1,42	4,04	1,74	4,99	**	6,24	1,20	3,66	1,38	8,254	**
	P4	6,68	0,61	4,57	1,23	8,87	**	6,87	0,34	4,21	1,13	14,146	**
	P5	6,37	0,93	4,89	1,37	5,12	**	6,28	0,88	3,70	1,79	11,532	**
	P6	5,86	1,57	4,84	1,59	3,49	**	5,81	1,49	4,40	1,40	5,150	**
	P7	6,05	1,21	4,74	1,22	4,50	**	5,88	1,12	3,27	1,55	10,582	**

EINF = Einfühlungsvermögen; ENTG = Entgegenkommen; LK = Leistungskompetenz; MU = Materielles Umfeld; ZUV = Zuverlässigkeit

* = Signifikanz des Unterschiedes von 0,05 (Signifikanzniveau 5%)
** = Signifikanz des Unterschiedes von 0,01 (Signifikanzniveau 5%)

Vergleich der Studiengänge

Beim Vergleich der verschiedenen Studiengänge untereinander (vgl. Unterkapitel 4.1.2.3.2.5) wurde zuvor aus Lesbarkeitsgründen auf die Angabe des F-Wertes der ANOVA verzichtet und statt dessen nur auf eine ggf. vorhandene Signifikanz der Unterschiede hingewiesen. Die F-Werte sind nun im Folgenden dargestellt.

Frage		ANOVA (Grundstudium)			ANOVA (Hauptstudium)		
		KA vs. IGP	KA vs. SM	IGP vs. SM	KA vs. IGP	KA vs. SM	IGP vs. SM
MU	M1	2,99	0,66	1,13	4,15	1,18	1,12
	M2	6,84	0,04	7,65	2,25	25,44	0,00
	M3	11,52	3,14	3,30	8,27	20,49	1,67
	M4	12,73	5,27	3,94	12,84	0,54	9,73
	M5	4,92	0,95	2,19	2,75	51,69	19,55
	M6	2,06	0,31	0,60	0,46	5,91	3,07
	M7	0,21	0,15	0,56	4,38	33,91	11,32
ZUV	H1	5,67	1,54	1,57	4,60	53,92	17,70
	H2	14,75	12,04	0,30	3,78	0,25	7,02
	H3	1,45	0,05	1,66	12,02	54,14	12,75
	M8	16,24	0,14	17,21	4,30	4,99	0,01
	N1	112,27	62,74	22,01	24,36	0,03	20,29
	N2	2,26	4,98	0,06	0,09	4,28	2,09
	N4	0,10	6,55	6,76	0,14	36,35	27,64
	N5	4,93	6,72	0,05	0,00	1,22	0,77
	N6	7,42	71,65	17,21	6,18	17,85	3,80
	N7	1,17	6,38	1,08	0,03	0,37	2,76
	N9	N/A (wegen Fragenstreichung in IGP und Schulmusik					
	N10	N/A (wegen Fragenstreichung in IGP und Schulmusik					
	N13	0,54	6,75	2,49	0,04	0,53	0,13
	N14	0,06	32,08	23,84	0,09	31,37	27,24
	N15	9,32	4,43	21,03	4,58	0,02	3,36
	O1	1,39	9,57	14,63	7,92	0,04	9,21
	O2	14,99	8,12	0,91	0,03	0,06	0,18
	P1	19,50	10,44	1,34	1,74	0,10	2,10
	P2	1,62	13,76	4,78	1,83	3,84	0,34
	P3	1,02	1,78	0,19	2,73	0,76	0,56
	P4	3,45	3,18	0,00	0,96	9,52	3,40
	P5	0,05	3,68	2,11	3,94	16,35	3,19
	P6	38,03	24,14	0,09	18,89	53,53	10,89
	P7	25,47	29,47	0,02	34,20	34,17	0,44
ENTG	H8	5,65	6,05	0,02	6,70	31,95	6,74
	H9	0,53	0,42	1,72	7,78	68,33	31,85
	O3	1,43	1,15	0,16	1,62	0,03	2,75
	O5	10,37	21,98	0,82	0,36	2,11	4,84
LK	H4	0,08	0,48	0,15	0,00	8,81	7,97
	H5	0,16	6,07	3,32	11,14	10,07	2,74
	N3	1,74	5,60	1,06	9,24	9,29	0,06
	N8	0,97	5,20	1,16	23,59	4,89	5,55
	O4	2,49	0,37	0,98	0,99	18,34	28,26
	O6	6,33	32,19	7,31	2,56	24,74	9,30
EINF	H6	5,23	25,21	5,68	1,17	33,05	10,24
	H7	4,87	6,33	0,00	10,62	59,42	16,44
	H10	0,03	0,11	0,22	15,00	77,04	12,88
	O8	5,40	1,03	1,64	0,10	37,67	26,63
	O9	23,83	25,95	0,85	2,35	30,58	11,47
	O10	7,96	8,67	0,09	0,43	2,11	4,74

Anhang 6: Ergänzende Dozenten-Erhebungsdaten

Die folgende Tabelle gibt wieder, wie die Dozenten die Erwartungen der Studenten in den drei verschiedenen Studiengängen einschätzen.

Frage		KA		IGP		Schulmusik	
		MW	StAbw	MW	StAbw	MW	StAbw
EINF	H6	5,64	1,25	6,44	0,63	5,75	1,54
	H7	6,54	0,78	5,88	1,05	6,00	1,23
	H10	6,09	1,08	6,33	0,62	6,04	1,43
	O8	4,84	1,68	5,82	1,01	6,10	1,14
	O9	5,58	1,67	6,00	1,21	6,46	0,79
	O10	6,00	1,06	5,56	1,03	6,17	1,10
ENTG	H8	6,44	1,29	5,88	0,93	6,18	1,44
	H9	6,38	0,77	5,88	0,99	5,79	1,57
	O3	5,20	1,87	5,59	1,18	6,00	1,08
	O5	6,25	0,99	6,29	1,05	6,31	0,89
LK	H4	5,21	1,53	6,35	1,22	6,12	1,24
	H5	6,12	1,17	6,35	0,86	5,92	1,44
	N3	5,83	1,30	6,53	0,87	6,37	0,93
	N8	6,00	1,28	6,18	0,81	6,54	0,64
	O4	5,44	1,76	6,65	0,86	6,45	0,85
	O6	6,43	0,84	6,47	0,62	6,52	0,83
MU	M1	5,58	1,21	5,35	0,86	5,83	1,36
	M2	6,16	1,31	5,29	1,26	6,24	1,06
	M3	6,32	1,49	6,06	1,30	6,48	1,40
	M4	6,20	1,22	6,53	0,80	6,52	0,87
	M5	6,44	1,39	6,19	0,83	6,72	0,59
	M6	5,52	1,29	4,59	1,50	5,21	1,21
	M7	5,71	1,27	5,06	1,20	5,45	1,21
ZUV	H1	6,70	0,70	6,82	0,53	6,76	0,51
	H2	6,09	1,16	6,71	0,77	6,50	1,17
	H3	6,58	0,78	6,18	1,13	6,69	0,68
	M8	6,39	0,72	6,00	1,06	6,54	0,92
	N1	6,50	0,96	5,94	0,90	6,28	1,49
	N2	6,50	0,74	6,47	0,87	6,52	0,78
	N4	6,70	0,47	6,75	0,58	6,40	0,93
	N5	6,35	0,88	6,65	0,61	6,45	0,83
	N6	6,38	0,80	6,29	0,92	6,25	1,24
	N7	6,67	0,58	6,59	0,62	6,62	0,64
	N9	6,08	1,41	N/A	N/A	N/A	N/A
	N10	5,25	1,19	N/A	N/A	N/A	N/A
	N13	4,91	1,60	6,18	0,88	5,46	1,75
	N14	5,23	1,63	5,88	1,41	5,61	1,66
	N15	4,79	1,84	5,44	1,41	4,75	1,73
	O1	5,36	1,33	5,71	1,10	5,62	1,50
	O2	5,57	1,65	5,88	0,99	5,97	1,33
	P1	6,63	1,06	6,69	1,01	6,40	1,04
	P2	5,63	1,38	5,88	1,50	6,04	1,20
	P3	5,33	1,53	5,87	0,99	5,70	1,26
	P4	6,61	0,66	6,76	0,56	6,43	1,03
	P5	6,50	0,74	6,50	1,26	6,52	0,75
	P6	6,33	0,76	6,56	0,51	6,50	0,92
	P7	5,82	1,47	6,56	1,03	6,30	0,99
Gesamt	MU	13,7%	0,11	10,0%	0,04	16,1%	0,05
	ZUV	20,0%	0,06	20,3%	0,06	20,3%	0,07
	ENTG	15,2%	0,05	17,5%	0,07	15,1%	0,06
	LK	39,8%	0,13	36,3%	0,10	33,2%	0,12
	EINF	12,5%	0,06	15,9%	0,06	15,0%	0,06

Anhang 7: Ergänzende Entscheidungsträger-Erhebungsdaten

Die folgende Tabelle gibt wieder, wie die Entscheidungsträger die Erwartungen der Studenten in den drei verschiedenen Studiengängen einschätzen.

	Frage	KA		IGP	
		MW	StAbw	MW	StAbw
EINF	H6	4,40	1,65	4,60	1,35
	H7	4,70	1,34	4,80	1,32
	H10	5,20	0,92	5,30	0,95
	O8	4,30	1,64	4,90	1,45
	O9	5,50	1,08	5,40	0,97
	O10	4,80	1,14	4,80	1,14
ENTG	H8	6,00	0,47	5,60	0,97
	H9	5,00	0,67	5,00	1,05
	O3	5,60	1,43	5,80	1,40
	O5	5,50	1,51	5,30	1,49
LK	H4	5,10	1,10	5,40	1,26
	H5	4,50	1,08	4,80	0,92
	N3	4,80	0,92	5,10	0,99
	N8	5,50	1,08	5,80	1,03
	O4	5,20	1,62	5,30	1,42
	O6	5,50	1,51	5,30	1,49
MU	M1	4,40	0,70	4,20	0,79
	M2	5,60	1,26	5,20	1,55
	M3	5,60	1,96	5,60	1,78
	M4	5,10	0,88	4,50	1,08
	M5	5,50	1,78	5,80	1,40
	M6	3,80	0,92	4,20	0,92
	M7	4,10	1,10	4,70	0,67
ZUV	H1	6,20	1,55	6,00	1,56
	H2	6,60	0,70	6,60	0,70
	H3	5,90	0,88	6,00	0,82
	M8	4,30	1,49	5,00	1,56
	N1	4,20	1,48	4,90	1,37
	N2	4,90	0,88	5,30	1,06
	N4	4,30	1,06	5,40	0,84
	N5	4,60	1,26	5,70	0,95
	N6	4,60	1,65	5,10	1,20
	N7	5,10	1,20	5,40	1,26
	N9	5,70	1,64	5,80	N/A
	N10	5,60	1,65	5,00	N/A
	N13	3,50	1,51	3,90	0,99
	N14	5,10	1,52	5,70	1,16
	N15	3,70	1,70	3,90	1,45
	O1	5,00	1,41	5,67	0,87
	O2	4,30	1,06	4,80	0,92

Anhang 8: Einschätzung des Orchester-Arbeitsmarktes durch Studenten und Entscheidungsträger

In der Arbeit wurden die Einschätzungen der Arbeitgeber für KA und IGP angegeben. Ebenso erfolgte eine Darstellung der Differenzen zwischen Arbeitgebern und Studenten (GS/HS) sowie Entscheidungsträgern. Im Folgenden werden nun noch die Einzelwerte der Studenten und der Entscheidungsträger dargestellt. Ebenso werden die Ergebnisse des F-Tests angeben, der die Unterschiedlichkeit dieser Ergebnisse zu denen der Arbeitgeber beschreibt.

Einschätzung Grundstudium

		Bewerbung				Beruf			
		MW	StAbw	F-Test		MW	StAbw	F-Test	
BU1	Gesamteindruck	5,46	1,07	2,578		N/A	N/A	N/A	
BU2	Examensnote	6,17	0,98	3,641		N/A	N/A	N/A	
BU3	Studiendauer	3,66	1,00	0,045		N/A	N/A	N/A	
BU4	Studienstationen	6,23	0,91	1,498		N/A	N/A	N/A	
BU5	Studienerfolge	6,37	0,97	1,184		N/A	N/A	N/A	
BU6	Berufserfahrung	6,34	1,19	12,209	**	N/A	N/A	N/A	
BU7	Zusatzqualifikationen	3,03	1,78	6,362	*	N/A	N/A	N/A	
IK1	Technik (Hauptfach)	6,60	0,95	3,550		6,29	0,57	1,707	
IK2	Musikalität (Hauptfach)	6,77	0,43	35,327	**	6,15	0,78	6,675	*
IK3	Spezialwissen	2,69	1,43	4,426	*	3,38	1,37	10,506	**
IK4	Klavierfähigkeiten	1,74	1,42	5,419	*	2,40	2,08	1,581	
IK5	Sonstige Nebeninstrumente	1,69	0,93	10,736	**	1,97	1,29	11,173	**
IK6	Blattspiel	4,66	1,37	141,218	**	5,09	1,25	0,138	
TK1	Musikwissenschaften	2,20	1,75	1,493		3,43	1,31	20,674	**
TK2	Methodik/Pädagogik/Didaktik	2,09	1,48	10,638	**	1,86	1,54	6,173	*
TK3	Sonstige Qualifikationen	1,83	1,58	5,450	*	2,31	1,64	2,163	
PK1	Person selbst	5,71	1,45	0,103		5,91	0,95	4,239	*
PK2	Selbstvertrauen	6,66	0,64	4,362	*	4,77	1,48	0,371	
PK3	Gesellschaftliches Engagement	2,51	2,02	1,517		2,11	1,71	2,971	
PK4	Analytisches Denken	2,26	1,85	0,958		3,29	1,49	0,596	
PK5	Allgemeinbildung	2,57	2,00	1,284		4,06	1,45	0,096	
PK6	Beziehungen	5,50	1,08	75,042	**	4,09	1,42	N/A	

* = Signifikanz des Unterschiedes von 0,05 (Signifikanzniveau 5%)
** = Signifikanz des Unterschiedes von 0,01 (Signifikanzniveau 5%)

Einschätzung Hauptstudium

		Bewerbung				Beruf			
		MW	StAbw	F-Test		MW	StAbw	F-Test	
BU1	Gesamteindruck	5,19	1,01	0,558		N/A	N/A	N/A	
BU2	Examensnote	6,12	1,07	2,652		N/A	N/A	N/A	
BU3	Studiendauer	3,43	1,27	0,206		N/A	N/A	N/A	
BU4	Studienstationen	6,31	1,06	0,367		N/A	N/A	N/A	
BU5	Studienerfolge	6,29	1,22	0,525		N/A	N/A	N/A	
BU6	Berufserfahrung	6,45	0,84	29,325	**	N/A	N/A	N/A	
BU7	Zusatzqualifikationen	4,02	1,52	31,171	**	N/A	N/A	N/A	
IK1	Technik (Hauptfach)	6,80	0,54	2,906		5,69	1,06	10,845	**
IK2	Musikalität (Hauptfach)	6,92	0,35	63,756	**	6,25	0,64	6,867	*
IK3	Spezialwissen	2,81	1,81	3,655		3,92	1,13	5,293	*
IK4	Klavierfähigkeiten	1,96	1,52	7,438	**	2,46	1,54	3,211	
IK5	Sonstige Nebeninstrumente	1,73	1,34	5,571	*	1,71	1,24	6,090	*
IK6	Blattspiel	2,84	1,70	22,742	**	4,78	1,19	2,413	
TK1	Musikwissenschaften	2,20	1,78	2,594		4,10	1,14	10,134	**
TK2	Methodik/Pädagogik/Didaktik	2,18	1,95	6,797	*	2,51	2,05	10,144	**
TK3	Sonstige Qualifikationen	2,02	1,65	7,413	**	2,41	1,34	4,433	*
PK1	Person selbst	6,39	0,61	18,282	**	5,94	0,88	4,570	*
PK2	Selbstvertrauen	6,52	0,98	1,283		5,29	1,00	7,616	**
PK3	Gesellschaftliches Engagement	2,24	1,44	6,752	*	1,92	1,51	4,541	*
PK4	Analytisches Denken	2,06	1,75	2,102		3,39	1,30	1,008	
PK5	Allgemeinbildung	2,35	1,95	1,948		3,94	1,18	0,079	
PK6	Beziehungen	3,97	1,71	6,053	*	3,79	1,30	N/A	

* = Signifikanz des Unterschiedes von 0,05 (Signifikanzniveau 5%)
** = Signifikanz des Unterschiedes von 0,01 (Signifikanzniveau 5%)

Einschätzung Entscheidungsträger

		Bewerbung				Beruf			
		MW	StAbw	F-Test		MW	StAbw	F-Test	
BU1	Gesamteindruck	5,00	1,41	0,000		N/A	N/A	N/A	
BU2	Examensnote	4,20	1,03	23,596	**	N/A	N/A	N/A	
BU3	Studiendauer	4,00	1,89	0,638		N/A	N/A	N/A	
BU4	Studienstationen	5,90	0,99	4,835	*	N/A	N/A	N/A	
BU5	Studienerfolge	6,10	0,74	0,000		N/A	N/A	N/A	
BU6	Berufserfahrung	5,90	0,88	3,518		N/A	N/A	N/A	
BU7	Zusatzqualifikationen	4,30	1,57	27,824	**	N/A	N/A	N/A	
IK1	Technik (Hauptfach)	6,50	0,97	5,490	*	6,30	0,95	0,494	
IK2	Musikalität (Hauptfach)	6,10	1,29	0,798		6,20	1,23	2,083	
IK3	Spezialwissen	4,00	1,56	22,445	**	4,20	1,32	0,593	
IK4	Klavierfähigkeiten	2,40	0,97	43,556	**	1,80	0,92	0,000	
IK5	Sonstige Nebeninstrumente	2,40	1,17	29,505	**	1,80	0,79	21,333	**
IK6	Blattspiel	4,10	2,28	38,249	**	4,60	1,71	1,787	
TK1	Musikwissenschaften	2,70	1,16	5,584	*	2,70	1,42	24,625	**
TK2	Methodik/Pädagogik/Didaktik	3,00	1,56	33,939	**	2,70	1,42	29,805	**
TK3	Sonstige Qualifikationen	3,30	1,34	61,333	**	3,00	1,15	14,768	**
PK1	Person selbst	4,30	1,49	9,039	**	3,90	0,99	74,310	**
PK2	Selbstvertrauen	5,90	0,88	1,226		5,50	0,85	7,854	**
PK3	Gesellschaftliches Engagement	2,30	1,42	3,745		2,20	0,92	203,726	**
PK4	Analytisches Denken	4,00	1,94	9,398	**	4,10	2,02	3,835	
PK5	Allgemeinbildung	4,00	1,94	11,293	**	4,00	1,83	0,012	
PK6	Beziehungen	4,70	1,34	16,310	**	4,20	1,40	N/A	

* = Signifikanz des Unterschiedes von 0,05 (Signifikanzniveau 5%)
** = Signifikanz des Unterschiedes von 0,01 (Signifikanzniveau 5%)

Anhang 9: Einschätzung des Musikschul-Arbeitsmarktes durch Studenten und Entscheidungsträger

Einschätzung Grundstudium

		Bewerbung				Beruf			
		MW	StAbw	F-Test		MW	StAbw	F-Test	
BU1	Gesamteindruck	6,31	0,93	0,459		N/A	N/A	N/A	
BU2	Examensnote	6,22	0,71	1,468		N/A	N/A	N/A	
BU3	Studiendauer	5,03	1,18	22,789	**	N/A	N/A	N/A	
BU4	Studienstationen	5,19	1,38	1,768		N/A	N/A	N/A	
BU5	Studienerfolge	5,13	1,24	22,435	**	N/A	N/A	N/A	
BU6	Berufserfahrung	6,13	1,13	4,656	*	N/A	N/A	N/A	
BU7	Zusatzqualifikationen	5,42	1,12	44,695	**	N/A	N/A	N/A	
IK1	Technik (Hauptfach)	5,09	1,28	0,416		5,13	1,36	0,138	
IK2	Musikalität (Hauptfach)	5,78	1,07	1,381		6,19	0,70	1,293	
IK3	Spezialwissen	4,52	1,34	13,360	**	4,30	1,29	2,902	
IK4	Klavierfähigkeiten (Nebenfach)	3,93	1,69	11,864	**	4,00	1,66	14,907	**
IK5	Sonstige Nebeninstrumente	3,29	1,68	1,847		3,33	1,63	4,669	*
IK6	Blattspiel	3,75	2,33	0,417		4,17	2,30	15,129	**
TK1	Musikwissenschaften	5,00	1,19	44,193	**	4,84	1,73	2,025	
TK2	Methodik/Pädagogik/Didaktik	6,31	1,09	2,250		6,26	1,12	6,178	*
TK3	Sonstige Qualifikationen	4,91	1,44	11,768	**	4,50	1,53	18,991	**
PK1	Person selbst (Sympathie etc.)	6,34	1,10	0,150		6,48	0,89	1,431	
PK2	Selbstvertrauen	5,50	1,34	0,092		6,26	0,68	5,402	*
PK3	Gesellschaftliches Engagement	3,38	1,64	2,279		4,23	3,69	0,022	
PK4	Analytisches Denken	4,09	1,67	31,768	**	3,94	1,97	2,775	
PK5	Allgemeinbildung	5,00	1,30	3,907		5,13	1,31	2,009	
PK6	Beziehungen	5,34	1,60	51,005	**	4,81	1,62	N/A	

* = Signifikanz des Unterschiedes von 0,05 (Signifikanzniveau 5%)
** = Signifikanz des Unterschiedes von 0,01 (Signifikanzniveau 5%)

Einschätzung Hauptstudium

		Bewerbung				Beruf			
		MW	StAbw	F-Test		MW	StAbw	F-Test	
BU1	Gesamteindruck	6,18	1,13	0,015		N/A	N/A	N/A	
BU2	Examensnote	6,00	0,96	3,782		N/A	N/A	N/A	
BU3	Studiendauer	4,45	1,65	4,381	*	N/A	N/A	N/A	
BU4	Studienstationen	5,16	1,07	2,603		N/A	N/A	N/A	
BU5	Studienerfolge	5,06	1,36	18,175	**	N/A	N/A	N/A	
BU6	Berufserfahrung	6,06	1,14	5,794	*	N/A	N/A	N/A	
BU7	Zusatzqualifikationen	5,82	0,93	95,551	**	N/A	N/A	N/A	
IK1	Technik (Hauptfach)	5,67	1,12	1,768		5,13	1,36	0,153	
IK2	Musikalität (Hauptfach)	5,77	1,15	1,397		5,79	1,18	4,876	*
IK3	Spezialwissen	4,63	1,27	18,706	**	4,59	1,39	6,498	*
IK4	Klavierfähigkeiten (Nebenfach)	3,88	1,71	13,124	**	4,44	1,74	6,978	*
IK5	Sonstige Nebeninstrumente	3,33	1,71	2,087		3,28	1,81	3,495	
IK6	Blattspiel	3,75	2,12	0,510		4,04	2,35	13,024	**
TK1	Musikwissenschaften	4,73	1,29	30,517	**	4,85	1,13	4,742	*
TK2	Methodik/Pädagogik/Didaktik	6,37	1,17	1,513		6,52	0,92	3,206	
TK3	Sonstige Qualifikationen	5,02	1,30	12,218	**	5,19	1,27	9,115	**
PK1	Person selbst (Sympathie etc.)	6,49	1,10	0,022		6,70	0,62	0,089	
PK2	Selbstvertrauen	6,10	1,05	3,790		6,04	0,97	1,024	
PK3	Gesellschaftliches Engagement	3,82	2,12	0,135		3,75	1,85	0,653	
PK4	Analytisches Denken	4,24	1,96	28,404	**	4,60	1,57	14,923	**
PK5	Allgemeinbildung	5,20	1,51	5,575	*	5,38	1,30	5,112	*
PK6	Beziehungen	5,24	1,59	50,811	**	5,19	1,21	N/A	

* = Signifikanz des Unterschiedes von 0,05 (Signifikanzniveau 5%)
** = Signifikanz des Unterschiedes von 0,01 (Signifikanzniveau 5%)

Einschätzung Entscheidungsträger

		Bewerbung				Beruf			
		MW	StAbw	F-Test		MW	StAbw	F-Test	
BU1	Gesamteindruck	5,90	0,88	0,755		N/A	N/A	N/A	
BU2	Examensnote	5,10	1,10	19,059	**	N/A	N/A	N/A	
BU3	Studiendauer	4,20	1,32	2,338		N/A	N/A	N/A	
BU4	Studienstationen	4,60	1,17	0,208		N/A	N/A	N/A	
BU5	Studienerfolge	5,22	1,20	19,656	**	N/A	N/A	N/A	
BU6	Berufserfahrung	5,60	1,17	13,606	**	N/A	N/A	N/A	
BU7	Zusatzqualifikationen	6,20	0,63	71,739	**	N/A	N/A	N/A	
IK1	Technik (Hauptfach)	5,50	0,97	0,361		4,80	0,79	2,831	
IK2	Musikalität (Hauptfach)	5,70	0,95	1,669		5,60	1,17	6,946	*
IK3	Spezialwissen	4,10	1,37	4,105		4,00	1,49	0,367	
IK4	Klavierfähigkeiten (Nebenfach)	4,60	1,35	3,393		4,40	1,43	8,892	**
IK5	Sonstige Nebeninstrumente	3,70	1,49	5,644	*	4,10	1,29	19,994	**
IK6	Blattspiel	4,00	1,49	2,049		4,10	1,79	19,294	**
TK1	Musikwissenschaften	4,20	1,32	10,056	**	4,80	1,03	2,645	
TK2	Methodik/Pädagogik/Didaktik	6,60	0,52	0,283		6,20	1,23	5,939	*
TK3	Sonstige Qualifikationen	6,20	0,63	0,139		5,90	0,88	0,447	
PK1	Person selbst (Sympathie etc.)	6,30	0,67	0,322		5,90	0,99	9,206	**
PK2	Selbstvertrauen	5,70	0,82	0,110		5,40	0,97	1,697	
PK3	Gesellschaftliches Engagement	3,80	1,62	0,164		4,40	1,51	0,491	
PK4	Analytisches Denken	4,60	1,71	35,179	**	5,10	1,45	20,023	**
PK5	Allgemeinbildung	5,10	1,73	2,533		5,40	1,26	3,393	
PK6	Beziehungen	4,90	1,29	34,535	**	4,80	1,32	N/A	

* = Signifikanz des Unterschiedes von 0,05 (Signifikanzniveau 5%)
** = Signifikanz des Unterschiedes von 0,01 (Signifikanzniveau 5%)

DUV